高等学校电子信息类教材

智能交通及其解决方案

Intelligent Transportation and Its Solutions

张飞舟　杨东凯　编著

电子工业出版社

Publishing House of Electronics Industry

北京·BEIJING

内 容 简 介

随着物联网、移动通信（尤其是 5G）和人工智能技术的发展，智能交通已进入新时代。本书从系统工程和网络的视角审视整个交通系统（特别是城市的交通系统），梳理出较为完整的智能交通体系，全面阐述智能交通中的信息技术以及由此带来的交通系统新功能；依托移动互联网，简要介绍作为交通要素之一的车与车及相应的基础设施所构成的车联网，并探讨智能汽车和无人驾驶汽车。全书分为 7 章，包括：绪论，智能交通体系架构，智能交通信息技术基础，智能交通支撑技术，智能交通主要功能系统，面向智能交通的车联网，智能汽车。

本书可作为高等院校交通运输工程、地理信息科学、摄影测量与遥感、智能控制、通信、系统工程等专业的本科和研究生教材，或作为智能交通系统的培训教材，也可供政府决策者、管理者以及从事智能交通系统研究的技术人员参考。

本书电子教学课件（PPT 文档）可从华信教育资源网（www.hxedu.com.cn）免费注册后下载，或者通过与本书责任编辑（zhangls@phei.com.cn）联系获取。

图书在版编目（CIP）数据

智能交通及其解决方案 / 张飞舟，杨东凯编著. —北京：电子工业出版社，2024.1

高等学校电子信息类教材

ISBN 978-7-121-46654-0

Ⅰ. ①智… Ⅱ. ①张… ②杨… Ⅲ. ①交通运输管理－智能系统－高等学校－教材 Ⅳ. ①U495

中国国家版本馆 CIP 数据核字（2023）第 217263 号

责任编辑：张来盛（zhangls@phei.com.cn）
印　　刷：北京天宇星印刷厂
装　　订：北京天宇星印刷厂
出版发行：电子工业出版社
　　　　　北京市海淀区万寿路 173 信箱　　邮编：100036
开　　本：787×1 092　1/16　　印张：19.5　　字数：512 千字
版　　次：2024 年 1 月第 1 版
印　　次：2024 年 1 月第 1 次印刷
定　　价：79.00 元

凡所购买电子工业出版社图书有缺损问题，请向购买书店调换。若书店售缺，请与本社发行部联系，联系及邮购电话：（010）88254888，88258888。

质量投诉请发邮件至 zlts@phei.com.cn，盗版侵权举报请发邮件至 dbqq@phei.com.cn。

本书咨询联系方式：（010）88254467；zhangls@phei.com.cn。

前　言

交通是随着人类生活和生产的需要而发展起来的，它是人类基本需求"衣食住行"中的核心内容。作为交通系统的主体，交通工具的使用由来已久，从古代"伏羲氏刳木为舟"、腓尼基人制造先进的船舶，以及古人驯养马牛、骆驼作为陆运工具，到近代汽车、火车、飞机的发明，可以说交通工具的发展是整个人类文明和工业、科技文明发展的一个缩影。信息技术在工业革命基础上又为交通带来了新的内涵，信号灯的智能控制、可变情报板的信息发布、实时交通信息的采集等，在为人们的出行带来便利的同时，也为城市管理增添了新的手段，带来了城市品质的提升。智能交通系统（intelligent transportation system，ITS）正是在这一背景下诞生的。

顾名思义，智能交通就是在交通中赋能信息技术，使交通更加高效、更加节能、更加友好地为人们提供便利。自黄卫教授的《智能运输系统概论》（我国第一本系统梳理智能交通的著作）问世以来，国内许多专家学者纷纷加入智能交通研究的行列，出现了诸多相关的科研机构和企业，这对整个智能交通的演进起到了促进作用。近年来，我国智能交通系统发展迅速，在北京、上海、广州等大城市已经建设了先进的智能交通系统。其中，北京建立了四大智能交通系统，即道路交通控制、公共交通指挥与调度、高速公路管理和紧急事件管理；广州建立了三大智能交通系统（ITS），即交通信息共用主平台、物流信息平台和静态交通管理系统。ITS技术的飞速发展，必将使其在交通运输行业中得到越来越广泛的应用。

随着物联网、移动通信（尤其是5G）和人工智能技术的发展，信息技术革命和工业革命已进入了新时代，智能交通也随之进入新时代。《智能交通及其解决方案》正是顺应这个时代而编写的。本书从系统工程和网络的视角审视整个交通系统（特别是城市的交通系统），梳理出较为完整的智能交通体系，全面地阐述其中的信息技术以及由此带来的交通系统新功能；依托移动互联网，介绍作为交通要素之一的车与车及相应的基础设施所构成的车联网，并探讨智能汽车和无人驾驶汽车，它们是车联网或智能交通系统的新元素。

交通系统作为国家的重要基础设施，它的建设和发展，都需要政府部门强有力的推动，并依靠全社会的力量来共同建设、组织和实施。本书的出版，如能为政府决策者、管理者以及智能交通相关领域的科研人员和高校师生提供点滴有益的参考，编著者将深感欣慰。

本书由张飞舟、杨东凯编著。在编写过程中，参考或引用了一些文献和已在实施的工程项目解决方案，其中大多数已在书中注明了出处，但难免有所遗漏。在此，向有关原作者和专家表示感谢，并对未能注明出处的资料的原作者表示歉意。

交通系统是复杂的巨系统，智能交通系统的复杂程度更高，无论是其管理政策的研究和制定，还是技术的综合运用，都有新的命题摆在我们面前，对任何单一学科的学者而言都是一个新的挑战。由于编著者水平有限，书中错误和疏漏在所难免，恳请读者批评指正。联系方式：zhangfz@pku.edu.cn。

编著者

2023 年 7 月于北京

目　　录

第1章 绪 论

随着科学技术的进步和工业的发展，城市中交通量激增，原始的交通方式已不能满足要求；同时，由于工业发展为城市交通提供的各种交通工具越来越多，进而加速了城市交通事业的发展。城市交通越完善，则城市发展越进步。我国在重视城市总体规划建设的同时，正在根据自己的国情，致力于城市交通综合治理的研究和实施：完善交通法规，加强交通管理，开展交通教育，提倡交通道德，采取自动化的交通检测与控制手段来提高道路和路口的通行能力等。

1.1 城市交通

1.1.1 城市交通的特征

城市是人类文明的主要组成部分，它是伴随人类文明与进步而发展起来的。农耕时代，人类开始定居；伴随着工商业的发展，城市开始崛起，城市文明开始传播。城市一般包括住宅区、工业区和商业区，并具备行政管辖功能。城市的行政管辖功能可能涉及比其本身更广泛的区域，其中有居民区、街道、医院、学校、公共绿地、写字楼、商业卖场、广场及公园等公共设施。当然，城市规模、城市功能、城市布局和城市交通这几方面发生的变化，都必然会对城市的商业活动带来影响，促使其发生相应的变革。

交通运输是国民经济的基础产业，对于经济发展和社会进步具有极其重要的作用。公路交通运输以其机动性好、可以实现"门到门"直达运输以及运送速度快的特点，成为我国城市内和城市间中短途客货运输的主要方式。加快交通基础设施建设，综合运用检测、通信、计算机、控制、全球导航卫星系统（global navigation satellite system，GNSS）和地理信息系统（geographic information system，GIS）等现代高新技术，提高交通基础设施和运输装备的利用效率，减少交通拥塞，对加速发展我国公路交通运输事业具有十分重要的意义。

城市交通是指城市（包括市区和郊区）道路（地面、地下、高架、水道、索道等）系统间的公众出行和客货输送。在人类把车辆作为交通工具之前，城市公众出行以步行为主，或以骑牲畜、乘轿等代步；货物转移多靠肩挑或利用简单的运送工具运输。车辆出现后，马车很快成为城市交通工具的主体。1819 年巴黎市街上首先出现了为城市公众租乘服务的公共马车，从此产生了城市公共交通，开创了城市交通的新纪元。

城市交通的特点因各城市的规模、性质、结构、地理位置和政治经济地位的差异而有所不同，但是主要包括：① 城市交通的重点是客运；② 早晚上下班时间是城市客运高峰；③ 每个城市的客流形成都有自身的规律；④ 城市客运量大小与该城市的总体规划和布局有直接关系。

1.1.2 我国城市化进程

自 1949 年新中国成立以来，我国由传统的农业国逐步向现代化工业国转变，开始迈出城镇化进程的步伐。尤其是 20 世纪 90 年代中期，我国进入快速城市化的发展阶段，呈现出一些新特点，即城镇人口快速增加，城市规模不断扩大，尤以地区中心城市最为显著，而且城市在国民经济中的地位也不断提高。国务院发展研究中心发展战略和区域经济研究部部长侯永志认为：在不到 40 年的时间里，我国城市化率提高了 41 个百分点，相当于每年都超过 1 个百分点；不仅速度快，而且有规模，每年都有 1 000 多万人口进入城市。

城镇化是现代化的必由之路。党的十八大以来，各地区各部门认真贯彻落实党中央国务院关于推进新型城镇化建设和城市可持续发展的一系列重大决策部署，城镇化水平持续提高，城市综合实力显著增强，城市公共服务能力明显提升，城市社会事业全面进步，城市居民生活质量进一步改善。尤其是党的十九大以来，新型城镇化进程和城市发展所取得的成就举世瞩目，城市的综合实力进一步提高，有力地推动了整个国民经济持续健康发展。坚持以创新、协调、绿色、开放、共享的发展理念为引领，以人的城镇化为核心，遵循城市发展规律，优化城镇发展布局，因地制宜，突出特色，改革创新，向走中国特色的新型城镇化道路又迈出了坚实一步。

1. 城市规模不断扩大，城镇化水平持续提高

到 2019 年末，我国城市数量达到 679 个，其中直辖市 4 个、地级市 301 个、县级市 381 个。同时城区面积达 200 569.5 km²，建成区面积达 60 312.5 km²，城区人口突破 43 503 万人。

（1）城市群发展格局初步形成。按照《国家新型城镇化规划（2014—2020 年）》和《全国主体功能区规划》，结合"一带一路"建设、京津冀协同发展、长江经济带建设等，传统的省域经济和行政区经济逐步向城市群经济过渡，城市的集聚效应日益凸显。到 2019 年，我国已规划建设 19 个城市群（包括长三角、珠三角、京津冀 3 个世界级城市群和 16 个国家级城市群），土地面积合计约 240 万平方千米，占全国的 1/4。1982—2018 年，这 19 个城市群常住人口从 7.1 亿人增至 10.5 亿人，在全国人口中的占比从 70.3%增至 75.3%。2018 年，这 19 个城市群的城镇人口合计 6.5 亿人，占全国城镇人口的 78.3%；GDP 合计 79.3 万亿元，占全国的 88.1%。长三角、京津冀、珠三角经济规模居前、产业创新实力领先，其 GDP、A+H 股上市公司数和发明专利授权量总数分别占全国的 38.1%、64.1%、63.9%。当前，长三角和珠三角城市群趋于进入成熟期，京津冀、成渝、长江中游、海峡西岸等 11 个城市群处于快速发育期，黔中、呼包鄂、滇中等 6 个城市群处于雏形发育期。

（2）经济增长动能发生转变。随着外部条件的改变和发展阶段的转变，我国经济增速下滑已不可避免。城镇健康发展离不开经济增长的支撑，这种支撑主要体现在为进城人口提供非农就业机会。当前拉动经济增长的动力发生了根本改变，已经由第二产业转为第三产业，2019 年服务业增加值在 GDP 中的比重为 53.9%，对国民经济增长的贡献率接近 60%。经济增长结构和动力的变化，使得城镇新增就业对经济增长的依赖性下降。总体来看，"十一五"时期我国 GDP 每增长 1 个百分点，城镇新增就业人口为 100 万人左右；而到 2019 年，我国 GDP 每增长 1 个百分点，城镇新增就业人口超过 200 万人。城镇新增就业人口和经济增长之间的弹性变大，虽然经济增长速度在下滑，但对城镇新增就业的影响不大，城镇新增就业也能够对城镇化健康发展形成支撑。

（3）城镇化水平持续提高。根据国家统计局数据，我国的城镇化率已由 1996 年的 30.48%，逐步上升到了 2019 年的 60.60%；常住人口城镇化率首次突破 60%大关，城镇人口达到 84 843 万人。图 1.1 所示为 2015—2019 年我国常住人口城镇化率。按照党中央、国务院关于加快提高户籍人口城镇化率的部署，土地、财政、教育、就业、医疗、养老、住房保障等领域配套改革不断推进，有力地促进了农业转移人口的市民化。

2. 城市经济实力显著增强，发展方式加快转变

（1）经济规模持续扩大。在我国经济快速发展的阶段中，"城市经济"做出了重要的贡献，是我国重要的经济支柱之一。2019年，我国的城市经济再上新台阶，有17个城市的GDP已经突破了1万亿元大关，还有7个"准万亿"城市。这24个城市的GDP之和在全国经济中的比重为38.3%，可见城市对经济引领和带动作用日益凸显。随着经济总量的扩大，城市财力明显增强。2019年，全国地级

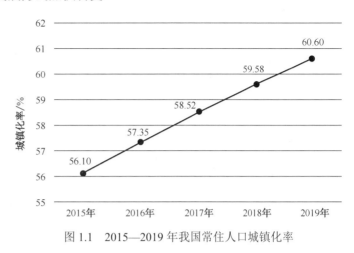

图 1.1 2015—2019 年我国常住人口城镇化率

城市一般公共预算收入超1 000亿元的共有11个，百强城市2019年一般公共预算收入总额达到5.23万亿元，占当年全国一般公共预算收入总额的27.47%。

（2）消费对城市经济的拉动作用明显增强。2019年，我国居民人均消费支出21 559元，比上年名义增长8.6%。其中，城镇居民人均消费支出28 063元，农村居民人均消费支出13 328元。消费一直是稳定国民经济增长的"压舱石"，党的十九大报告中多次提及消费，明确要求"完善促进消费的体制机制，增强消费对经济发展的基础性作用"。2019年，我国社会消费品零售总额合计408 017亿元；前十强城市2019年社会消费品零售总额合计84 360亿元，约占全国消费总量的21%。

3. 城市基础设施不断完善，公共服务能力明显提升

（1）公共交通设施不断完善。在政府公共财政持续支持下，城市道路建设继续保持良好态势。2019年末，全国公路总里程为501.25万千米，比上年增加16.60万千米；全国四级及以上等级公路里程为469.87万千米，比上年增加23.29万千米，占公路总里程的93.7%；二级及以上等级公路里程为67.20万千米，占公路总里程的13.4%；高速公路里程为14.96万千米，高速公路车道里程为66.94万千米；国道里程为36.61万千米，省道里程为37.48万千米，县道里程为58.03万千米。

（2）传统公共交通和新模式交通融合发展。2019年末，全国拥有公路营运汽车1 165.49万辆，其中公共汽电车69.33万辆，快速公共交通（bus rapid transit，BRT）车辆9 502辆；拥有城市客运轮渡船舶224艘，拥有轨道交通车站4 007个，轨道交通配属车辆40 998辆。2015—2019年全国城市客运装备拥有量如表1.1所示。

表 1.1 2015—2019 年全国城市客运装备拥有量

年份	公共汽电气/万辆	轨道交通配属车辆/辆	巡游出租汽车/万辆	城市客运轮渡船舶/艘
2015	56.18	19 941	139.25	310
2016	60.86	23 791	140.40	282
2017	65.12	28 707	139.58	264
2018	67.34	34 012	138.89	250
2019	69.33	40 998	139.16	224

（3）网络设施发展日新月异。随着我国网络强国战略、"互联网+"行动计划、大数据战略的部署和实施，各地以智慧城市建设为抓手，推动网络提速降费，建设 5G 网络和云计算业务，积极推动移动互联网、IPTV（网络电视）等新型信息服务健康发展。2020 年，全国移动通信基站总数达 931 万个，其中 4G 基站总数达到 575 万个，城镇地区实现深度覆盖。5G 网络建设稳步推进，按照适度超前原则，新建 5G 基站超过 60 万个，已开通的 5G 基站超过 71.8 万个，5G 网络已覆盖全国地级以上城市及重点县市。据中国互联网络信息中心（CNNIC）发布的第 45 次《中国互联网络发展状况统计报告》，截至 2020 年 3 月，我国网民规模达 9.04 亿户，互联网普及率达 64.5%；手机网民规模达 8.97 亿人，网民使用手机上网的比例达 99.3%。

4. 城市居民生活水平进一步提高，人居环境不断改善

（1）城市居民人均收入不断增加。2019 年，城镇居民人均可支配收入达 42 359 元，人均消费支出达 28 063 元。城市居民生活质量不断提升，消费结构升级趋势明显，食品消费所占比重下降。2019 年城镇居民家庭恩格尔系数为 27.6%，消费层次已从一般家庭消费向服务、文化、教育、旅游、保健、信息、小轿车和住房等高端消费发展，汽车等大件耐用消费品进入千家万户。

（2）城市居民生活进一步得到保障。首先，建设了全面的城市住房保障体系，持续推进棚户区改造，并为困难群众提供租房补贴，使中等偏下收入家庭住房条件得到有效改善，同时大力发展小户型、低租金的政策性租赁住房，加快解决新市民住房问题。其次，全面推进城镇老旧小区的改造，2019、2020 年共安排中央补助资金 1 400 多亿元，支持各地改造城镇老旧小区 5.8 万个，惠及居民约 1 043 万户。再次，市政基础设施建设步伐加快，2019 年底城市供水普及率、燃气普及率、污水处理率、生活垃圾无害化处理率分别达到 98.8%、97.3%、96.8%、99.2%，分别比 2015 年提高了 0.7、2.1、4.9、5 个百分点。此外，基于信息化、数字化、智能化的新型城市基础设施建设也正在加快推进。

（3）城市人居环境不断改善。2019 年，城市建成区绿地面积和绿地率分别达到 228.5 万公顷和 37.6%；46 个重点城市生活垃圾分类覆盖居民 7 100 万户，覆盖率超过 80%；60 个排水防涝补短板城市排查整治 1 116 个易涝积水区段，地级以上城市建成区黑臭水体消除比例达 90%以上。截至 2021 年 4 月，全国已有 194 个城市成为国家森林城市，17 个省份开展了森林城市群建设，全国城市建成区绿化覆盖率达到 41.1%，人居环境不断改善，人民生活日益美好。

1.1.3 城市交通发展历程

确定科学的交通战略是解决城市交通问题的首要条件，而要把握科学的交通战略，就必须在总结城市交通发展历程的基础上，对城市交通未来发展趋势进行总体预测和判断，宏观把握未来城市交通发展的方向，梳理出一条清晰的脉络，为解决城市交通问题提供支持。

1. 世界主要城市的交通发展历程

按照世界上许多大城市交通发展的共性，世界交通发展可划分为 4 个阶段：第一阶段以步行、非机动化交通工具为主；第二阶段是以常规汽电车为主的传统公共交通阶段；第三阶段是以私人机动化交通工具为主的现代个体交通阶段；第四阶段是以地铁、轻轨等快速轨道交通为主的现代公共交通阶段。

1）美国纽约——欧美国家交通发展的缩影

纽约的交通主要经历了 4 个阶段：

第一阶段，小汽车进入家庭。20 世纪 20 年代，随着汽车工业的快速发展，纽约市政府加大了道路基础设施的投入，供给能力大体与交通需求相适应，从而推动了汽车进入家庭。这一阶段小汽车发展迅速，纽约市的公共交通系统开始萎缩。

第二阶段，小汽车化带来交通"噩梦"。从 1900 年到 1920 年，纽约市小汽车由 1 396 辆增加到 25 万辆，原有道路无法承载迅速增加的通行需求，纽约的交通变得拥堵不堪。1940 年，纽约的交通拥堵达到了令人难以忍受的程度，城市人口停止增长，大气污染严重，经济发展受阻。

第三阶段，重视公共交通发展。从 20 世纪 40 年代到 60 年代，当交通拥堵影响到环境、公众健康以及城市的经济发展等问题时，纽约开始提倡发展公共交通，城市公共交通逐渐成为城市交通的主体，占总客运量的 75% 左右（其中轨道交通占 50% 以上）。同时，轨道交通的发展改变了纽约地区的发展形态，使城市沿轨道交通走廊轴向伸展。

第四阶段，多种运输方式协调发展。自 20 世纪 80 年代起，纽约开始强调各种运输方式的协调发展，其宗旨是促使各种交通方式经济上有效、环境方面友好、能源利用高效。

2）英国伦敦和法国巴黎——多中心城市结构的典范

在伦敦的交通发展史上出现过两次较大的危机：

19 世纪中叶，由于城市的不断扩张，交通总量不断发展，城市交通出现了危机，处于停滞状态。对此，伦敦采取改善原有道路系统，并将客运铁路引入市内的办法，这在很大程度上缓解了交通紧张状况。

19 世纪末，由于经济的发展和伦敦市区的不断外延，出现了第二次交通危机。伦敦采取的办法是大量修建地铁。至 20 世纪初，伦敦已经具备了较为完善的内城地铁系统，逐步形成了近 400 km 的地铁和 3 000 km 的市郊铁路，在解决城市交通问题上发挥了骨干作用。由于城市土地利用的合理规划以及轨道交通的引导作用，伦敦由同心圆环发展模式转换为以交通走廊为依托的发展模式；通过建设新城镇减轻中心城的交通压力，是伦敦城市交通的一大特色。至 1983 年，英国总共建设了 28 座新城，中心城区的人口从 1960 年的 800 万人下降至 650 万人。

巴黎于 20 世纪初就对城市交通进行了规划，在小汽车快速发展并造成城市交通拥挤后，巴黎迅速开发以城市快速铁路和地铁为主的轨道交通，形成了内外衔接、较为完善的公共交通体系，将市中心与近郊就业区、生活区及远郊 5 个卫星城镇有机连接起来，逐渐形成多中心的城市结构。同时，注重对私家车的需求控制（实行小汽车进入市区的准入政策），通过经济手段调节出行结构。

3）日本东京——轨道交通处于绝对主导地位的城市

东京是目前世界上人口最多的城市。20 世纪 60 年代，东京的交通问题日益突出，政府历经 20 余年的努力才使问题基本上得以解决。东京解决城市交通问题的重点是大力发展以轨道交通为主的公共交通系统：东京大都市圈人口达 3 200 多万人，拥有 1 000 多千米地铁和轨道，铁路密度远高于巴黎、伦敦、柏林和纽约；轨道交通系统每天运送旅客 2 000 多万人次，承担了东京全部客运量的 86%。与世界其他大城市的主城区相比，东京主城区轨道交通出行比重达到 58%，而纽约、巴黎、伦敦三大城市则分别为 29%、26%、19%。在早高峰时的东京市中心区，有 91% 的人乘坐轨道交通工具，而乘坐小汽车的仅为 6%。同时，为发挥轨道交通的最大作用，东京通过建设综合性枢纽，有效地将高速铁路、城市轨道交通、地面公交、汽车停车和商业布局有机地联系在一起。此外，在注重交通管理现代化的同时，制订了相应的交通需求管理措施，通过经济杠杆（提高停车费用等）调节进入市区的机动车需求，引导和鼓励居民使用公共交通系统，使公共交通在城市交通中始终处于主导地位。

4）新加坡——高度发达的立体陆路交通网络

新加坡是一个人口密度很大的城市，面积仅为 699 km² 左右，人口却有 460 多万人。自 20 世纪 80 年代以来，新加坡和许多高速发展的城市一样面临日益严重的交通压力。为此，新加坡政府不断加大发展公共交通的力度，制定和完善城市交通总体规划，投入巨额资金，加快城市陆路交通网络的建设，引进先进技术改造交通指挥和通信系统，并于 1995 年 9 月成立了新加坡陆路交通管理局，其职责是制定交通政策，规划和发展公共交通系统，负责交通管理和道路基础设施建设。由于国土狭小，土地资源十分有限，新加坡采取了科学规划城市的举措：首先，制定概念性规划，即前瞻性的土地利用和交通综合规划，指导新加坡在未来 40—50 年的发展方向，每隔 10 年调整一次；其次，每隔 5 年调整一次总体规划和分区发展指导图。例如，新加坡地铁和轻轨的规划和实施只用了 10 年的时间，而其规划则在 10 年前就预留了相应的土地。目前，新加坡全国公路干线长度已超过 3 300 km，形成了高度发达的立体陆路交通网络，以地铁和轻轨为主线，以公交车和出租车为辅助，基本解决了城市交通的拥堵问题，实现了城市交通快捷、便利与舒适的目标。新加坡极力推崇"对门"交通和"无缝"交通，力图将人们的工作、购物等各种活动用公交系统紧密地连接起来，使居民在不同交通工具转换间所需的步行距离控制在合理的范围之内，从而真正体现出公共交通的便捷性。同时，切换交通工具时还会享有一定的优惠政策。

2. 欧美亚部分大城市的交通发展模式

（1）公共交通模式。该模式又可以细分为轨道交通、公共汽车交通以及二者的结合模式，采用该模式的代表性城市有香港、新加坡、东京等。该交通模式下的城市，其土地开发利用通常是沿着公共交通走廊均衡展开，城市公共交通的布局直接影响城市的结构形态。其中，环状结构城市一般呈现饼状发展形态，并向外延伸，如法国巴黎；放射状结构城市多为分散组团状形态，如香港等。

（2）小汽车模式。当今美国，使用最普遍的交通工具是小汽车，全国拥有 1.2 亿多辆小汽车。低密度和分散的开发模式已成为美国许多城市郊区的特色，并促使人们使用小汽车而不使用公共交通工具。分散开发使住宅用地、商业、工业用地各据一方，使人们很难再走路或骑自行车出行。此外，典型的美国城市郊区居住密度极低，亦不能发展经常往来的公共交通。采用小汽车模式的代表性城市是美国的华盛顿、纽约、洛杉矶。

（3）绿色交通模式，即提倡步行和自行车的出行模式。由于人们步行和自行车所涉及范围的限制，采用这种交通模式的城市一般都呈现围绕城市中心区的高度密集的饼状。许多欧洲城市在 20 世纪呈现这种发展态势，"自行车之城"哥本哈根则是这种交通模式的典型代表。

（4）更多的城市采用多种交通模式相结合的方式。例如，纽约以汽车模式和轨道交通模式为主；洛杉矶以小汽车模式为主；伦敦市区内基本上采用轨道交通和公共汽车交通为主的模式，新加坡和香港也基本采用这种模式；北欧则致力于发展"自行车+步行+公交车"的绿色出行模式。

3. 我国城市交通发展历程

1）平静的起步发展阶段（1949—1978 年）

建国初期，新中国对城市进行了新的建设和改造，原有破烂不堪的道路得到了整治，城市开始建立起较为合理的道路骨架系统，在一些重点城市中进行了大规模的基础设施建设，道路条件明显改善。到 1957 年底，全国城市道路长度和面积分别比 1949 年增加 64%和 71%。

这一时期，自行车作为城市居民的代步工具得到了迅速发展。而同期，汽车增长比较缓慢，道路容量大于交通量，因而城市交通比较畅通，车速稳定。改革开放以前，我国长期实行严格限制农业人口向城市和非农产业转移的政策，限制了城市化水平的提高，城市交通的发展总体上处于一个沉寂时期。

2）充满活力、矛盾初显的交替发展阶段（1979—1999 年）

1979—1999 年期间，我国的城市化水平约为改革开放以前的 3 倍，城市化成为新一轮城市道路建设的推动力，而城市交通的发展也为城市经济乃至国民经济的发展注入了活力。进入 20 世纪 80 年代后，由于城市基础设施建设投资不足，造成严重的供需失调，各大中城市普遍产生交通问题。为了改变交通面貌，不少大城市开始建设环路、大型立交、高架道路、地铁。但由于交通需求同样增长迅猛，交通基础设施的建设仅仅局部、短时间地改善了城市交通。这一时期，城市交通拥堵问题开始显现，且日益严重，主流交通政策力图通过不断加大交通供给来满足交通需求的快速增长，拥堵—修路—再拥堵—再修路的循环，使整个城市陷入了"水多了加面，面多了加水"的被动局面。

3）矛盾凸显的小汽车交通蓬勃发展阶段（2000 年至今）

针对快速发展的小汽车，出于拉动经济发展的目的，大部分城市没有采取严格的限制措施，基本政策导向是鼓励拥有。国家有针对性地取消了各地对小排量汽车的限制措施，通过了汽车购买税收优惠措施等。这些政策没有认识到国内机动车高拥有量、高使用量的特点，忽视了国内城市进入机动化的前提条件和所面临的具体实际，即城镇化和机动化在短时间内的集中发生以及这"两化"的相互强化作用。修建道路、完善设施、严格执法、宣传教育、智能管理等手段纷纷登场。但是，交通拥堵还是如期而至，迫使城市的节奏放慢，并出现大气污染、噪声污染、视觉污染、空间侵占等现象，市民的工作生活开始受到严重影响。当逐渐认识到交通供给永远无法满足交通需求，交通需求总是倾向大于交通供给的事实后，国内各大城市开始重新认识城市交通发展政策。北京、上海、广州、天津等大城市纷纷确立优先发展城市公共交通的战略。在公交优先发展的政策指引下，各大城市先后制定了大规模的轨道交通建设规划，"以轨道交通为骨干，常规公交为主，其他公共交通方式为补充"的公共交通发展目标日渐明晰。

近 30 年来，我国智能交通系统（intelligent transportation system，ITS）的发展经历了从体系框架制定、示范城市建设到目前各级城市全面展开建设的过程。时至今日，我国城市 ITS 在城市交通管理、信息服务及发展决策等方面开始发挥越来越重要的作用，对于缓解日益严峻的道路交通拥堵状况起到了良好的支撑作用。例如，通过智能信号控制系统的建设，提高了路口通行能力和路口间协调水平，提高了车辆的运行速度；通过信息服务系统的建设，调整了出行者的出行需求，促进了交通供给与需求间的均衡；通过违法监测系统等的建设，规范了出行者的出行行为，改善了交通秩序和安全水平，也相应地减少了交通拥堵；通过智能公共交通系统的建设，提高了公交服务水平，引导出行者选择公交出行，逐步改变城市的出行结构。因此，城市 ITS 也得到了各类城市的重视，进入了一个快速发展的时期。

1.1.4 城市交通管理现状分析

1. 世界城市交通管理现状及 ITS 的出现

工业化国家在市场经济的驱动下，大都经历了经济发展促进汽车发展，而汽车产业的发展又刺激经济发展的过程，从而超前进入汽车化时代。汽车化社会带来的诸如交通阻塞、交通事故、能源消费和环境污染等社会问题日趋恶化，交通阻塞造成的经济损失巨大，即使道路设施十分发达的美国、日本等，也不得不从以往只靠供给来满足需求的思维模式转向通过供需两方面共同管理的技术和方法来改善日益尖锐的交通问题。这些建立在汽车轮子上的工业化国家既要维护汽车化社会，又要缓解交通拥挤问题，因而借助现代化科技手段改善交通状况，达到"保障安全，提高效率、改善环境、节约能源"目的的智能交通系统（ITS）的概念便逐步形成。交通问题加大了环境污染，是世界各国面临的共同问题。为了缓解经济发展带来的交通运输方面的压力，尽可能利用现有资源，使其发挥最大的作用，各国都加大了对 ITS 的研究和建设的力度。

工业化国家在工业化、城市化发展的进程中，面临着日益严重的资源短缺与环境恶化问题，这些问题在发展中国家中同样存在。自 20 世纪 50 年代以来，生存与发展问题成为人类社会面临的最紧迫的任务，1972 年联合国人类环境会议上通过了《人类环境宣言》。城市化是生产力发展的一个必然结果，按世界经济发展的规律，当城市化水平达到 30%以上时，将进入经济的飞速发展阶段。美国、日本、英国等发达国家，其城市化水平在 1990 年就分别达到了75%、77%、89%，这些国家针对交通发展对资源和环境的影响，逐步调整交通运输体系与结构。为满足车辆发展的需求，相关国家大力开发建设交通基础设施（如美国 1944 年规划的 7万千米高速公路，经过 50 年基本完成，但仍产生拥挤和阻塞），在大量土地、燃油等资源占用和消耗的同时，其交通需求并没有得到完全满足，导致道路拥挤和汽车尾气排放量剧增，这不仅对经济造成巨大损失，而且给环境带来恶劣影响。自 20 世纪六七十年代以来，由于石油危机及环境恶化，工业化国家开始采取以提高效益和节约能源为目的的交通系统管理（traffic system management，TSM）和交通需求管理（traffic demand management，TDM）。同时，大力发展大运量轨道交通和实施公交优先政策，在社会可持续发展的目标下调整运输结构，建立对能源均衡利用和环境保护最优化的交通运输体系。作为综合解决交通问题，保护社会经济可持续发展和与环境相协调的新一代交通运输系统，ITS 随着信息技术的迅速发展而在发达国家孕育发展，从 20 世纪 90 年代以后成为世界范围内的重要发展趋势。

交通管理的科学化、现代化，一直是人们为综合治理和解决交通问题而追寻的目标。早期的交通信号控制系统装置采用了电子、传感、传输等技术实现科学管理。随着科学技术的发展，尤其是计算机科学与技术，以及卫星导航、信息通信技术的普及与应用，交通监视控制、交通诱导、信息采集等系统在交通管理中发挥了很大作用；但这些技术单纯是对车辆或道路实施管理，范围单一，局限性、系统性不强。20 世纪 80 年代后期，世界范围内的冷战结束，工业化国家用于军事和国防领域的卫星导航系统，信息采集与处理系统，计算机控制与管理系统，电子与通信技术等高新技术转向民用，军事上的投入也大部分转移到民用技术的开发和应用上。包括我国在内的广大发展中国家借助和平、稳定的国际环境加快本国的经济发展，促进了世界范围内产业结构发生巨大的变化；工业化国家在传统工业领域由于劳动力密集型的产业向发展中国家集中而失去明显竞争优势，这些国家开始酝酿开辟具有高新技术含量的产业市场。在这种国际环境和背景下，一场信息革命的到来，引起全球的极大关注，这就是"信息高速公路"。信息技术得到飞速发展，尤其是互联网的发展，加快了全球经济一体化的进程。从 1994年开始，世界经济逐步进入信息经济时代。

在信息经济时代，信息技术广泛地融合于交通管理和运营中，可以说智能交通系统（ITS）就是伴随信息技术而产生的。工业化国家和企业纷纷投入到这一新兴产业之中。美国政府于1991 年开始投资对 ITS 的开发研究，仅美国高速公路安全局（National Highway Traffic Safety

Administration，NHTSA）1993 年的投资预算就达 2 010 万美元；欧洲 19 个国家投资到 EUREKA 项目中的资金达 50 亿美元。

2. 我国城市交通管理现状

我国现有的交通管理系统，以人工干预和管理为主，以路口信号控制为主，路面信息采集点少，车路管理分离，系统独立运作，表现为不完善、不精确、不及时。许多城市也发展了自己的 ITS，但仍然存在以下问题：

（1）交通信息采集覆盖面不足。在国内，高昂的传感设备成本限制了 ITS 的大范围、大批量部署，少量路面信息采集集中于以路口为主的路网主节点，这种局限性导致不能全面、有效地收集交通系统中的各种信息，无法动态、准确地反映交通系统的状态。较为匮乏的交通信息采集难以支撑智能化、主动化交通管理控制的实施以及全方位的信息服务，已经采集的交通信息则难以共享。例如，公安交通管理部门所掌握的交通流量、速度等断面数据与交通部门所掌握的浮动车（出租车、公交车、长途客运车辆等）数据在很多城市无法实现共享与交换。

（2）交通基础设施不尽合理，交通管理设施尚不完善。我国城市 ITS 的发展特点之一，就是 ITS 与快速机动化进程以及大规模交通基础设施建设同步进行，导致当前支撑我国 ITS 发展的交通基础设施和交通管理设施未得到完善和优化。不同设备商的系统或设备间接口不开放，导致交通状况的分析和判断无法有效利用各独立系统间交通信息的潜在协调效应，并可能造成系统或者功能的重复建设、数据信息的重复采集，独立系统的判决结果不具备综合性和全局性。

（3）标准规范的制定滞后于 ITS 市场的发展。缺乏标准体系的支撑，导致部分系统在全国层面的发展建设受到影响，同时使得系统间的割裂较为严重。以信号控制系统为例，众多厂商的软硬件产品难以相互兼容，使得同一城市内的信号控制系统无法整合应用，部分城市已经开始使用 2 套甚至 3 套信号控制软件平台，同时也影响了一些控制功能的发挥，如协调优化控制等。

（4）各地缺乏与 ITS 建设和运行相匹配的人才体系。受目前用人机制体制的限制，一些 ITS 应用部门缺乏专业的人才队伍，使得投资建设的 ITS 软硬件系统得不到良好的维护和保障。

（5）其他方面的问题，包括资金投入、成本回收以及可持续发展等。

1.1.5 现代城市发展对智能交通的迫切需求

在新型城镇化和信息化的双重影响下，城市交通需求的发展趋势和人们对未来交通发展愿景的期待都将发生显著变化。一方面，城市已经从高速增长阶段转向高质量发展阶段，人民群众对城市宜居生活有了新的期盼。城市早已成为大多数中国人生活的家园。然而，相较于综合交通运输领域的跨越式发展，城市交通已经成为城市发展中的薄弱环节，道路堵、污染高、地铁挤、公共汽车慢、停车乱等问题严重制约城市运行效率，影响人居环境和生活质量的提升。另一方面，推动城市交通的高质量发展，不仅是改善现实状况的紧迫需要，更关乎我国建设交通强国、实现国家现代化的发展目标。2019 年 9 月，中共中央、国务院印发了《交通强国建设纲要》，指出建设交通强国是"全面建成社会主义现代化强国的重要支撑"，要"坚持以供给侧结构性改革为主线"，"推动交通发展由追求速度规模向更加注重质量效益转变"。

我国已经进入城镇化提质发展的新时代，伴随着城镇化的不断演进，城市在经济、社会、生活等物质文明和精神文明方面具有提高发展质量的必然要求。在这一过程中，人的生活质量提升需求、不同群体的多元化活动需求以及城市空间的高效组织这三方面与城市交通的关系最为密切。

从政府管理者角度看，需要更好地利用现有的交通运输基础设施，提高安全性，改善环境；从企业角度看，企业需要提高运营效率与服务质量；从旅行角度看，旅行者需要可靠的出行信息来缩短旅行时间与减小旅行压力，提高安全性与可靠性，需要高质量的运输服务与便捷的支付手段；从行驶角度看，驾驶员需要最新的交通信息、及时的危险警告、最佳的推荐行车线路、适宜的速度限制、在不利的道路与天气条件下对司机的有效支持、对紧急情况的快速反应。这些越来越高的交通需求是传统交通运输系统所难以满足的，而 ITS 恰恰可以适应现代社会经济发展的客观要求。据专家预测，ITS 得到有效应用后可使交通运输效益显著提高，能够使交通拥堵降低 20%～80%，油料消耗减少 30%，废气排放减少 26%。

1. 人的生活质量提升需求

在交通基础设施和服务相对短缺的年代，人们利用城市提供的有限的交通资源来满足通勤、购物等基本生活需要。随着城市生活水平不断提升，人民群众的出行需求层次不断升级。世界各国的生活水平都经历了从生存型、温饱型向发展型、享受型的转变，在此过程中，食品、衣服等必需品消费比例逐步降低，而交通通信、文化娱乐等消费支出比例增长较快。城市交通要适应出行需求升级的客观趋势，从满足基本出行向提供快捷、高品质的交通服务转变。

经济社会发展和技术进步使人们的闲暇时间增加，为提高生活质量，人们对闲暇时间的自由支配产生了更加个性化的交通需求。闲暇时间用于家庭活动和照料儿童，或者用于个人兴趣爱好以及继续教育，或者纯粹用于休闲享受，这些活动会产生具有明显差别化的交通需求。与通勤、生活出行相比，闲暇时间的交通需求更加重视舒适性、安全性、个性化、可达性和体验性等交通服务的品质高低。

将通勤时间控制在合理的范围内是保证生活质量的重要体现。国内外研究表明，无论交通系统变得如何四通八达，平均通勤时间依然基本稳定在 1 h 左右，这就是马尔凯蒂定律（Marchetti's Constant）。有人基于 2011—2017 年北京市地铁刷卡数据的研究，发现了"45 min定律"，即 45 min 的地铁内通勤时间（从进站点到出站点的时间）是北京居民可忍受通勤时间的最大值。这说明，人的平均通勤时间存在一个合理的限度，超过这个限度，人的时间支配自由度会大大降低，生活质量将受到影响。2016 年一项针对英国通勤者幸福指数的研究表明，通勤时间每增加 1 min，人们对生活的幸福感和满意度都会随之下降。

我国城市居民的通勤时间明显过长，并且还有继续增长的态势，超长通勤现象十分突出，严重影响居民的生活质量。例如，北京市 2014 年平均通勤距离为 10.1 km，时耗为 47.7 min，与 2010 年相比呈增长态势，如表 1.2 所示。济南市平均通勤时耗由 2004 年的 26 min 上升到 2013年的 33.8 min；30～60 min 的通勤由 15.4%上升至 35.3%，60 min 以上通勤由 4%上升至 12.3%。

表 1.2　北京市通勤出行时长变化趋势

单位：min

交通方式	2010 年	2014 年
地铁	75.1	74.6
公共汽车	65.4	65.1
小汽车	39.5	49.1
自行车	21.8	25.1
步行	15.0	15.4
总计（全方式）	43.3	47.7
总计（不含步行）	50.1	55.8

2．不同群体出行的需求

与城市交通密切相关的一个方面是不同群体的多元化活动需求。

首先，随着居民人均可支配收入的稳步增长，我国中等收入群体规模持续扩大，城市社会结构将趋向于中间大、两头小的纺锤形。根据测算，我国中等收入群体人口2020年已超过4亿人（如图1.2所示），成为全球中等收入群体规模最大的国家。一般而言，中等收入群体不仅具有较强的消费意愿，也具备较强的消费能力。他们释放出来的消费需求，将成为拉动消费增长的重要力量，有利于促使我国经济增长转而更多地依靠内需。在逆全球化抬头的背景下，我国消费市场的持续扩大有利于增强我国经济抵御外部风险冲击的能力，增强经济增长的韧性。如果中等收入群体规模倍增，由4亿人增长至8亿人以上，将极大地促进经济可持续发展，调动新的增长潜能，推进经济转型升级。

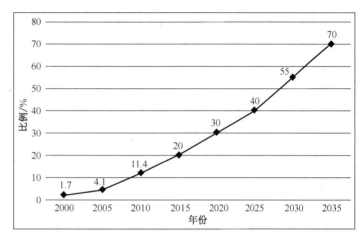

图1.2　我国中等收入群体现状及趋势预测

中等收入群体人口的增长使城市的社会结构和消费结构都会发生显著变化，进而衍生出新的交通需求。中等收入群体的消费具有以下特征：较强的经济实力和消费欲望，以及更为丰富、多元化的生活方式，对商品和服务的要求更加个性化、品质化、差异化、精细化，消费结构呈现发展型、享受型特征，文化、娱乐、旅游等消费支出比例大幅增加。这些消费需求将带动城市交通服务供给模式的升级，即从单一、固定、有限的交通供给转向多元、定制、弹性的供给模式，不仅要满足数量需求，更要注重质量提升。

其次，老龄化是未来城市交通面临的新难题。目前我国人均 GDP 为 9 000 美元左右，刚刚迈入中等收入国家门槛，而 60 岁以上人口就占 18%，65 岁以上人口占 12%。据世界卫生组织预测，到 2050 年我国将有 35% 的人口超过 60 岁，成为世界上老龄化最严重的国家之一。适老交通是老龄化服务体系中的重要一环，其根本目标是解决老年人的出行问题。但是，在我国城市中，老年人出行都存在不同程度的障碍，如何尽快将老龄人口出行需求纳入城市规划、交通规划和相关法规政策制定中，已刻不容缓。

随着生活水平的提高和预期寿命的延长，老年人的出行意愿比以往更加强烈。城市整体步行环境差、过街通道安全性不足、交叉口过大、信号配时不合理等问题成为老年人出行的巨大障碍。公共交通的适老性仅仅体现在经济补贴上，车站覆盖率低、发车间隔长、无障碍设施缺失等问题的存在使公共交通无法满足老年人出行需求。老年代步车的安全隐患和管理缺位又导致交通安全问题层出不穷。我国城市交通系统还没有做好应对老龄化的准备。

第三是保障交通弱势群体出行，体现交通公平性。由于交通劣势往往与社会经济劣势有密切联系，因此保障弱势群体出行实质上是社会包容性发展的需要。英国的一项研究表明，低收入群体与高收入群体在出行方式及交通可达性等方面存在明显的不平等：在小汽车拥有率方面，家庭平均小汽车拥有率约为 85%，但收入最低的家庭中只有不到 50% 的家庭拥有小汽车；

在出行距离方面，无车群体的年出行距离仅为有车群体的一半，因此许多低收入者由于没有小汽车而无法享有足够的可达性，从而面临社会排斥。对西安市的一项调查表明，低收入家庭机动车拥有水平极低，出行活动依赖于公共交通和自行车，出行距离比高收入家庭短 27%，而出行时耗却长 3%，如表 1.3 所示。这说明低收入群体的可移动性相对较差。

表 1.3　西安市不同收入家庭的出行指标对比

家庭分类	日均出行次数/（次/天）	平均出行距离/km	平均出行时耗/min
低收入家庭	2.46	4.0	35
中等收入家庭	2.53	4.8	35
高收入家庭	2.58	5.5	34

为保证交通服务公平，避免产生社会排斥等问题，英国的地方规划中加入了"可达性规划"的内容。从 2006 年起，可达性评价已成为英国地方交通规划的法定内容。地方交通部门必须与其他公共部门以及重要的利益主体合作，以解决部分居民可达性不足的问题。在我国，城市低收入家庭和刚刚进入城市的新市民往往面临出行劣势，这就要求城市交通系统具有更大的包容性，在公共交通设施规划建设过程中必须兼顾效率与公平，提高公共交通覆盖率，改善步行和自行车交通设施，保障人人享有可承受的基本交通服务。

3. 城市群高效组织的需求

城市群已成为支撑世界各主要经济体发展的核心区和增长极，我国明确提出以城市群作为推进新型城镇化的主体形态。评价城市群发展水平的一项重要指标，是城市群内部各城市的专业化分工和空间组织效率。以美国东北部城市群为例，在高度精密的功能网络体系中，纽约是全美的金融和商贸中心，拥有发达的商业和生产服务业；波士顿集聚了大量高科技、金融、教育、医疗服务、建筑和运输服务等产业和机构，其中高科技和教育最具特色和优势；华盛顿作为全美政治中心和世界大国首都，吸引了大量全球性金融机构总部；费城以港口、教育和文化著称；巴尔的摩则以国防工业和制造业为特色。这些城市之间建立起具有密切联系的功能网络，形成了区域发展空间的一体化。

城市群交通由涵盖城市交通、都市圈交通、城际交通、区际交通的多个层级组成，每个层级都具有不同的特点和主要矛盾。区际和城际交通服务于城市之间，采用相对独立的体系化运输组织，我国在以高速铁路、高速公路为代表的区际和城际交通建设方面已经取得了长足进展。都市圈交通服务于以城市建成区为核心的跨行政区域的交通联系，行政体制的限制导致这一层级的交通服务存在明显欠缺。城市交通是城市群交通的终端环节，将出行的起终点与对外交通枢纽紧密连接在一起，集中体现城市群内部各级节点之间社会经济互动的价值。如果城市交通的运行效率偏低，其后果是严重影响城市群空间组织的效率。因此，城市交通质量的高低直接关系到整个城市群的发展效益和综合水平。

生活休闲出行的便利性更加关系到居民的生活质量。由于每个人一天内用于出行的总时间预算有限，因此在通勤时耗不断增长的情况下，生活出行时耗应该在满足基本需要的前提下越短越好。但是，实际情况并不乐观。仍以济南市为例，以购物、娱乐为目的的出行时耗自 2004 年以来呈现增长态势，从 23.3 min 上升到 2013 年的 25.3 min。尽管大部分购物、娱乐出行时耗在 30 min 以内，但是 10 min 以内出行的比例急剧下降，而 10~20 min 和 20~30 min 的比例显著升高。一个社区的尺度通常是 10～15 min 出行距离，越来越多的基本生活服务要在社区以外才能获得，这说明居民的基本生活服务便利性下降了。

4. 城市现有智能交通系统（ITS）有待完善

作为应对城市交通问题的重要手段，ITS 通过智能交通管理、交通信息服务、智能公交等各类系统，在提高交通供给（主要通过提高对已有基础设施和交通工具的利用效率）、调整交通需求（改变出行时间、方式及路径等）、改善交通安全等方面发挥着积极的作用。

在信息化手段的支撑和"智慧城市"建设潮流的推动之下，我国当前的城市 ITS 已经进入一个全面发展的时期，将在城市交通问题的缓解中发挥着越来越重要的作用。但是，当前在机制、设施、资金、人才等方面还存在众多制约城市 ITS 充分发挥功能的问题，需要有针对性地加以完善和解决。结合前述现代城市的需求，还要重点考虑以下几点：

（1）强化枢纽城市的交通中心性。随着国家综合交通体系的完善，城市群之间以及城市群内部资源要素的流动更加便利，枢纽的作用也更加突出。除大型海港、空港以外，依托陆上交通运输网络的内陆枢纽强势崛起，如美国孟菲斯、西班牙萨拉戈萨，以及中国西安、郑州、武汉、重庆、成都等中西部内陆枢纽城市。这些城市凭借枢纽经济的强大服务能力重塑了城市群发展的格局。以郑州为例，"一带一路"倡议打通了西向物流通道，郑州作为内陆地区中心城市，依托航空、铁路等交通方式打造交通枢纽城市，完善枢纽功能，以物流带产业、以枢纽聚产业，大力培育高铁经济、临空产业，成为新的物流中心和经济中心。

高效的城市交通将推动枢纽城市由"门户"向"客厅"转变。在传统认识中，枢纽是一个城市的对外门户，是城市对外交通的起点或终点。这种观点只注意到枢纽的交通功能，而忽略了枢纽的场所价值。枢纽是各种流空间的汇合体，不同的城市功能以多元的姿态围绕着枢纽汇聚浓缩，不仅为枢纽周边地区带来巨大的价值提升，还使枢纽实现了从城市"门户"到城市"客厅"的转变，成为城市重要的形象标志和带动发展的重要引擎。以巴黎拉德芳斯为例，它是围绕枢纽一体化开发的区域，集商务、办公、购物、生活和休闲为一体的高端功能在枢纽的支撑下，使其不仅成为城市功能发展的引擎，同时也成为区域乃至欧洲主要的经济、金融和商业中心。

（2）优化城市交通供需适配模式和精准度。不断迭代的信息技术及其衍生的新业态正在重塑未来的城市交通。伴随着城市生产模式和人的生活方式的改变，城市交通需求发生显著变化，交通系统的服务模式、基础设施利用方式和交通治理体系都将发生颠覆性改变。

信息技术催生各种业态不断创新，使城市的生产模式发生改变，产业结构和经济运行方式逐渐调整，以适应和利用技术创新。例如，信息与通信技术、媒体、金融、保险在数字化发展中已经独占鳌头，快递、外卖、新零售、大健康等新业态正在加速发展，并逐步改变人的生活方式。另外，由于信息技术带来的实时性和跨距离互动，特别是以 VR/AR（虚拟现实/增强现实）为代表的虚拟视觉办公及会议系统，对活动场景的影响是深远的。一方面，一些非必要的出行需求被削减，人们转而采用线上方式实现信息交换；另一方面，因为交流成本大幅下降，随着信息交换范围的扩大，对信息强度和交互频度的要求增加，这会诱增更多面对面的沟通需求，从而增加出行需求。

同时，新技术可实现更为精准的交通供需匹配。信息化发展和大数据技术对城市交通供给和需求具有双重影响。信息化、"互联网+"在一定程度上提高了人们通过交通信息获得更高品质交通服务和多样化选择交通方式的能力；大数据环境下个体短时行为信息能够被捕捉，通过数据挖掘等分析技术，可以将破碎、片段化的位置数据提炼成连续、完整的交通信息而实现更为精准的供需匹配。

（3）推动城市交通出行服务模式创新。在共享经济的浪潮下，共享单车、共享汽车、合乘出行、定制公交等共享出行服务模式兴起，并得到快速发展。据统计，城市道路上汽车单人驾驶率高达 60%～70%，造成道路交通资源的极大浪费。基于网约车平台的合乘出行可以实现社会车辆资源的优化组合，充分利用车辆闲置运力，使居民不需要拥有车辆就能够出行，也使私人小汽车的功能实质上向公共交通系统延伸。当然，在当前的共享出行技术中，还需要关注以下问题：共享出行需求的空间与时间不对称所造成的车辆资源分布不均，共享车辆的实时调配和供需匹配效率的提升，共享出行的差异化定价策略等。

就原有的交通服务提供商而言，随着技术的进步，正逐渐形成以提高用户移动性为目标的服务理念，由单一服务转向跨服务整合，将交通信息从单向管控式传输转变为双向传输，为用户提供个性化、定制化、门到门的全链条服务，将城市交通的关注点从交通工具和基础设施调整为如何响应人的活动需求，并主动匹配最佳的出行组合方式。这种出行即服务（MaaS）系统的基本框架如图 1.3 所示。

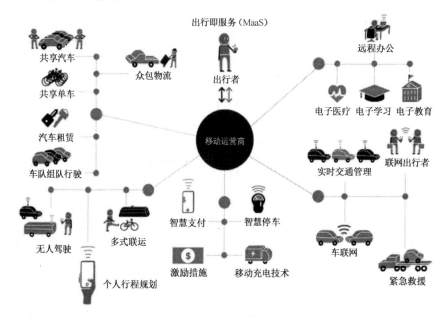

图 1.3　MaaS 系统基本框架

4. 深入挖潜城市交通设施资源

信息技术的广泛应用让城市交通设施的空间更加灵活、高效。例如，自动驾驶的普及使人们对停车空间的需求大大降低，同时自动驾驶使得交通系统更加灵活，交通系统对城市空间的影响继续降低，真正将道路和城市从以车为导向变为以人为导向的空间。现有的停车空间及冗余的交通空间将可以被再开发为绿地、公园等有利于人居环境的空间。除此以外，视觉技术、远程医疗、远程教育、智能机器人、3D 打印等都将改变城市生活空间的形态，创造全新的需求。

信息技术还可为更加高效地利用既有交通设施带来新的机遇，有助于在短时间内提高城市的机动性，并且不需要大规模的基础设施建设投入。例如，实时的出行共享使居民不需要独自驾车就能够出行；自动驾驶和车联网技术让车辆有更短的反应时间，在行驶过程中彼此可以保持更短的车头时距，可以形成车队，大幅提高路段通行能力；基于大数据、全要素信息感知的新型交通控制系统，可以依托强大的计算能力对出行进行实时调控，不断优化信号灯配时、改善路权空间分配，从而优化和提升城市路网容量。

同时，利用信息技术促成更为广泛的公众参与和更有效的共同治理。城市交通问题往往涉及复杂的利益相关方，各方的诉求各不相同，借助信息技术可以将所有的利益相关方联系起来，对所涉及的问题进行充分的解析，并提供可视化的情景分析技术，通过权衡各方利益后生成可接受的解决方案。

1.2 智能交通

1.2.1 智能交通概念和特点

1. 智能交通概念

近年来，计算机技术和智能技术发展迅速，为交通运输系统的智能化奠定了基础。交通运输系统智能化首先表现在硬件上。未来交通运输系统的硬件设备都带有芯片，整个交通运输系统就是一个大的计算机网络。交通科学与工程的发展，极大地促进了知识经济时代的到来。同时，新的知识经济时代对交通提出了更新、更高的要求——交通运输系统自身必须包含更多、更新的知识。其次，交通运输系统智能化表现在软件上，不仅人机界面应该更加友好和人性化，还要求管理、经营、控制等方案得以高水平实现。

智能交通系统（ITS）是一个基于现代电子信息技术、面向交通运输的服务系统，其突出特点是以信息的收集、处理、发布、交换、分析、利用为主线，为交通参与者提供多样性的服务。它是在现有的交通状况下，充分利用现代高新技术进行合理的交通需求分配和管理，通过全球导航卫星系统（GNSS）、汽车自动引导系统（vehicle automated guidance system，VAGS）、道路车辆信息通信系统（vehicle information and communication system，VICS）、视频监控和计算机管理等多种技术手段，将整个路网的通行能力迅速提高，是实现安全、快速、便捷运输的一种交通综合治理方案。也就是说，ITS 能将采集到的各种道路交通及服务信息经交通管理中心处理后，传输到公路运输系统的各个用户、驾驶员、居民、交管局、停车场、运输公司、医院、救护排障部门等，出行者可实时选择交通方式和交通路线；管理部门可随时掌握车辆的运行情况，进行合理调度，从而使路网上的交通流运行处于最佳状态，减少交通拥挤和阻塞，最大限度地提高路网的通行能力，提高整个交通运输系统的机动性、安全性和营运生产效率。

ITS 是未来交通系统的发展方向，它将先进的数据通信传输、电子传感、控制和计算机等技术有效地集成运用于整个地面交通管理系统，加强车辆、道路、使用者以及环境之间的联系，从而建立一种在大范围内、全方位发挥作用的，实时、准确、高效的综合交通运输管理系统。目前，国内 ITS 已从探索阶段进入实际开发和应用阶段。特别是近几年，受益于相关鼓励政策的发布和落实，国内智能交通行业取得了快速的发展，年均复合增长率超过 20%。随着新型城镇化建设的推进和智慧城市相关政策的落实，智能交通行业未来发展空间广阔，行业发展将迎来持续稳定的增长期。

ITS 可以有效地利用现有交通设施、减少交通负荷和环境污染、保证交通安全、提高运输效率，因而日益受到各国的重视。在 ITS 中，车辆靠自己的智能在道路上自由行驶，公路靠自身的智能将交通流量调整至最佳状态，管理人员借助 ITS 可对道路状况、车辆行踪一清二楚。同时，智能交通的发展离不开物联网，只有物联网技术不断发展，ITS 才能越来越完善。也可以说，智能交通是交通的物联化体现。

2. 智能交通特点

交通管理的科学化、现代化，一直是人们为综合治理、解决交通问题而追寻的目标。如今道路运输已经成为超越铁路的最重要的地面运输方式，在国民经济和社会发展中起着举足轻重的作用。但是，随着汽车的普及、交通需求的急剧增长，道路运输所带来的交通拥堵、交通事故和环境污染等负面效应也日益突出，逐步成为经济和社会发展中的全球性问题。智能交通系统（ITS）是实时、准确、高效的运输综合管理系统，可以极大地提高交通运输效率，保障交通安全。

多年实践证明，ITS 是解决当今交通诸多矛盾的途径之一。ITS 通过人、车、路的和谐与密切配合来提高交通运输效率，缓解交通阻塞，提高路网通过能力，减少交通事故，降低能源消耗，减轻环境污染。ITS 可以将数据通信传输、电子控制以及计算机处理等技术有效地运用于整个运输管理体系。智能交通能够提高道路使用效率，使交通堵塞减少约 60%，使短途运输效率提高近 70%，使现有道路的通行能力提高 2~3 倍；车辆在智能交通体系内行驶，停车次数可减少 30%，行车时间减少 13%~45%，由此汽车油耗可降低 15%。

与一般技术系统相比，ITS 在建设过程中的整体性要求更加严格。这种整体性体现在：

（1）跨行业。ITS 建设涉及众多行业领域，是社会广泛参与的复杂巨型系统工程，从而造成复杂的行业间协调问题。

（2）多技术领域。ITS 综合了交通工程、信息工程、控制工程、通信技术、计算机技术等众多科学领域的成果，需要众多领域的技术人员共同协作。

（3）多单位协助。政府、企业、科研单位及高等院校共同参与，恰当的角色定位和任务分担是 ITS 有效展开的重要前提条件。

（4）集成度高。ITS 将主要以移动通信、宽带网、RFID（射频识别）、传感器、云计算等新一代信息技术作为支撑，更符合人的应用需求，可信任程度提高且变得"无处不在"。

ITS 具有以知识表示的非数学广义模型和以数学模型表示的混合模型，适合对含有复杂性、不完全性、模糊性、不稳定性和算法未知的运输过程的描写，具有分层信息处理和决策机制，对运输环境或运输过程进行组织、决策和规划，实现广义求解。智能运输过程具有非线性，ITS 根据当前的客货流量的大小和方向，在运输系统参数得不到满足时，就以跃变的方式改变运输系统结构，以此提高运输系统的效益。ITS 还具有总体自寻优的特点。在整个运输过程中计算机系统实时获取客货和环境的信息，进行实时处理并给出运输决策，通过不断优化参数和寻找运输系统的最佳结构形式，以获取整体最优运输效益。

ITS 的目标和功能是安全性、畅通性、环保性和舒适性。由于舒适性与其他目标和功能有着直接的关系，因此 ITS 的目标和功能可以归纳为四大类：① 提高交通运输的安全水平；② 减少交通堵塞，保持道路交通畅通；③ 提高运输网络的通行能力，降低交通运输对环境的污染程度并节约能源；④ 提高交通运输生产效率和经营效益。

与传统的提高交通运输水平的手段相比，ITS 不单纯依靠建设更多的基础设施、消耗大量能源来实现上述目标和功能，而是在现有或较为完善的基础设施之上，将先进的通信、计算机、控制等技术有机地结合起来，综合地运用于整个交通运输系统以实现其目标和功能。

1.2.2　智能交通系统组成

"智能交通"概念起源于美国，但各个国家在引进概念和技术时都必须考虑本国的实际情况，充分考虑引进技术与本国文化的结合。任何新技术，如果没有在现有技术基础上对其消化吸收，那都是失败的。因此，世界各国在制定本国智能交通系统（ITS）发展规划时，必须对本国现有技术进行整合，然后把与现有技术相近的内容作为自己的近期发展目标。

世界上 ITS 的应用最为广泛的是日本，美国、欧洲等国家和地区也较为普遍。我国的 ITS

发展迅速，在北京、上海、广州等大城市已经建设了先进的系统。其中，北京建立了道路交通控制、公共交通指挥与调度、高速公路管理和紧急事件管理四大 ITS 系统；广州建立了交通信息共用主平台、物流信息平台和静态交通管理系统三大 ITS 系统。随着 ITS 技术的发展，ITS 将在交通运输行业得到越来越广泛的应用。

我国目前的 ITS 体系框架（第二版）的基本情况如下：用户服务包括 9 个服务领域、43 项服务、179 项子服务；逻辑框架包括 10 个功能领域、57 项功能、101 项子功能、406 个过程、161 张数据流图；物理框架包括 10 个系统、38 个子系统、150 个系统模块、51 张物理框架流图；应用系统包括 58 个分系统。表 1.4 示出了其用户服务种类。

表 1.4　我国 ITS 体系框架（第二版）的用户服务种类

序号	用户服务领域	用户服务	序号	用户服务领域	用户服务
1	交通管理	1.1　交通动态信息监测	5	交通运输安全	5.3　非机动车及行人安全管理
		1.2　交通执法			5.4　交叉口安全管理
		1.3　交通控制	6	运营管理	6.1　运政管理
		1.4　需求管理			6.2　公交规划
		1.5　交通事件管理			6.3　公交运营管理
		1.6　交通环境状况监测与控制			6.4　长途客运运营管理
		1.7　勤务管理			6.5　轨道交通运营管理
		1.8　停车管理			6.6　出租车运营管理
		1.9　非机动车、行人通行管理			6.7　一般货物运输管理
2	电子收费	2.1　电子收费			6.8　特种运输管理
3	交通信息服务	3.1　出行前信息服务	7	综合运输	7.1　客货运联运管理
		3.2　行驶中驾驶员信息服务			7.2　旅客联运服务
		3.3　途中公共交通信息服务			7.3　货物联运服务
		3.4　途中出行者其他信息服务	8	交通基础设施管理	8.1　交通基础设施维护
		3.5　路径诱导及导航			8.2　路政管理
		3.6　个性化信息服务			8.3　施工区管理
4	智能公路与安全辅助驾驶	4.1　智能公路与车辆信息收集	9	ITS 数据管理	9.1　数据接入与存储
		4.2　安全辅助驾驶			9.2　数据融合与处理
		4.3　自动驾驶			9.3　数据交换与共享
		4.4　车队自动运行			9.4　数据应用支持
5	交通运输安全	5.1　紧急事件救援管理			9.5　数据安全
		5.2　运输安全管理			

根据我国 ITS 体系框架，ITS 基本组成如图 1.4 所示。

1. 先进的交通信息系统（ATIS）

先进的交通信息系统（advanced traffic information system，ATIS）是建立在完善的信息网络基础上的。交通参与者通过装备在道路上、车上、换乘站上、停车场上以及气象中心内的传感器和传输设备，向交通信息中心提供各地的实时交通信息；ATIS 得到这些信息并通过处理后，实时向交通参与者提供道路交通信息、公共交通信息、换乘信息、

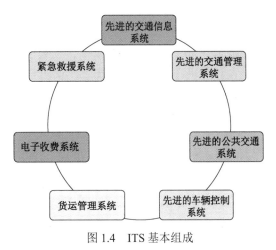

图 1.4　ITS 基本组成

交通气象信息、停车场信息以及与出行相关的其他信息；出行者根据这些信息确定自己的出行方式并选择路线。更进一步来讲，当车上装备了自动定位和导航系统时，该系统可以帮助驾驶员自动选择行驶路线。图 1.5 所示为 ATIS 的城市交通信息服务平台示例。

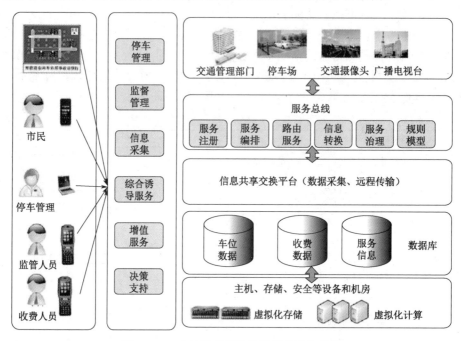

图 1.5　ATIS 的城市交通信息服务平台示例

2．先进的交通管理系统（ATMS）

先进的交通管理系统（advanced traffic management system，ATMS）有一部分与 ATIS 共用信息采集、处理和传输系统，但是 ATMS 主要是给交通管理者使用的，用于检测、控制和管理公路交通，在道路、车辆和驾驶员之间提供通信联系。它对道路系统中的交通状况、交通事故、气象状况和交通环境进行实时的监视，依靠先进的车辆检测技术和计算机信息处理技术，获得有关交通状况的信息，并根据收集到的信息对交通进行控制，如信号灯、发布诱导信息、道路管制、事故处理与救援等。图 1.6 所示为 ATMS 的城市交通全集成管控平台示例。

3．先进的公共交通系统（APTS）

先进的公共交通系统（advanced public transportation system，APTS）的主要目的是采用各种智能技术促进公共运输业的发展，使公交系统实现安全便捷、经济、运量大的目标。例如，通过个人计算机、闭路电视等向公众就出行方式和事件、路线及车次选择等提供咨询，在公交车站通过显示器向候车者提供车辆的实时运行信息。在公交车辆管理中心，可以根据车辆的实时状态合理安排发车、收车等计划，提高工作效率和服务质量。图 1.7 所示为 APTS 的城市公共交通管理系统示意图。

4．先进的车辆控制系统（AVCS）

先进的车辆控制系统（advanced vehicle control system，AVCS）是指借助车载设备以及路侧设备和路标来检测周围行驶环境的变化情况，自动控制驾驶以达到行车安全和增加道路通行能力目的的系统。该系统的本质就是在车辆与道路系统中将现代化的通信技术、控制技术和交通流理论加以集中，提供一个良好的辅助驾驶环境。在特定的条件下，车辆将在自动控制下安全行驶。AVCS 的目的是开发帮助驾驶员实行车辆控制的各种技术，从而使汽车安全、高效地行驶。图 1.8 所示为 AVCS 的车辆控制示意图。

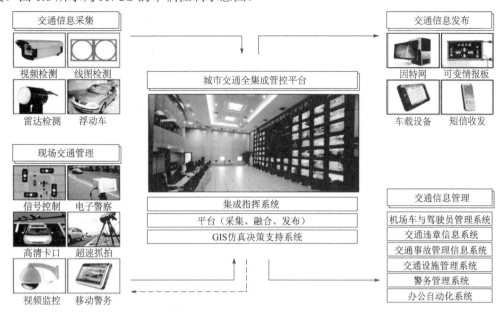

图 1.6 ATMS 的城市交通全集成管控平台示例

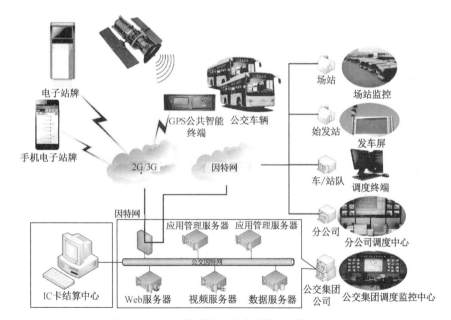

图 1.7 APTS 的城市公共交通管理系统示意图

AVCS 由自适应巡航控制、胎压监控、车道偏离告警、盲区探测、事故自动通报、汽车导航和定位、道路环境告警以及自适应前照灯等系统构成。

5. 货运管理系统（LMS）

货运管理系统（logistics management system，LMS）是指以公路网和信息管理系统为基础，利用物流理论进行管理的智能化物流管理系统，包括 3 个方面的内容：对物流活动诸要素的管理，包括运输、储存等环节；对物流系统诸要素的管理，包括人、财、物、设备、方法和信息等；对物流活动中具体职能的管理，包括物流计划、质量、技术、经济等。图 1.9 所示为 LMS系统平台示意图。

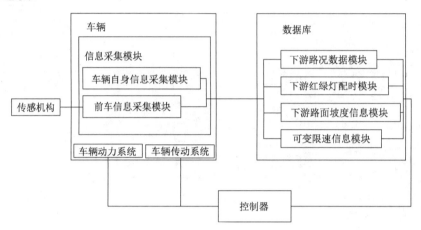

图 1.8　AVCS 的车辆控制示意图

随着信息技术的飞速发展，智能化的物流管理系统综合利用 GNSS、GIS、物流信息及网络技术来有效组织货物运输，对物流活动进行计划、组织、指挥、协调、控制和监督，使各项物流活动实现最佳的协调与配合，以降低物流成本，增强企业长期竞争力，提高物流效率和经济效益。

6．电子收费系统（ETC）

电子收费（electronic toll collection，ETC）是世界上最先进的路桥收费方式。通过安装在车辆挡风玻璃上的车载单元（OBU）与在收费站 ETC 车道上的路侧单元（RSU）之间的专用短程通信（dedicated short range communication，DSRC），利用计算机联网技术与银行进行后台结算处理，从而达到车辆通过路桥收费站无须停车就能交纳路桥费的目的，且所交纳的费用经过后台处理后清分给相关的收益业主。在现有的车道上安装电子不停车收费系统，可以使车道的通行能力提高3～5 倍。图 1.10 所示为 ETC 前端系统组成示意图，图 1.11 所示为 ETC 系统信息传输示意图。

图 1.9　LMS 系统平台示意图

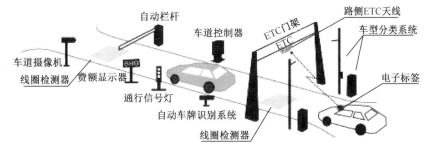

图1.10 ETC前端系统组成示意图

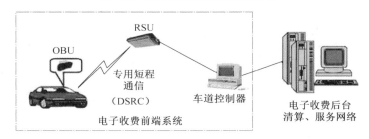

图1.11 ETC系统信息传输示意图

7. 紧急救援系统（EMS）

紧急救援系统（emergency medical service，EMS）是一个特殊的系统，其基础是ATIS、ATMS和有关的救援机构和设施，通过ATIS和ATMS将交通监控中心与职业救援机构联成有机的整体，为道路使用者提供车辆故障现场紧急处置、拖车、现场救护、排除事故车辆等服务。具体包括：① 车主可通过电话、短信、车联网三种方式了解车辆具体位置和行驶轨迹等信息；② 车辆失盗处理，即该系统可对被盗车辆进行远程断油锁电操作并追踪车辆位置；③ 车辆故障处理，即接通救援专线，协助救援机构展开援助工作；④ 交通意外处理，即该系统会在10 s后自动发出求救信号，通知救援机构进行救援。

1.3 智能交通规划

我国一直强调的是坚持走"以信息化带动工业化"的发展道路，城市化是坚持"科学发展的城市化"，走新型城市化（集约型、环保型）道路。不管是工业化还是城市化，都赋予了"信息化"下的现代社会背景。工业结构的调整、科学技术的自主创新以及信息技术和高新技术的进步与创新，无疑将会更大地推动智能交通的发展和技术应用。国务院也将"加快自主创新和结构调整"（包括支持高技术产业化建设和产业技术进步）列入国家进一步扩大内需、促进经济增长的十大措施之一。

智能交通技术和应用将会在我国工业化、城市化发展中具有广阔的市场空间。目前，随着城市化发展和交通的发展已进入了"基本需求期"，大中城市正在大力投资建设ITS的基础设施。一些特大城市已经从"基本需求期"进入了"功能需求期"，如北京、上海、广州、深圳等已经建成了发挥重要功能的ITS。有200多大中型城市将陆续建立具有调度指挥及交通信息发布等功能的智能交通指挥中心，同时高速公路和快速铁路、城市地铁的建设将带动智能交通技术的应用与发展。随着大众出行需求的增加，将来智能交通提供的各类出行信息服务的增值服务业也将占有相当大的市场。

如何利用 ITS 来提高我国城市的交通运输效率、保障交通安全和保护环境，对于促进我国城市社会经济的可持续发展十分重要。在智能交通规划过程中，采用调查研究、理论分析与规划研究相结合的方式，在借鉴国内外经验及充分分析城市现状的基础上，根据城市的特点和实际情况，强调规划、设计与实际的结合，强调规划、设计中的创造性工作，提出有充分依据、科学严谨、实用先进的规划设计方案。在研究规划过程中，充分借鉴国内外成功经验、透彻剖析影响城市交通信息化与 ITS 发展的宏观背景，在掌握经济发展、城市化、机动化以及现代信息技术发展特征与趋势的基础上制定规划。

经过了"十二五""十三五"的发展，我国许多大中城市的智能交通取得了长足的发展，也在城市交通管理中发挥了越来越重要的作用，但"十四五"期间和今后一段时间内，我国智能交通如何发展？或者说，我国新一代智能交通发展趋势如何？许多行业管理部门的领导、智能交通领域的专家学者以及企业界精英都在进行相关研究和探讨。虽然我国 ITS 的起步略晚于西方发达国家，但也有 40 多年的历史，在 ITS 出现以前经历了以下几个阶段。

第一阶段从 1973 年至 1984 年，依靠自己的技术和国产设备，以电视监控与线控为起点逐步向面控系统发展，实现了以北京前三门交通监控系统为代表的城市主要交叉路口的点控及路段的线控。

第二阶段从 1984 年起，北京、上海分别应用南斯拉夫、美国和澳大利亚的面控系统，直到公安部组织完成面控系统国产化的"七五"攻关。此后，我国几十个大中城市相继采用了国产的面控系统。

第三阶段从 1993 年起，我国部分城市开始了现代化综合交通指挥系统的研制与实施。这种系统不仅包括交通信号控制和电视监视系统，还包括警车定位系统、GIS 和交通事故、车辆与机动车驾驶人档案管理等综合静态信息系统。可以认为，这种现代化交通管理与指挥系统实际上就是我国 ITS 的基础。1996 年以后开始参加和组织国际智能交通领域的国际会议，学习了解智能交通的国际发展情况。

2000 年之后，我国经济发展迅速，各中心城市交通状况逐渐恶化。为改善城市交通，各地纷纷将 ITS 的建设视为重点，在全国 12 个城市进行了 ITS 示范工程建设，同时通过国家科技攻关计划的立项，推动了全国城市 ITS 的建设，全社会形成了对大力发展 ITS 的共识，为我国智能交通市场的发展带来了一个快速发展的机会。我国早期 ITS 的发展思路是：紧密围绕国家经济发展和交通运输发展的总体目标，以行业标准为先导，以资源整合为关键，以出行者需求为导向，以技术研发为支撑，以做大做强本国企业为依托，立足国内交通特点，坚持政府推动和市场培育相结合，基础研究和项目建设共推进，打破体制约束，构建信息平台，努力研究和开发具有自主知识产权的技术和系统，加快推动产业发展壮大，努力使智能交通领域成为我国高技术开发和新兴产业成长的重要领域，为国民经济社会环境健康持续较快发展做出积极的贡献。

近年来，随着信息技术的飞速发展，我国 ITS 发展发生了巨大变化，ITS 总体规划也经历了以下几个重点阶段：

（1）基础阶段（2006—2010 年）。我国 ITS 的标准化体系日益完善，在北京奥运、上海世博、广州亚运等重大国际活动的交通保障中，大规模集成应用了智能交通技术，京津冀、长三角等区域实现联网不停车电子收费。ITS 的基础研究和示范应用取得多项创新成果。在交通运输的智能化运营管理方面成效明显，智能交通产业初具规模。其中，以下技术取得突破：① 综合交通运输协调技术（基础设施、运输装备和运输组织的协调）；② 综合交通信息服务支撑技术（建立区域动态交通信息共享和服务，如广州的浮动车数据采集系统可提供道路动态信息）；③ 智能车路技术（从人、车、路一体化的角度出发，解决彼此之间的通信问题）。

（2）提升阶段（2010—2015 年）。ITS 建设在全国普遍展开，交通运输部、公安部部署实施了一系列智能化管理和智能化服务工程，带动了 ITS 建设应用规模的提升和产业的创新发展。① 将上一阶段形成的体系应用于实际，推广到全国并继续深入研究；② 主要研究重点包括车辆自动驾驶、自动防碰撞报警技术、跨区域不停车电子收费，完善高速公路综合管理系统等。

从"十五"到"十二五"，国家投入 ITS 的资金逐步加大，到了"十二五"期间，投资上千亿元致力于 ITS（到 2014 年我国 ITS 投资额已达 837.69 亿元），年复合增长率约为 19.06%；国内的智能交通企业也随之发展，投入大量资金进行智能交通的研发、生产和普及。这些都为智能交通的发展创造了有利的条件。经历了"十二五"的快速发展，我国智能交通产业投资额以年均 25%以上的速度快速增长。智能交通行业整体的创新能力、企业的市场竞争力、技术成果的应用规模和水平不断提升，行业整体发展态势良好。

（3）创新阶段（2016 年至今）。2017 年，我国智能交通行业市场规模达到 821.02 亿元，而作为未来交通优先发展的主题，ITS 对于提高交通管理效率、缓解交通拥挤、减少环境污染、确保交通安全起到了非常重要的作用，符合国家建设"智慧城市""绿色城市""平安城市"的要求，得到政策面的大力支持。长期来看，我国 ITS 将在交通运输行业及其各个环节中得到更为广泛的应用，由此创造相应的社会效益和经济效益，具有广阔的发展前景。随着新一代信息技术推动 ITS 理念、技术内涵和应用的变革，"互联网+交通"的推进，大数据、人工智能（AI）的应用，车联网、自动驾驶技术的发展，以及车路协同系统的建设，新一代 ITS 正在形成。

1.4 智能交通系统发展

1.4.1 智能交通发展现状

面对当今世界全球化、信息化发展趋势，传统的交通技术和手段已不适应经济社会发展的要求。智能交通系统（ITS）是交通事业发展的必然选择，是交通事业的一场革命。它将先进的信息通信、控制、传感、计算机和系统综合等技术有效地集成与应用，使人、车、路之间的相互作用关系以新的方式呈现，从而实现实时、准确、高效、安全、节能的目标。交通安全、交通堵塞及环境污染是困扰当今国际交通领域的三大难题，尤其以交通安全问题最为严重。采用智能交通技术提高道路管理水平后，每年仅交通事故死亡人数就可减少 30%以上，交通工具的使用效率提高 50%以上。为此，世界各发达国家竞相投入大量资金和人力，进行大规模的智能交通技术研究试验。很多发达国家已从对该系统的研究与测试阶段转入全面部署阶段。ITS 是 21 世纪交通发展的主流，它可使现有公路使用率提高 15%～30%。

美、欧、日是世界上 ITS 开发应用较好的国家与地区，ITS 功能已不限于解决交通拥堵、交通事故、交通污染等问题。随着传感器、通信、3S（RS、GIS 和 GNSS）和计算机等技术的不断发展，交通信息的采集经历了从人工采集到单一的磁性检测器采集，再到多源多种采集方式组合的历史发展过程。同时，国内外对交通信息处理的研究逐步深入，统计分析、人工智能

（AI）、数据融合、并行计算等技术被逐步应用于交通信息的处理中，使得交通信息处理得到不断的发展和革新，更好地满足了 ITS 各子系统管理者和用户的需求。

近年来，在社会经济发展以及国家政策的推动下，我国城市化进程不断加快，城市化率的快速增长带来城市交通的巨大需求。我国既是当今世界道路等交通基础设施建设速度最快的国家之一，同时又是交通需求增长最快的国家之一，高速公路仍是政府投资基础设施建设的主要方向。我国智能交通行业的发展有以下几个特点值得关注。

1. 国家政策不断推进

根据《国家公路网规划（2013—2030）》，到 2030 年，我国规划高速公路通车里程达到 11.8 万千米，普通国道达到 26.5 万千米。智能交通与高速公路建设发展密切相关，目前我国高速公路单位里程投资额中，ITS 投资所占的比例平均为 2%～3%，与国外 10%～15% 的比例相比明显偏低，巨大的高速公路网络建设规模，将带来智能交通及管理领域的巨大市场需求。随着人工智能技术的逐步成熟以及多项政策的推动，高速公路智能化、智慧化成为当下公路运输的主要发展方向，通过基础设施的建设，路网建设将持续增加，公路货运能力也将不断提升，因此智能交通市场全面发展。

2. 自主创新应用显著

智能交通科技创新和实际应用成效明显，行业自主创新能力不断加强。

（1）行业总体技术水平得到明显提升。2015—2019 年，ITS 相关的专利申请量和专利公开量呈现快速增长的态势。其中，2019 年的专利申请量为 328 件，同比增长 55%；2019 年的专利公开量达到 256 件，同比增长 63%。总体上，ITS 的基础理论方法得到进一步的丰富和完善，在智能车路协同、大城市区域交通协同联动控制、交通状态感知与交互、车联网、综合交通枢纽智能化管控、交通物联网应用等关键技术领域取得了多项技术突破，形成了一系列技术成果，部分成果缩小了与发达国家先进水平的差距，并已实现了产业化。

（2）智能交通的建设和实际应用显著提升了我国城市交通管理和服务水平。到 2015 年底，全国共有 460 多个城市建成了集接处警、信息采集、交通控制等功能于一体的智能化交通指挥控制中心，400 多个城市实现了交通信号区域控制或主次干道"绿波"控制。机动车/驾驶人信息管理系统已实现全国范围机动车违法联网。以公共交通出行为核心的城市智能公交与客运服务体系已初步形成，"公交都市"建设推动了城市地铁和地面公交调度、枢纽及 P&R（Park and Ride）换乘服务、公共自行车和步行等慢行系统服务领域的应用服务创新，公交"一卡通"在珠三角、江苏等地区初步实现跨城市的互联互通。全国重点营运车辆联网监管系统等智能交通应用平台已经建成。高速公路 ETC 已在全国应用，实现了全国 29 个省市联网，目前全国高速公路正在开展网络通信链路的系统功能、ETC 门架及收费站系统等三项测试工作。到 2019 年底，我国可实现 ETC 车载设备免费安装全覆盖，实现手机移动支付在高速公路人工收费车道全覆盖。

（3）智能交通企业科技创新能力有较大提高。目前，国内从事智能交通行业的企业约有 2 000 家，涉及视频、安防、监控、电子收费等设备以及各种软件开发和系统集成等领域。近年来，行业内的骨干企业在创新研发方面的投入力度加大，许多企业设立了专门的研发机构，传统交通工程技术研究得到重视和深化，云计算、大数据、移动互联等新技术在交通领域的研究和应用取得实际成效，智能交通市场主要应用产品的国产化比例明显提高。

（4）新型创新组织模式推动了智能交通领域的协同创新。全国已建立了多个与智能交通相关的协同创新中心，产学研用紧密结合的创新模式正在推动创新体系的完善。产业联盟、创新联盟等发展活跃，OpenITS、车路协同技术创新联盟等在基础数据开发、公共研发平台共享和可持续协作研发机制建立等方面进行了有益的探索。国家工程技术研究中心、重点实验室、联合研发机构等在智能交通技术创新中的引领和支撑作用也日益凸显。

3. 产业整体平稳发展

智能交通产业整体稳步发展，市场需要在发展中规范，新型投资建设模式对产业和市场格局将产生深远影响。

（1）近年来我国的智能交通市场规模总体上稳步增长，智能交通产业发展相对稳定。业内骨干企业纷纷走向资本市场，主板、创业板、新三板、境内外资本等多元化的资本市场格局，使智能交通行业骨干企业的综合实力得到加强，企业的品牌、技术、资本一体化核心竞争力正在提升。

（2）市场中的规范性需进一步完善。ITS 设计、建设、监理的专业化体系尚未完全建立，忽视项目建设内在要素的低价竞争等现象依然存在，导致一些 ITS 项目的实施效果达不到规划要求。

（3）随着近年各地智慧城市建设的发展，智慧城市建设与 ITS 结合日益紧密，加之地方财政的财力不足等因素，催生了 BT（build-transfer，建设-转让）、BOT（build-operate-transfer，建设-经营-转让）、PPP（public-private partnership，政府和社会资本合作）等投资建设模式，在 ITS 建设发展中受到青睐。与此同时，也造成 ITS 建设的局域垄断，小微企业的生存空间受到挤压，成长机会减少，大企业的经营风险也在加大，产业的长期可持续发展的隐患和风险值得关注。

4. 新技术使 ITS 体系与内涵发生变革

新技术对智能交通发展带来的机遇和挑战已经成为现实，ITS 的内涵和技术体系正在变革。

（1）手机导航、网络化票务已成为公众出行中智能化交通服务的主要方式；

（2）车联网、智能驾驶服务的市场悄然兴起；滴滴打车、专车计划、UBER（优步）、高德叫车等遍地开花，对传统出租车市场和行业模式带来颠覆性变革；

（3）大数据、云计算已经成为 ITS 数据中心建设和体系构建中毋庸置疑的技术选择；

（4）互联网交通已经成为交通运输行业信息化发展的重要内容。

因此，在新技术、新需求的大背景下，ITS 的发展正在进入一个新的时代，有专家称之为 ITS2.0 时代。事实上，从近年智能交通行业的变化，大众可以明显感到，新技术及其理念和模式，正在颠覆或者再造交通运输系统。同时，ITS 的体系和内容都在发生重大变革，新技术推动 ITS 在感知、存储、共享与交互、大数据分析以及综合服务等方面全面升级和创新。新一代感知技术和通信技术、移动互联服务、能源管理、车路协同、综合交通智能化和智能网联汽车等应用发展迅速，ITS 的内涵也在改变。

1.4.2 智能交通发展方向和特征

1. 信息采集与处理方式的多样化

交通信息采集的方式分为人工采集方式和自动采集方式。其中，自动采集主要通过磁性检测器（包括感应线圈检测器、磁阻传感器等）、光学检测器（包括视频检测器、激光检测器）、微波检测器（包括雷达测速仪）、路面情况及测重传感器（雨雾检测器，路面结冰检测器，轴重仪等）。随着科学技术的发展，自动采集技术得到了不断的研究、发展和应用。各种采集技术都有各自的优点和缺点，利用多种采集方式组合是国内外研究的热点和焦点。信息质量控制、多源交通信息融合、多时间尺度预测、信息集成、信息压缩和存储等技术，大大提高了信息的精度及信息提供的种类。

2．信息内容丰富且地理范围广

每一种采集方式获得的参数种类有限。例如，感应线圈只能采集到交通流量、占有率、速度等固定地点的截面交通参数；视频检测器只能采集到交通流量、速度、占有率、排队长度等固定地点的交通参数。随着多种交通采集方式的组合应用，可以获得交通流量、速度、占有率、排队长度、行程时间、区间速度等截面和路段交通参数，丰富了交通信息的采集内容，也提高了采集地理范围的广度。同时，随着交通数据获取源的增加，交通信息用户对海量交通信息实时性需求日益提高。近几年，国内外逐渐将分布式并行计算技术、高性能计算服务器以及高性能的数据处理算法应用于海量交通信息的处理之中，提高了信息的处理速度。

3．信息采集精度和经济性提高

随着磁性传感器和光学传感器工艺的提高以及图像处理技术和定位技术的发展，交通信息的采集精度也不断得到提高。同时，随着近几年对交通检测器配置优化技术的不断深入研究，交通信息的采集在保证信息全面性和动态性的前提下，其经济性也得到提高。这为 ITS 的开发和应用奠定了基础。AI、统计分析、模糊逻辑、混沌理论等的逐渐成熟，以及基于这些理论的交通信息处理方法，大大提高了信息处理的精度与质量。

1.4.3　我国智能交通发展方向和趋势

1．发展方向

我国城市 ITS 建设相对于智慧城市建设的其他方面来说起步较早，因而形成的框架也相对成熟。但是，只有时刻紧跟步伐才能立于长久的不败之地。

进入 21 世纪以来，我国 ITS 的发展经历了从体系框架制定、示范城市建设到目前各级城市全面展开 ITS 建设的过程。如今，我国城市 ITS 在城市交通管理、信息服务及发展决策等方面开始发挥越来越重要的作用，对于缓解日益严峻的道路交通拥堵状况起到了良好的支撑作用。例如，通过智能信号控制系统的建设，提高了路口通行能力和路口间协调水平，以及车辆的运行速度；通过信息服务系统的建设，调整了出行者的出行需求，促进了交通供给与需求间的均衡；通过违法监测系统等的建设，规范了出行者的出行行为，改善了交通秩序和安全水平，也相应地减少了交通拥堵；通过智能公共交通系统的建设，提高了公交服务水平，引导出行者选择公交出行，逐步改变城市的出行结构。城市 ITS 也得到了各类城市的重视，进入了一个快速发展的时期，主要发展方向如下。

（1）交通管理控制的集成化。以城市交通信号控制为核心，以综合交通管理信息平台为支撑，整合包括视频监控、违法监测、智能调度、信息服务、主动管理、指挥决策等功能在内的集成化的城市交通管理系统，是当前城市 ITS 发展的一大方向。在集成化体系的支持下，实现交通管理的智能化、科学化，提高道路通行能力和通行效率。当前，我国的众多大中小城市都建设了多个智能交通管理系统，并逐步推进系统的集成与应用。

（2）交通信息服务的多样化。一方面，信息技术的发展使得信息服务的手段不断增多，如智能手机的出现所催生出来的新的信息服务方式，新兴的打车软件在一定程度上改变了出租车的运行模式；另一方面，提供信息服务的主体不断增加，有政府部门、交通运输企业（如公交公司）、汽车厂商、专业的交通信息服务商（如 TomTom、Inrix）以及 IT 巨头（如 Google）等，使得出行者的选择日益多样化，而信息服务内容的增加和实时性的提高也使得 ITS 在调整交通需求方面开始发挥着越来越明显的作用。

（3）交通安全辅助的全面化。一方面通过实时的、多途径的信息服务来为驾驶员提供驾驶辅助决策，例如盲区监测、夜视辅助、超速提醒、车道偏离报警、碰撞报警等技术；另一方面则通过汽车自动驾驶技术的发展实现常态或异常情况下的辅助驾驶或自动驾驶，如自动泊车、主动巡航控制、车道保持等，从而大幅降低由于人的失误而导致的交通事故的发生，直接降低交通事故的发生概率和严重程度，也间接缓解因交通事故导致的交通拥堵状况。

（4）道路交通系统的一体化。多种通信技术的发展使得车辆间的实时通信成为可能，车联网已成为当前 ITS 发展的热点和趋势。短程通信技术用于车辆、道路及交通参与者的整合，相互间实时通信，从而提高道路的通行效率，改善车辆安全性，这是未来 ITS 发展的主要方向。较有代表性的车联网系统的发展案例是 2013 年在德国法兰克福完成的现场测试。德国汽车厂商联合（由奔驰公司领导，宝马、奥迪、大众、福特、欧宝等公司参与）进行了世界上最大的车车通信现场试验（Sim TD）。该项目通过采用"汽车–物–网络通信系统"，将汽车与汽车、汽车与基础设施相互联网，及时提醒司机路面障碍、恶劣天气、前车紧急刹车、下一个施工地路况、行驶到下一个路口为绿灯的最佳速度等情况，同时采取匿名方式，将车辆行驶信息传输给交通控制中心，不断优化和更新更大范围、更反映实际、更为精确的交通状况，从而显著提高交通运输的效率和行驶的安全性。

2. 发展趋势

智能交通作为我国交通现代化建设的重要内容，是我国交通科技领域重点支持和发展的战略方向。针对"一带一路"倡议以及京津冀协同发展、长江经济带等国家战略对交通运输提出的重大需求，以解决我国综合运输效能低下、公众出行不便、交通安全态势严峻、交通能耗高、交通服务水平落后等迫切问题为导向，面向应用需求，继往开来，创新引领和推动智能交通的持续发展，是我国智能交通行业未来发展的主要思路。

我国智能交通未来的发展趋势，主要有以下几方面：

（1）智能交通是智慧城市应用的最重要的场景。智慧城市的核心是利用大数据、云计算等新一代信息技术改变政府、企业与居民之间的交互方式，在城市全面数字化基础上进行管理和运营，满足包括政务、民生、经济活动等在内的各类需求。智慧城市未来发展空间巨大，智能交通已经成为我国智慧城市建设需要突破的重要领域，是新型城镇化建设和智慧城市建设的最重要的场景之一。

（2）智能化出行服务行业将受到更多关注，并带来巨大的市场和产业。共享出行、绿色出行、智能出行是未来出行的重要特征，满足公众出行的个性化服务，预约出行、计算交通等技术都在迅速发展。网约车、定制公交等昭示出未来交通一站式出行服务的趋势，也蕴含着未来产业颠覆性的变化发展。出行服务提供商，不仅是交通运输运营企业的角色，或许还是汽车制造企业未来的发展方向之一。

（3）综合交通智能化协同与服务。发达国家从基础设施与装备一体化、多种运输装备集成设计、运营调度与服务一体化等多个方面，充分实现综合货物运输方式间的信息共享，不断提高智能化信息服务水平。近年来，我国各种运输方式都得到了快速发展，但多种运输方式间的信息交互服务滞后，制约了综合交通协同与高效服务。未来随着综合交通的发展和便捷出行的要求，信息共享与智能化服务技术将得到充分发展和应用。

（4）交通运输系统安全运行智能化保障。交通安全是我国交通领域长期面临的严峻问题，交通运输系统安全运行的智能化保障将是未来智能交通发展的重要方向。交通安全涉及交通系统的多个要素，仅仅从单一因素不能从根本上改善交通安全水平，未来交通运输系统安全运行的智能化保障将重点集中于运用现代信息技术来分析事故成因、演化规律、管控策略，设计主动安全技术和管理方法，从人车路协同的角度实现交通安全运行防控一体化。随着物联网技术的普及应用，城市的安防从过去简单的安全防护系统向城市综合化体系演变，城市的安防项目涵盖众多的领域。安防技术进入智能交通领域之后，不但使原有系统和应用得到了加强，更为智能交通的发展注入了新的活力，在很多细分领域已经出现了创新型应用，如图片二次识别、视频交通流采集、视频浓缩、可视化信号控制等。

（5）智能化交通运营和管控技术发展方兴未艾。交通运行态势精确感知与智能化调控、人车路协同控制、综合交通智能化与协同服务、交通系统全局最优化与协同联动控制、智能运输与便捷高效物流系统、交通安全保障与交通应急联动等，都是重要的发展方向。车辆电子标识、高清视频、智能控制终端、移动电子支付、新型公交等，都在迅速发展，产业前景广阔。新一代通信技术应用，探索能源管理与智能交通、协同式智能交通系统、新型城市交通系统等，推动交通系统安全、便捷、舒适、环保，成为智能交通系统发展的重要目标。

（6）车路协同系统的建立将是未来交通系统的重要特征。在美国最新的 ITS 项目五年规划中，车路协同是重点之一。欧盟专门制定了交通系统协同发展路径图，围绕智能出行、生态出行、安全出行布局了一系列内容。日本积极推进新一代交通管理系统，大力发展基于车路协同的辅助安全驾驶系统（driving safety support system，DSSS），基于数据挖掘的交通管控系统性能提升，在专用短程通信（DSRC）、智慧公路（smart road）、无人驾驶系统等方面也在积极开展工作。

（7）合作式智能交通与自动驾驶将成为智能交通的重点。合作式智能交通在美国称为车联网，是近年来国际智能交通界关注的重要方向。它将无线通信、传感器和智能计算等前沿技术综合应用于车辆和道路基础设施，通过车与车、车与路的信息交互和共享，首先实现车辆运行的安全保障，其次实现绿色驾驶和交通信息服务。它是安全辅助驾驶、路径优化、低碳高效等多目标统一的新服务。发达国家在这个领域已经做了大量的实际道路测试，基本实现了产业化。值得一提的是，日本已经在全部高速公路上实现了高速无线数据通信的全覆盖，具备上述功能的车载终端已经销售了数十万台。

另外，值得重视的方向是自动驾驶汽车，这虽然是从智能交通诞生之日起就在研究的领域，但是近几年的发展极为迅速，在高速公路和城市道路上的测试和试验已经在发达国家普遍开展，自动驾驶汽车在无人干预的条件下自动运行几千千米的例子比比皆是。同时，低速无人驾驶汽车在发达国家的开发和试验也接近实用，在特殊区域、开放道路、居民社区已经进行了大量运行试验，新出行模式的萌芽已经开始显现。

（8）智能交通的特殊要求推动信息技术发展。智能交通最大的特点是高速移动的交通工具间、交通工具与基础设施间的可靠数据交互和流数据的计算，而这些特殊的要求对宽带移动通信技术和计算技术的进步起到了强大的推动作用。例如，超高速无线局域网和 5G 系统都把低延迟作为一个重要指标，5G 甚至提出延迟不超过 1 ms，这个指标是直接对应于交通安全应用要求的。又如，快速移动车辆在通信网络内要求数据连接不中断，以保证流数据的计算，这就对通信的传输控制协议和流计算技术提出了新要求，这在一般公用通信系统中是没有的。这些技术近年来取得了不少突破，为实现智能驾驶和自动驾驶提供了支撑。

（9）ITS 技术体系和标准化体系的完善。我国现有的 ITS 体系框架和标准化体系是 20 世纪末借鉴国际 ITS 发展的经验，结合我国实际国情制定的。应该说，这个体系框架和标准体系对引领我国 ITS 的建设发展发挥了重要的积极作用，其主要内容是符合技术发展走向和我国的应用实际的。近年来，在交通运输部和国家标准委的安排下，对智能交通标准体系进行了修订，将智能交通领域的通信应用技术、车路合作和车车合作技术、移动互联交通应用技术、交通信息安全管理等内容补充进标准体系。其中，车路通信和车车通信国家标准由交通运输部与工业和信息化部安排，已经发布了多项，还有若干项在国家标准委的安排下正在开展编制。同时，在我国 ITS 建设发展中，立足国情创新发展了许多新的智能交通应用和技术，成效突出。总结发展成果，立足国情，跟踪国际新技术发展动态，适时完善和丰富我国 ITS 体系框架，将是未来我国 ITS 领域的重要工作。

（10）智能交通产业生态圈的跨界融合。传统的 ITS 各子系统之间相互独立，而云计算、大数据等新一代信息技术除了能引导传统 ITS 的各个子系统向纵深、智能化方向发展之外，还能助推各系统之间的横向融合，激发出更多的智能化应用，各系统间的数据融合共享成为 ITS 的发展趋势。智能交通管理将在原有基础上加强大数据、AI 等新技术的创新应用，针对交通行业的具体情景，对模型的数据、业务、算法进行集成，通过构建新的计算框架打通科学计算和传统业务应用之间的鸿沟。同时，新技术的发展和应用，为出行者提供更加精细、准确、完善和智能化的服务，这些服务的提供将加速交通产业生态圈的跨界融合，汽车制造、汽车服务、交通运营服务、互联网、信息服务、智能交通等行业的融合发展将是大趋势。

随着载运工具和基础设施的智能化发展以及移动通信网络的普及，基于车路协同的新一代 ITS，将实现车车、车路信息的实时交互，构建出新的出行模式，使出行更安全、驾驶体验更舒适。车联网体系建设将引发智能交通管理创新变革，而车联网体系建设是智能交通、智能终端、城市交通管理和服务平台以及 4G /5G 或下一代无线通信技术深度应用、融合发展的结果。智慧城市顶层设计与总体规划的不断完善，交通信息化乃至智能交通的行业发展，为车联网开辟了广阔的发展空间，并通过智能交通业态的发展进一步提升车联网发展的速度。随着智慧交通建设运营的推进，车联网的应用开始分布在交通堵塞控制、交通安全控制、交通信息服务、商业运营服务等方面，成为交通路况感知网的采集终端和控制节点。V2X（vehicle to everything，车用无线通信技术）将使人与车、车与路、路与环境之间的交互及用户体验成为一个系统工程，实现智能驾驶、路径优化、低碳高效出行多目标统一，自动驾驶、车载智能终端将使出行更加便捷，同时主动式安全保障将实现交通的零事故。

未来的 ITS，在缓解交通拥堵、提高安全保障的同时，将更加关注效率、服务、主动安全、环保、交互体验和基础设施智能化等多个目标的协同。为此，要积极推动智能交通技术协同创新体系建设，发挥市场机制作用，强化行业协会和产业联盟等的作用，通过行业技术标准、知识产权保护等规范智能交通市场，形成专业分工、协同发展的智能交通产业链，构建智能交通产业健康可持续发展的生态环境。

讨论与思考题

（1）城市交通主要有哪些特点？

（2）如何认识我国城市交通发展的历程和现状？

（3）什么是智能交通系统？其作用有哪些？

（4）试述智能交通系统的基本组成。

（5）阐述我国智能交通系统的发展趋势。

（6）在未来的发展中可从哪些方面增强智能交通系统的功能？

（7）新一代智能交通发展转型呈现的特征是什么？

第2章 智能交通体系架构

2.1 智能交通体系架构组成

智能交通体系架构可以分为感知层、接入层、网络平台层以及应用层四个层次结构，其示意图如图 2.1 所示。

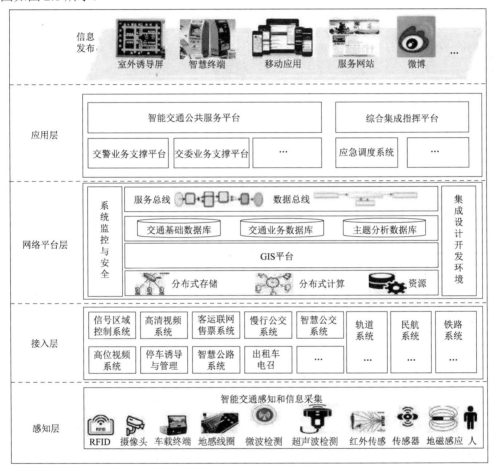

图 2.1 智能交通体系架构示意图

（1）感知层。感知层主要通过 RFID 电子标签和阅读器、各种传感器（检测温度、速度、路况等）、视频摄像头等终端设备实现对交通基础信息的采集，获得大量关于交通信息、天气状况、车辆信息的数据，然后通过无线传感器网络（wireless sensor network，WSN）将这些终端设备连接起来，使得其从外部看起来就像一个整体。这些设备就像神经末梢一样分布在交通系统的各个环节中，不断地收集视频、图片、数据等不同类型的交通信息。

（2）接入层。接入层通常指介于感知层与网络平台层之间，直接面向用户连接或访问的部分。接入层利用光纤、双绞线、同轴电缆等传输介质和无线接入技术，实现与用户之间的连接，并进行业务和带宽的分配，其目的是允许终端用户连接到网络，具有低成本和高端口密度等特性。

（3）网络平台层。网络平台层主要包含：无线和有线网络的互补、汇聚交换，通过数据总线和服务总线进行数据交换，借助无线集群通信、移动通信网络将感知层所采集的交通信息实现和互联网连接并传输到数据中心；在数据中心整合分析、处理（云计算）交通资源，形成有价值的信息，形成交通基础数据、业务数据、GIS 数据、主题分析数据、交通数据仓库等；提供基于云计算的集成环境、运维管理、能力引擎等，其特有的通用构建技术和能力集成技术，方便智能交通云平台的部署，以便提供更好的控制和服务，实现远距离通信和远程控制。

（4）应用层。应用层与最低端的感知层一起，可以对感知层所采集的各类交通信息或数据进行计算、处理和知识挖掘，同时将交通信息以多样的方式展现到使用者面前，进行人机通信，构建一体化出行服务、运输管理、运行决策支持、交通管理等体系，从而实现智能控制、精确管理和科学决策。

2.2 感知层

2.2.1 感知对象与感知方式

1. 感知对象

根据目前的城市形态及发展特点，智能交通的感知对象主要包括城市居民出行车辆、公交车、交通环境及各种相关群体，承担车辆自身与道路交通信息的全面感知与采集，通过传感器、射频识别（radio frequency identification，RFID）、车辆定位等技术，实时感知车况及控制系统、道路环境、车辆与车辆之间、车辆与人之间、车辆与道路基础设施之间、车辆当前位置等的信息，为车联网应用提供全面、原始的终端信息服务。

2. 感知方式

感知方式通常是用被感知的信息类型来确定，主要分为身份感知、位置感知、多媒体感知以及状态感知四类。其中，身份感知通过条形码、RFID、智能卡以及信息终端等对物体的地址、身份及静态特征进行标识；位置感知利用定位系统或 WSN 技术对物体的绝对位置和相对位置进行感知；多媒体感知通过录音和摄像等的设备对物体的表征及运动状态进行感知；状态感知利用各种传感器及传感网对物体的状态进行动态感知。通过身份、位置、多媒体和状态等感知相结合的方式，实现信息从汇聚阶段向"人—车""车—路""车—车"之间协同感知阶段和泛在融合阶段迈进。一般情况下，对物体静态数据及属性的感知通常采用 RFID、红外感应、激光扫描以及二维码手段；对物体固定属性的动态感知通常使用 WSN 和全球导航卫星系统（GNSS）等；对环境模糊的信息感知常常采用视频探测器进行。因此，RFID、WSN 以及视频探测器三者均属于智能交通末梢环节，并具有很强的协作性与互补性，而这种协作性与互补性不仅可以实现更透彻的感知，而且能提高感知的准确性。

2.2.2 感知网络与感知技术

1. 感知网络

感知网络是基于感知信息节点，通过布置大量不同种类的感知设备和系统，制定专用的能够满足异构网络协同通信需要的网络与数据架构和协议模型，整合感知层的数据，对感知节点的信息进行延伸、扩展而形成的一个最前端、泛在化的信息网络。图 2.2 所示为智能交通感知网络结构示意图。

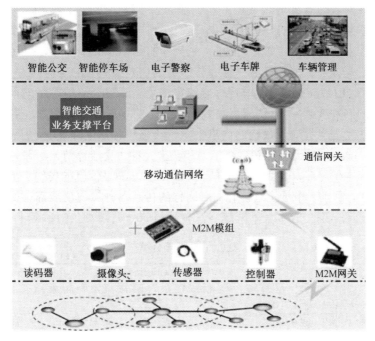

图 2.2　智能交通感知网络结构示意图

感知网络主要由信息采集层、节点组网与协同信息处理层组成，主要对动态信息进行分布式协同感知与处理。通过向应用层屏蔽通信网络的类型，为应用程序提供透明的信息传输服务；通过对云计算、虚拟化等技术的综合应用，充分利用现有网络资源，为上层应用提供强大的应用支撑，也为智能交通的综合应用和建设提供智能化、泛在化的网络平台。

目前，常见的几类感知网络有传感网、无线个域网、车联网等，具体如下：

（1）传感网是指随机分布的集成有传感器、数据处理单元和通信单元的微小节点等通过自组织的方式而构成无线网络。它是感知层最主要的感知网络，其功能是借助节点中内置的传感器来测量周围环境中的热、红外线、声呐、雷达和地震波等信号，从而探测包括温度、湿度、噪声、光强、压力、土壤成分以及移动物体的大小、速度和方向等信息。

（2）无线个域网是基于个人环境而在个人周围空间形成的无线网络，现在通常指覆盖范围在半径为 10 m 以内的短距离无线网络，尤其是指能在便携式消费者电器和通信设备之间进行短距离特别连接的自组织网。

（3）车联网通过装载在车辆上的电子标签和定位设备，实现在信息网络平台上对所有车辆的属性信息和静态、动态信息进行提取和有效利用，根据不同的功能需求对所有车辆的运行状态进行监管与综合服务。

2. 感知技术

感知技术是智能交通的基础。感知技术包括对客观事物的识别、辨别、定位以及对状态与环境变化等动态信息的获取等技术，它可以帮助人们对事物本身的状态、位置和所处的环境进行及时了解和掌握，它与基础网络设施结合起来能够为未来人类社会提供无所不在、全面的感知服务。

1）传感技术

传感技术与计算机技术、通信技术一起被称为信息技术的三大支柱。传感技术是从自然信源获取信息，并对其进行处理（变换）和识别的多学科交叉的工程技术，它涉及传感器/换能器信息处理和识别的规划设计、开发、制/建造、测试、应用及评价改进等活动。传感器处于感知对象和测控系统的接口位置，是测量、采集和监测信息的主要感知终端和传感器材或装置。如果说计算机是人类大脑的扩展，那么传感器就是人类五官的延伸。

我国国家标准 GB 7665—2005 对传感器的定义是"能感受被测量并按照一定的规律转换成可用输出信号的器件或装置"。传感器将物理世界中的物理量、化学量、生物量转化成供处理的信号，为感知物理世界提供最初的信息来源，其感知对象包括温度、压力、流量、位移、速度等。传感器一般由敏感元件（测量环节）和转换元件（变送环节）两部分组成，按一定规律将感知量变换成电信号或其他所需形式的信息输出，以满足信息的传输、处理、存储、显示、记录和控制等要求。目前，市场上智能化、网络化的传感器种类与功能都有很大的扩展，随着技术的进步，传感器体积与成本呈下降趋势。传感器的分类如表 2.1 所示。

表 2.1　传感器分类

序号	分类依据	具 体 类 型
1	传感器转换原理	物理传感器：应用的是物理效应，如压电效应，磁致伸缩现象，离化、极化、热电、光电、磁电等效应
		化学传感器：以化学吸附、电化学反应等现象为因果关系的传感器，被测信号量的微小变化也将转换成电信号
2	工作原理	振动传感器、湿敏传感器、磁敏传感器、气敏传感器、真空传感器和生物传感器等
3	输出信号	模拟传感器：将被测量的非电学量转换成模拟电信号
		数字传感器：将被测量的非电学量转换成数字输出信号
		膺数字传感器：将被测量的信号量转换成频率信号或短周期信号的输出
		开关传感器：当一个被测量的信号达到某个特定的阈值时，传感器相应地输出一个设定的低电平或高电平信号
4	用途	压力传感器、位置传感器、液面传感器、能耗传感器、速度传感器、加速度传感器、射线辐射传感器和热敏传感器等
5	所用材料	按照所用材料的类别分为：金属传感器、聚合物传感器、陶瓷传感器和混合物传感器等
		按材料的物理性质分为：导体传感器、绝缘体传感器、半导体传感器、磁性材料传感器等
		按材料的晶体结构分为：单晶传感器、多晶传感器、非晶材料传感器等
6	制造工艺	集成传感器、薄膜传感器、厚膜传感器和陶瓷传感器等

2）自动识别技术

自动识别是以计算机和通信为基础的综合性技术，是数据编码、数据标识、数据采集、数据管理及数据传输的标准化手段，即通过被识别物体和识别装置之间的接近活动，自动地获取被识别物体的相关信息，提供给后台的计算机处理系统，完成相关后续处理。自动识别是一种高度自动化的信息、数据采集技术，作为示例，停车场车牌自动识别系统示意图如图 2.3 所示。目前，常用的自动识别技术有条形码、RFID、语音识别、生物特征识别、图像识别、光学字符识别（optical character recognition，OCR）、磁识别等。

3）定位技术

定位技术是测量目标的位置参数、时间参数、运动参数等时空信息的技术，主要有卫星定位、无线电波定位、传感定位以及声呐定位等。常用的定位方式有：北斗、GPS（Global

Positioning System，全球定位系统)、GLONASS（Global Navigation Satellite System)、基站、Wi-Fi、IP（Internet Protocol，互联网协议)、RFID/二维码、标签识别、蓝牙、声波以及场景识别等。美国 GPS 技术比较成熟，且应用广泛。我国的北斗卫星导航定位系统已于 2018 年 12 月对外开始提供服务，随着性能的完善与全球覆盖，将会发挥更大的作用。图 2.4 所示为卫星 GPS/北斗系统应用示意图。

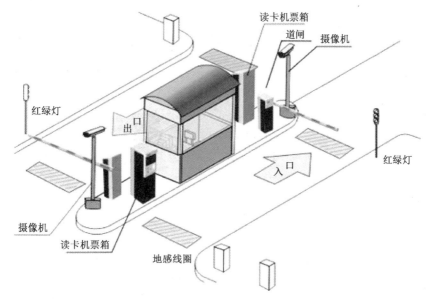

图 2.3　停车场车牌自动识别系统示意图

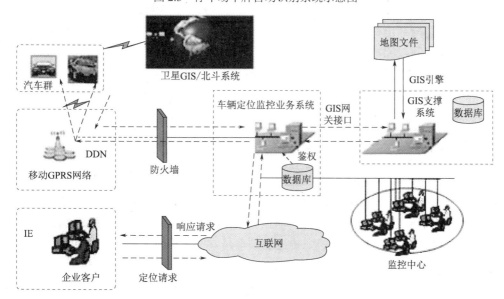

图 2.4　卫星 GPS/北斗系统应用示意图

　　蜂窝移动通信系统的小区定位技术，利用的是运营商提供的小区基站提供用户位置，但其定位精度与卫星定位有一定差距。

2.2.3 RFID 技术

1. RFID 工作原理

RFID技术是从20纪80年代开始走向成熟的一项非接触式自动识别技术。RFID 通过射频信号自动识别目标对象并获取相关数据，其识别工作无须人工干预，可工作于各种恶劣环境。RFID 系统工作原理示意图如图 2.5 所示。

在 RFID 实际应用中，系统工作流程如下：① 读写器将所要发送的信息，经编码后加载到高频载波上经天线向外发送，附着电子标签的目标对象进入发射天线工作区域时会产生感应电流，电子标签凭借感应电流所获得的能量发送出存储在芯片中的产品信息，或者主动发送某一频率的信号。② 读写

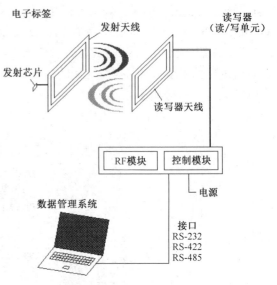

图 2.5　RFID 系统工作原理示意图

器对接收天线接收到电子标签发送来的载波信号进行倍压整流、调制、解调和解码后，送到数据管理系统对命令请求、密码、权限等进行相关处理。③ 数据管理系统根据逻辑运算判断该电子标签的合法性，针对不同的设置做出相应的处理和控制。若为读命令，控制逻辑电路则从存储器中读取有关信息，经加密、编码、调制后通过片上天线再发送给读写器，读写器对接收到的信号进行解调、解码、解密后送至信息系统进行处理；若为修改信息的写命令，有关控制逻辑引起电子标签内部电荷泵提升工作电压，提供写 E^2ROM 所需的电压，对内部存储器进行修改；若经判断与其对应密码和权限不符，则返回出错信息。

从读写器与电子标签之间的通信及能量感应方式来看，大致可以分成感应耦合（inductive coupling）及后向散射耦合（backscatter coupling）两种。一般低频率的 RFID 大都采用第一种方式，而较高频率的 RFID 大多采用第二种方式。读写器根据使用的结构和技术不同，可以是读或读/写装置，它和电子标签之间一般采用半双工通信方式进行信息交换。

2. RFID 系统组成

一个完整的 RFID 系统由一个读写器和很多电子标签组成，如图 2.6 所示（图中只画出一个电子标签）。电子标签由耦合元件及芯片组成，每个电子标签具有唯一的电子编码，附着在物体上用以标识目标对象；读写器读取（有时写入）电子标签信息，可设计为手持式或固定式；天线（antenna）在电子标签和读写器间传递射频信号。电子标签是 RFID 系统的载体，相当于

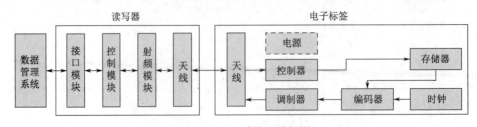

图 2.6　RFID 系统组成框图

条形码技术中的条形码符号，用来存储需要识别和传输的信息。依据供电方式的不同，电子标签可以分为有源标签和无源标签两种；从功能方面来看，可将电子标签分为只读标签、可重写标签、带微处理器的标签和配有传感器的标签。

电子标签在某些特定的领域（如工厂自动化生产线、仓库中的物品管理或车站检票等领域）已经应用多年。随着技术的日益成熟，电子标签越来越小，成本越来越低，也就越来越适用于商品包装和物流的管理。目前，国际上有两家权威的 RFID 电子标签标准研究机构，代表着 RFID 电子标签标准的发展方向：一个是 1999 年成立、总部设在美国麻省理工学院（Massachusetts Institute of Technology，MIT）的自动识别（Auto ID）中心，另一个是日本 2003年 3 月成立的泛在 ID 中心（Ubiquitous ID Center），两个中心所推出的标准化规格有一些差别。例如，在 MIT 自动识别中心的规格中，以 96 位编码描述在电子标签中所容纳的数据，而日本泛在 ID 中心则采用 128 位编码。MIT 自动识别中心以利用互联网为前提探讨电子标签机制，日本泛在 ID 中心则考虑在不连接因特网（Internet）的情况下使用电子标签。MIT 自动识别中心提出的是由被称为 EPC 的 96 位 ID、管理 ID 信息的物理标记语言（physical markup language，PML）服务器以及检索 PML 服务器位置的 ONS（object name service，对象名服务）服务器组成的架构。日本泛在 ID 中心将应用面向 T-engine 的技术，包括 128 位 ID 和名为 ETP（entity transfer protocol，实体传输协议）的专用协议，以及用于搜索 IC（integrated circuit，集成电路）标签和服务器位置的地址解析服务（address resolution service，ARS）。

读写器是负责读取或写入标签信息的设备，它可以单独完成数据的读写、显示和处理等功能，也可以与计算机或其他系统进行联合，完成对电子标签的操作。典型的读写器包含有控制模块、射频模块、接口模块以及天线。此外，许多读写器还有附加的接口，如 RS-232、RS-485、以太网接口等，以便将获得的数据传给应用系统或从应用系统接收命令。

RFID 系统中电子标签和读写器工作时所使用的频率称为工作频率。全球频谱管理由国际电信联盟（International Telecommunication Union，ITU）负责，ITU 把全球分为欧洲和非洲区、美洲区以及亚洲区三个区，在不同的区域及各自的国家使用的实际波段和规则各不相同，且自由选择工作频段。为了确保电子标签在全球网络中均能正常工作，其工作频率应能适应兼容多频段的读写器，以适应各个国家和地区频段与标准的多样化。多频段兼容的读写器可支持13.56 MHz、868 MHz/915 MHz、2.4 GHz 三个频段的电子标签的识别和数据采集操作。作为分布式客户机/服务器的一部分，读写器采集数据并管理电子标签，无须人工干涉。

数据管理系统主要完成数据信息的存储、管理以及对电子标签进行读写控制，实际应用中多与应用系统集成在一起。

2.2.4 条形码技术

条形码（barcode）技术是集条码理论、光电技术、计算机技术、通信技术、条码印制技术于一体的一种自动识别技术。条形码是由宽度不同、反射率不同的条（黑色）和空（白色）按照一定的编码规则编制，用以表达一组数字或字母符号信息的图形标识符。它具有速度快、准确率高、可靠性强、寿命长、成本低廉等特点，因而广泛应用于商品流通、工业生产、图书管理、仓储管理、信息服务等领域。目前，条形码主要有一维和二维两种。

一维条形码是指由一组规则排列的条、空及其对应字符组成的标识，用以表示一定的商品信息。"条"指对光线反射率较低的部分，"空"指对光线反射率较高的部分，它们能够用特定的设备识读并转换成与计算机兼容的二进制和十进制信息，其对应字符由一组阿拉伯数字组成，供人们直接识读或通过键盘向计算机输入数据使用。普通的一维条形码在使用过程中仅作为识别信息，它的识别是通过在计算机系统的数据库中提取相应的信息而实现的。

二维条形码也叫二维码或二维条码，最早发明于日本，它是用某种特定的几何图形按一定规律在平面（二维方向）上分布的黑白相间的图形记录数据符号信息的，如图 2.7 所示。二维条形码在代码编制上巧妙地利用构成计算机内部逻辑基础的"0""1"比特流的概念，使用若干个与二进制相对应的几何图形来表示文字数值信息，通过图像输入设备或光电扫描设备自动识读以实现信息自动处理。它具有条形码技术的一些共性：① 每种码制有其特定的字符集；② 每个字符占有一定的宽度；③ 具有一定的校验功能等，并对不同行的信息自动识别，可处理图形旋转变化。二维条形码能够在横向和纵向两个方位同时表达信息，即能在很小的面积内表达大量的信息。

图 2.7　二维条形码
示意图

二维条形码的类型主要可分为堆叠式/行排式和矩阵式两类：① 堆叠式/行排式是建立在一维条形码基础上的，由多行截短的一维条形码按需堆积成两行或多行，在编码设计、校验原理、识读方式等方面继承了一维条形码的特点，其识读印刷设备与一维条形码兼容；但由于行数的增加，译码算法与软件不同于一维条形码。② 矩阵式则在一个矩形空间内通过黑、白像素不同分布进行编码，用"点"表示二进制"1"，用"空"表示二进制"0"，由"点"和"空"的排列组成代码。

二维条形码具有高密度编码、信息容量大、编码范围广、容错能力强、译码可靠性高、保密性好、成本低等诸多优点。基于这些优良特性，二维条形码的应用范围极广，如公文自动追踪、生产线零件自动追踪、客户服务自动追踪、邮购运送自动追踪、维修记录自动追踪、危险物品自动追踪、后勤补给自动追踪、医疗体检自动追踪、生态研究自动追踪等，以及商业情报、经济情报、政治情报、军事情报、私人情报等机密资料的加密与传递。另外，二维条形码还可应用于表单、证照、存货盘点、资料备份等方面。

2.3　接入层

智能交通体系架构的接入层通常指网络中直接面向用户连接或访问的部分，其目的是允许终端用户连接到网络，其交换机具有低成本和高端口密度特性。接入交换机是最常见的交换机，它直接与外网联系，使用最广泛，尤其是在一般办公室、小型机房、业务受理较为集中的业务部门、多媒体制作中心、网站管理中心等。现代接入交换机大都提供多个具有10 Mbps/100 Mbps/1000 Mbps 自适应能力的端口，由无线网卡、无线访问节点和二层交换机组成，主要用来完成用户流量的接入和隔离。

2.3.1　光纤通信

光纤通信（optical fiber communication）是利用光波作为载波，以光纤作为传输介质将信息从一处传至另一处的通信方式，也称之为"有线"光通信。在实际应用中，光纤通信系统可以使用单根光纤，也可以使用许多光纤聚集在一起组成的光缆。光纤通信技术从光通信中脱颖而出，已成为现代通信的主要支柱之一，在现代电信网中起着举足轻重的作用。

在发送端，首先要把传送的信息（如语音）变成电信号，然后调制到激光器发出的激光束上，使光的强度随电信号的幅度（频率）变化而变化，并通过光纤发送出去；在接收端，检测器接收到光信号后把它变换成电信号，经解调后恢复原信息。光纤通信原理架构如图2.8所示。

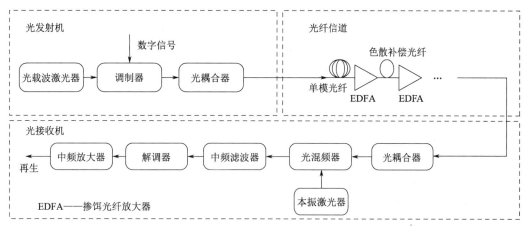

图2.8　光纤通信原理架构

光纤传输以其传输频带宽、抗干扰性好和信号衰减小而远优于电缆、微波通信的传输，已成为通信中的主要传输方式，其技术特点如下：

（1）频带极宽、通信容量大。光纤比铜线或电缆有大得多的传输带宽，目前单波长光纤通信系统的传输速率一般为2.5～10 Gbps，采用波分复用技术来实现。

（2）损耗低、中继距离长。石英光纤损耗可低于0～20 dB/km，比其他任何传输介质的损耗都低。若采用非石英光纤，其损耗还可下降，这意味着光纤通信系统可以跨越更大的无中继距离。对于长途传输线路，由于中继站数目的减少，系统成本和复杂性可大大降低。

（3）抗电磁干扰能力强。光纤的原材料是由石英制成的绝缘体材料，不易被腐蚀，且绝缘性好。与之相联系的一个重要特性是光波导对电磁干扰的免疫力，它不受自然界的雷电干扰、电离层的变化和太阳黑子活动的干扰，也不受人为释放的电磁干扰的影响，还可用它与高压输电线平行架设或与电力导体复合构成复合光缆，这一点对于强电领域（如电力传输线路和电气化铁道）的通信系统特别有利。由于能免除电磁脉冲效应，光纤传输系统还特别适于军事应用。

（4）无串音干扰、保密性好。在电波传输的过程中，电磁波的泄漏会造成各传输通道的串扰，又容易被窃听，保密性差。光波在光纤中传输，由于光信号被很好地限制在光波导结构中，而任何泄漏的射线都被环绕光纤的不透明包皮所吸收；即使在转弯处，漏出的光波也十分微弱；即使光缆内光纤总数很多，相邻信道也不会出现串音干扰；在光缆外面无法窃听到光纤中传输的信息。

此外，光纤还具有径细、重量轻、柔软、易于铺设，原材料资源丰富、成本低，温度稳定性好、寿命长等特点。

2.3.2　蜂窝移动通信

1. 1G～3G

第一代移动通信系统（1G）采用频分多址（frequency division multiple access，FDMA）模拟语音调制技术，这种系统的主要缺点是频谱利用率低，信令干扰话音业务。第二代移动通信系统（2G）主要采用时分多址（time division multiple access，TDMA）和码分多址（code division multiple access，CDMA）技术。2G 提高了系统容量，并采用独立信道传送信令，使系统性能大大改善。在世界范围内，2G 主要包含 5 个技术规格标准：① GSM——基于 TDMA 技术建立而发展，源于欧洲，是全球使用范围最广的网络；② IDEN（integrated digital enhanced network，集成数字增强网络）——基于 TDMA 技术建立的、美国独有的系统，主要有两个 IDEN 网络，分别由美国的 Nextel 以及加拿大的 Telus Mobility 运营；③ IS-136——基于 TDMA 技术建立，也就是通常所说的数字先进移动电话服务（digital advanced mobile phone service，D-AMPS）网络，是美国最简单的 TDMA 系统，用于美洲；④ IS-95——基于 CDMA 技术建立，也就是通常所说的 CDMA One 网络，主要在美国以及亚洲部分国家或地区使用；⑤ PDC（personal digital cellular，个人数字蜂窝）——基于 TDMA 技术建立，仅在日本地区使用。

2.5G 是一种处于 2G 到 3G 过渡阶段的通信技术，2.5G 并不像 2G、3G 那样属于官方定义，只是一种为了细分 2G 技术的一种非官方的说法。通常所说的 2.5G 就是指 GSM 网络下的通用分组无线服务（general packet radio service，GPRS）技术、EDGE（enhanced data rate for GSM evolution，增强型数据速率 GSM 演进）技术以及 CDMA 网络下的 cdma2000 1x-RTT（radio transmission technology，无线传输技术）标准。cdma2000 实际上有两个发展阶段，前一阶段为 2G 的 1x-RTT 标准，后一阶段为 3G 的 EV-DO 标准。也有人将数据传输速率比 GPRS 快的 EDGE 或者 cdma2000 1x-RTT 列入 2.75G 的行列。

第三代移动通信系统（3G）是指支持高速数据传输的蜂窝移动通信系统。3G 服务能够同时传送语音（通话）及数据信息（电子邮件、即时通信等），其数据传输速率一般在几百 kbps 以上，其代表性特征是提供高速数据业务，能够实现高速无线上网、视频通话等。国外早在 2007 年就已经有 3G 了，我国也于 2008 年成功开发 3G。3G 下行速度峰值理论上可达 3.6 Mbps，上行速度峰值也可达 384 kbps。2009 年 1 月工业和信息化部为中国移动、中国电信和中国联通发放了 3 张 3G 牌照，标志着我国正式进入 3G 时代。

3G 与 2G 的主要区别是在传输语音和数据的速度上的提升，3G 能够在全球范围内更好地实现无缝漫游，并处理图像、音乐、视频流等多种媒体数据，提供包括网页浏览、电话会议、电子商务等多种信息服务，同时也考虑与 2G 的良好兼容性。3G 和 2G 一样需要大面积网络覆盖，也依赖数以万计的基站来支撑。

3G 也称 IMT2000，其最基本的特征是智能信号处理技术（智能信号处理单元成为其基本功能模块），支持语音和多媒体数据通信，它可以提供前两代产品不能提供的各种宽带信息业务，如高速数据、慢速图像和电视图像等。

在 3G 中，国际电信联盟确定了三个无线接口标准——TD-SCDMA、WCDMA 和 cdma2000。其中，TD-SCDMA 是我国具有自主知识产权的 3G 标准，也是我国电信行业第一个完整的移动通信技术标准，得到了中国通信标准化协会（China Communications Standards Association，CWTS）及 3GPP（3rd Generation Partnership Project）等国际组织的全面支持；WCDMA 即 Wideband CDMA，也称为 CDMA Direct Spread，这是基于 GSM 网络发展出来的 3G 技术标准，是欧洲提出的宽带 CDMA 技术，是当前世界上采用的国家和地区最多、终端种类最丰富的一种 3G 标准；cdma2000 是由窄带 CDMA（CDMA IS-95）技术发展而来的宽带 CDMA 技术，也称为 CDMA Multi-Carrier，由美国高通北美公司为主导提出，摩托罗拉、朗讯和后来加入的韩国三星等参与，韩国现在成为该标准的主导者。这套系统是从窄带 CDMA One 数字标准衍生出来的，可以从原有的 CDMA One 结构直接升级到 3G，建设成本低廉。

2. 4G

1）4G 概述

第四代移动通信技术（4G）是 3G 的延伸，是新一代的无线通信技术。由于 3G 暴露出很多问题，人们期望通过 4G 解决 3G 中通信速率低等问题，真正实现"任何人在任何地点以任何形式接入网络"的梦想。4G 最大的优势在于更高的数据传输速率，最高可超过 100 Mbps，是 3G 移动电话传输速率的 50 倍。随之而来的高清晰电视、电影节目将推动手机新的应用模式。此外，4G 通信技术集成不同模式的无线通信协议，从无线局域网和蓝牙等室内无线网络到室外的蜂窝信号、广播电视信号和卫星通信，移动用户可以自由地从一个标准漫游到另一个标准。简而言之，4G 网络是一种超高速无线网络，一种不需要电缆的信息超级高速公路。这种网络可使电话用户以无线形式实现全方位虚拟连接。

4G 的技术目标和特点可以概括为：具有更高的数据传输速率、更好的业务质量（quality of service，QoS）、更高的频谱利用率、更高的安全性、更高的智能性、更高的传输质量及更高的灵活性。同时，支持多种业务和非对称性业务，具备将移动和无线接入网与 IP 网络不断融合的发展趋势。

4G 标准主要包括由 3GPP 主推的 LTE（long term evolution，长期演进）、由 IEEE 主推的 WiMAX 以及 UWB（ultra-wideband，超宽带）标准。在完成 TD-SCDMA 商业应用后，我国政府制定了自主的 4G 标准。中国移动下一代移动网络已升级为 TD-LTE（time division long term evolution，分时长期演进）。4G 系统的主要特点如下：

（1）数据传输速率高：对于大范围高速移动用户，速率为 2 Mbps；对于中速移动用户，速率为 20 Mbps；对于低速移动用户，速率为 100 Mbps。

（2）无缝漫游真正实现：4G 实现了全球统一的标准，能使各类媒体、通信主机及网络之间进行"无缝连接"，真正实现了一部手机在全球的任何地点都能进行通信。采用智能技术的 4G 系统将是一个高度自治、自适应的网络，它采用智能信号处理技术，可对信道条件不同的各种复杂环境进行正常发送与接收，有很强的智能性、适应性和灵活性。

（3）覆盖性能良好：4G 系统应具有良好的覆盖范围并能提供高速、可变速率的传输。对于室内环境，由于提供了高速传输，小区的半径会更小。

（4）基于 IP 网络：4G 系统采用了 IPv6 协议，能在 IP 网络上实现语音和多媒体业务以及不同质量的业务，通过动态带宽分配和调节发射功率来提供不同质量的业务。

2）4G 关键技术

（1）正交频分复用（OFDM）技术。4G 主要以 OFDM（orthogonal frequency division multiplexing，正交频分复用）为核心技术。OFDM 技术实际上是多载波调制技术中的一种，其主要思想是：将信道分成若干个正交子信道，高速数据转换成并行的低速子数据流，调制在每个子信道上进行传输。正交信号可以通过在接收端采用相关技术来分开，以减少子信道之间的相互干扰。每个子信道上的信号带宽小于信道的相关带宽，每个子信道都可以认为具有平坦衰落特性，从而消除信号间的干扰。由于每个子信道的带宽仅仅是原信道带宽的一小部分，信道均衡变得相对容易。

（2）IPv6。在 3G 标准的基础架构中，同时（并行）使用电路交换和分组交换网络。而在 4G 中，将只支持分组交换，实现数据传输的低延迟。IPv6（internet protocol version 6，互联网协议第 6 版）拥有众多的 IP 地址，足以满足全球所有手机终端的编号需求。

（3）智能天线技术。4G 的多天线技术有利于对空间的利用，即空分复用（spatial division

multiplexing）。多输入多输出（multiple-input multiple-output，MIMO）技术是多天线系统中的代表技术，在无线局域网 IEEE 802.11n 中已得到广泛使用，未来的手机和移动基础设施也将会大量应用 MIMO 技术。智能天线采用空分多址（space division multiple access，SDMA）技术，利用信号在传输方向上的差异，可将同频率、同时隙或同码道的信号进行区分，动态改变信号的覆盖区域，将主波束对准用户方向，旁瓣或零陷对准干扰信号方向，能够自动跟踪用户和监测环境变化，为每位用户提供优质的上行和下行链路信号，从而达到抑制干扰、准确提取有用信号的目的。

（4）无线链路增强技术。可以提高容量和覆盖的无线链路增强技术有：分集技术，如通过空间分集、时间分集（信道编码）、频率分集和极化分集等方法来获得最好的分集性能；多天线技术，如采用二天线或四天线来实现发射分集，或采用 MIMO 技术来实现发射和接收分集。

（5）多用户检测技术。4G 系统的终端和基站采用多用户检测技术，以提高系统的容量。多用户检测技术的基本思想是：把同时占用某个信道的所有用户或部分用户的信号都当作有用信号，而不是作为噪声来处理，利用多个用户的码元、时间、信号幅度以及相位等信息联合检测单个用户的信号，即综合利用各种信息及信号处理手段，对所接收的信号进行处理，从而达到对多用户信号的最佳联合检测。多用户检测技术在传统检测技术的基础上，充分利用造成多址干扰的所有用户的信号进行检测，从而具有良好的抗干扰和抗远近效应性能，降低了系统对功率控制精度的要求，因此可以更加有效地利用链路频谱资源，显著提高系统容量。

3. 5G

1）5G 概述

在 2016 年 11 月举办于乌镇的第三届世界互联网大会上，美国高通公司带来的可以实现"万物互联"的 5G（第五代移动通信技术）原型入选"黑科技"——世界互联网领先成果，高通 5G 向千兆移动网络和人工智能迈进。由于物联网（尤其是互联网汽车）等产业的快速发展，其对网络速度有着更高的要求，这无疑成为推动 5G 网络发展的重要因素。因此，许多国家都在大力推进 5G 网络，以迎接下一波科技浪潮。

5G 是 4G 之后的下一代移动通信标准，其上网速度比 4G 高出 100 多倍，运营商的服务能力也极大增强，5G 网络将对家庭现有的宽带连接形成有益的补充。5G 是新一代移动通信技术发展的主要方向，是未来新一代信息基础设施的重要组成部分。与 4G 相比，5G 不仅将进一步提升用户的网络体验，同时还将满足未来万物互联的应用需求。

移动通信技术演进过程如图 2.9 所示。

2017 年 2 月 9 日国际通信标准组织 3GPP 宣布了 5G 的官方 Logo。2017 年 10 月诺基亚与加拿大运营商 Bell Canada 合作，完成加拿大首次 5G 网络技术的测试；测试中使用了 73 GHz 范围内频谱，其数据传输速率为加拿大现有 4G 网络的 6 倍。2017 年 12 月 21 日，在国际电信标准组织 3GPP RAN 第 78 次全体会议上，5G NR 首发版本正式冻结并发布。

在全球市场，一些国家和地区的运营商也已进行了前期试验和测试。欧盟的 5G 网络将在 2025 年之前投入运营。美国多家移动运营商会争取获得 5G 网络的运营牌照，目前 AT&T、Verizon 等公司已经开始进行 5G 网络的测试。2018 年 12 月，韩国三大运营商 SK、KT 与 LG U+同步在韩国部分地区推出 5G 服务，这也是新一代移动通信服务在全球首次实现商用。第一批应用 5G 服务的地区为首尔、首都圈和韩国六大广域市的市中心，以后将陆续扩大范围。

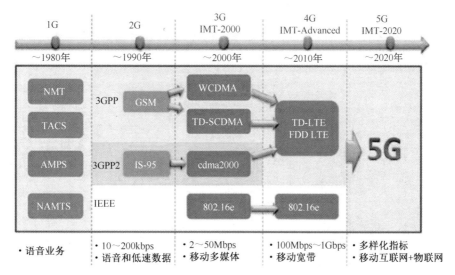

图 2.9　移动通信技术演进过程

　　我国 5G 技术研发试验于 2016—2018 年进行，分为 5G 关键技术试验、5G 技术方案验证和 5G 系统验证三个阶段实施。2017 年 11 月 15 日工业和信息化部发布《关于第五代移动通信系统使用 3300～3600 MHz 和 4800～5000 MHz 频段相关事宜的通知》，确定了 5G 频谱，能够兼顾系统覆盖和大容量的基本需求。同年 11 月下旬工业和信息化部发布通知，正式启动 5G 技术研发试验第三阶段工作。2018 年 11 月，重庆首个 5G 连续覆盖试验区建设完成，5G 远程驾驶、5G 无人机、虚拟现实等多项 5G 应用同时亮相。同年 12 月 7 日，工业和信息化部同意中国联通使用 3500～3600 MHz 频率，用于在全国开展 5G 系统试验。2018 年 12 月 10 日工业和信息化部正式对外公布，已向中国电信、中国移动、中国联通发放了 5G 系统中低频段试验频率使用许可。这意味着各基础电信运营企业开展 5G 系统试验所必须使用的频率资源得到保障，向产业界发出了明确信号，进一步推动我国 5G 产业链的成熟与发展。

　　从用户体验看，5G 具有更高的速率、更宽的带宽，只需几秒即可下载一部高清电影，能够满足消费者对虚拟现实、超高清视频等更高的网络体验需求。

　　从行业应用看，5G 具有更高的可靠性、更低的时延，能够满足智能制造、自动驾驶等行业应用的特定需求，拓宽融合产业的发展空间，支撑经济社会创新发展。

　　随着 5G 技术新标准和协议的诞生，传统的网络架构已经不能满足 5G 技术的需求，新的网络架构等待破土而出。新的网络架构主要有以下两个特点：

　　（1）硬件归一化，接口标准化：硬件功能简化，软硬件分离，降低成本并简化网络设计；接口标准化利于互通解耦，实现全网统一管理，降低运维复杂度。

　　（2）网络架构扁平化：5G 新架构包含接入、转发、控制三个功能平面。其中，快速灵活的接入平面包含各种类型的基站和无线接入设备；高效、低成本的转发平面可作为用户下沉的分布式网关；智能开放的控制平面可对网络集中控制，实现资源全局调度。

　　基于 SDN（software defined network，软件定义网络）的 5G 网络架构如图 2.10 所示。它是 Emulex 网络的一种新型网络创新架构，是网络虚拟化的一种实现方式，其核心技术 OpenFlow 通过将网络设备控制面与数据面分离开来；从而实现对网络流量的灵活控制，使网络作为管道变得更加智能。

　　SDN 是未来网络的发展方向，行业发展迅速。5G 网络和 SDN 融合后可以使控制面和数据面解耦，控制面集中部署在控制器中，数据面下沉更接近用户；在网络侧，将网络功能虚拟化和模块化，便于新业务的部署；在无线侧，一些控制功能能够集中在无线控制器中，联合优化，提升用户体验。

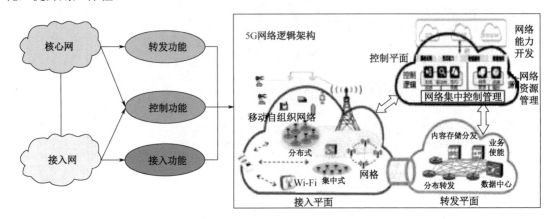

图 2.10　基于 SDN 的 5G 网络架构

　　未来 5G 网络正朝着网络多元化、宽带化、综合化、智能化的方向发展。随着各种智能终端的普及，移动数据流量将呈现爆炸式增长。在未来 5G 网络中，减小小区半径，增加低功率节点数量，是保证未来 5G 网络支持 1 000 倍流量增长的核心技术之一。因此，超密集异构网络成为未来 5G 网络提高数据流量的关键技术。

　　2）5G 关键技术

　　（1）高频段传输。移动通信的传统工作频段主要集中在 3 GHz 以下，这使得频谱资源十分拥挤，而在高频段（如毫米波、厘米波频段）可用频谱资源丰富，能够有效缓解频谱资源紧张的现状，可以实现极高速短距离通信，满足 5G 容量和传输速率等方面的需求。高频段在移动通信中的应用是未来的发展趋势，业界对此高度关注。足够量的可用带宽、小型化的天线和设备、较高的天线增益是高频段毫米波移动通信的主要优点，但也存在传输距离短、穿透和绕射能力差、容易受气候环境影响等缺点。射频器件、系统设计等方面的问题也有待进一步研究和解决。高频段资源虽然目前较为丰富，但是仍需要进行科学规划，统筹兼顾，从而使宝贵的频谱资源得到最优配置。

　　（2）新型多天线传输。多天线技术经历了从无源到有源，从 2D 到 3D，从高阶 MIMO 到大规模阵列的发展，将有望实现频谱效率数十倍甚至更高的提升，是目前 5G 技术重要的研究方向之一。由于引入了有源天线阵列，基站侧可支持的协作天线数量将达到 128 根。此外，原来的 2D 天线阵列拓展成 3D 天线阵列，形成新颖的 3D-MIMO 系统，支持多用户波束智能赋型，减少用户间干扰，结合高频段毫米波技术，将进一步改善无线信号覆盖性能。

　　（3）同时同频全双工。近年来，同时同频全双工技术吸引了业界的注意力。利用该技术，在相同的频谱上，通信的收发双方同时发射和接收信号，与传统的双工方式——TDD（time division duplexing，时分双工）和 FDD（frequency division duplexing，频分双工）相比，从理论上可使空口频谱效率提高 1 倍。全双工技术能够突破 FDD 和 TDD 方式的频谱资源使用限制，使得频谱资源的使用更加灵活。然而，全双工技术需要具备极高的干扰消除能力，这对干扰消除技术提出了极大的挑战，而且存在相邻小区同频干扰问题。在多天线及组网场景下，全双工技术的应用难度更大。

（4）D2D。传统的蜂窝通信系统的组网方式是以基站为中心实现小区覆盖的，而基站及中继站无法移动，其网络结构在灵活度上有一定的限制。随着无线多媒体业务不断增多，传统的以基站为中心的业务提供方式已无法满足海量用户在不同环境下的业务需求。D2D（device to device，设备到设备）技术无须借助基站就能够实现通信终端之间的直接通信，拓展网络连接和接入方式。由于短距离直接通信，信道质量高，D2D 能够实现较高的数据传输速率、较低的时延和较低的功耗；通过广泛分布的终端，能够改善覆盖，实现频谱资源的高效利用；支持更灵活的网络架构和连接方法，提升链路灵活性和网络可靠性。目前，D2D 采用广播、组播和单播技术方案，未来将发展其增强技术，包括基于 D2D 的中继技术、多天线技术和联合编码技术等。

（5）超密集网络。在 5G 通信中，无线通信网络正朝着网络多元化、宽带化、综合化、智能化的方向演进。随着各种智能终端的普及，数据流量将出现井喷式的增长。未来数据业务将主要分布在室内和热点地区，这使得超密集网络成为实现未来 5G 的 1 000 倍流量需求的主要手段之一。超密集网络能够改善网络覆盖，大幅提升系统容量，并对业务进行分流，具有更灵活的网络部署和更高效的频率复用。未来，面向高频段、大带宽，将采用更加密集的网络方案。与此同时，愈发密集的网络部署也使得网络拓扑更加复杂，小区间干扰已经成为制约系统容量增长的主要因素，极大地降低了网络能效。干扰消除、小区快速发现、密集小区间协作、基于终端能力提升的移动性增强方案等，都是目前密集网络方面的研究热点。

（6）新型网络架构。目前，LTE 接入网采用网络扁平化架构，减小了系统时延，降低了建网成本和维护成本。未来 5G 可能采用 C-RAN 接入网架构。C-RAN 是基于集中化处理、协作式无线电和实时云计算构架的绿色无线接入网构架，其基本思想是通过充分利用低成本高速光传输网络，直接在远端天线和集中化的中心节点间传送无线信号，以构建覆盖上百个基站服务区域，甚至上百平方千米的无线接入系统。C-RAN 架构适于采用协同技术，能够减小干扰，降低功耗，提升频谱效率，同时便于实现动态使用的智能化组网，其集中化处理方式有利于降低成本，便于维护，减少运营支出。

此外，全面建设面向 5G 的技术测试评估平台，能够为 5G 技术提供高效、客观的评估机制，有利于加速 5G 研究和产业化进程。5G 测试评估平台将在现有认证体系要求的基础上平滑演进，从而加速测试平台的标准化及产业化，有利于我国参与未来国际 5G 认证体系，为 5G 技术的发展搭建腾飞的桥梁。

2.3.3 卫星通信

卫星通信就是在地球上（包括地面和低层大气中）的无线电通信站间利用卫星作为中继站而进行的通信，由卫星和地球站（又称地面站）两部分组成，其特点是：① 通信范围大，可覆盖全球陆地与海洋；② 只要在卫星发射的电波所覆盖的范围内，任何两点之间都可进行通信；③ 不易受陆地灾害的影响，可靠性高；④ 只要设置地球站，链路即可开通（开通迅速）；⑤ 同时可在多处接收，能经济地实现广播、多址通信；⑥ 链路设置非常灵活，可随时分散过于集中的话务量；⑦ 同一信道可用于不同方向或不同区间。

海事卫星通信系统（Inmarsat）全球覆盖，其第三代卫星分布在大西洋东区和西区、印度洋区和太平洋区，其第四代卫星定点于 64°E 和 53°W，具有 10 个全球波束、19 个宽点波束、228 个窄点波束。随着甚小口径地球站（very small aperture terminal，VSAT）技术的成熟，中低轨道的移动卫星通信系统受到人们的广泛关注。"铱星"（Iridium）系统有 66 颗卫星，分成

6 个轨道，每个轨道有 11 颗卫星，轨道高度为 765 km，卫星之间、卫星与网关和系统控制中心之间的链路采用 Ka 波段，卫星与用户间链路采用 L 波段。在卡特里娜飓风灾害时"铱星"业务流量增加 30 倍，卫星电话通信量增加 5 倍，体现了卫星通信系统在灾害发生时的重要作用。全球星（Globalstar）由 48 颗卫星组成，分布在 8 个圆形倾斜轨道平面内，轨道高度为 1 389 km，倾角为 52°。20 世纪 90 年代中后期卫星电视直播（DBS）、卫星语音广播、卫星移动通信以及卫星宽带多媒体通信成为新的四大发展潮流。海事卫星通信系统应用示意图如图 2.11 所示。

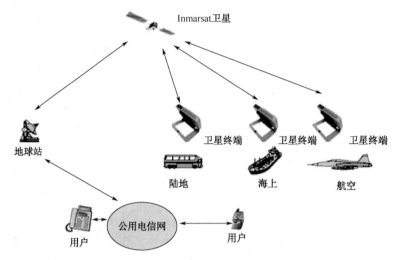

图 2.11　海事卫星通信系统（Inmarsat）应用示意图

2.3.4　移动互联网

随着宽带无线接入技术和移动终端技术的飞速发展，人们迫切希望能够随时随地乃至在移动过程中都能方便地从互联网获取信息和服务，移动互联网（mobile internet，MI）应运而生并迅猛发展。移动互联网将移动通信和互联网二者结合起来成为一体，是指互联网的技术、平台、商业模式和应用与移动通信技术结合并实践的总称，图 2.12 所示为移动互联网结构示意图。

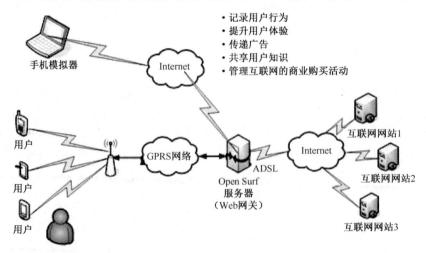

图 2.12　移动互联网结构示意图

移动互联网整合了互联网与移动通信技术，将各类网站、企业的大量信息及各种各样的业务引入其中，为企业搭建了一个适合业务和管理需要的移动信息化应用平台，提供全方位、标准化、一站式的企业移动应用服务解决方案，主要特点包括：① 更高的数据吞吐量，且时延低；② 更低的建设和运行维护成本；③ 与现有网络兼容；④ 更高的鉴权和安全能力；⑤ 高品质互动操作。移动互联网业务体系如图 2.13 所示。

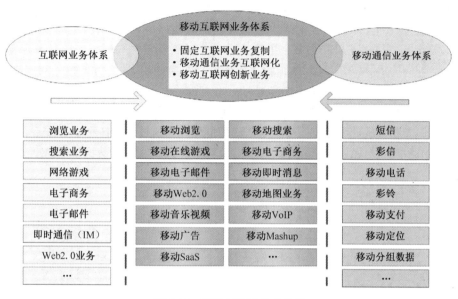

图 2.13　移动互联网业务体系

移动互联网的终端包括智能手机、平板电脑、电子书、移动互联网设备（mobile internet device，MID）等，其软件包括操作系统、中间件、数据库和安全软件等。所提供的应用包括休闲娱乐类、工具媒体类、商务财经类等。

移动互联网以宽带 IP 为技术核心，可同时提供语音、传真、数据、图像、多媒体等高品质电信服务，是国家信息化建设的重要组成部分。

随着基础设施的建设与完善，我国移动互联网发展进入全民时代。根据《中国移动互联网发展报告（2022）》数据统计，截至 2021 年底，我国移动电话用户总数达到 16.43 亿户，手机网民规模达 10.29 亿人。这足以说明，移动互联网已经逐渐渗透到人们生活、工作的各个领域，短信、移动音乐、手机游戏、视频应用、手机支付、位置服务等丰富多彩的移动互联网应用迅猛发展，正在深刻改变信息时代的社会生活，迎来了新的发展高潮。

2.4　网络平台层

网络平台层是智能交通技术架构的中间环节，是在现有的通信网络和互联网基础上建立起来的，是感知层、接入层与应用层之间的桥梁，主要负责信息的传输。网络平台层综合多种通信技术，实现有线与无线的结合、宽带与窄带的结合、感知网与通信网的结合，将感知层采集到的信息进行汇总、传输，从而将大范围内的信息加以整合，以备处理。网络平台层的主要支撑技术包括：无线传感器网络（WSN）、低速短距离无线通信、自组织通信、IP 承载等技术。

2.4.1　无线传感器网络技术

1. 无线传感器网络

随着近年来微电子、微机电系统（micro-electro-mechanism system，MEMS）、片上系统（system on chip，SoC）、无线通信和低功耗嵌入式技术的飞速发展，无线传感器网络（WSN）诞生，并以其低功耗、低成本、分布式和自组织的特点带来了信息感知的一场变革。WSN 是一种全新的信息获取平台，能够实时监测和采集网络分布区域内的各种检测对象的信息，并将这些信息发送到网关节点，以实现复杂的指定范围内的目标检测与跟踪，具有快速展开、抗毁性强等特点，应用领域极其广泛，如感知战场状态（军事应用）、环境监控（对气候、地理、污染变化的监控）、物理安全监控、城市道路交通监控、安全场所的视频监控等。

WSN 在无线通信框架中的位置如图 2.14 所示。图中描述了 WSN 主要应用的无线通信技术，并在通信距离、数据传输速率两方面将 WSN 应用的无线通信技术与其他技术进行了比较。可以看出，WSN 的通信距离较短，在 100 m 范围之内，一般为 1～10 m，数据传输速率也比较慢。

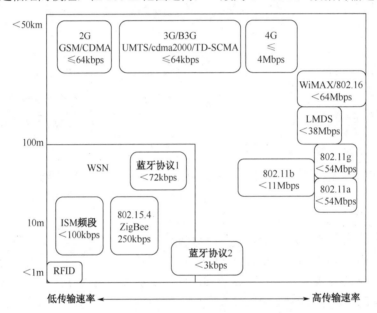

图 2.14　WSN 在无线通信框架中的位置

WSN 与传统的无线网络（如 WLAN 和蜂窝移动电话网络）有着不同的设计目标。后者在高速移动的环境中通过优化路由和资源管理策略将带宽的利用率最大化，同时为用户提供一定的服务质量（QoS）保证。而 WSN 是一个由部署在监测区域内大量的廉价微型传感器节点组成，通过无线通信方式形成的多跳自组织网络。在 WSN 中，除了少数节点需要移动以外，大部分节点都是静止的，可广泛应用于布线和电源供给困难的区域、人员不能到达的区域（如受到污染、环境被破坏的区域或敌对区域）和一些临时场合（如发生自然灾害时，固定通信网络被破坏）等。WSN 的典型工作方式如下：使用飞行器将大量传感器节点（数量从几百到几千个）抛撒到感兴趣区域，节点通过自组织快速形成一个无线网络。节点既是信息的采集和发出者，也充当信息的路由者，采集的数据通过多跳路由到达网关。网关（一些文献也称为 sink node）是一个特殊的节点，可以通过 Internet、移动通信网络、卫星等与监控中心通信，也可以利用无人机飞越网络上空，通过网关采集数据。图 2.15 所示为 WSN 结构示意图。

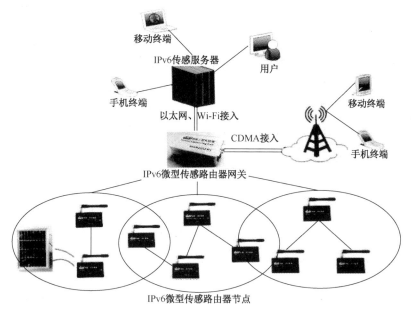

图 2.15　WSN 结构示意图

WSN 的基本功能是将一系列空间上分散的传感器单元通过自组织的无线网络进行连接，从而将各自采集的数据通过无线网络进行传输汇总，以实现对空间分散范围内的物理或环境状况的协作监控，并根据这些信息进行相应的分析和处理。WSN 是结合了计算、通信、传感器三项技术的一门新兴技术，具有成本低、密度高、灵活布设、实时采集、全天候工作的优势，且对物联网其他产业具有显著带动作用。

2. WSN 体系结构

1）WSN 结构组成

WSN 分层结构如图 2.16 所示，通常分为物理层、数据链路层、网络层、传输层和应用层。① 物理层定义 WSN 中的基站或汇聚节点（sink）、节点（node）间的通信物理参数，使用哪个频段，使用何种调制解调方式等；② 数据链路层定义各节点的初始化，通过收发设置（beacon）、请求（request）、连接（associate）等消息完成自身网络定义，并定义数据链路层逻辑链路控制（logical link control，LLC）帧和介质访问控制（media access control，MAC）帧的调试策略，避免多个收发节点间的通信冲突；③ 在网络层，完成逻辑路由信息采集，使收发数据包能够按照不同策略，通过最优化路径到达目标节点；④ 传输层提供数据包传输的可靠性，为应用层提供入口；⑤ 应用层最终将收集后的节点信息整合处理，满足不同应用程序的计算需要。

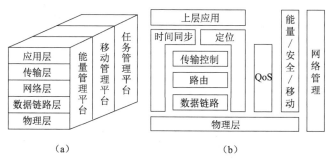

图 2.16　WSN 分层结构

对于每一个 WSN 节点而言，其典型硬件结构如图 2.17 所示，主要包括电池及电源管理电路、传感器、信号调理电路、A/D 转换器、微处理器、存储器和射频模块等。因节点采用电池供电，一旦电源耗尽，节点就失去了工作能力。为了最大限度地节约电源，在硬件设计方面，要尽量采用低功耗器件，在没有通信任务时，切断射频部分的电源；在软件设计方面，各层通信协议都应以节能为中心，必要时可以牺牲其他的一些网络性能指标，以获得更高的电源效率。利用风能、太阳能为各节点供电，可以提升工作性能并延长工作时间。

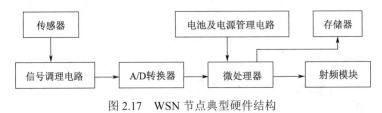

图 2.17　WSN 节点典型硬件结构

2）WSN 组网结构

WSN 通常有平面拓扑结构和逻辑分层结构等两种组网形式。其平面拓扑结构如图 2.18 所示，所有网络节点处于平等的地位，不存在任何等级和层次差别，因此也被称为对等式结构；逻辑分层结构如图 2.19 所示，网络节点按照某种规则（如地理位置、应用需求等）分成各个簇，每个簇由簇头和成员节点构成。

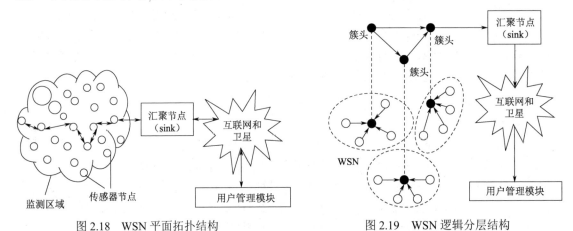

图 2.18　WSN 平面拓扑结构　　　　　　图 2.19　WSN 逻辑分层结构

2.4.2　无线传输技术

本节所述的无线传输技术，是指各种短距离无线通信技术，主要包括红外线、蓝牙、Wi-Fi（wireless fidelity，无线保真）、UWB（ultra wideband，超宽带）、ZigBee、NFC（near field communication，近场通信）等技术。

（1）红外线是其波长介于微波与可见光之间的电磁波，波长为 0.75 μm～1 mm，在光谱上位于红色光外侧。红外线也是光的一种，也具有光的特性，无法穿越不透光的物体。当遇到墙面时，它就会反射。根据红外线的一些特征，红外线传输具有低成本、跨平台、小角度（30° 锥角以内）、短距离以及点对点直线数据传输的特点，其速率可达 4 Mbps 甚至 16 Mbps，多用于室内短距离通信，在家用电器设备上应用较为广泛。

（2）蓝牙是一种支持设备短距离通信的无线电技术，能在包括移动电话、个人数字助理

（personal digital assistant，PDA）、无线耳机、笔记本电脑、相关外设等众多设备之间进行信息交换，其数据传输速率为 1 Mbps，传输距离为 10 m 左右，工作在全球通用的 2.4 GHz ISM（industrial scientific medical，工业、科学、医学）频段，能够实现移动通信终端设备之间的通信，也能够简化设备与互联网之间的通信，支持点对点及点对多点通信，从而使数据传输变得更加迅速、高效。

（3）Wi-Fi 是一种无线通信协议，与蓝牙一样，同属于在办公室和家庭中使用的短距离无线通信技术。Wi-Fi 的频段有 2.4 GHz 和 5 GHz 两种，其传输功率在 1 mW～100 mW 之间，最高速率可达 108 Mbps。与红外线、蓝牙相比，Wi-Fi 的传输距离要远一些，从几十米到几百米不等，甚至可达几千米。

（4）UWB 是一种无载波通信技术，利用纳秒级至皮秒级的非正弦波窄脉冲传输数据，也称为脉冲无线电（impulse radio）、时域（time domain）通信或无载波（carrier free）通信。与普通二进制移相键控（BPSK）信号波形相比，UWB 方式不利用余弦波进行载波调制而发送许多小于 1 ns 宽度的脉冲，因此这种通信方式占用带宽非常宽，且频谱的功率密度极小，具有一般扩频通信的特点。

通过在较宽的频谱上传送极低功率的信号，UWB 能在 10～20 m 的范围内实现数百兆比特每秒（Mbps）至数吉比特每秒（Gbps）的数据传输速率。UWB 具有抗干扰性能强、传输速率高、带宽极宽、消耗电能小、发送功率小等诸多优势，主要应用于室内通信、高速无线局域网、家庭网络、无绳电话、安全检测、位置测定、雷达等领域。

（5）ZigBee 是一种近距离、低复杂度、低功耗、低速率、低成本的双向无线通信协议，其特点是能在智能交通、环境保护、政府工作、公共安全、平安家居、智能消防、工业监测、老人护理以及个人健康等领域有所作为。该技术主要用于距离短、功耗低且传输速率不高的各种电子设备之间进行数据传输以及典型的有周期性数据、间歇性数据和低反应时间数据传输的应用。

ZigBee 是 IEEE 802.15.4 协议的代名词，其数传模块类似于移动网络基站，通信距离从标准的 75 m 到几千米，并支持无限扩展。低成本 ZigBee 广泛适用于无线监控方向的应用，低功耗使之能有更长的工作周期，所支持的无线网状网络有更强的可靠性和更广的覆盖范围。

（6）NFC 是近距离无线通信技术，是一种非接触式识别和互联技术，可以在移动设备、消费类电子产品、计算机和智能控件工具间之进行近距离无线通信，能在大约 10 cm 范围内建立设备之间的连接，其数据传输速率可分为 106 kbps、212 kbps、414 kbps，未来可提高到 848 kbps 以上。与 RFID 类似，NFC 也通过频谱中无线频率部分的电磁感应耦合方式传递信息，但其传输范围较小。

表 2.2 示出了各种无线传输技术的对比。

表 2.2　各种无线传输技术的对比

	红外线	蓝牙	Wi-Fi	UWB	ZigBee	NFC
传输距离	≤1 m	≤10 m	90 m	10～20 m	75 m～2 km	≤0.1 m
传输速率	4 Mbps，16Mbps	1 Mbps	11～108 Mbps	几百 Mbps	40~250 kbps	106 kbps 212 kbps 424 kbps
工作频率	—	2.4 GHz	2.4 GHz/5 GHz	806~96 MHz，1710~1885 MHz，2500~2691 MHz	2.4 GHz	13.56 MHz

	红外线	蓝牙	Wi-Fi	UWB	ZigBee	NFC
传输功率	—	中	10～100 mW	功率小	功率小	—
终端价格	低	低	低	—	低	低
数据安全性	高	高，软件实现	低	高	高	高，硬件实现
技术特征	点对点，不能穿透物体，遇到障碍物会反射	主动～主动，单点对多点	—		可自组网、无限扩展	主动～主动/被动，点对点
适用领域	适用于室内传输控制	移动设备、外设	小规模接入组网	距离短，大数据量，高速传输	工业控制、医疗	公交卡、门禁、车票、门票

2.4.3　自组织通信技术

自组织是指一个系统在内在机制的驱动下，自行从简单向复杂、从粗糙向细致方向发展，不断提高自身复杂度和精细度的过程。自组织系统不需要任何外部的或专门的集中控制，个体实体间具有简单的局部交互功能，在系统范围内具有自适应能力。在通信和计算机网络领域，应用自组织通信模式可以产生新型通信网络，支持新兴的业务需求，并促进未来网络体系结构的发展，优化现有网络通信机制。图 2.20 所示为基于自组织的应急通信网络示意图。

图 2.20　基于自组织的应急通信网络示意图

移动自组织网络是一种移动通信和计算机网络相结合的网络，是移动计算机网络的一种，用户终端可以在网络内随意移动而保持通信。其早期的原型是美国 1968 年建立的 Ad Hoc 网络和 1973 提出的 PR（packet radio，分组无线）网络。Ad Hoc 网络中的每个节点都必须和其他所有节点直接连接才能互相通信，是一种单跳网络。而 PR 网络中的各个节点不需要直接连接，而是能够通过中继的方式，在两个距离很远而无法直接通信的节点之间传送信息，即两点之间的通信可以由多跳间接实现。IEEE 在开发 802.11 标准时，提出将 PR 网络改名为 Ad Hoc 网络，也就是常说的移动自组织网络。

移动自组织网络中的信息交换采用了计算机网络中常用的分组交换机制，而不是电话交换网中的电路交换机制。用户可以随时处于移动状态或者静止状态，且每个用户终端都兼有路由器和主机两种功能。作为主机，终端可以运行各种面向用户的应用程序；作为路由器，终端运行相应的路由协议，构成任意的网络拓扑。这种分布式控制和无中心的网络结构，能够在部分通信网络遭到破坏后保持通信，具有很强的稳健性（又称鲁棒性）和抗毁性。

移动自组织网络没有固定的基础设施，能够在不能利用或者不便利用现有网络基础设施（如基站、热点）的情况下，提供终端之间的相互通信。由于终端的发射功率和无线覆盖范围有限，距离较远的两个终端如果要进行通信，就必须借助其他节点进行分组转发，因此节点之间构成了一种无线多跳网络。它既可以作为单独的网络独立工作，也可以以末端子网的形式接入现有网络，如 Internet 和蜂窝网。

移动自组织网络的主要特点包括：

（1）网络拓扑结构动态变化。在移动自组织网络中，由于用户终端的随机移动、节点的随时开机和关机、无线发信装置发送功率的变化、无线信道间的相互干扰以及地形等综合因素的影响，移动终端间通过无线信道形成的网络拓扑结构随时可能发生变化，而且变化的方式和速度都是不可预测的。

（2）自组织，无中心，抗毁性强。移动自组织网络没有严格的控制中心，所有节点的地位是平等的，是一种对等式网络。节点能够随时加入和离开网络，任何节点的故障都不会影响整个网络的运行，具有很强的抗毁性。

（3）普通节点协作完成多跳路由。与一般网络中的多跳不同，移动自组织网络中的多跳路由是由普通节点共同协作完成的，不需要专门的路由设备。

（4）无线传输带宽有限。无线信道本身的物理特性，决定了移动自组织网络的带宽比有线信道要小很多；而竞争共享无线信道产生的碰撞、信号衰减、噪音干扰及信道干扰等因素，使得移动终端的实际带宽远远小于理论值。

（5）移动终端的局限性。移动自组织网络中的移动终端（如笔记本电脑、手机等）具有灵巧、轻便、移动性好等优点，但同时其电源有限、内存小、处理器性能低等也会限制应用程序的开发。

2.4.4　IP 承载技术

IP 承载技术伴随着互联网的普及而迅速发展，并从 QoS 机制、安全性、可靠性等方面逐渐达到了电信级网络应用的要求。IP 承载网是各运营商以 IP 技术构建的一张专用网，用于承载对传输质量要求较高的业务［如软交换、视频、重点客户 VPN（虚拟专用网）等］，一般采用双平面、双星双归属的高可靠性设计，精心设计各种情况下的流量切换模型，采用多协议标签交换（multi-protocol label switching，MPLS）、快速重路由（fast reroute，FRR）、双向转发检测（bidirectional forwarding detection，BFD）等技术，快速检测网络断点，缩短故障设备/链路倒换时间。在实际网络中，部署二层或三层 QoS，保障所承载业务的质量，使网络既具备低成本、扩展性好、承载业务灵活等特点，也具备传输系统的高可靠性和安全性。图 2.21所示为 IP 承载网络结构示意图。

IPv6 是 Internet 工程任务组（Internet Engineering Task Force，IETF）用来替代现行版本 IPv4的下一代 IP 协议，其地址长度为 128 位，可以解决 IPv4 地址不足的问题。IPv6 严格按照地址的位数划分地址，而不用子网掩码来区分网络号和主机号。在 128 位的地址中，前 64 位为地址前缀，表示该地址所属的子网络并用于路由；后 64 位为接口地址，用于子网络中标识节点。图 2.22 所示为 IPv4 向 IPv6 过渡的网络结构示意图。

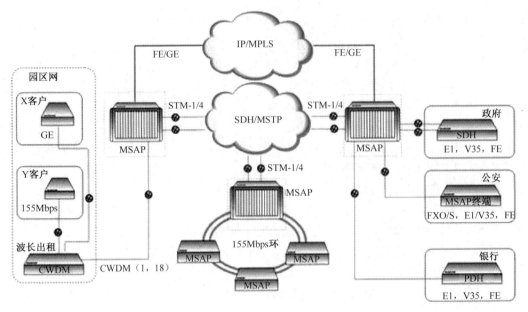

图 2.21　IP 承载网络结构示意图

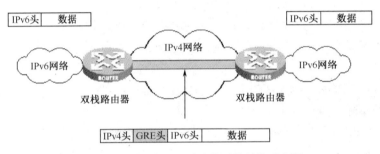

图 2.22　IPv4 向 IPv6 过渡的网络结构示意图

对于海量的地址分配问题，IPv6 采用了无状态地址分配的高效解决方案，其基本思想是网络侧不管理地址的状态，如地址联系、有效期等，且不参与地址分配过程。节点设备连接到网络后，将自动选择接口地址（即 64 位），加上 FE80 的前缀，作为本地链路地址；该地址只在节点与邻居之间的通信中有效，路由器设备将不路由以该地址为源地址的数据包。在生成本地链路地址后，节点将进行重复地址检测（duplicate address detection，DAD），即检测该接口地址是否有邻居节点使用。若发现地址冲突，则无状态地址分配过程将终止，节点将等待手工配置地址。若在检测定时器超时后仍没有发现地址冲突，则节点认为该接口地址可以使用，将发送路由器前缀通告请求，寻找网络中的路由设备。若网络中配置的路由设备接收到该请求，则将发送地址前缀通告响应，将节点应该配置地址的前 64 位通告给网络节点；网络节点将地址前缀与接口地址组合，构成节点自身的全球 IPv6 地址。在整个过程中，网络侧不再需要保存节点的地址状态，维护地址的更新周期，以很低的资源消耗即可达到海量地址分配的目的。

与 IP v4 相比，IP v6 具有以下几方面的优势：

（1）更大的地址空间。IPv4 中规定 IP 地址长度为 32 位，最大地址个数为 2^{32}；而 IPv6 中 IP 地址的长度为 128 位，即最大地址个数为 2^{128}，与 32 位地址空间相比，其地址空间增加了（$2^{128}-2^{32}$）个。如此丰富的地址空间为实名制的互联网认证和"一人一证"提供了可能。

（2）更小的路由表。IPv6 的地址分配一开始就遵循聚类的原则，这使得路由器能在路由表中用一条记录表示一片子网,大大减小了路由器中路由表的长度,提高了路由器转发数据包的速度。

（3）增强的组播支持以及对流的控制,这使得网络上的多媒体应用有了长足发展的机会,为 QoS 控制提供了良好的网络平台。

（4）IPv6 加入了对自动配置的支持,这是对动态主机配置协议（dynamic host configuration protocol,DHCP）的改进和扩展,使得网络（尤其是局域网）的管理更加方便和快捷。

（5）更高的安全性。在使用 IPv6 网络时,用户可以对网络层的数据进行加密并对 IP 报文进行校验,加密与鉴别选项提供了分组的保密性与完整性,极大地增强了网络的安全性。

为了加快 IPv6 升级改造,我国 IPv6 规模部署工作呈现加速发展态势。2018 年 12 月 21 日在京召开了我国 IPv6 产业发展研讨会,其目的是及时总结我国 IPv6 发展状况,探讨 IPv6 发展前景,加快互联网升级演进,并对一些与 IPv6 相关的模糊认识进行了澄清:① 以 IPv6 为起点发展下一代互联网是全球共识,我国 IPv6 规模部署取得重大进展;② 中国互联网是中国人自主建设与管理的,国内互联网管理属于我国的主权范畴;③ IPv6 不存在所谓的技术标准与知识产权陷阱,我国 IPv6 技术实力和影响力加速提升;④ IPv6 为保障网络安全提供了新平台,为在发展中解决网络安全问题带来了新机遇;⑤ 排除 IPv9 错误思路的干扰与影响,坚定不移地加快推进 IPv6 规模部署;⑥ 互联网商业应用和应用基础设施的改造进度滞后,IPv6 协同发展格局需持续优化。

2.5 应用层

2.5.1 应用层概念与应用对象

应用层也称为应用实体,它由若干个特定应用服务元素和一个或多个公用应用服务元素组成。前者提供特定的应用服务,例如文件传输访问和管理（file transfer access and management,FTAM）、消息处理系统（message handling system,MHS）、虚拟终端协议（virtual terminal protocol,VAP）等;后者提供最基本的应用服务,例如联系控制服务元素（association control service element,ACSE）、可靠传输服务元素（reliable transfer service element,RTSE）和远程操作服务元素（remote operations service element,ROSE）等。应用层直接和应用程序进行接口并提供常见的网络应用服务,主要是提供网络任意端上应用程序之间的接口,完成数据处理、信息集成、服务发现及服务呈现等,为智能交通的发展和运营提供最直接的服务。应用需求是推动智能交通技术发展的原动力,因此各项实体应用必须在现有网络体系和协议的基础上,兼容未来可能的网络拓展功能,在实现智能交通管理、车辆安全控制、交通事件预警等高端功能的同时,还应为用户提供车辆信息查询、信息订阅、事件告知等各类服务功能。

应用层网关（application layer gateway,ALG）也叫应用层防火墙或应用层代理防火墙,其进程名是 alg.exe（所在位置 C:\Windows\System32）,应用层网关通常被描述为第三代防火墙。图 2.23 所示为应用层网关结构示意图。当受信任网络上的用户请求连接到不受信任网络上的服务时,该请求被引导至防火墙中的代理服务器,对请求进行评估,并根据一套单个网络服务的规则来决定允许或拒绝该请求。使用 ALG 的好处是隐藏内部主机的地址和防止外部不正常的连接,如果代理服务器上未安装针对该应用程序设计的代理程序,则任何属于这个网络服务的数据包将完全无法通过防火墙。

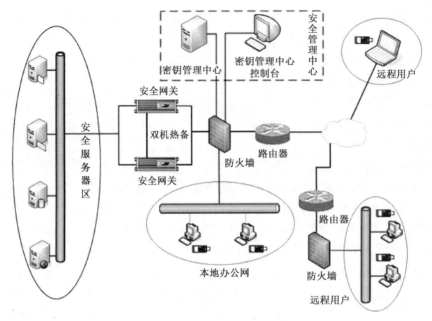

图 2.23　应用层网关结构示意图

　　智能交通应用服务的对象包括个人、企业和政府。个人可以分为城市市民、从业者、旅游者和商务来访者等,对个人的服务水平最能体现智能交通建设水平。企业是城市发展动力的提供者,是现代城市发挥经济功能的最基本元素,加强对企业的服务是促进智能交通发展,不断提高竞争力的重要途径。政府是智慧载体的整体组织者、管理者、保障者和直接参与者,是智慧载体发展的直接动力,也是智能交通的主要应用者;调动政府在智能交通建设中的积极性,提高效率,将不断增强智能交通的建设和发展水平。

2.5.2　应用平台

　　图 2.24 所示为应用平台架构示意图。智能交通应用平台是以云计算、数据挖掘、数据存储等支撑技术为基础,通过构建数据分析模型和进行海量数据分析,提供动态监控、预测预警、智能分析、决策支持等业务功能,为政府、企业或社会机构以及个人的各类应用需求提供支撑的一个综合平台。同时,智能交通应用平台实现对支撑平台与面向终端用户的承上启下作用,对上层行业终端提供服务接口,对下层支撑平台的存储数据通过能力计算和功能引擎进行处理,把各种子应用整合成一个扁平的应用网络体系,从而实现各行业应用在数据和业务层次上的不同程度的融合,全面实现整个智能交通各种应用系统之间的互联互通和智能处理。

　　具体功能如下:

　　(1)提供统一的终端接入平台:为所有管理应用终端提供统一的数据接入方案,支持多种通信设备、通信协议,对接收到的数据进行辨识、分发以及报警分析等预处理。

　　(2)提供统一的应用基础运行平台:智能交通应用平台中各行业应用软件与传统的应用软件相比,有底层终端数量多、上层行业应用复杂的特点,各种行业终端数量规模非常庞大,要求整个平台能维护大量共享数据和控制数据,提供统一运行环境,从概念、技术、方法与机制等方面无缝集成数据的实时处理与历史记录,实现数据的高时效调度与处理,保证数据的一致性。

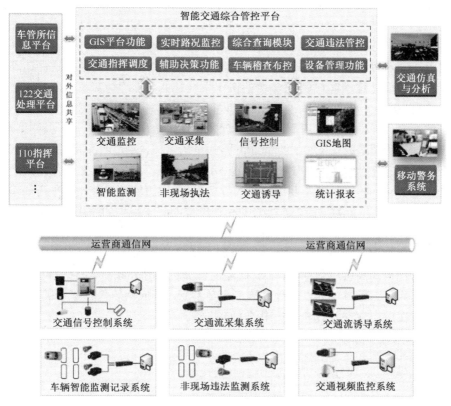

图 2.24　应用平台架构示意图

（3）提供统一的安全认证：以用户信息、系统权限为核心，集成各业务系统的认证信息，提供一个高度集成且统一的认证平台。

（4）提供统一的数据交换平台：通过中间件连接各种业务的相关异构系统、应用以及数据源，满足重要系统之间无缝共享和数据交换的需要。

（5）提供统一的门户支撑平台：提供一个灵活、规范的信息组织管理平台和全网范围的网络协作环境，实现集成的信息采集、内容管理、信息搜索，能够直接组织各类共享信息和内部业务基础信息，面向不同使用对象，通过门户技术实现个性化服务，实现信息整合应用。

（6）提供多种业务基础构件：为各行业应用业务提供辅助开发工具、快速定制、地理信息服务、权限管理、数据展现和挖掘等多种平台支撑服务。通过这些基础构件，实现系统的松散耦合，提高系统的灵活性和可扩展性，保障快速开发、降低运营维护成本。

2.5.3　中间件技术

随着计算机技术的飞速发展，各种各样的应用软件需要在各种平台之间进行移植，或者一个平台需要支持多种应用软件和管理多种应用系统，软、硬件平台和应用系统之间需要可靠和高效的数据传递或转换，使系统的协同性得以保证。这些都需要一种构筑于软、硬件平台之上，并对更上层的应用软件提供支持的软件系统，中间件（middleware）在此环境下应运而生。美国最早提出物联网中间件（internet of things middleware，IoT-MW）的概念，当时企业在实施 RFID 项目改造期间，发现最耗时耗力、复杂度和难度最高的问题是如何保证 RFID 数据正确导入企业管理系统，为此各企业做了大量的工作。经过多方面研究、论证和实验，最终找到了解决方案——中间件。

1. 中间件概述

中间件是一类独立的系统软件或服务程序，分布式应用软件借助这种软件在不同的技术之间共享资源。中间件位于客户机/服务器的操作系统之上，管理计算机资源和网络通信。从中间件的定义可以看出：中间件是一类软件，而非一种软件；中间件不仅仅实现互联，还要实现应用之间的互操作；中间件是基于分布式处理的软件，定义中特别强调了其网络通信功能。中间件用于实现应用层各应用成分之间跨越网络的协同工作，并允许各应用成分所涉及的"系统结构、操作系统、通信协议、数据库和其他应用服务"各不相同，其主要作用是用来屏蔽网络硬件平台的差异性和操作系统与网络协议的异构性，使应用软件能够比较平滑地运行于不同的平台。同时，中间件在负载平衡、连接管理和调度方面起了很大的作用，使企业级应用的性能得到大幅提升，满足了关键业务的需求。

对于应用软件开发，中间件远比操作系统和网络服务更为重要，中间件提供的程序接口定义了一个相对稳定的高层应用环境，不管底层的计算机硬件和系统软件怎样更新换代，只要将中间件升级更新，并保持中间件对外的接口定义不变，则应用软件几乎不需要做任何修改，从而保护了企业在应用软件开发和维护中的大量投资。

图 2.25 所示为一个标准的中间件工作模式。可以看出，中间件应具备两个关键特征：（1）要为上层的应用服务，这是一个基本条件；（2）必须连接到操作系统的层面，并保持运行工作状态。只有同时具备这两个特征才能称之为中间件。除了这两个关键特征之外，中间件还有一些特点，如：满足大量应用的需要；运行于多种硬件和操作系统平台；支持分布计算，提供跨网络、硬件和操作系统平台的透明的应用或服务的交互；支持标准的协议；支持标准的接口。由于标准接口对于可移植性的重要性，以及标准协议对于互操作性的重要性，中间件已成为许多标准化工作的重点考虑对象。

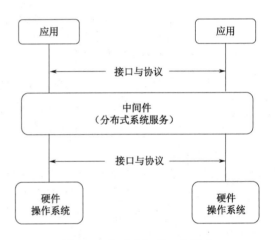

图 2.25　标准中间件工作模式

如图 2.26 所示，中间件研究的领域和范围非常广泛，不仅涉及电子政务、银行、电信、交通、公安等多个不同行业，而且涉及桌面领域、移动领域和互联网领域，从技术集成角度还涉及运营和管理环境、安全框架、应用开发框架、应用集成框架及应用服务器等内容。

2. 中间件分类

根据中间件在系统中所起的作用和采用的技术不同，可分为以下几类。

（1）远程过程调用中间件（remote procedure call middleware，RPCM）。远程过程调用中间件（RPCM）是一种广泛使用的分布式应用程序处理方法，为客户机/服务器分布式计算提供了有力的支持。它在执行一个位于不同地址空间里的过程时，从效果上看和执行本地调用相同。其工作方式是：当一个应用程序 A 需要与远程的另一个应用程序 B 交换信息或要求 B 提供协助时，A 在本地产生一个请求，通过通信链路通知 B 接收信息或提供相应的服务，B 完成相关处理后将信息或结果返回给 A。

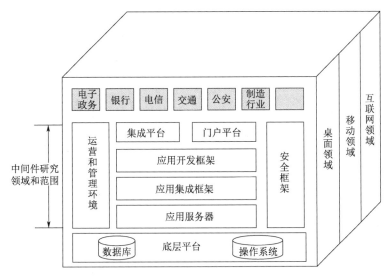

图 2.26　中间件的各个研究领域与方向

在 RPC（远程过程调用）模型中，客户机和服务器只要具备了相应的 RPC 接口，且支持 RPC 运行，就可以完成相应的互操作，而不必限于特定的服务器。但是，RPC 所提供的是基于过程的服务访问，客户机与服务器进行直接连接，没有中间机构来处理请求，因此也具有一定的局限性。例如，RPC 通常需要一些网络细节来定位服务器；在客户机发出请求的同时，要求服务器必须处于工作状态；等等。

（2）面向对象的中间件（object oriented middleware，OOM）。面向对象中间件（OOM）将编程模型从面向过程升级为面向对象，对象之间的方法调用通过对象请求代理（object request broker，ORB）转发。ORB 能够为应用提供位置透明性和平台无关性，接口定义语言（interface definition language，IDL）还可提供语言无关性。此外，此类中间件还为分布式应用环境提供多种基本服务，如名录服务、事件服务、生命周期服务、安全服务和事务服务等。这类中间件的代表有 CORBA、DCOM 和 Java RMI。

（3）基于事件的中间件（event-based middleware，EBM）。大规模分布式系统拥有数量众多的用户和联网设备，没有中心控制点，系统需要对环境、信息和进程状态的变化做出响应。此时传统的一对一请求/应答模式已不再适合，而基于事件的系统以事件为主要交互手段，允许对象之间进行异步、对等的交互，特别适合广域分布式系统对松散、异步交互模式的要求。基于事件的中间件（EBM）关注为建立基于事件的系统所需的服务和组件的概念、设计、实现和应用问题。它提供了面向事件的编程模型，支持异步通信机制，比面向对象的中间件有更好的扩展性。

（4）面向消息的中间件（message-oriented middleware，MOM）。面向消息的中间件（MOM）是基于报文传递的网络通信机制的自然延伸，其工作方式类似于电子邮件：发送方只负责消息的发送，消息内容由接收方解释并采取相应的行动；消息暂存在消息队列中，若需要，可在任何时候取出，通信双方不需要同时在线，即利用高效、可靠的消息传递机制进行平台无关的数据交流，并基于数据通信实现分布式系统的集成。通过提供消息传递和消息排队模型，MOM 可在分布式环境下扩展进程间的通信，并支持多通信协议、语言、应用程序、硬件和软件平台。由于没有同步建立过程，也不需要对调用参数进行编解码，因此 MOM 效率较高，而且有更强的扩展性和灵活性，更适合建立企业级或跨企业的大规模分布式系统。但是，MOM 的异步通信方式不适合有实时要求的应用。另外，从编程的角度看，其抽象级别较低，容易出错，不易调试。典型的 MOM 产品有 BEA 的 Message Q、微软的 MSMQ、IBM 的消息排队系统 MQ Series，以及 SUN 的 Java Message Queue。

（5）对象请求代理中间件（object request broker middleware，ORBM）。面向对象技术与分布式计算技术的相互结合，形成了分布对象计算，并发展为当今软件技术的主流方向。1990年底，对象管理集团（OMG）首次推出对象管理结构（object management architecture，OMA），对象请求代理（ORB）是其中的核心组件。ORB 的作用在于提供一个通信框架，定义异构环境下对象透明地发送请求和接收响应的基本机制，建立对象之间的客户机/服务器关系。ORB 使得对象可以透明地向其他对象发出请求或接收其他对象的响应，这些对象可以位于本地，也可以位于远端。ORB 拦截请求调用，并负责找到可以实现请求的对象、传送参数，调用相应的方法、返回结果等。客户机对象并不知道同服务器对象通信和激活或存储服务器对象的机制，也不必知道服务器对象位于何处、用何种语言、使用什么操作系统或其他不属于对象接口的系统成分。值得指出的是，客户机和服务器角色只是用来协调对象之间的相互作用，根据相应的场合，ORB 上的对象可以是客户机，也可以是服务器，甚至二者兼有。当对象发出一个请求时，它是客户机角色；当它在接受请求时，它就是服务器角色。另外，由于 ORB 负责对象请求的传送和对服务器的管理，客户机和服务器之间并不直接连接，因此与 RPC 所支持的单纯的客户机/服务器结构相比，ORB 可以支持更加复杂的结构。

（6）事务处理中间件。一个事务是具有原子性、一致性、隔离性和持久性（atomicity，consistency，isolation，durability，即 ACID，数据库事务正确执行的四个基本要素）的一个工作单元。事务处理中间件又叫作事务处理监控器（transaction processing monitor，TPM），它支持分布式组件的事务处理，通常有请求队列、会话事务、工作流等模式，可视为事务处理应用程序的"操作系统"。它一方面通过复用和路由技术协调大量客户对服务器的访问，提高系统的可扩展性；另一方面扩展了数据库管理系统的事务处理概念，在各子系统之间协调全局事务的处理。TPM 介于客户机和服务器之间，进行事务管理与协调、负载平衡、失败恢复等，以提高系统的整体性能。

3. 中间件的作用

中间件位于操作系统、网络和数据之上，应用软件的下层，总的作用是为处于自己上层的应用软件提供运行与开发环境，促进灵活、高效地开发和集成繁杂的应用软件。以 RFID 应用为例，中间件在应用中的主要作用包括两方面：① 控制 RFID 读写设备按照预定的方式工作，保证不同读写设备之间能够很好地配合协调；② 按照一定的规则筛选过滤数据，筛除冗余数据，将有效的数据传送给后台的应用系统。应用端使用中间件所提供的一组通用的应用程序接口，能够连接到 RFID 读写器，读取 RFID 标签数据。即使出现存储 RFID 标签信息的数据库软件或后端应用程序增加或由其他软件取代，或者 RFID 读写器种类增加等情况，应用端也不需要修改就能处理，从而大大简化了维护工作。图 2.27 所示为中间件

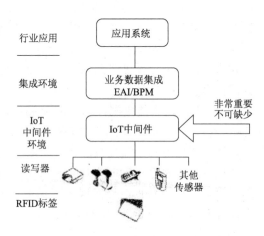

图 2.27　中间件的作用与位置

的作用与位置。

对于企业而言，利用中间件还有以下益处：① 实施 RFID 项目的企业，不需要进行程序代码开发便可完成 RFID 数据的导入，可极大地缩短企业 RFID 项目的实施周期；② 当企业数据库或企业的应用系统发生更改时，对于 RFID 项目而言，只需更改网络层与应用层之间的中间件相关设置即可实现将 RFID 数据导入新的企业应用系统；③ 中间件可为企业提供灵活多变的配置操作，企业可以根据自己的实际业务需求和企业应用系统管理的实际情况，自行设定相关的中间件参数，将所需的 RFID 数据顺利地导入企业系统；④ 当 RFID 项目的规模扩大，例如增加 RFID 读写器数量、更换其他类型的读写器或新增企业仓库时，只需对中间件进行相应设置便可完成 RFID 数据的顺利导入，而不需要开发新的程序代码。

4. 中间件的优势

世界著名的咨询机构 Standish Group 归纳出使用中间件的十大优势。

（1）缩短投放市场所需的时间。时间因素是所有项目的首要问题。自行建立软件基础结构耗时长，使用现成的基础结构软件则可以将软件开发时间缩短 25%～50%。如果应用系统每月可带来 100 万美元的利润或节省 100 万美元的开销，那么软件开发时间每缩短一个月，就相当于在银行存入 100 万美元。

（2）节省应用开发费用。Standish 组织调查了 100 个关键任务应用系统，对其编码中的业务/应用部分的代码量和基础结构部分的代码量进行评估，结果表明：只有少于 30%的代码与应用/业务有关，而其余部分均归属于基础结构。如果使用现成的基础结构，费用可节省 25%～60%。对于一个 200 万美元的项目而言，这意味着将节省 50 万～120 万美元。

（3）减少系统运行开销。一个不采用商用中间件产品部署的系统，其初期购买及运行费用将加倍。许多大企业由于采用中间件产品而在硬件及软件方面节省了大量的投资。一个 200 万美元的项目因此将只需花费 100 万美元，而其中还包括了中间件的投资。

（4）降低失败率。Standish 市场组织将项目失败定义为项目被取消或没有完成预期的预算、交付使用时间以及业务要求等目标。调查表明，自行开发中间件的项目失败率高达 90%以上，可见这种做法是十分危险的。

（5）提高投资效率。采用中间件产品既能保护现有投资，又能提高投资效率。通过使用中间件产品，用户可以建立专有系统以外的应用程序，不但扩展了主机应用，而且还能将主机应用与整体系统实现无缝连接。许多企业发现其在两层 C/S（客户机/服务器）结构下建立的新的应用系统并不能在 Internet 上运行，而已被淘汰的应用程序则更适合 Internet。采用中间件技术可以恢复被 Internet 淘汰的应用程序的生命，该费用将大大低于应用程序重新开发的费用。这笔费用通常会在数十万美元到数亿美元之间。

（6）简化应用集成。使用中间件产品，现有的应用程序、新开发的应用程序以及所有其他购买的软件均能实现无缝集成，从而能够从开发、投放市场时间两方面节约数百万美元的开支。

（7）降低软件维护费用。自行开发基础结构的成本很高，维护时则更会变本加厉。对于自行开发的基础结构，其年维护费可达开发费用的 15%～25%；而应用程序的维护费则达到开发费用的 10%～20%。以一个 200 万美元的项目为例，其中 120 万美元用于基础结构建立，其年维护费为 18 万～28 万美元；而购买现成的中间件仅需项目总成本的 15%～20%，根据购买规模和供应商的不同其成本还有可能更低。

（8）高质量。在自行建立中间件的应用系统中，在每次将新的应用组件加入系统时，相应的新的中间件模块被加到当前的中间件之上。在一个实际的应用系统中，Standish 集团发现其使用了 17 000 个应用程序接口；而商用中间件产品则具有清晰的接口层次，从而大大降低新系统及原有系统的维护成本。此外，由于商用中间件支持 Mbps 量级的吞吐量，其质量远远高于用户自行开发的中间件产品。

（9）保证技术革新。除了需要对自行建立的中间件进行维护，还需要对其进行技术革新，而这似乎不太现实。而从第三方购买的中间件产品，则会随着其所属公司对其进一步的投资而不断得到增强。因此，采用具有层次接口设计的中间件产品，将能节省时间和费用。

（10）增强应用程序吸引力。中间件提供了一个灵活的平台，许多新功能、新特性均可以在应用系统中添加。

讨论与思考题

（1）简述智能交通感知技术主要有哪些。

（2）简述感知方式有哪些内容。

（3）试述 RFID 的工作原理。

（4）智能交通网络技术包括哪些特征？

（5）试述网络接入类型。

（6）简述移动互联网的主要特点。

（7）简述 IPv6 的技术特征。

（8）简述中间件的技术优势。

第 3 章　智能交通信息技术基础

3.1　交通信息采集

　　交通信息采集是智能交通系统（ITS）的基础，必须做到实时、准确与可靠。交通信息可分为两种：静态交通信息和动态交通信息。静态交通信息是指相对固定不变的交通信息，如路段长度、车道数量等路网信息和停车场及交通诱导标志等交通基础设施等。由于静态交通信息相对固定不变，所以一般由人工采集录入。动态交通信息是指随着时间变化而变化的交通信息，如车流量、车辆平均速度、道路占有率、交通事故信息等。相比于固定不变的静态交通信息而言，动态交通信息是交通信息采集的难点和重点，交通信息采集也一般是指动态交通信息采集。

　　交通信息采集的方式包括传统交通信息采集方式（如感应线圈检测、微波检测、地磁检测、红外检测、超声波检测、气压管检测以及压电检测）和新型交通信息采集方式（如视频检测、基于定位的采集、基于 RFID 的采集、基于蜂窝网络的采集等）。根据被采集车辆是否与采集系统进行交互（即是否独立于采集系统），交通信息采集技术可分为独立式采集和协作式采集两大类。按照能否检测静止车辆来划分，检测器可分为两类：一类是能检测存在于检测区域的静止或运动的车辆的检测器，即存在型检测器，如环形感应线圈检测器和地磁检测器；而另一类检测器只能检测通过检测区域的运动车辆，即通过型检测器。

3.1.1　感应线圈检测器

　　感应线圈检测器是一种基于电磁感应原理的车辆检测器，它的传感器埋设在道路下面，由感应线圈电感元件与检测器内的电容及附加电路组成电容三点式振荡电路，工作时会通过一定电流。当有车辆停在线圈上或通过线圈时，就会引起线圈回路电感的变化，检测器检测出变化量即可知道车辆的存在，达到检测车辆的目的。图 3.1 所示为感应线圈车辆检测示意图。

　　感应线圈检测器主要包括感应线圈、线圈调谐回路和检测电路。感应线圈是由专用电缆构成的，一般为正方形。车辆通过时对检测器最直接的效果是引起整个回路的总电感变化，电感的变化包括感应线圈的自感和感应线圈与车辆金属底盘之间产生的互感两个部分。因此，当有车辆通过感应线圈时，会对感应线圈的电感同时具有增大和减小的效果。具体地说，当车辆经过埋有感应线圈的道路上方时，根据电磁感应原理和楞次定律，车体的金属底盘产生自成闭合回路的感应涡流，这个涡流又产生了和原闭合回路中磁场相反的新磁场，导致线圈的总电感减小。但是，当车辆底盘作为

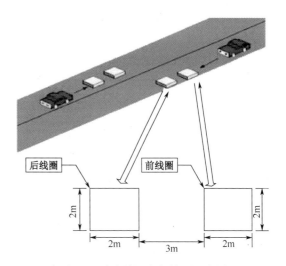

图 3.1　感应线圈车辆检测示意图

金属导体通过安装有感应线圈的道路上方时，会增加线圈周围空间的磁导率，使感应线圈的电感又有增加的趋势。无论车辆的形状多么复杂，当它通过感应线圈时，必然对感应线圈的总电感产生影响。图 3.2 所示为感应线圈检测器系统结构框图。

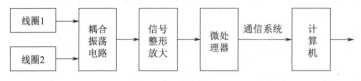

图 3.2   感应线圈检测器系统结构框图

感应线圈检测器具有技术成熟、易于掌握、安装过程对可靠性和寿命影响很大、安装修理需中断交通、影响路面寿命及易被重型车辆损坏等特点。

3.1.2   微波检测器

微波检测器是基于多普勒效应原理的车辆检测器。其工作原理是：发射换能器向地面发射微波，如果此时有车辆在所发射微波的覆盖区域内通过，就会使部分微波发生反射且被接收换能器接收到，从而检测到车辆的经过。微波车辆检测示意图如图 3.3 所示。

微波车辆检测器采用侧挂式，在扇形区域内发射连续的低功率调制微波，且在路面上留下一条长长的投影；微波检测器将此投影分割为不同的层。用户可将检测区域定义为一层或者多层。微波检测器根据被检测目标返回的反射波，测算出目标的交通信息，每隔一段时间向控制中心发送。根据多普勒效应，接收到的

图 3.3   微波车辆检测示意图

微波频率将比原发射频率略高或略低，即产生频率偏差。利用检测电路，将频率偏差转化为脉冲信号，即可检测车辆的存在或通过，并测定车速。

微波检测器分为组合式和分离式两种。组合式微波检测器的传感器和电子检测装置合为一体，结构紧凑，制造和安装都比较简便，但其主要缺点是维修不方便。分离式微波检测器的传感器和电子检测装置分开安装，这种检测器可利用电灯杆将传感器安装或悬挂在道路上方，而电子检测装置安装在路边的检测箱内，便于维修。微波检测器要求车辆速度至少在 5 km/h 以上，这样才能可靠地检测到车辆的存在。假定特定区域的所有车型为一个固定的车长，可通过感应投影区域内车辆的进入与离开时间来计算车速。微波检测器是一种技术先进、成本低、使用方便的固定型断面交通信息采集设备，可以实时检测车道的车流量、道路占有率和车速。

微波检测器在恶劣气候条件下性能出色，可以通过侧向方式检测多车道，但其对安装精度要求较高，其检测精度对于具有铁质分隔带的道路会有所下降。

3.1.3   超声波检测器

超声波检测器是一种在高速公路上应用较多的车辆检测器，属于非接触式主动检测器。超声波检测器主要由探头和控制器构成，其探头设置于道路的正上方或斜上方，具有发射和接收双重功能，向路面发射超声波，利用反射回波原理，接收来自车辆的反射波，达到检测的目

的。图 3.4 所示为超声波车辆检测示意图。

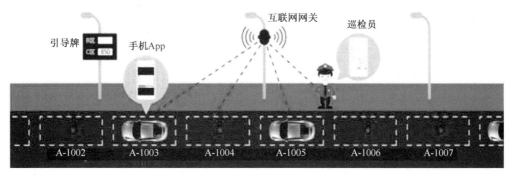

图 3.4　超声波车辆检测示意图

超声波检测器具有体积小、易于安装、使用寿命较长、可移动以及检测精度受环境影响较大（尤其是大风、暴雨等自然条件，有时甚至会造成误检）等特点。

3.1.4　红外检测器

红外检测器是基于光学原理的检测器，分为主动式和被动式两种。主动式红外检测器中激光二极管在近红外线波长范围内发射低能红外线照射检测区域，并由车辆的反射或散射返回检测器。被动式红外检测器本身并不发射红外线，而是接收来自车辆、路面及其他物体自身散发的和反射自太阳的红外线。主动式红外检测器按照接收器接收的方式又可分为反射式检测器和阻断式检测器。反射式检测器的探头，包括一个红外发光管和一个接收管。由调制脉冲发生器产生调制脉冲，经红外探头向道路上辐射。无车时，接收管接收不到红外线；而当有车辆通过时，红外线脉冲从车体反射回来，被探头的接收管接收。阻断式红外检测器由发射管和接收管组成，发射管发射红外线至接收管，当有车或其他物体经过时，红外线被阻断，接收管接收不到信号，说明有物体经过。红外车辆检测器的特点是：可以通过侧向方式检测多车道，可检测静止的车辆，其性能随环境温度和气流影响而降低，工作现场的灰尘以及冰雾会影响系统的正常工作，等等。

为了进一步了解红外检测与微波检测的工作特性，这里介绍一种新型的被动红外微波双鉴车流量检测装置，如图 3.5 所示。该装置包括控制器、红外检测器和微波检测器，红外检测器和微波检测器分别与控制器相连，红外检测器和微波检测器之间采用与门（图中未画出）连接。通过整合红外与微波两种不同检测技术，只有两种检测器均检测到覆盖区域有汽车通过时，系统才会记录，并利用控制器计算车流量及行驶方向。该装置结构紧凑，能实现常规检测距离与车型，应对不同环境，很好地解决了现有超声波、地感线圈、红

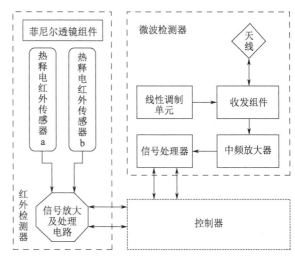

图 3.5　被动红外微波双鉴车流量检测装置

外对射等技术检测误差大、安装施工麻烦、抗干扰性能差的问题。

3.1.5　视频检测器

基于视频图像处理的车辆检测技术是近年来逐步发展起来的一种新型车辆检测技术，它具有无线检测、可一次检测多参数和检测范围较大的特点，使用灵活，有着良好的应用前景。在 ITS 中，视频检测技术应用比较广泛。电子警察前端抓拍系统是典型的视频检测场景，其结构示意图如图 3.6 所示。

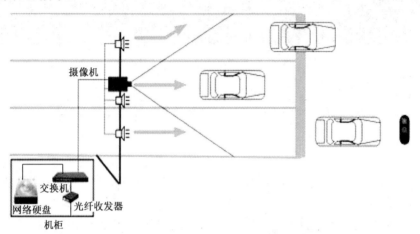

图 3.6　电子警察前端抓拍系统结构示意图

基于视频的车辆检测技术是一种非接触式被动检测技术。摄像机原先应用于交通管理时的作用是向交通管理者传输闭路电视图像，以进行道路监视。而现在，视频图像处理技术能够自动分析交通管理者所感兴趣的场景，并能够提取交通监视和控制所需的信息。

车辆视频检测系统通常由摄像机、基于微处理器的图像处理机、显示器等部分组成。摄像机对道路的一定区域范围进行摄像，图像经传输线送入图像处理机；图像处理机对信号进行模数转换、格式转换等，再由微处理器处理图像背景，实时地识别车辆的存在，判别车型，并进一步推导其他交通信息。该系统以车辆长度区分车辆，并可对多条车道上的每类车辆提供车辆出现、流量、车道占有率及车辆平均速度等数据。图像处理机还可以根据需要，给监控系统的主控机、报警器等设备提供图像信息；控制中心则根据这些信息制定控制策略，发出整个控制系统的控制信号。

在实际图像处理系统中，背景处理是一个复杂且棘手的问题。图像处理程序必须考虑到多种干扰因素，如不同路面对光的反射、阴影等。由于视频检测技术是在摄像机摄取的图像的基础上实现识别和检测的，因此在摄像机的可视范围内能做更多的检测而不需要额外增加设备。也就是说，可以处理一定区域范围内而不是一个点的交通流。该检测系统在拆装时，不损坏路面，不影响交通。

视频检测的明显特点是：为事故管理提供直观图像和大量交通管理信息，可检测多车道，信息量大，可执行较复杂的认知任务，开发提升空间大；但阴影、积水反射或昼夜转换可造成检测误差，车辆检测受环境变化影响较大。

3.1.6 基于定位的采集技术

基于定位的采集和基于视频的采集、基于蜂窝网络的采集等技术都属于协作式采集技术。协作式采集就是被检测车辆上相应的车载设备与整个采集系统的其他部分进行信息交换，从而实现信息采集的目的。基于定位的采集技术通过安装在车辆上的接收模块接收外部信号，从而得到与车辆相关的实时信息，如经度、纬度、时刻、速度等，很方便地实现车辆的定位、跟踪功能。当在大量车辆上安装此类模块后，通过车辆反馈的信息，就可以完成路网交通信息的采集。图3.7所示为基于GSM（全球移动通信系统）网络定位的信息采集系统构架。目前，大部分出租车安装了定位模块，像这类安装有无线传输设备向控制中心提供交通信息的车辆也称为浮动车。这种采集技术的缺点在于无线电信号容易受楼群等建筑物的影响，使定位的精度降低，甚至有接收不到信号的情况。

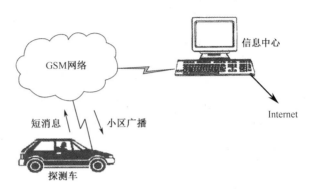

图 3.7　基于 GSM 网络定位的信息采集系统构架

3.1.7 基于 RFID 的采集技术

基于 RFID 的采集技术利用无线射频识别（RFID）的非接触式自动识别功能来进行车辆的识别。该技术具有读取距离远（读取距离从几米到几十米）、穿透能力强（能够透过包装箱直接读取信息）、非接触、无磨损、抗污染、效率高（可以同时处理多个射频标签，信息量大）等特点。其检测器由射频标签和读写器两部分组成。射频标签安装在车辆上，存储了相应的车辆信息，如车牌号、发动机、驾驶员等信息。读写器可以在一定距离范围内对射频标签进行读写，实现对车辆的自动识别，十分方便地实现对交通信息的采集。

RFID 技术广泛应用于智能交通领域，如停车场收费、货物自动跟踪识别和高速公路等。图 3.8 所示为基于 RFID 的车辆信息采集示意图。

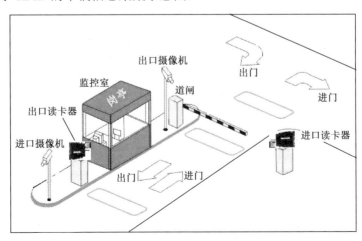

图 3.8　基于 RFID 的车辆信息采集示意图

电子车牌使用的即是射频标签，它与传统车牌一起使用，增加了仿制的难度和识别率，解决了传统车牌容易伪造和遮挡的问题。此外，还可实现对被盗车辆等非法车辆的跟踪。

3.1.8　基于蜂窝网络的采集技术

蜂窝网络属于移动无线通信范畴，基于蜂窝网络的采集就是基于手机信号定位技术的采集方式。蜂窝移动通信是采用蜂窝无线组网方式，使终端与网络设备之间通过无线信道连接起来，进而实现用户在移动中的相互通信。蜂窝移动通信的主要特征是终端的移动性，并具有越区切换和跨本地网自动漫游功能，其系统由基站子系统和移动交换子系统等设备组成，向终端提供语音、视频、图像、数据等业务。

近年来，基于蜂窝无线定位的交通信息采集得到广泛关注。与传统的道路嵌入式传感器、路面视频采集器以及基于浮动车等交通采集方式相比，该采集方式具有开发维护成本低、部署快捷简单、覆盖范围广、适应性强等特点。图3.9所示为基于蜂窝网络的车辆信息采集示意图。

早在 1996 年美国联邦通信委员会（FCC）就发布了法案，要求移动网络运营商必须通过手机信号知道用户的

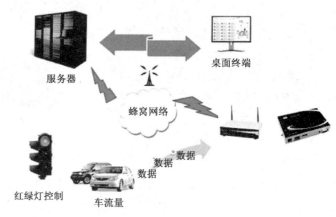

图 3.9　基于蜂窝网络的车辆信息采集示意图

位置，从而促进了手机定位服务的发展。基于蜂窝网络的采集技术充分利用了移动通信网络覆盖范围广的优势，在大范围车辆交通信息采集方面具有广阔的应用前景。

3.1.9　基于 IPv6 的采集技术

IPv6 是下一代互联网协议，与 IPv4 相比，IPv6 具有 128 位地址长度，几乎可以不受限制地提供地址，因此它可以唯一标识每一个移动车辆和通信单元。此外，它具有提升网络吞吐量、支持高速移动、高安全性和更好实现多播等特性，可为实现微观车辆信息采集与通信提供可靠的网络基础。

基于 IPv6 的智能交通信息采集系统如图 3.10 所示，该系统共分为 3 层。

最下层为移动接入层，该层中的车辆上都安装了智能采集设备，主要功能是定位和网络通信。这里的车辆不仅包括城市道路上的车辆，还包括城市中的静态车辆以及轨道交通、高速公路和村级公路上的机动车辆。车辆定位主要采用 GNSS 完成。当车辆在隧道、涵洞等信号屏蔽严重的区域时，GNSS 信号失效，采集设备通过控制器局域网络（controller area network，CAN）总线读取数字里程表和转向仪的数据，计算出运动距离，对 GNSS 定位数据进行修正，从而保证数据的实时性和准确性。当车辆密度稀疏时，高速移动车辆直接与基站采用 802.16e 空中接口标准来通信。当城市内车辆密度高，局部整体移动速度相对稳定时，可组成车载自组织（Ad Hoc）网络，车辆间、车辆与无线接入点间采用 802.11g 空中接口标准通信。这样，既利用了 802.16e 的强覆盖、支持高速移动的特性，又结合了 802.11g 的局域网灵活特性，而且降低了密集车辆间的信号干扰。

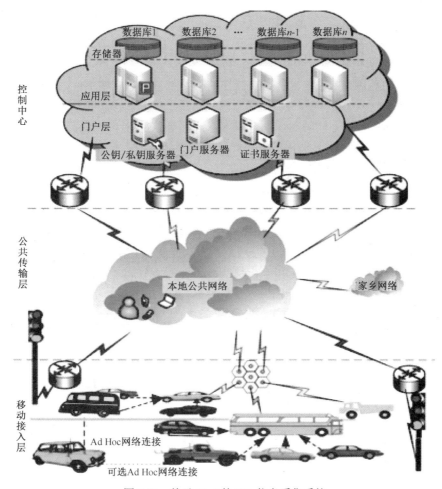

图 3.10 基于 IPv6 的 ITS 信息采集系统

中间层为公共传输层，通过高速光纤网络将移动接入层和控制中心连接起来。公共传输层充分利用现有公共网络服务商资源，将城市中的固定交通信息点连接到网络中，既节约网络建设费用，又避免单独服务商运营失效的问题。网络服务商、控制中心管理人员和出行者可以通过该层获取相关信息。

最上层是控制中心，主要完成访问控制、交通数据预处理、交通控制和发送诱导信息 4 项工作。控制中心由分布在城市内的各分功能中心，通过网格方式组织起来，形成庞大的计算资源，具有强大的数据处理能力。各分功能中心包括数据处理中心、数据存储中心、AAA（authentication, authorization, accounting，验证、授权和记账）中心、交通理论研究中心和城市资源中心等。

3.2　智能交通信息传输

3.2.1　智能交通信息传输特点

通常，智能交通着眼于交通信息的广泛应用与服务，以及提高既有交通设施的运行效率。与一般技术系统相比，智能交通系统（ITS）在建设过程中的整体性要求更加严格，尤其是在智能交通信号传输方面具有如下特点：

（1）指挥中心（一点）对各个监控现场（多点）的传输系统，各个监控现场之间没有信号传输。这一特点适合组建多个中心节点位于指挥中心的环，将各个监控现场接入这些环，实现所有监控现场到交通指挥中心的信号连接。但是，随着城市规模的不断扩大和交通流量的迅速增加，需要监控的范围也不断扩大，需要监控的路口数量也急剧增加，这种组网方式不能兼顾建网的经济性和信号传输的可靠性。如果环的数量少，可以节约光缆及光缆施工成本，但每个环的节点就很多，使得环上同时出现两个以上故障而导致部分节点通信中断的概率大增；反之，如果环的数量多，通信可靠性提高，但光缆及光缆施工成本就会增加。

（2）在从监控现场到交通指挥中心的方向（上行方向）上传输的信号，包括带宽宽且需要实时传送的图像监控信号、带宽宽不需要实时传送的违章监测图像信号、带宽窄需要实时传送的交通检测数据等；在从交通指挥中心到监控现场的方向（下行方向）上传输的信号，包括带宽窄需要实时传送的摄像机云台控制信号、交通信号控制机的控制信号，带宽窄不需要实时传送的交通诱导信号等。也就是说，上行方向上需要实时传送和不需要实时传送的信号的带宽都很宽，而下行方向上需要实时传送和不需要实时传送的信号的带宽都较窄。这一特点适合组建弹性分组环（resilient packet ring，RPR），以提高带宽利用率。

根据以上特点，可以采用汇聚层加接入层的两层网络结构来组建光纤传输系统，如图 3.11 所示。利用同步数字体系（synchronous digital hierarchy，SDH）技术的支路分插（同步复用）能力和组网灵活的特点，组建多环互连的多业务传送平台（multi-service transfer platform，MSTP）接入层网络，将区域或分局内的各个监控现场纳入接入环，实现区域内各监

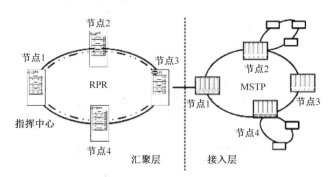

图 3.11　交通信号传输网络拓扑结构图

控现场信号到区域中心（或分局）的汇聚；以 RPR 技术组建汇聚层网络，将各区域中心或分局纳入汇聚环，实现所有监控现场信号到交通指挥中心的汇聚。

3.2.2　智能交通信息传输技术

智能交通系统（ITS）主要由交通信息采集、交通状况监视、交通控制、信息发布和通信 5 个子系统组成。根据通信对象不同，将其通信系统分为以下 3 部分：

（1）以路网基础设施为主的信息传输系统，它是利用公路沿线敷设的电缆或光纤，将各个基础设施连接而成的通信网络；

（2）上述通信网络与车辆之间的通信（road-vehicle communication，RVC），主要利用无线通信技术完成路车之间的信息交换；

（3）车辆之间的通信（inter-vehicle communication，IVC），利用无线电或红外线完成车与车之间的信息传输。

ITS 中的通信系统结构示意图如图 3.12 所示。

通常而言，ITS 中不同系统组成部分之间（如路边系统和车内系统之间、信息管理中心和车内系统之间等）及系统组成部分内部（如不同的区域中心之间、车内系统之间）的信息交换

均靠通信系统来实现，其物质基础是所用到的通信线路，包括有线和无线线路。其中，有线线路包括同轴电缆、双绞线、光纤等多种介质；无线线路包括微波、短波等多种频段。在 ITS 中，几乎所有的通信技术都可以用到，包括高密度波分复用、光纤传输及接入、无线传输等技术。例如，利用现有 FM（调频）广播的 RDS2TMC，道路和车辆进行数据交换的专用短程通信（DSRC），L 波段卫星通信，甚至 Internet 等，在 ITS 的发展中都起到了巨大的推动作用。

图 3.12　ITS 通信系统结构示意图

在 ITS 中，无线通信技术实现了移动车辆和路边设备之间、移动车辆和交通信息中心之间以及不同车辆之间的信息交换；而有线通信系统利用干线传输的方式将区域网络连接起来，实现大区域之间信息的交互和发布。

根据交通信息传输的目的和范围，可以将智能交通中应用到的无线通信技术分为广域无线通信技术和局域无线通信技术。广域无线通信技术主要有调频数据广播、蜂窝数字分组数据（cellular digital packet data，CDPD）、GSM/GPRS 等，局域无线通信技术主要有专用短程通信（DSRC）。

1. 调频数据广播

调频多工数据广播技术的发展得益于调频（FM）技术较大的带宽。实现调频多工数据广播的技术手段是采用频谱搬移的方法，将所要传送的数据与不同副载波进行调制，形成调频附加信道，再与处于原有音频范围的主节目一起构成调制基带信号，最后基带信号对载波进行调制和发送。接收端完成相反的过程。

为了使附加数据业务与原有的调频广播互不干扰，副载波应选择在干扰最小处，因此产生了两种调频多工数据广播规范：采用 57 kHz 的无线数据系统（radio data system，RDS）和采用 76 kHz 的数据无线电信道（data radio channel，DRC）。

RDS 可以用于无线寻呼和城市交通信息广播，且无须进行很大的额外投资，可以广播一定地域范围的交通状况，将交通信息与地理导航结合，提高车辆导航对前方路况预测的准确性。同时，RDS 可用于提供广播电台周围 GNSS 差分校正数据，提高 GNSS 的定位精度。

DRC 系统具有较高的数据传输速率和较好的移动接收性能，且兼容 RDS，得到了美国、法国、德国和日本等国的青睐，其中以日本的 VICS 最为典型。该系统具有调频广播信息发布功能，将移动的车辆和交通信息平台紧密联系在一起，尽管只具有单向（下行）数据传输功能，但它可以为移动的车辆提供各种实时动态的交通道路信息，包括道路、堵塞、诱导信息的发布，还可以提供地理信息系统（GIS）数据及其他商业信息。

2. 蜂窝数字分组数据

蜂窝数字分组数据（CDPD）是以分组数据为传输技术，在模拟蜂窝电话系统的基础上建立起来的。CDPD 是在现有蜂窝电话网上使用 30 kHz 空闲信道来提供数据业务而不干扰语音的传输，通过 TCP/IP（传输控制协议/互联网协议）与 Internet 连接。CDPD 用于实现车辆调度、路径诱导、信息发布、紧急情况报告、车辆定位和跟踪等服务，其系统由移动终端系统（MES）、移动数据基站（MDBS）、移动数据中介系统（MDIS）、网络管理系统（NMS）和中介系统（IS）等 5 个子系统组成，如图 3.13 所示。

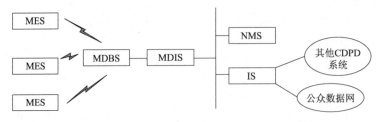

图 3.13　CDPD 网络系统结构

MES 由移动终端和 CDPD 无线 Modem（调制解调器）组成，其中 CDPD 无线 Modem 负责管理无线链路和协议。MDBS 提供无线接口，利用空中链路在 MES 和 MDIS 之间转发数据分组。而 MDIS 负责数据分组交换、用户鉴别、计费和移动性管理。NMS 是一个配置的工作站，它经过局域网与 MDIS 相连，是建立在基于公共管理信息协议的网络管理模型基础上的网管系统。中介系统（IS）主要负责转发数据分组，完成外部路由选择和连接功能，用于实现与公众数据网和其他 MDIS 系统的连接。

CDPD 支持基于 TCP/IP 的数据分组传输，按照一定的规则把数据报文分割成若干长度的数据段，并在每一数据段上加上收发终端地址及其他控制信息构成分组，以分组为单位在无线蜂窝网上进行交换和传输。CDPD 采用全双工、双向实时的通信方式，其正向信道为无竞争的广播信道，反向信道采用载波侦听多路访问/冲突检测（CSMA/CD）方式，速率可达 19.2 kbps。

CDPD 采用高斯最小频移键控（GMSK）调制方式、空间分集接收技术、前向纠错（FEC）和自动重传请求（ARQ）相结合的差错控制技术，保证数据传输的可靠性；采用空中链路加密、动态密钥管理来保证用户传递信息的安全性；采用终端 IP 识别，并由 MDBS 检查 MES 授权信息。

3. GSM/GPRS

全球移动通信系统（GSM）是我国目前覆盖范围最广、功能最强、用户最多的移动通信系统。GSM 除了提供语音业务之外，还提供电文、图像、传真和短消息等业务，其传输速率可以达到 9.6 kbps。该系统由网络交换子系统（NSS）、基站子系统（BSS）和移动台（MS）三部分组成，如图 3.14 所示。

移动台是直接由用户使用的设备，包括安装在车辆上的车载设备和便携式手机两种。基站子系统由基站控制器（BSC）和基站（BS）两部分组成，负责无线信道的控制和管理，完成无线传输。网络交换

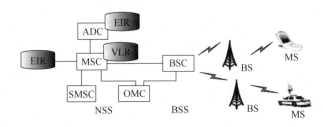

图 3.14　GSM 网络结构

子系统（NSS）由移动交换中心（MSC）、访问位置寄存器（VLR）、归属位置寄存器（EIR）、操作维护中心（OMC）和短消息业务中心（SMSC）等组成。将 GSM 应用于 ITS 中，利用数据和短消息业务，将交通中心编制好的交通状况信息和前方事故信息等发送到车载设备上，并可与 GNSS 结合起来，传递车辆位置信息，用于车辆定位服务。

通用分组无线业务（GPRS）是介于第二代和第三代移动通信之间的一种技术，它通过升级 GSM 网络来实现，采用时分多址方式传输语音，以分组传输方式传输数据。GPRS 使若干移动用户能同时共享一个无线信道，一个移动用户也可以使用多个无线信道，实际不发送或接收数据的用户仅占用很小一部分网络资源。GPRS 在 GSM 网络上引入了三个节点——服务支

持节点（SGSN）、网关支持节点（GGSN）和分组控制单元（PCU），如图 3.15 所示。

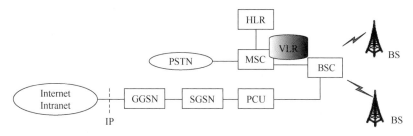

图 3.15　GPRS 网络结构图

SGSN 是 GPRS 骨干网与无线接入网的接口，它将分组交换到正确的基站（BS）子系统，其任务包括提供对移动台（MS）的加密、认证、会话管理、移动性管理和逻辑链路管理。GGSN 是外部分组数据网或分组交换数据网与 GPRS 核心网之间的网关节点，如果外部网络是一个 IP 网络，则该节点包括防火墙和分组过滤机制。另外，GGSN 根据移动台的位置，为其指定一个 SGSN 接口。PCU 支持所有 GPRS 空中接口的通信协议，主要实现分组交换呼叫的建立、监视和拆除，并支持越区切换、无线电资源配置和信道指配等功能。

3.2.3　无源光网络的应用

智能交通信息传输的方式可以采用 GPON（千兆无源光网络）的网络形式进行接入，利用公路沿线铺设的光缆，通过采用无源光网络（PON）技术，接入公路上各种实时的交通信息，并为各种信息提供保证。

为了达以高可靠性和快速、大容量数据传输的目的，采用无源光网络接入的交通信息传输管理系统，具有较低的成本和良好的扩容升级能力。其点对多点的总线型结构与道路交通的物理特点相吻合，可充分发挥光缆线路的优势，并可解决公路沿线交通信息的接入和光纤到路边的问题，在此基础上可实现交通信息的统一处理和管理。该系统通过基于点对多点的总线拓扑形式，支持语音、视频、图像、数据等多种业务的采集和接入，汇聚各类不同位置的业务信息。图 3.16 所示为点对多点的总线拓扑的 PON 网络结构。

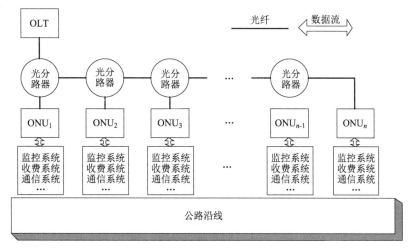

图 3.16　点对多点的总线拓扑的 PON 网络结构

在光网络单元（ONU）处收集所有需要管理的数据信息，包括监控系统、收费系统、通信系统中所有终端设备采集的当前道路情况、收费或报警等，通过光分路器（无源）上传到光线路终端（OLT）中，对各个ONU的数据进一步汇聚，上传给中心局。

无源光网络（PON）不仅能够保证交通信息视频监控系统的巨大带宽需求，而且能够满足各种媒体形式的交通信息不同等级的服务质量需求，还可以提高系统运行维护的便利性，降低成本。通过无源光分路器设备的使用，可以很好地适应道路物理拓扑的线性特点，并可在公路沿线密集分布ONU，将所有路况信息接入各种监控终端。如图3.17所示，通过采用不同的分光比的光分路器，调整上下路光纤的功率分布，使得光功率平均分配给每个接入设备，达到更佳的传输效果。在 GPON 系统中，每个光线路终端（OLT）都可以根据实际路段长度以及安装设备限制的需要，实现 $1:16$、$1:32$、$1:64$ 甚至高达 $1:128$ 的分光比，以及 $10\sim20$ km 的传输距离。

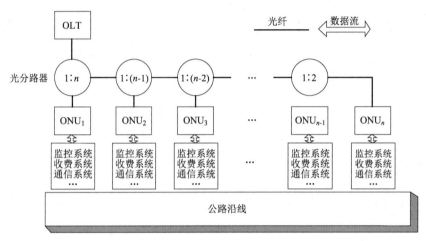

图 3.17　标明了分光比的 PON 网络结构

根据实际规划的公路建设情况，可以灵活地将光线路终端连接到各段公路的路边。各段公路的路况信息及相关数据由实际设置在路边的各种终端设备收集，接入到光网络单元（ONU）中，如图3.18所示。在公路沿线相隔一定的距离用光纤抽头连接一个光线路终端，组成一个具有总线拓扑的子网，可以充分利用包含多根光纤的光缆。如果采用波分复用的方式，还可进一步提高光缆线路的利用率。

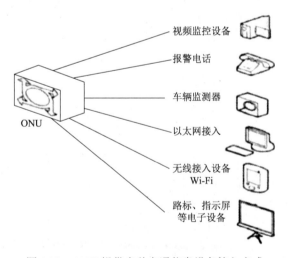

图 3.18　ONU 提供多种交通信息设备接入方式

3.3 智能交通信息处理与发布

3.3.1 智能交通信息处理

信息是 ITS 的核心，ITS 的各项功能都紧紧围绕信息技术，交通信息的获取与传输为实现子系统的独立功能和子系统之间的联系提供了充分保障。随着传感器技术的日益进步，在特定环境下采集数据已变得非常普及；但传感器自身仍有很多不足，加上外界环境的干扰，使得数据存在一定的误差和不确定性，在应用前需要对数据进行预处理，包括缺失数据的补偿、异常数据的剔除等。

数据预处理的主要目的是清除数据中的噪声、空缺值、不一致数据等。对于空缺值的处理，通常有忽略元组、人工填写空缺值、使用全局常量填充、使用属性平均值填充、使用与给定元组同一类的样本平均值填充、使用最可能的值填充等方法。

另外，智能交通信息系统网络通常分为两级管理，如图 3.19 所示。首先，将城市的交通网络划分成 n 个区域，在每个区域内设置一个管理控制中心（包括消息服务中心和数据处理计算机），组成一级管理控制中心。在一个城市内设有交通管理总控制中心，将其作为二级管理控制中心。整个信息系统的工作包括信息采集、管理和发布三部分。信息采集主要由一级管理控制中心完成；信息管理在二级管理控制中心完成；而信息发布需要两级管理控制中心协调完成，发布内容涉及交通状况信息、天气信息等绝大多数出行者需要的信息。

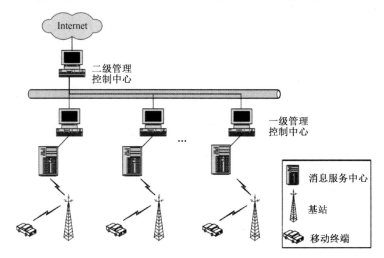

图 3.19　智能交通信息系统网络分级管理

一级管理控制中心通过消息服务中心接入无线通信网络，移动终端提供的道路交通信息也通过消息服务中心发送到一级管理控制中心的计算机系统。二级管理控制中心收集、整理所有一级管理控制中心上传的数据，结合 GIS，综合分析所有数据，在得到的实时交通流量信息基础上，对道路状况做出预测，发布在 Internet 上，方便人们查询，并负责信息在各个一级管理控制中心之间的交互，使每个管理控制中心获得所需的数据信息。

每个区域的控制管理中心和城市总控制中心组成高速的局域网系统，局域网之间的数据通信采用 TCP/IP，且控制管理系统的局域网必须与遍布城区的光纤网络、电信网络以及无线通信网络相连，实现与控制管理系统以外的交通监控设施、移动终端和巡逻交警等之间的通信联系。消息服务中心接收移动终端发送的实时交通信息，一次信息采集完毕后，将这些信息发送到所在网络的一级管理控制中心，对数据进行整理，及时将交通需求预测和道路状况等信息传送给二级管理控制中心，作为其评估的参考。二级管理控制中心收集一级管理控制中心的道路流量信息，根据路网结构、交通需求预测和交通阻塞等因素对整个路网的运行状况做出评估，分析当前城市交通流量，找到交通瓶颈，并反馈给一级管理控制中心。一级管理控制中心将道路流量信息发布到电子显示牌或电子站牌上，并实时调整交通控制信号，以最优化控制相应路网运行的交通流。它还可以在二级管理控制中心反馈的路网流量信息的基础上，向有需要的用户提供行驶线路诱导服务。为了完成实时路径诱导，在每个一级管理控制中心必须有数字地图、历史行程时间以及实时行程时间等数据库。

电子地图中包含详细的路网信息（如道路名称、道路等级等）、交通标志信息（如红绿灯位置、收费站位置等）以及非道路信息（如水利设施、飞机场及娱乐设施等）。信息中心的电子地图同时提供给移动终端，因此移动终端获取的应是最新的道路数据。实时行程时间数据库的信息主要由移动终端提供，当发生较严重的交通堵塞或交通事故时，移动终端提供的某一路段的行程时间就会超过某一数值，这时数据库的信息就会更新。控制管理系统的历史行程时间数据库比较全面，包括每天不同时段的历史行程时间，还包括特定节假日的历史行程数据。

在智能交通信息网络中设有服务器，它存储所有用户信息数据，包括被盗车辆、报废车辆的信息及电子地图等，服务器同时管理移动终端的登录、鉴权和越区切换。管理控制中心可将接收到的车辆身份标识发送到服务器，可以查询该汽车是否是合法车辆。当接收到的车辆身份标识与某报废或被盗车辆身份标识一致时，可以通过控制中心发出警告信息，利用车载GNSS接收机对车辆进行跟踪定位。同时，当一级管理控制中心检测到有事故发生时，立即通知邻近的救护、交警等相关单位；二级管理控制中心负责在Internet上发布实时路况信息。

ITS中的数据智能处理已成为发展趋势。ITS的智能化就集中体现在对系统内各种数据的处理上，因此可以认为对数据的处理是ITS的核心所在。目前，进行ITS数据处理的方法通常包括时空数据处理和数据在线分析等。

（1）时空数据处理。ITS处理的数据是一种伴有时空特征的典型数据。带有GNSS设备的出租车、公共汽车以及一般的民用车辆，以及无线通信的日益成熟，使得现在的ITS中产生了海量可以使用的、带有时空位置的序列化数据，如何应用和处理这些数据就成为ITS研究的一项基本内容。例如，使用人工智能（artificial intelligence，AI）中的无监督学习方法来处理车辆产生的位置数据，以推导出车辆的状态和动作，从而避免交通事故。除了对时空序列数据进行处理以外，发现和利用数据的空间特征也是ITS时空数据处理的一项新兴研究内容，例如通过分析路网交通流量状态及其空间特征来优化通信系统。

（2）数据在线分析。交通系统的高度动态性使大量数据因为环境的动态变化而随时失效，因而在线分析和充分利用这些数据就变得异常重要。近年来，人工智能（AI）中的一些新技术已经受到越来越多的智能交通研究者的推崇和青睐。例如，对交通流量的预测和建模，可以借助人工神经网络、模糊推理系统以及聚类技术；通过风险评估，使用在线最近邻聚类算法提取最有价值的信息。

智能交通的数据处理技术集中于对时空序列数据进行智能化处理，主要是发现和挖掘时空数据中的特征与规律，并能应用这些特征促进ITS的建立与完善以及交通应用的设计与实现。由于ITS的基础是一个由交通工具、道路、基础设施以及人组成的物理环境，在这个物理环境中的时空数据所具有的空间特征也是物理环境的特征，挖掘和利用这些特征来拓展 ITS

的应用，同时完善 ITS 的相关算法，是数据处理的核心和关键，也是 ITS 的研究热点之一。

3.3.2 智能交通信息发布

交通信息发布的方式多种多样，主要包括可变情报板（VMS）、面向车载电子设备的信息发布、出行者出行诱导以及公共交通乘客服务等几种类型。图 3.20 所示为智能交通信息发布的公众出行服务系统架构。

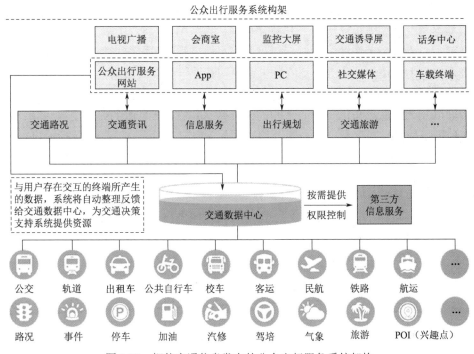

图 3.20　智能交通信息发布的公众出行服务系统架构

交通信息发布装置也多种多样，包括计算机终端、车载导航设备、手机、VMS、信息板、信息站、公交车电子站牌等，嵌入式处理器和单片机是这些装置中广泛采用的核心。例如，信息发布子系统将经数据处理子系统处理后的停车数据以一定的方式向驾驶员发布，是智能停车诱导信息系统的最后一个环节。直接面向使用者，是驾驶员对智能停车诱导信息服务的第一感受，其设计必须以人为本，围绕高效性、舒适性、合理性展开。

（1）利用可变情报板（VMS）发布。VMS 通常设置在道路的关键节点处，为驾驶员提供动态的停车信息和拥堵状态信息，使用起来既方便又快捷，这是目前绝大多数智能停车诱导信息系统所采用的信息发布方式。VMS 分为不同的等级，会根据不同的诱导需求进行选址设置，但其设计思想都是以满足驾驶员停车信息需求为首要目的的。

（2）利用现代互联网发布。目前我国互联网已经十分普及，截至 2022 年 6 月底，我国网民规模达 10.51 亿户，互联网普及率为 74.4%，其中手机上网比例高达 99.6%。利用互联网进行信息的发布十分必要，也会更加全面，可视性更强，用户还可以了解道路设施周边的业态情况，满足不同的停车需求。

（3）利用车载设备进行信息发布。汽车电气自动化程度的不断提高，为交通信息的发布提供了便利。车载设备可以直接接收智能交通信息系统所传输的无线信号，实现对驾驶员的行驶诱导。

3.4　智能交通信息服务

3.4.1　公共交通信息服务系统体系框架

1. 信息服务总体框架

基于综合交通诱导的公共交通信息服务系统，主要由公共交通信息处理中心、通信网络和信息服务终端三个功能单元组成，其总体框架如图 3.21 所示。从图 3.21 可以看出，公共交通信息处理中心为整个系统控制的实现提供数据处理、显示和接口功能，包括对信息服务系统所需的公众信息的采集，以及所涉及的最优路径搜索、行程路径预测、载客量预测等交通诱导算法的实现。通信网络是指在信息服务终端和公共交通信息处理中心之间提供的无线和有线双向数据传输以及在信息流与信息中心之间的光纤数据传输。信息服务终端主要包括：车载信息终端，各种城市道路交通信息的公众交互终端（如 VMS、网络、广播），包括手机、PDA（个人数字助理）在内的个人信息终端，以及站台场站查询终端等。

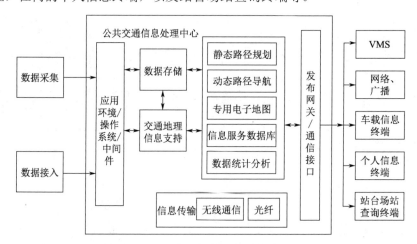

图 3.21　公共交通信息服务系统总体框架

公共交通信息服务系统能够为城市出行者提供综合性的公共交通诱导。它通过对多渠道来源的数据进行融合、加工处理，获取能够满足出行者合理出行的需求信息；通过实时地采集和发布交通信息，适时地引导公共交通出行者出行，从而达到高效率利用路网的目的，这是一种主动交通控制方式。该系统在功能上主要包括信息采集、信息处理、信息传输及信息发布四个子系统，并和公共交通系统的其他系统以及系统外的相关交通业务系统进行信息共享，构成智能化的综合交通诱导信息服务系统，其应用流程框图如图 3.22 所示。

2. 信息服务网络架构

城市交通信息服务通常将采集到的各类交通信息传输到智能交通数据汇聚中心，经大数据的规格化和融合处理，存储到交通信息云服务数据库中，由交通参与者通过手机客户端软件自主查询，以获取最优出行路线，查看交通流量状况及其他出行信息。城市交通信息服务系统（CTISS）主要由交通信息采集、信息预处理、信息传输和存储、信息发布等系统以及手机等移动终端构成。而信息传输系统（特别是基于互联网的移动通信网）是其中最为关键的一个环节，通常由于交通参与者移动性较强，无论交通信息中心的数据有多么完善，如果不能及时发布出来或被用户查询到，再多的信息也无法发挥其应有的功效。因此，只能采取无线移动通信的方式使交通参与者通过手机客户端软件实现对交通信息的查询和接收。就移动通信的发展而言，1G、2G 移动通信方式在传输速率上存在频带窄、速率低的缺陷，无法满足交通信息数据量大、实时性高的传输要求，而 3G、4G 移动通信技术的应用满足了这一要求。3G、4G 移动通信技术有着较高的数据传输速率，特别是 4G 技术的理论传输速率能达到 100 Mbps，足以满足人们对交通信息实时传输和获取的要求。因此，将 4G 技术用于城市智能交通信息服务，实现交通信息的实时交互与传递，对于系统的建立有着举足轻重的作用。

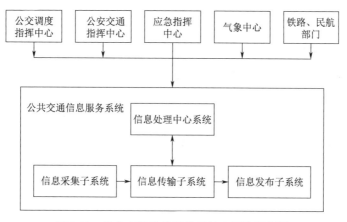

图 3.22　公共交通信息服务系统应用流程框图

基于移动互联网的智能交通信息服务系统是由交通信息采集系统、云信息处理中心、移动通信传输系统和移动用户（包括手机）组成的，其网络架构示意图如图 3.23 所示。

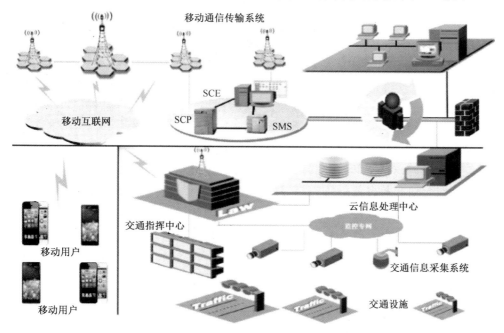

图 3.23　基于移动互联网的智能交通信息服务系统网络架构示意图

交通信息采集系统对区域交通路况等信息利用交通监控专业摄像机、交通流量检测器等信息感知设备进行采集，并将信息传输到交通指挥中心。交通信息采集主要基于环境感知的各类传感设施，通常有交通路况摄像机、交通浮动车、雷达、基于线圈或视频触发的交通流量检测器等固定/移动终端等。这些感知信息可通过 3G/4G 网络和 Internet（因特网）融合，完成对交通路况图像、交通视频等多媒体数据的传输。手机用户可通过手机客户端软件随时查看或查询实时的路况信息、路径引导信息、交通天气实时信息和交通临时管制信息等。交通指挥中心根据用户发出的查询需求调出相应的交通数据，通过 4G 网络将相应的交通信息显示到用户的手机客户端中，给交通参与者的出行提供按需和个性化的交通信息服务。基于 4G 网络的云端技术，使得动态交通数据能实时地同步响应多用户并为其提供服务。

3.4.2 道路交通流动态诱导

智能交通信息服务系统除了公共交通出行服务的功能以外，还有对动态交通流的诱导功能。根据动态交通流优化的概念，道路交通流"动态优化"就是根据实时信息，遵循一定的优化目标和规则，进行道路交通流的动态分配，并采取一系列控制、管理、诱导等手段，达到优化目的。据此，道路交通流动态诱导就是要实时采集不断变化的道路交通流数据，并不断和历史数据对比、分析，继而进行动态预测和合理分配，使交通管理部门和交通参与者掌握和了解实时交通状况和变化趋势是否异常等；在此基础上，利用诱导信息系统为驾驶员找到从当前位置到目的地的最优行驶路线，并协助出行者方便地到达目的地；通过诱导和强制相结合的方式合理地削峰填谷，科学地分配交通负荷，使有限的交通资源得到最充分的利用。这样，不仅向交通参与者提供路面交通实时动态信息，实施交通出行诱导，还对信息深层次加工，实现对交通状况动态分布的预测，提供给交通管理部门进行管理决策。图 3.24 所示为道路交通流动态诱导示意图。

图 3.24　道路交通流动态诱导示意图

道路交通流动态诱导使车辆在道路上通过实时交通数据的交互而得到最新的交通信息，实现实时最优路径的选择和实时导航功能，能够有效地避开交通拥挤路段并防止交通阻塞的发生，减少车辆在道路上的逗留时间，最终实现交通流量在路网中各路段上的最优分配。

我国公路体系是一个复杂、开放的大系统，而道路交通流动态诱导系统主要针对出行者信息服务领域，是先进的交通信息服务系统的核心内容，为交通管理系统以及其他子系统服务。

道路交通流动态诱导信息系统可以被视为实现 ITS 的基础，它是运用系统工程综合集成的思想建立起来的一种大范围、全方位发挥作用的实时、准确的交通综合管理系统，其最终目标是在运行过程中保持运输网络交通流合理分配，以有限的交通供给满足迅速膨胀的交通需求，高效地利用交通运输网络资源，提高其使用效率。因此，最基础、最关键的内容就是要建立道路交通流实时动态信息服务系统。美、欧、日等发达国家和地区在实施智能交通的过程中，始终把道路交通流实时动态信息服务系统的建设放在十分重要的位置。日本的车辆信息和通信系统（VICS），就是一个十分成功的道路交通流实时动态信息服务系统。

ITS 为道路交通流动态诱导提供平台。道路交通流动态诱导信息系统除其内部的软、硬件系统外，还涉及交通管理的其他系统（如电子收费、紧急事件处理等系统），以及非交通管理系统（如互联网、手机等）。只有通过 ITS 这个大平台，才能使相关的各个系统有效衔接，发挥最大的集成效应。特别是信息服务子系统，只有依托交通信息平台所提供的综合信息，才能实现系统的各项功能。

道路交通流动态诱导信息系统的开发是 ITS 的产业化重点。早在 1999 年国家计委（现国家发展改革委）就将 ITS 列为 100 个重点科研领域之一，并指出："ITS 近期的产业化重点是加快发展交通管理系统、交通诱导系统、交通控制系统、违章自动监测系统、城市公交自动化调度系统、道路交通信息及服务系统、高速公路通信监控系统及紧急事件处理和救援系统、不停车收费系统。对上述系统，形成系统设计、设备制造、项目建设、系统运行管理的总体能力，以及成套设备的规模化生产能力。"

因此，建立道路交通流动态诱导信息系统，主要围绕道路交通流这个特定对象，集成交通管理系统、交通诱导系统和道路交通信息及服务系统，从而开发和发展道路交通信息系统、产品、服务等。

讨论与思考题

（1）交通信息采集的方式有哪些？

（2）简述智能交通信息传输的特点。

（3）智能交通中应用到的无线通信技术包括哪些？

（4）智能交通信息传输可采用哪些方式？

（5）简述 ITS 数据处理的常用方法。

（6）智能交通信息发布的方式有哪些？

（7）阐述公共交通信息服务的系统框架。

（8）简述公路交通流动态诱导信息系统与 ITS 的关系。

第4章 智能交通支撑技术

4.1 物联网技术

4.1.1 物联网的"物联"特征

物联网（Internet of Things，IoT）最早是在 1999 年由麻省理工学院（MIT）Auto-ID 中心的 Ashton 教授在研究射频识别（radio frequency identification，RFID）时提出来的。2005 年11 月 17 日，在突尼斯举行的信息社会世界峰会（WSIS）上，国际电信联盟（ITU）发布《ITU 互联网报告 2005：物联网》，引入了"物联网"的概念。自 2008 年以后，为了促进科技发展，寻找经济新的增长点，各国政府开始重视下一代的技术规划，都将目光放在物联网上，很多国家陆续制定了物联网发展战略规划。物联网项目规模在逐年扩大，有些已经实现了信息的开放和共享。在市场方面，物联网的应用项目还存在一些局限性，商业化、产业化的物联网应用，需要市场的推动。从应用角度看，物联网主要涵盖四大关键领域：① RFID 领域；② 传感网领域；③ M2M（machine to machine，机器到机器）领域；④ 两化（工业化与信息化）融合领域，如图 4.1 所示。与之相对应，应用模式主要有基于 RFID、基于 WSN（无线传感网）以及基于 M2M 三类。

图 4.1　物联网四大关键领域

物联网就是通过各种感知设备、传感网、互联网以及 M2M 网络连接物体与物体的，全自动、智能化地进行信息采集、传输与处理，实现随时随地科学管理的一种新型网络，其核心仍然是"网络"，主要解决物品到物品（thing to thing，T2T）、人到物品（human to thing，H2T）、人到人（human to human，H2H）之间的互联。其中，H2T 是指人利用通用装置与物品之间的连接，H2H 是指人与人之间不依赖个人电脑而进行的互联。物联网具有与互联网类同的资源寻址需求，以确保其中联网物品的相关信息能够被高效、准确和安全地寻址、定位和查询，其用户端是对互联网的延伸和扩展，即任何物品和物品之间可以通过物联网进行信息交换。另外，在物联网研究中，也有人采用 M2M 概念，然而 M2M 仅仅是物联网的具体应用方式之一。因此，本书中采用国际电信联盟（ITU）定义的 T2T、H2T 和 H2H 的概念。

物联网的"物联"特征可从感知化、互联化、网络化、物联化、自动化以及智能化等方面来描述。

（1）感知化：物联网离不开传感设备。RFID、红外感应器、全球定位系统、激光扫描器等信息传感设备，就像视觉、听觉和嗅觉器官对于人的重要性一样，它们是物联网不可或缺的关键元器件。感知化体现的是物联网所"联"的内容，即物的属性，如大小、尺寸、位置、材质等。

（2）互联化：物联网是一个多种网络、接入、应用技术的集成，也是一个让人与自然界、人与物、物与物进行交流的平台，因此在一定的协议关系下，实行多种网络融合，分布式与协同式并存是物联网的显著特征。与互联网相比，物联网具有很强的开放性，具备随时接纳新器件、提供新服务的自组织和自适应能力。换句话说，互联化体现的是物联网可被看作互联网对于"物"的一个典型特定应用。

（3）网络化：网络化是指物在连接过程中会形成各种各样的拓扑结构，或根据需要配置不同拓扑网络形态，如星形拓扑、树状拓扑等。目前的物联网只是雏形，是早期的物联网，尚未全面形成。

（4）物联化：人物相联、物物相联是物联网的基本要求之一。电脑和电脑连接成互联网，可以帮助人与人相互进行交流。而物联网，就是在物体上安装传感器、植入微型感应芯片，然后借助无线或有线网络，让人们和物体"对话"，让物体和物体之间进行"交流"。可以说，互联网完成了人与人的远程交流，而物联网则完成人与物、物与物的即时交流，进而实现由虚拟网络世界向现实世界的连接映射。可以这么认为，以物为核心进行互联，是智能世界的基石，也是人工智能（artificial intelligence，AI）作用于外部环境、影响外部环境的基础。

（5）自动化：自动化体现的是物联网在工作过程中不需要人为干预，包括物的属性、信息采集、信息传输和信息处理；物与物之间的信息交流与控制，也是在事先设定规则的前提下自动实现的，无须额外人为参与。

（6）智能化：所谓"智能"是指个体对客观事物进行合理分析、判断以及有目的地行动和有效地处理周围环境事宜的综合能力。物联网的产生是微处理、传感器、计算机网络、无线通信等技术不断发展融合的结果，从其"自动化""感知化"的要求来看，它已能代表人、代替人"对客观事物进行合理分析、判断以及有目的地行动和有效地处理周围环境事宜"，有一定的"智能"体现。

同时，物联网的精髓不仅是对物实现连接和操控，它还通过技术手段的扩张，赋予网络新的含义，实现人与物、物与物之间的相融与互动，甚至交流与沟通。作为互联网的扩展，物联网具备互联网的特性，但也具有互联网所不具有的特征。物联网不仅能够实现由人找物，而且能够实现以物找人，并对人的规范性回复进行识别。

物联网的关键不在"物"，而在"网"。实际上，早在物联网这个概念被正式提出之前，网络就已经将触角伸到了"物"的层面，如交通警察通过摄像头对车辆进行监控，通过雷达对行驶中的车辆进行车速的测量等。然而，这些都是互联网范畴之内的一些具体应用。此外，在多年前就已经实现对物的局域性联网处理，如自动化生产线等。物联网的连接方式可以是点对点，也可以是点对面或面对点，经由互联网、通过适当的平台，可以获取相应的资讯或指令，或者传递相应的资讯或指令。例如，当某一数字化的物体需要补充能量时，可以通过网络搜索到自己的供应商，并发出需求信号；当收到供应商的回应时，能够从中寻找到优选方案来满足需求。而该供应商既可以由人控制，也可以由物控制。这样的情形就像人们现在利用搜索引擎进行查询，得到结果后再进行处理一样。具备了数据处理能力的传感器，可以根据当前的状况做出判断，从而发出供给或需求信号。在网络上对这些信号的处理，成为物联网的关键所在。但是，仅仅将物连接到网络，还远远没有发挥出它最大的威力。网络的意义不仅是连接，更重要的是交互，以及通过互动衍生出来的种种可利用的特性。

物联网的层次架构如图4.2所示，主要分为感知层、网络层以及应用层。三层相互连接，相互依赖，组成一个完整的网络，服务于智能交通等行业。这样，不但可以帮助实现人类社会与物理世界的有机结合，而且使人类能够以更加精细和动态的方式管理生产与生活，从而提高整个社会的信息化能力。

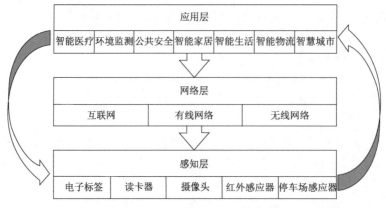

图 4.2　物联网的层次架构

4.1.2　物联网的"联网"特征

4.1.1 节详细阐述了物联网的"物联"特征，主要体现在感知化、物联化和智能化等方面。物联网的"联网"特征与现有的互联网、传感网、控制网、通信网等之间有较大的不同，但又有相关性，具体分析如下。

（1）物联网与互联网。首先应明确的是物联网不是互联网。物联网是物与物互联的网络，它传输的信号具有实时、在线、连续及动态的特点，和互联网传输的分时信息完全不同，同时物联网还可对每一个感知对象实现可寻址、可通信、可控制。从某种意义上来讲，互联网是"虚拟"的，而物联网是"现实"的，实现互联网与物联网的互联互通和网络融合，就可实现"虚拟"和"现实"的结合。物联网是互联网的延伸与扩展。

（2）物联网与通信网。通信网是实现物联网实时信息和数据传输的重要手段。通信网包括：3G/4G/5G、Wi-Fi、M2M、蓝牙、IEEE 802.16.4、IEEE 802.11、TD-SCDMA（时分同步码分多址）、WCDMA（宽带码分多址）和 LTE（长期演进）。实现物联网与通信网的无缝互联，可以使得物联网信息无所不在，无所不能。

（3）物联网与传感网。实际上，传感网是物联网的基础，传感网传输信号的特征和物联网基本上是一致的，具有实时、在线、连续、动态等特点。物联网强调网络的互联互通和网络融合，而传感器强调的是感知。

（4）物联网与控制网。控制网是监测传感器、控制执行器、管理网络操作系统和提供网络数据全面接入的装置的集合。控制网不但具有传输检测元件所采集的实时、在线、连续、动态的信息和数据的能力，同时具有传输实时控制和互操作指令的能力。通常控制网应用于工业自动化和军事领域的武器群控系统等。物联网与控制网的互联互通和网络融合，可以将物联网应用推广到工业自动化和军事应用领域，使得物联网技术应用领域更宽，更具有现实意义。

（5）物联网与泛在网。泛在网实质上是一个大通信的概念，它不是一个全新的网络技术，而是在现有技术基础上的应用创新，是不断融合新的网络，不断注入新的业务和应用，直至"无所不在、无所不包、无所不能"。从网络技术层面来讲，泛在网是物联网、互联网、通信网、传感网以及控制网高度融合的终极目标，它将实现多网络、多行业、多应用、异构多技术的融合与协同。

4.1.3 物联网与智能交通

1. 物联网对智能交通的影响

1）交通电子政务

电子政务的开发程度和服务水平是政府信息化水平的重要体现。一般而言，政府的电子政务工作主要包括基础和业务数据建设、政府网上信息公开、跨部门信息共享等方面。政府信息资源对社会有着重要的影响，电子政务的建设与应用可以提高政府行政效能，提升公众服务水平。交通电子政务所提供的官方交通数据和信息，将对交通运输业的发展产生先导性作用。

电子政务建设不仅仅是网站的建设，其关键还在于基础信息的采集和共享，以及相关标准的建设。政府网站只是信息的发布窗口，网站长期高效的运行还要依赖底层许多基础技术。交通运输业覆盖面相当广，需要采集的信息也相当多，物联网作为一个物物相联的网络体系，它在很大程度上能够满足交通电子政务对基础数据的要求。物联网将采集的数据进行处理后，统一发往信息中心处理；以物联网作为电子政务的基础设施，有利于打破不同部门之间的隔阂，实现信息的跨部门共享。

2）智能交通管理

目前，智能交通系统（ITS）在很多大中城市中都有了应用，主要涉及高速公路不停车和联网收费、城市道路多路径识别、城市公交优先等领域，相关的智能应用子系统也开发了不少，各有其优缺点。但是，总体来说，ITS目前的预测准确度、反应灵敏度和系统适应能力都有待提高，交通信息采集不准、信息反馈不及时、城市交通环境复杂易变等，始终制约着ITS的发展。物联网的出现给交通管理带来了新的机遇，并产生了新的智能化手段。

3）物流运输

物流运输管理与物联网的联系就更为密切了，物联网可以直接为物流运输提供服务。无论是车辆、集装箱还是船舶的管理，通过嵌入电子标签、条形码等对物体信息进行标识，通过无线网络的方式将即时信息发送到后台信息处理系统，形成一个巨大网络，从而在整个运输过程中实现对物体的跟踪、监控等智能化管理。可以说，物联网的介入使之前的物流运输延伸了管理的维度，即从以前的位置掌握扩展到了状态的掌握，且从时间上加强了实时化。

4）环境感知

物理环境感知（如交通流密度、路上车辆数量等）是引导人们出行的基础，也是管理部门执行调度决策的前提。

移动感知已经逐渐成为城市感知的基本手段。交通系统中的监控传感器通常可分为两种基本类型：静态传感器和移动传感器。相比而言，移动传感器具有更大的灵活性，实际中应用较为广泛。例如，在上海和广州就分别使用带有GNSS设备的出租车来收集交通环境信息。带有GNSS的公交车也可用来进行数据收集。另外，通过智能手机来完成感知也是一种新出现的手段，即将移动蜂窝网络的匿名监控用于探测城市的实时移动性；以车与车之间的通信为基础，车载传感器感知路口环境，以避免交通事故的发生。

由于ITS是关乎交通效率和人身安全的实践应用系统，因此感知精度的保障一直是重要的研究内容。ITS的规模非常庞大，节能是其中另外一个关键问题。在降低感知能耗的同时，又要保证感知精度，这是ITS环境感知的难点和挑战。如今，移动感知已逐渐成为ITS环境感知的主体，感知节点往往是自身主动移动（即其移动是不可控制的）的节点，在增加环境感知灵活程度，降低感知代价的同时，也使感知问题变得更复杂。在选择感知设备时，需要充分考虑节点移动特征，尤其是一些重要社会特征，如那些移动活跃的用户和群体，或者移动性具有一定关联的用户和群体等。

2. 物联网与智能交通的关联

智能交通领域是物联网重要的应用领域，也是物联网最有可能取得产业化成功的行业之一。智能交通系统（ITS）所涉及的技术较多，从数据的采集到信息的发布和共享，其中涉及各种技术且跨度较大，但稍加对比不难发现，ITS 许多方面都与物联网技术息息相关，两者之间有着天然的联系，如图 4.3 所示。

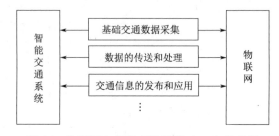

图 4.3　物联网与智能交通系统（ITS）的关联

（1）物联网具有强大的数据采集功能，可为 ITS 提供较为全面的交通数据。ITS 离不开基础数据的采集，ITS 只有时刻不间断地掌握路网上的交通信息，才能有效地控制和管理道路交通。实时、准确而全面的交通数据是 ITS 高效运行的基本保障。物联网最重要和本质的特点就是实现物物相连，只要嵌入有电子标签的物体都可以成为被采集的对象。大量交通参与者，无论是人还是车，甚至道路相关设施的信息，都将快速地汇集到物联网中。利用物联网，ITS 可以方便地采集到路面上的各类交通数据。

（2）物联网可为交通数据的传输提供良好的渠道，为交通信息的发布提供广阔的平台。物联网本身就是一个巨大的信息传输渠道，ITS 如果能与物联网无缝连接，则利用物联网底层的传输体系，通过有线和无线传输方式，ITS 所需的交通数据即可实现从采集设备到处理中心的传输。ITS 在实际应用中不仅需要底层的设备为上层提供数据，有时上层也会有向下传送相关指令的要求。也就是说，ITS 中数据或信息的传输不是单向的，兼有上行和下行的需求。ITS 最终要为出行者服务，系统所提供的交通信息应在第一时间内发送给尽可能多的出行者。

3. 物联网在交通领域的应用与传统 ITS 的异同

从物联网与 ITS 的基本概念及内涵分析，物联网在交通领域的应用与传统 ITS 的相同点可以归纳为两方面：

（1）物联网在交通领域应用的目标之一和传统 ITS 的终极发展目标是一致的。特别是对交通行业而言，二者的目标都是应用数据传输、控制、信息处理以及电子传感等先进技术重构传统交通系统，实现交通的智能化，达到交通的高效性、安全性、舒适性和可持续发展。

（2）物联网在交通领域应用的支撑技术和 ITS 的支撑技术有很多是相同的。例如，各类感知、网络通信、控制和数据处理等。

物联网的形成与发展在 ITS 之后，其在交通领域应用与传统 ITS 主要存在三方面差异：

（1）物联网在交通领域的应用和 ITS 的着眼点不尽相同。ITS 的着眼点是交通领域自身的智能化;而物联网的核心理念是建立整个物理世界的感知网络，对整个物理世界进行实时控制、精确管理和科学决策。这样，物联网在交通领域的应用目标就不局限于智能交通，还要考虑交通与其他行业的互联互通。特别是在感知识别网络基础平台的搭建过程中，不仅要考虑交通的需求，还要考虑其他相关领域、部门的需求，不仅包含交通行业关注的信息，还要包含大量非交通行业需求的信息。例如，在考虑交通领域发展需求的同时，还要考虑制造、商业、公安、海关、金融、保险等领域的需求。2010 年国家发展改革委在重庆开展的 RFID 试点工程中搭建的"车联网"，不光探索其在交通领域的应用，还着力探索其在金融、保险、公安等领域的关联与应用。因此，物联网在交通领域的应用发展过程必须更加开放。

（2）物联网在交通领域的应用与传统 ITS 的技术路线不尽相同。传统 ITS 强调从交通业务领域的功能需求出发，搭建交通智能应用系统，其中每个子系统围绕特定应用需求开发，通过子系统的集成形成综合系统，系统功能具有较强的针对性。物联网强调从基础物理世界感知识别网络的建设入手，其在交通领域的应用强调构建交通要素身份识别体系，搭建统一、标准的交通要素感知识别基础网络平台，以逐步扩展的交通行业和社会需求为导向，从而不断丰富交通要素感知识别基础网络平台的应用。以我国二代居民身份证为例，二代居民身份证系统可视为搭建了"人的身份感知识别网络平台"。在二代身份证发放之初，主要是为公安部门户籍管理服务，随后二代身份证陆续在旅馆、银行、民航、高铁等行业业务管理和经营中使用。迄今为止，新的应用仍在不断出现。

（3）物联网在交通领域的应用与传统 ITS 的技术需求不尽相同。物联网应用要求发展新一代网络通信、控制和数据处理等技术。从物联网的定义可知：物联网的发展目标是要实现人与物、物与物的信息交互和无缝连接，达到对物理世界实时控制、精确管理和科学决策的目的。因此，物联网对感知的时空范围、精细化程度和对客观事物的认识与认知程度要求是空前的。虽然，物联网在交通领域采用的技术与传统 ITS 类似，都是通信、控制和数据处理等技术，但是由于物联网应用与传统 ITS 相比，所采集的信息量呈指数增长，网络接入时间和控制响应时间要求达到毫秒级，这就要求相关技术升级换代。以通信技术为例，现有通信基站网络的布局及通信组网技术，还难以完全适应传感设备在道路、车辆上大规模布设以及高速行驶车辆与道路实时信息交互的要求，需要升级换代。

4. 物联网与传统 ITS 发展的相互关系

1）物联网在交通运输领域的应用将给 ITS 发展带来质的飞跃

目前，许多已经建设的智能交通应用系统是针对特定需要进行开发的，并取得了良好效果。但在管理体制条块分割的现实环境中，以往的信息系统建设思路容易产生信息孤岛且重复建设，不同主体独立开发的应用系统基础业务的指标内涵、核心技术不统一，导致系统集成共享困难，系统集成效率和效益难以得到充分发挥。物联网在交通运输领域的应用，强调建立交通要素感知识别基础网络和更加开放的应用模式，在一定程度上打破了以往的信息孤岛，突破传统 ITS 发展中的瓶颈，促进 ITS 的发展在深度、广度上产生质的飞跃，为交通运输领域的发展做出更大的贡献。

特别是近年来，国家将物联网列入加快培育和发展的战略性新兴产业的举措，意味着国家将调动各种资源，向与物联网相关的感知、传输和智能处理等技术产业集中投入，加快推进。轻型、多模、低成本、长寿命、高可靠性、自适应芯片的诞生，能感知信号、标识物体并具有处理、控制功能的新型传感器的研发和生产，高速、宽带、高频谱利用率、高智能的各类信息传输网络的应用，将为交通运输要素深度感知和海量信息采集创造条件；分布式协同处理、云计算（cloud computing）、群集智能等技术将推动交通运输行业的智能化服务与管理再上一个新台阶。

2）ITS 发展为物联网在交通运输领域的应用创造了良好的发展条件

ITS 的发展为物联网在交通运输领域的应用创造了良好的软环境，在培养人们借助信息化先进技术手段工作和生活的习惯，引发更多新的需求的同时，也提供了相关信息化基础设施、装备等物质与技术储备。

总之，物联网在交通领域的应用与传统的 ITS 不是"复制"关系，也不是前者为工具或技术手段，后者为理想目标的关系。物联网在交通领域的应用与 ITS 的发展相辅相成。将物联网"构建智慧地球"的理念和将物联网技术有机地融入 ITS 具体建设技术路线中，是完全一致的。

物联网和智能交通成功融合后，智能交通将是物联网重要的应用领域，是物联网服务社会的具体应用形式之一；而物联网也将是未来智能交通的重要组成部分，是智能交通正常运行的基础设施。

5. 物联网平台下的 ITS 体系框架

我国的 ITS 起步于 20 世纪 80 年代，经过 30 多年的发展，其应用规模和数量均有了较大的增长。但是，仍然存在很多突出的问题，如交通管理设施缺乏，管理水平较低，基础设施仍处于发展期，以及由此造成的交通拥堵、环境污染、运输效率低下等，严重制约了智能交通的发展。国内学者普遍认为，在不扩大路网规模的前提下，只有运用现代科技与通信技术手段，才能提高运输效率。物联网是下一代网络和互联网发展的必然产物，它将各种信息传感设备（如 RFID）、红外感应器、全球导航卫星系统（GNSS）等与互联网结合起来，使人、车、路之间的相互作用以新的方式呈现。物联网与 ITS 结合，将先进技术应用到 ITS 中，对 ITS 有重大的意义。

以物联网为基础，可以建立新一代 ITS 体系框架，如图 4.4 所示。体系框架反映系统布局。ITS 的构成、各系统的功能模块以及模块之间的接口和通信协议都是由 ITS 体系框架决定的，同时该体系框架也包含了实现用户服务功能的全部子系统的设计。研究物联网平台下 ITS 体系框架，有助于从整体上确定物联网平台下 ITS 的构成，保证各独立单元必需的性能指标，为系统的开发提供支持，对系统的建立起到指导作用。

从近几年国内外研究成果来看，制定 ITS 体系框架的方法主要有两种，即结构化（面向过程）方法和面向对象方法。使用前一种方法的国家有欧美国家和中国，使用后一种方法的国家有日本和澳大利亚。

结构化方法是一种传统的软件开发方法，以自上而下、逐步求精为基点，按照系统内部信息传递、变换的关系进行系统功能的分解与设计，把一个复杂问题的求解过程分阶段进行，最终找到并设计出满足用户需求的可实现的物理模型。其基本过程为：① 确定用户服务；② 确定需求；③ 构建需求模型；④ 构建体系框架模型。在描述体系框架时，主要使用数据应用、描述表、结构图、框架流及实体关系图等工具。

面向对象方法和结构化方法本质上是一致的，其核心都是对系统功能进行详尽的描述。由于思维方式存在差异，使得不同方法得到的 ITS 体系框架是从不同角度对系统进行描述的。自国家科技攻关项目"中国智能运输系统体系框架"采用结构化方法以来，历经多次修改，已经形成了比较完善和成熟的 ITS 体系框架。物联网平台下 ITS 体系框架是现有体系框架的继承和发展，宜采用结构化方法制定。

结构化方法各阶段与 ITS 体系框架各步骤的对应关系如图 4.5 所示。

根据结构化方法的 3 个步骤，下面从确定 ITS 用户服务、建立逻辑框架以及建立物理框架三方面对物联网平台下 ITS 体系框架进行讨论。

1）确定 ITS 用户服务

用结构化方法建立 ITS 体系框架的第一步，是选择和确定重点的用户服务。根据结构化方法的要求，建立全面的用户服务的最理想方法是充分考虑用户服务所涉及的所有利益相关方和参与人员的需求并达成一致。但是，在确定新用户服务时，可以在不失准确性和全面性的前提下，按照国家科技攻关项目"中国智能运输系统体系框架"的方法，不直接从需求入手，而是以 ISO14813/TR-1 和 ISO14813/TR-5 定义的服务领域和用户服务为蓝本,由政府部门科技主管和 ITS 领域专家进行调查并修改和补充，以获得符合中国实际需求的用户服务。

图 4.4　基于物联网的 ITS 体系框架

当前，中国智能交通服务领域共分为 8 个，包括交通管理与规划、紧急事件和安全、车辆安全与辅助驾驶、电子收费、运营管理、出行者信息、综合运输和自动公路等。每个服务领域又划分为多个分项服务，每一分项服务又由各子服务组成。在确定各服务领域时充分考虑了我国的实际需求，体现了一定

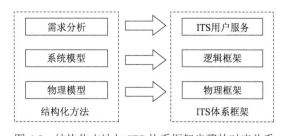

图 4.5　结构化方法与 ITS 体系框架步骤的对应关系

程度的超前性，例如出行规划服务信息、追尾防撞、自动车辆驾驶、自动公路等。目前，物联网已在物流仓储、智能交通、安防家居等领域得到了初步应用。结合现阶段物联网的研究结果可知，物联网能够对现有用户服务领域产生一定程度的影响，其影响程度取决于物联网对用户需求的改变程度。新体系框架的用户服务是对现有用户服务的修改和补充。

2）建立逻辑框架

系统的功能与功能之间的交互关系由逻辑框架来描述。系统的功能与功能互相关联，它们在获取系统其他功能信息的同时也为其他功能提供信息，而且系统功能对应系统服务，某项服务可以通过功能间的特定组合来实现。因此，逻辑框架就是一个通过功能之间的交互来完成所有服务项的逻辑层次。

用结构化方法建立逻辑框架可以通过以下步骤来实现。首先，根据已经取得的用户服务确定 ITS 系统的主要功能；然后，将各主要功能分解，划分为系统功能、过程、子过程等几个层次，目的是把一个复杂而庞大的系统分解为易于实现且具有单一功能的处理过程；最后，分析 ITS 的逻辑结构和各个功能之间的交互关系，并以数据流的形式对交互信息进行定义。这样就完成了逻辑框架的制定。

由以上分析可知，ITS 体系框架的用户服务确定了逻辑框架，新逻辑框架与现有逻辑框架的差别取决于确定两者用户服务时的差别。由于新体系框架与现有体系框架中的用户服务都是以 ISO14813/TR-1 和 ISO14813/TR-5 定义的服务领域和用户服务为蓝本的，新用户服务只是对现有用户服务领域的修改和补充，因此，新的逻辑框架是在现有逻辑框架的基础上进行修改和补充的，两者除了个别的实现细节不同，总体上是一致的。

3）建立物理框架

逻辑框架完成后，下一步工作是建立物理框架。物理框架是实现由 ITS 逻辑功能向实际物理硬件转化的重要工具。逻辑框架定义的功能模块由物理框架分配到以硬件和软件体现的各物理子系统中。功能模块的描述、功能的相互依赖关系、功能性需求是设计物理子系统的主要依据。同逻辑框架一样，物理框架具有不同的层次，它包括系统、子系统、模块以及模块之间交互的框架流。从与逻辑框架对应的角度来看，系统与功能域相当，子系统与系统功能相当，模块与功能相当，框架流是逻辑数据流的某种组合。

根据现有 ITS 的物理框架和上述功能部件的交互关系，可得出物联网平台下 ITS 物理框架的基本模型，如图 4.6 所示。其中，终端既包含可以由物联网进行信息采集的道路使用者、车辆、道路与交通设施等，又包含紧急事件管理部门、规划部门等与信息终端有关的部门。终端接入物联网，可以被物联网平台直接识别并访问。物联网平台底层包含有大量不同类型的传感器节点，包括 RFID、传感器、线圈、GNSS 等信息采集设备，实时采集道路使用者、车辆、交通设施等的状态信息。采集的信息经过前端处理后，传送至支撑平台进行数据管理与处理。感知数据管理与处理技术包括数据的存储、查询、分析、挖掘、理解以及基于感知数据决策和行为的理论与技术。一方面，它实时采集终端信息，提供相应的协议与配置并将终端接入网内；另一方面，根据智能应用子系统的需求，确定相应的服务类型以及可能的定制服务，并将处理过的信息数据传送至智能应用系统。支撑平台统一构建、规划或集成基础资源平台，完成实时数据采集、数据处理、信息发布和数据交换，为城市交通规划和交通管理部门的正确决策提供科学依据。

智能应用系统包含 ITS 的七大子系统，利用经过分析处理的感知数据，为智能交通用户提供各类服务。一方面，各子系统依靠物联网提供的远程服务和数据传递功能，实现网络数据传递和服务调用；另一方面，根据终端的数据特点，进行相应的处理和决策，实现对各终端的控制。

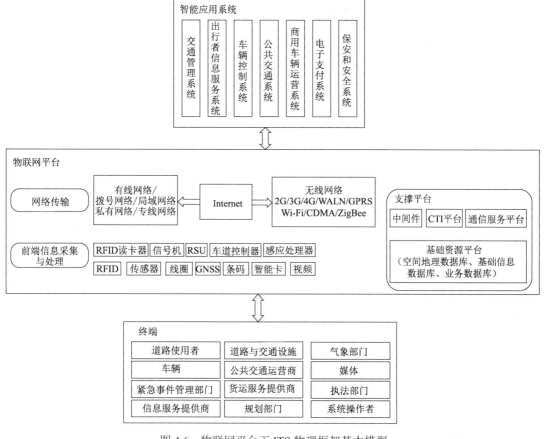

图 4.6　物联网平台下 ITS 物理框架基本模型

4.2　大数据技术

4.2.1　大数据概念和特点

随着云时代的来临，大数据（big data）也吸引了越来越多的关注。大数据通常指的是，其所包含的数据集的大小超出了常用软件工具在可容忍的时间内捕获、整理、管理和处理数据的能力。《著云台》的分析师团队认为，大数据通常用来形容一个公司创造的大量非结构化和半结构化数据，这些数据在下载到关系型数据库用于分析时会花费过多时间和金钱。大数据分析常和云计算联系到一起，实时的大型数据集分析需要像 MapReduce 那样的框架向数十台、数百台甚至数千台的电脑分配工作。图 4.7 所示为大数据概念示意图。

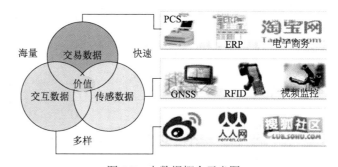

图 4.7　大数据概念示意图

大数据早期用来描述为更新网络搜索索引时需要同时进行批量处理或分析的大量数据集。随着谷歌（Google）MapReduce和全局文件系统（GFS）的发布，大数据不再仅用来描述大量的数据，还涵盖了处理数据的速度。相比于传统的数据仓库应用，大数据分析具有数据量大、查询分析复杂等特点。《计算机学报》刊登的《架构大数据：挑战、现状与展望》一文列举了大数据分析平台需要具备的几个重要特性，对当前的主流实现平台——并行数据库、MapReduce以及基于两者的混合架构进行了分析归纳，指出了各自的优势及不足。

随着城市信息化建设的深入，许多政府部门和企业积累了海量的数据资源，迫切需要利用大数据技术对这些数据资源进行处理、分析和挖掘，提供给政府的行政管理和公共服务部门，提高企业的生产经营管理水平，使海量的数据资源转化成巨大的社会财富。大数据可分成大数据技术、大数据工程、大数据科学和大数据应用等领域，其中大数据技术和大数据应用较为流行，大数据工程指关于大数据的规划、建设、运营、管理的系统工程，大数据科学则关注大数据网络发展和运营过程中发现和验证大数据的规律及其与自然和社会活动之间的关系。

大数据特点可用四个"V"表示：① Volume——数据体量巨大，即从TB级别跃升到PB级别。② Variety——数据类型繁多，即前面提到的网络日志、视频、图片、地理位置信息等等，多种类型的数据对数据处理能力提出了更高的要求。③ Velocity——处理速度快、时效性要求高，这是大数据区别于传统数据挖掘最显著的特征。既有的技术架构和路线，已经无法高效处理如此海量的数据；而对于相关组织来说，如果投入巨大而所采集的信息无法通过及时处理来反馈有效信息，那将是得不偿失的。④ Value——价值密度低、商业价值高。随着物联网的广泛应用，信息感知无处不在，信息海量化，但其价值密度较低，如何通过强大的机器算法更迅速地完成数据的价值"提纯"，是大数据时代亟待解决的难题。以视频为例，在连续不间断的监控过程中，可能有用的数据仅仅有一两秒。可以说，大数据时代对人类的数据驾驭能力提出了新的挑战，也为人们获得更为深刻、全面的洞察能力提供了前所未有的空间与潜力。

因此，大数据给我们带来了三个颠覆性观念的转变：

（1）不是随机样本，而是全体数据。在大数据时代，可以分析更多的数据，有时甚至可以处理和某个特别现象相关的所有数据，而不再依赖随机采样（以前通常把随机采样看成理所应当的限制，但高性能的数字技术让我们意识到，这其实是一种人为限制）。

（2）不是精确性，而是混杂性。研究的数据如此之多，以至不再热衷于追求精度。之前需要分析的数据很少，因此必须尽可能精确地量化记录；但随着规模的扩大，对精确度的痴迷将减弱。拥有了大数据，不再需要对一个现象刨根问底，只要掌握了大体的发展方向即可；适当忽略微观层面上的精确度，会让人们在宏观层面拥有更好的洞察力。

（3）不是因果关系，而是相关关系。寻找因果关系是人类长久以来的习惯；但在大数据时代，无须再紧盯事物之间的因果关系，而应该寻找事物之间的相关关系。相关关系也许不能准确地告诉某件事情为何会发生，但是它会提醒某件事情正在发生。

4.2.2　大数据应用及应用方式

1. 大数据的应用价值

通常，企业数据本身具有很大的价值，但是如何将有用的数据从没有价值的数据中区分出来并不容易。例如，人们在商店浏览购物的视频、购买服务前后的所做所为、通过社交网络联系客户、吸引合作伙伴加盟、客户付款以及供应商的收款方式……这些场景可作为商家战略转变的工具。大数据的价值创造过程如图 4.8 所示。

好的数据是所有管理决策的基础，是对客户的深入了解和竞争优势，也是业务部门的生命线，必须让数据在决策和行动时无缝而安全地流到人们手中，随时为决策提供依据。我国政府的数据量已经初具规模，大数据技术逐步成熟。因此，利用大数据是促进政务信息资源开发利用的需要，是提高政府决策科学水平的必然要求，是提高城市管理精细化水平的必然要

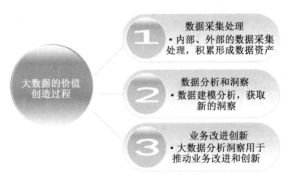

图 4.8　大数据价值创造过程

求，是促进服务业现代化的必然要求。例如，大数据技术将参与车险定价，使定价更加科学。随着车联网的兴起，车载诊断（OBD）系统等联网的车载设备，成为车联网中的智能节点，连接运动中的人、车和道路环境，读取行车数据，从而分析出车辆能耗、故障等车况信息以及驾驶员的行车习惯。通过加速度传感器，监测车主的急刹车、急加速和急转弯等危险行为，通过破解 CANBus 协议监测车主的转弯不打灯、驻车不拉手刹等不良驾驶习惯，通过 GNSS 获取车辆的位置信息和里程数据，用于改善车险定价与核保政策，提升精准定价能力。

2. 大数据的应用特征

大数据技术应用于交通领域有其自身独特的优势，所形成的交通大数据具有实时性、分布性、高效性和预判性等特征。

（1）实时性。交通网对于城市而言异常复杂，其数据来自实时运动的车辆，数据量自然十分庞大，可以说车辆数呈几何级数增长。而在分析和界定交通事故责任时则仅仅需要某一时间段个别车辆的信息，交通信息管理平台如果不具备分析处理能力，筛选过程就要依靠人力来完成。大数据技术则专门针对此类需求，从算法和拓扑结构等方面提高系统能力，实现数据即时处理、即时报告。

（2）分布性。交通数据由多个分支表单组成，各个表单所统计的信息不尽相同。例如，车速的检测和车辆信息拍摄是由不同的系统完成的，体现在不同的表单中。将这样独立的表单数据集中在一起进行综合分析，从而全面、有效地了解道路上的车流量。但是，如果数据的综合汇总工作由人工操作完成，会耗费大量的人力和时间，效率较低。大数据技术则通过适当的方式将各类异构数据集成、融合，形成有利于交通调度、决策的信息。

（3）高效性。和实时性有些类似，对于车流量较大的道路，有时需要采取强制性的管制措施，以最大限度地减少交通拥挤的状况。对于一座城市而言，大到整个市区的交通管制规划，小到相邻路口信号灯时间关系的确定，都需要调配中心进行统一管理，使之协调运作。如何在空间维度上和时间维度上跨度综合，大数据技术有很好的方法与途径。

（4）预判性。交通状况随车辆的移动有随时变化的特点，而道路的车辆数量信息可以用于判断道路的拥挤程度。大数据系统可判断道路出现拥堵的概率和可能的拥堵程度，智能交通管制系统利用这些统计数据来分配道路运行使用量，交通规划部门则用大数据来指导高架桥的建设、出入口的设置等。

3. 大数据的应用优势

在交通领域的海量数据主要包括 4 类：传感器数据（位置、温度、压力、图像、速度、RFID 信息等），系统数据（日志、设备记录、MIB 等），服务数据（收费信息、上网服务及其他信息），以及应用数据（生产厂家、能源、交通、性能、兼容性等信息）。这 4 类数据又根据其属性划分为大大小小的子类，总类别可达上百种之多。面对这些众多的交通数据，如何从中根据用户需求提取有效数据就成为关键所在。大数据在智能交通中的应用优势主要体现在效率、安全和环境监测 3 个方面。

（1）提高交通运行效率。大数据技术能促进提高交通运营效率、路网的通行能力和设施效率，调控交通需求。交通的改善所涉及的工程量较大，而大数据的大容量特性有助于解决这种困境。例如，根据美国洛杉矶研究所的研究，通过组织优化公交车辆和线路安排，在车辆运营效率增加的情况下，减少 46%的车辆运输也可以提供相同或更好的运输服务。伦敦市利用大数据分析来减少交通拥堵时间，提高运转效率。当车辆即将进入拥堵地段时，传感器可告知驾驶员最佳解决方案，大大降低行车的经济成本。大数据的实时性，使处于静态闲置的数据可被智能化利用，使交通运行得更加合理。大数据技术具有较高的预测能力，可降低误报和漏报的概率，对交通进行动态、实时调整。在驾驶员无法预知交通拥堵是否发生时，大数据亦可帮助用户预先了解。例如，在驾驶员出发前，大数据管理系统会依据前方路线中导致交通拥堵的天气因素，判断出避开拥堵的备用路线，并通过智能手机告知驾驶员。

（2）提高交通安全水平。主动安全和应急救援系统的广泛应用有效改善了交通安全状况，而大数据技术的实时性和可预测性则有助于提高交通安全系统的数据处理能力。在驾驶员自动检测方面，驾驶员疲劳视频检测仪、酒精检测器等车载装置将实时检测驾驶员是否处于警觉状态，其行为、身体与精神状态是否正常。同时，联合路边探测器检查车辆运行轨迹，大数据技术快速整合各个传感器数据，构建安全模型后综合分析车辆行驶的安全性，从而有效降低交通事故发生的可能性。在应急救援方面，大数据分析以其快速的反应时间和综合的决策模型，为应急决策指挥提供辅助，提高应急救援能力，以减少人员伤亡和财产损失。

（3）提供环境监测方式。大数据技术在减轻道路交通堵塞、降低汽车运输对环境的影响等方面有重要的作用。通过建立区域交通排放的监测和预测模型，共享交通运行与环境数据，建立交通运行与环境数据共享系统，大数据技术可有效分析交通对环境的影响。同时，分析历史数据可为降低交通延误和减少排放提供交通信号智能化控制的决策依据，建立低排放交通信号控制原型系统与车辆排放环境影响仿真系统。

4. 大数据的应用方式

智能交通这一和人们日常生活密切相关的行业，其本身就时刻产生着数据。可以说它是大数据的源头之一，而大数据这一新兴技术在此行业中如何起作用，其应用方式如何，也是要认真对待的。了解了其应用方式，可从另一个角度充分发挥大数据技术的优势，使智能交通的"智能"特点更加突出。

1）大数据融合

智能交通治理往往需要在多个相关系统之间实现信息的充分交互与共享，而底层数据的集成与融合是保障城市系统高效协同联动的前提和基础。例如，在城市安防领域，需要综合利用城市人口、嫌疑人档案库、案件卷宗库、道路监控视频等数据，从中发现案件线索并圈定嫌疑人范围，为案件侦破提供支持。大数据应用方式之一——"融合"在此方面可以发挥重要作用。但是，我国智能交通建设面临的重大挑战之一是城市系统之间因标准问题无法有效集成，形成信息孤岛。因此，在进行大数据融合时，一方面要加强大数据标准建设，另一方面要加强海量异构数据建模与融合、海量异构数据存储与索引等关键技术研发，为底层数据集成的信息共享提供标准和技术保障。图 4.9 所示为交通大数据融合的平台架构示例。

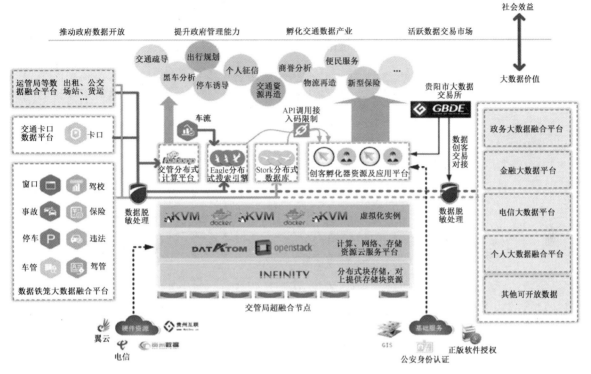

图 4.9　交通大数据融合的平台架构示例

2）大数据加工

图 4.10 所示为大数据加工的平台架构。在 ITS 中，考虑到数据传输资源、数据质量和安全等因素，大数据加工过程必不可少。数据压缩、数据校验/隐私保护、信息提取等，都属于数据加工这一应用方式。加工后的大数据是融合和挖掘的基础，并应和加工前的原始数据相对应，同期保存和标识。

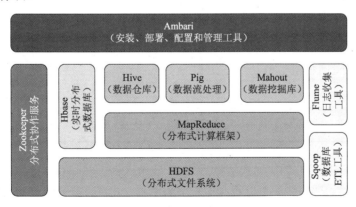

图 4.10　大数据加工的平台架构

3）大数据挖掘

图 4.11 所示为大数据挖掘的平台架构。开展智能交通科学治理的前提，在于准确把握城市运行的特点和规律，并深刻洞察城市治理问题的成因，大数据挖掘在这方面有着很好的发展潜力和应用前景。相比于大数据融合和加工，大数据挖掘更为复杂。面向城市交通治理的大数据挖掘，主要通过综合利用机器学习、统计分析、可视数据分析、时空轨迹分析、社交网络分析、智能图像/视频分析、情感与舆情分析等手段，通过参考历史数据和领域知识，考虑事件间的相关性和上下文感知，对事件发生成因和发展规律进行分析推理，最终给出决策支持信息。

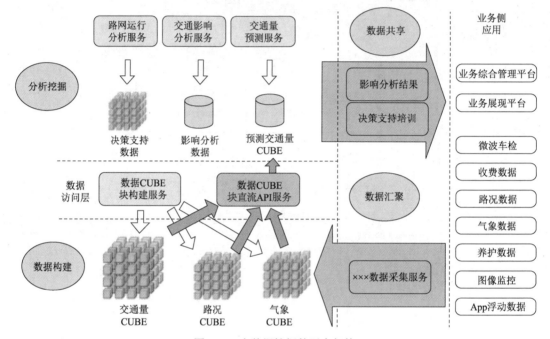

图 4.11 大数据挖掘的平台架构

4.2.3 大数据与智能交通

1. 交通大数据

根据数据来源分布，交通大数据的类型如表 4.1 所示。

表 4.1 交通大数据类型

类　　型	检　测　手　段	获　取　参　数
交通流数据（固定检测器）	感应线圈、微波雷达、地磁等	速度、流量、占有率、旅行时间等
交通流数据（移动检测器）	安装 GPS 的出租车、公交车等	瞬时速度、旅行时间、旅行速度等
位置数据（移动检测）	智能卡、车载终端、手持终端等	GPS 位置信息等
非结构化视频数据	视频检测器等	视频监控图像等
多源互联网、政务网数据	互联网、政务网等	多类型参数等

传统固定检测器所获取的交通流数据为 ITS 应用提供了基础数据支撑。以北京为例，基于微波雷达、超声波、感应线圈以及视频监控等检测器，北京市公安局公安交通管理局建立了交通信息采集、处理、发布系统，北京市道路交通流预测预报系统等，可获取交通路网的速度、流量、占有率和各路段的旅行时间等参数。

在移动检测器所给出的交通数据中，有一类特别重要的数据（也是交通流所形成的基础），即车辆在交通网中行驶的位置信息，以及行人在道路上的位置分布和动态变化。此类数据构成了掌握交通流分布、规范出行行为和调度公共车辆的前提，更是完成智能交通管理的输入条件。对于出租车来说，位置数据可用于研究其出行距离、出行时间和道路偏好，位置数据的实时传送对驾驶员路径选择和路径预测具有至关重要的作用。

非结构化视频数据可用于宏观态势监控。例如，建设高空高清视频监控系统，便可以掌控多交叉口或较大区域的交通宏观态势。进一步，通过视频处理模块，可提供交通流特征及其他参数，也可应用于车辆类型识别、交通状态识别和查询违法、违章等情况。

互联网、政务网为 ITS 提供了广泛的数据来源与发布途径。以社交网络为代表的互联网可为 ITS 提供交通事件的视频等数据。另外，互联网也可成为交警非现场执法、公交系统优化等的重要数据来源。政务网为城市决策者和管理者提供了安全、稳定的信息交互平台，通过政务网，ITS 可接入城市路网结构、气象变化、特大活动、突发事件、应急救援等数据。

2. 交通大数据的基本特征

交通大数据是大数据在交通行业中的具体体现，它具备一般大数据的"4V"特点。

（1）规模大。交通系统是一个复杂的系统，涉及人、车、路、环境等，数据量巨大。例如，手机数据、车辆的位置数据、道路的流量数据和天气状况数据等。

（2）种类多。交通大数据包括物理空间的数据，如车辆移动的实时位置数据、车辆状态数据、摄像头视频数据、天气数据以及路网数据等；也包括与人类社会息息相关的移动数据，如手机基站数据、交通智能卡数据等；还可以包括网络空间数据，如论坛、新闻、微博及微信等众包数据。

（3）价值密度低。交通大数据的总量虽然很大，但对于具体应用而言，要挖掘有用的数据可能就像大海捞针一般。例如，为分析交通事故，可能只有与事故相关的天气、车辆、人员及视频数据才是有用的，而其他不相关的大量数据需要被过滤掉。

（4）速度快。交通大数据有强实时性特征，无论是交通基础设施、交通运行状态还是交通服务对象和交通运载工具，每时每刻都在涌现大量的数据，需要快速处理、分析和挖掘，并给出反馈。例如交通实时动态路况，一方面大量的视频数据、车辆位置数据、地感线圈数据等不断涌现，亟待实时处理计算；另一方面还需要根据历史数据，对将要发生的情况进行实时预测，并反馈给出行者。

此外，交通大数据是城市大数据的重要组成部分，是在城市管理、生活、建设、发展过程中，由信息空间、物理世界和人类社会"三元空间"所产生的多源、多模态、异构的海量数据，蕴含着丰富的知识和价值。不同于大数据中较常被提及的网络大数据、金融大数据和科学大数据，交通大数据还具有时空移动性（时空变化并蕴含规律）、社会关联性（三元空间分布但彼此关联）、人的参与性（来源于人且服务于人）等特点。时空移动性即任何交通事件都具有空域和时域特征，要全面深入理解交通大数据，就需要从时间和空间两个维度分析其动态演化特性。社会关联性即人类社会大量的移动轨迹同时存在于信息空间和物理世界中，使得信息空间、物理世界和人类社会三元空间之间有机连接与互动，体现在城市发展上即动态信息、个体流动规律以及人群生活与城市交通发展的深层交互。人的参与性即指 ITS 是人构建的，其数据显然和人相关，是人所建立的感知选题获取的交通数据；反过来，交通数据及其衍生品也是为人服务的，为出行者提供便利，为交通管理部门制定政策、制定规则提供基础支撑。

3. 交通大数据带来的问题

交通系统是围绕人、车、路、物出行移动而运行的，其数据也是关系人、车、路、物的。当然，对于交通系统的路网，外部环境（气象、海洋）等数据也属于交通大数据，其在某时间段内的规律可以反映整个地区、城市乃至国家的经济形势和发展状态。因此，数据所带来的问题同样不容忽视，特别是数据安全问题。另外，连续、复杂、大量的数据也带来了网络传输压力、计算中心效率以及存储空间方面的问题。

（1）数据安全问题。交通大数据具有"Value"特征，蕴含了众多的信息，有些信息涉及国家安全，如公安网传输的数据；有些信息涉及个人隐私，如卡口系统检测的车辆轨迹数据。在交通大数据的采集、传输、存储、处理、应用等过程中，数据安全问题非常重要。ITS 在依托智能交通专网进行系统内部的数据传输，以及与外网之间的数据交互时，必须符合规范和标准，保证网络安全。另外，在数据处理过程中，必须遵循隐私保护原则，运用隐私保护方法。

交通大数据具有"Variety"特征，去伪存真是数据安全的另一个重要问题。大量的冗余数据和错误数据不仅占据存储空间，浪费存储资源，还会大大降低数据分析的有效性和稳定性；进行异常数据识别、缺失数据补充、错误数据修正和冗余数据消除，具有非常重要的意义。

（2）网络通信问题。交通大数据具有"Volume""Velocity""Visualization"特征，要求网络通信满足大容量数据的快速、稳定传输，特别是对于高清视频图像数据。交通大数据的"Variety"特征决定网络通信方式的多样化。目前，城市建立 ITS 时多采用自建专网与租用城市公网相结合的模式，具备有线通信与无线通信并存且互通的特征。ITS 常用的网络通信技术包括：有线电缆通信、光纤通信网络、无线传感网、移动通信系统以及卫星通信系统等。

（3）计算效率问题。交通大数据具有"Velocity"特征，要求 ITS 具备较高的计算效率。例如，交通数据预处理、交通状态识别、短时交通流预测、实时交通流控制、动态交通诱导、实时公交调度等，均具有时效性要求。

（4）数据存储问题。交通大数据具有"Volume"特征，特别是长时间序列的非结构化数据积累，给数据存储带来了巨大的压力。存储技术的发展远远赶不上数据增长的速度，大量存储服务器的购买提高了 ITS 的建设成本，并占用了数据中心的建筑面积。当前，ITS 均采取缩短数据保存时限、降低数据存储质量的方式来降低存储成本，但影响了大数据的价值。

4. 大数据对智能交通的推动作用

随着信息技术的发展，交通运输从数据贫乏转向数据丰富，交通管理正在从"经验治理"转向"科学治理"，交通规划也从单纯的经验建模、人为分析的模式向数据驱动与人机智慧迭代的新型模式发展。同样，智能交通需要实现以"数据驱动"响应业务，让智能交通工作者只需从交通出行的根本出发，以科技手段引导人们出行的全面改变和进步，最终通过这种改变促使业务管理发生改变，实现以信息化、智能化引领综合交通运输的发展。图 4.12 所示为智能交通数据资源驱动工作方式转变的示意图。

数据贯穿在整个智能交通的感知、处理、应用等各个环节，它对智能交通有重要的推动作用，有时甚至起决定性作用。

（1）了解真实需求，认识问题本质。在运用大数据技术之前，为了了解用户需求，需要获取一定样本的调查问卷，根据数据抽样方法分析。这就如同盲人摸象，很难全面掌握真实的情况。另外，对于用户需求和交通难题的认识，很多时候需要对多维数据进行全面分析，单一维度的采样数据难以精确、及时地反映需求变化。大数据的出现，使我们可以掌握不同时间、不同空间、不同用户的需求，既能满足整体需求，也能提供某些特征用户的需求定制化。例如，通过积累公共交通车辆数据、乘客手机位置数据、城市智能卡数据等，可以估算出各个区域之间不同时间段的客流情况和出行方式。例如，某地各区域的日客流量分布如图 4.13 所示。通过客流特征分析，可优化配置公共交通的运营模式和规划方法，提出新的交通服务应用。

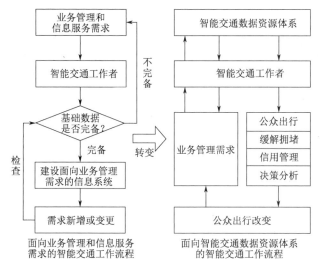

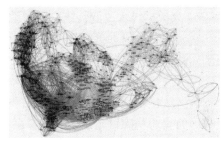

图 4.12　智能交通数据资源驱动工作方式转变示意图　　　　图 4.13　某地各区域日客流量分布

（2）提供数据处理、挖掘的方法及手段。在大数据背景下处理海量时空数据，可以从中挖掘出对交通出行、城市规划有益的信息，从而提供多种基于时空信息的服务。

以一个中小城市为例，部署 500 个智能交通前端相机，则每天产生的过车记录大于 600 万条，过车图片数据量大于 1.5 TB（1 TB=10^{12} B），半年（180 天）产生的过车记录将大于 10 亿条，过车图片数据量大于 270 TB。如果是一线城市，则数据远超这个规模，过车记录将达上百亿条，过车图片数据量将达 PB 级（1 PB=10^{15} B）。这么庞大的数据量，只有用专有大数据才能在智能交通中发挥作用。智能交通大数据处理平台架构如图 4.14 所示。

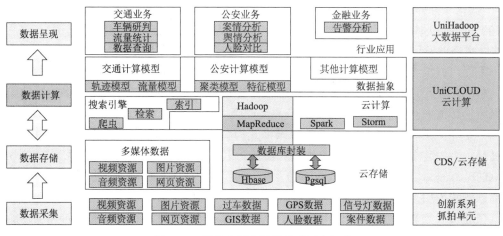

图 4.14　智能交通大数据处理平台架构

（3）提供预测及辅助决策。交通大数据分析可为交通管理、决策、规划和运营、服务及主动安全防范提供更加有效的支持。通过对客流特征的分析，可优化交通规划，并随着需求的变化而适时调整，如公交车站台及线路设置、物流仓储设置、地铁区间车调度等；通过大数据分析，能够准确预知实时动态的交通路况，从而引导出行者有效避开拥堵；通过历史数据，推测不同天气状况、不同路段、不同时段交通事故发生的概率，进而对通行车辆进行预警。

（4）快速反馈与迭代，实现闭环控制。通过实时的数据分析，结合历史经验，提升交通控制智能化水平。例如，通过实时获取道路运行状态、车流信息以及历史状况，有效控制交通信号灯，提高道路通行效率，避免出行者的时间浪费，缓解交通拥堵。

（5）提供创新应用与服务。大数据的魅力在于跨界互联，将原本看似不相关的数据关联起来，产生新的运营模式和应用价值。对交通大数据的处理分析，在有效提升智能交通水平的同时，也可为公共安全、车联网应用、社会管理、土地利用、广告营销及电商等提供新的管理理念、模式与手段。

5. 大数据技术改变传统交通管理

大数据技术对智能交通系统有方法上的推动，也有用户方面的需求把握。大数据及其带来的新特征使交通管理有新的提升，主要体现在：

（1）跨越行政区域限制。行政区域的划分是国家为了有效管理而人为设定的，在促进各个行政区域自治的同时，也导致各个地方政府追求各自辖区利益的最大化，而对地方政府之间边界区的交通基础设施建设、过境交通线路等管理不够。交通大数据的区域多参数和相关性，对于跨区管理、剖析相互影响有很大的优势，只要多方共同遵照相关的信息共享原则，就能在已有的行政区域下解决跨域管理问题。

（2）信息集成优势和组合效率。我国大部分城市的各类交通运输管理主体分散在不同主管部门中，呈现出条块分割的现象。涉及交通的"有关部门"超过 10 个，每个部门都有自己的信息化系统；但这些数据信息只存在于垂直业务和单一应用中，与邻近业务系统缺乏共通联动。这种分散造成交通管理的碎片化，如交通信息分散、信息内容单一等问题。大数据有助于建立综合性立体的交通信息体系，通过将不同范围、不同区域、不同领域的"数据仓库"加以综合，构建公共交通信息集成利用模式，发挥整体性交通功能，这样才能发现新价值，带来新机会。例如，将气象、交通、保险部门的数据结合起来，可高效率地研究交通领域的防灾减灾；将 IC 卡数据与抽样调查结合，能更快捷、更精确地测得城市交通流分布状况。

（3）配置交通资源。传统的交通管理主要依靠人工的方式进行，这是基于静态信息条件的，难以实现动态化管理。通过对大数据的分析处理，可以辅助制定较好的统筹与协调解决方案，一方面可减少各个交通部门运营的人力和物力，另一方面可提升道路交通资源的利用率。例如，将分析结果用于多模式地面公交网络高效配置和客流组织方案的确定，多层次地面公交主干网络的绿波通行控制，以及交通信号的自适应控制等。

（4）提升交通预测水平。用传统的思维来改善交通拥堵，一般通过加大基础设施投入（即加宽道路、增加道路里程）来提高交通通行能力，但这种做法不仅会受到土地资源的限制，而且规划的方案是否能满足远景需要也有待商榷。在对各个部门的数据进行准确提炼和构建合适的交通预测模型后，可以有效模拟交通未来运行状态，验证技术方案的可行性。同时，大数据技术的快速信息处理能力，对于车辆碰撞、车辆换道、驾驶员行为状态等的实时预测也能发挥重要的作用。

6. 基于大数据的 ITS 体系框架

交通大数据给 ITS 带来了变革，主要体现在基本概念、面临问题和建模方法 3 个方面。面向上述变革，研究大数据驱动的 ITS 具有重要意义。基于大数据的 ITS 体系框架如图 4.15 所示。

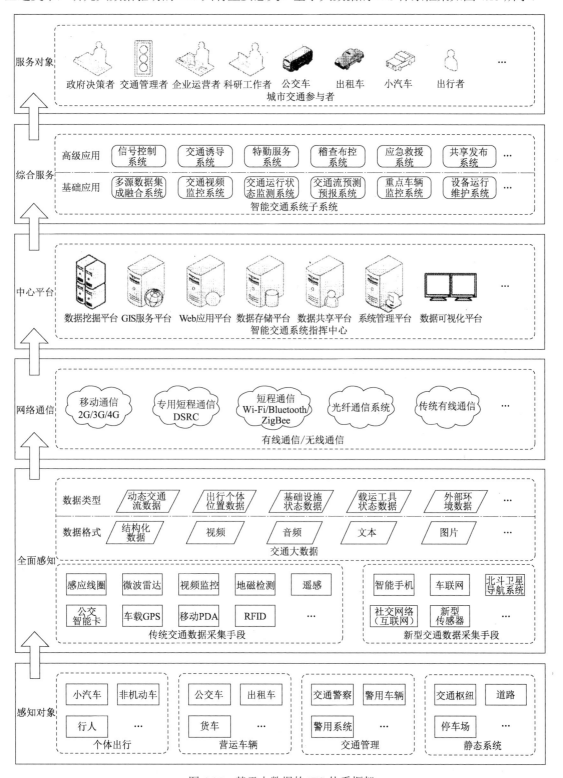

图 4.15　基于大数据的 ITS 体系框架

（1）感知对象——大数据驱动的 ITS 具有海量的监控对象。ITS 的感知对象从人、车、路、环境四个方面展开，包括个体出行、营运车辆、交通管理和静态系统等。

（2）全面感知——大数据驱动的 ITS 具有多样化的检测手段和丰富的数据来源。针对城市交通数据源的分布情况和 ITS 的数据需求，依托以固定检测和移动检测构成的传统交通信息采集系统，拓展交通数据源的类型和数量，增加新型交通数据采集手段的使用，实现城市交通及相关系统的全面感知。全面感知体现在多种多样的数据格式和数据类型上。

（3）网络通信——大数据驱动的 ITS 可进行快速的网络通信。针对交通大数据的实时传输要求，建立有线通信、长距离和短距离无线通信所构成的互联互通信道，实现数据源、ITS、服务对象的数据交互。智能交通专网作为数据交互的中心，与互联网、政务网、公安网等连接，网络接口具备合乎规范的网关，以保障网络通信的安全。

（4）中心平台——大数据驱动的 ITS 可进行高效的数据处理、存储、共享与应用。中心平台承担 ITS 的数据挖掘、数据存储、数据共享等功能。数据挖掘以信息论、控制论、系统论为基础，应用交通流理论、交通网络分析、交通工程学等交通基础理论，或建立数据模型描述机理，或应用模式匹配推断结论，构建智能交通云的体系架构，以云计算、云存储、云共享等新兴技术解决数据处理速度、数据存储空间以及数据共享效率等问题。

（5）综合服务——大数据驱动的 ITS 具备优质的综合服务。综合服务是 ITS 的主要目的，包括基础应用和高级应用。基础应用体现了"感知现在和预测未来"特征，实现多源数据的集成管理，从个体车辆、路段和交通网络等方面进行交通状态的视频监控和量化分析，并对交通态势进行短期和长时间序列的分析与研判。高级应用体现了"面向服务"特征，基于基础应用分析，实施信号控制与交通诱导，指导特勤任务、稽查布控等警务工作，为应急救援等城市综合管理提供决策支撑，通过共享发布系统优化综合服务质量。

（6）服务对象——大数据驱动的 ITS 具备广泛的服务对象。根据 ITS 的需求分析，服务对象主要包括政府决策者、交通管理者、企业运营者、科研工作者以及个体出行者等。

7. 交通大数据处理体系框架和平台

1）交通大数据处理体系框架

目前，国际 ITS 领域，包括车路协同系统、公众出行便捷服务、车联网等热点技术领域，都在应用和研究交通大数据处理分析。例如，北京市 6 万余辆出租车一天就会产生数亿条 GNSS 数据，车牌识别、交通监控视频等数据量更大，与交通相关的数据量级已从 TB 级别跃升到 PB 级别，对智能交通运营管理产生巨大影响。面对众多的交通大数据，如何对其进行准确、高效的处理、分析和预测，挖掘其中蕴含的深层应用，做出即时、正确的交通诱导、疏通，以有效改善实际交通拥堵状况，已成为交通大数据处理的核心内容。因此，需要构建大数据处理平台架构，以支撑跨领域、异构交通大数据的管理、分析与处理。

交通数据不仅量大，而且是异构、多源的，实时性要求高，处理速度快，是典型的大数据。如何利用好这些多源的大量数据为交通决策与诱导提供便利，有效缓解交通拥堵，是交通领域的难题，也是智能交通要解决的首要问题。在综合考虑交通数据的特性以及应用需求的基础上，这里给出了图 4.16 所示的交通大数据处理体系框架。该框架是基于交通大数据处理平台（稍后详细介绍）而设计的，包含数据源层、数据处理层、知识层以及应用层的四层结构。

（1）数据源层。交通异构数据源中有结构化的数据，但大部分是非结构化的数据，这些数据源主要包括射频识别（RFID）数据、视频监控数据、卡扣数据（包括 ETC、交叉口信号灯等）、GNSS（如 GPS）数据、IC 卡数据、交通应用服务数据等。

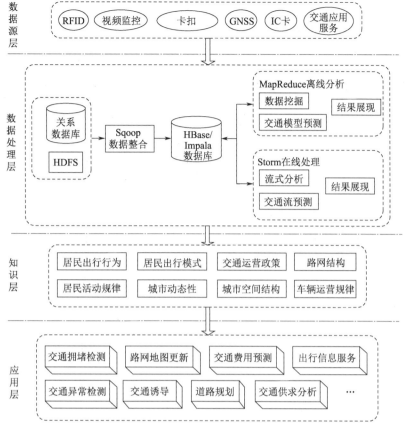

图 4.16　交通大数据处理体系框架

（2）数据处理层。数据处理层是大数据处理体系框架的核心层，Sqoop 用来整合数据源数据，存储于分布式数据库 HBase 中。这里采用基于 Hadoop 分布式文件系统（HDFS）的 HBase和 Impala 的存储系统，其中 Impala 提供实时的交互式 SQL 大数据查询功能，直接从 HBase中用 SELECT、JOIN 和统计函数查询数据，实现快速的大数据存储和分析。根据不同的交通需求，系统设计了两套计算框架：MapReduce 离线分析框架用于交通模型的预测和交通运行规律的挖掘；Storm 在线处理框架用于处理实时交通流数据，并对交通流进行短期的预测。对数据处理结果进行可视化分析，以动态图表的形式展现给用户。

（3）知识层。交通大数据处理就是对数据进行深层分析，挖掘数据所蕴含的深层知识，寻找数据内部隐藏的规律，主要包含居民出行行为、居民出行模式、交通运营政策、居民活动规律、城市动态性、城市空间结构等。对交通视频及图像采用统一计算设备架构（CU-DA），快速提取其特征和摘要以备挖掘分析，对卡扣、交通应用服务及 GNSS 等数据基于 MapReduce计算模型用 Mahout 进行并行分析与挖掘，形成知识，为 ITS 提供更高层的应用与管理。

（4）应用层。所有的研究都将归结于应用，大数据为智能交通的进一步发展起到了极大的促进作用，主要产生了以下几方面的应用：交通拥堵检测、路网地图更新、交通供求分析、道路规划、交通费用预测、交通异常检测、出行信息服务以及交通诱导等。

2）交通大数据处理平台

交通大数据处理的基本流程与传统数据处理流程相似，整个处理流程可以概括为数据采集、数据导入和预处理、数据存储、数据处理和结果展现。由于交通大数据要处理大量的、非结构化的数据，如视频数据及监控数据，而且其处理有强实时性要求，因此在各个处理环节中采用 MapReduce 分布式计算框架以及实时流数据处理计算框架；数据存储采用支持文本和图像存储，面向列、可伸缩，支持事务以及 B 树范围查询和排序的分布式数据库 HBase 和 HDFS 等。依据大数据处理流程及交通数据处理的特点，整个平台的构建分两部分：对交通大数据进行离线批处理、深度挖掘的 Hadoop 平台；对交通大数据进行强实时流处理的 Storm 平台。交通大数据处理平台如图 4.17 所示。

使用构建在 Hadoop 平台上的分布式日志处理系统 Chukwa 收集交通数据源，用数据同步工具 Sqoop 实现各种交通数据源和 Hadoop 分布式文件系统（HDFS）间的数据转移和传输。鉴于交通流数据处理的强实时性，系统在构建时对 Hadoop 平台进行了扩展，引入实时大数据流处理系统 Storm 平台。因此，在交通大数据处理层包含基于 Hadoop 的分布式离线处理计算框架和基于 Storm 的实时流数据处理计算框架。其中，MapReduce 通过 map 和 reduce 两个步骤实现交通数据的并行处理；Impala 提

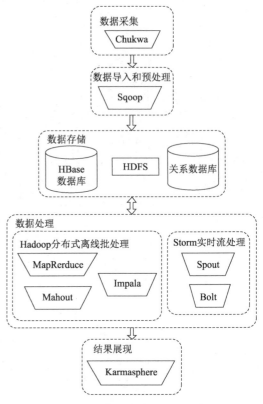

图 4.17　交通大数据处理平台

供 SQL 语义，对存储 HDFS 和 HBase 中的 PB 级交通大数据实现交互式的快速查询；利用 Mahout 提供的可扩展的机器学习和数据挖掘的分布式框架，实现交通大数据的并行分析与挖掘。Storm 平台克服了 Hadoop 平台不能有效适应实时数据处理的缺陷，它提供全内存计算，可实现对流式交通数据的实时处理。它提供的输入流组件 Spout 负责将数据传递给另一个组件 Bolt；Bolt 执行任务，如交通流数据的过滤、计算、访问文件/数据库等，并创建新的流作为下一个 Bolt 的输入流。最后利用大数据分析工具 Karmasphere 实现结果数据的可视化，迅速有效地简化和提炼数据流，提供具有交互功能的动态图表，帮助人们探索和解释复杂的数据，理解和分析数据的内涵与特征，更好地从复杂数据中得到新的发现。

8．交通大数据的信息服务平台

交通数据源包括交通大数据信息服务平台中所涉及的基础数据和业务数据，其中业务数据来源于电子车牌采集点、卡口设备以及视频设备。

电子车牌是一种基于 RFID 技术的电子信息化标签，具有高精度识别、高准确采集、高灵敏度的特点。电子车牌包含车辆基本信息，可以帮助高频识别读写器（即交通路网的采集点）来采集各机动车的基本数据，再将采集点本身的地理位置信息与车辆的基本信息进行关联，就可以产生丰富的车辆行车数据。电子车牌端采集的交通数据在数据量、准确度、效率、复杂程度等方面天然具备车联网大数据的属性，这些数据不仅在数量上庞大，在信息的维度上也很丰富，这将对后期的数据挖掘、数据变现产生直接影响。

除采集点采集的车辆行车数据之外，还包含与本系统有密切业务往来的其他平台的数据，包括交警执法记录、环保部门黄标车基本数据、路桥收费管理处收费记录、电子停车场数据、高速路收费记录以及市政银行等机构的数据。

城市交通行业数据既有静态数据，又有实时动态数据；数据类型既包括结构化数据、半结构化数据，也包括大量非结构化数据；数据管理在组织上存在多部门之间的数据整合与交换等实际业务情况。

交通大数据的信息服务流程按功能和职责分类，主要分为通用服务组件以及数据整理与挖掘两大部分。其中，通用服务组件又包含了 4 个子功能：① 交通流量常规统计与模糊分析；② 车辆分类识别；③ 实时交通信息发布与诱导；④ 区域交通流量分析与告警。数据整理与挖掘需要进行长期的数据积累和不断的算法优化，将在平台的后期逐步完善。

无论是通用服务还是数据挖掘功能，都依托对数据的高效处理，结合具体的业务数据特点和业务需求来制定相应的处理方案，这将直接影响平台的运行效率。信息服务的特点是数据量庞大，需要对一些特定的实时性要求较高的业务进行优化处理，例如通过建立索引等措施来实现海量数据的快速查询。而对海量数据的存储与处理，需要建立分布式、多节点的集群服务器，充分利用服务器资源和业务模型来进行趋势预测和决策分析。

交通大数据的信息服务平台设计可参照物联网层次模型架构，采用分层设计思想，每一层为上一层提供面向服务的接口调用。同时结合物联网、云计算、大数据、服务计算等技术特点，该平台分为感知设备层、传输层、平台层、服务层和展示层 5 层，其分层架构如图 4.18 所示。采用分层架构，不但可降低系统各个模块之间的耦合性，同时可提高模块之间的功能内聚性，而且有利于在系统实际开发过程中实现代码的复用，大大提高工作效率并降低开发成本。

（1）感知设备层：指能够对标识对象（即机动车）的行为进行感知，并执行采集操作的所有设备和方法的集合。设备主要包括 RFID 读写器、卡口设备、视频设备等，主要完成车辆标识、位置、时间、状态等信息的协议适配、信息采集和上传，采集的信息主要包括电子车牌信息、抓拍图片、标清视频以及位置等。

（2）传输层：将感知设备层感知（采集）到的行车数据传输到数据中心，提供专网、3G/4G/5G 等多种通信方式，实现采集端与后台双向数据传输。

（3）平台层：包含数据处理引擎、数据存储和云管理平台三个子功能。其中，数据处理引擎和数据存储二者是协作统一的关系。数据处理引擎将传输层传递过来的基本数据进行剔重、清洗和补漏等操作，把原始数据转换为系统的统一标准数据格式；数据存储是将各类数据按照规则存入关系数据库或分布式数据库；云管理平台完成对整个支撑服务平台相关 IT 资源的管理和调度，为平台其他部分提供资源服务。平台层是整个系统的核心，它采用云计算和大数据技术，支持对底层的物理资源及各类数据进行有效管理，为上层的业务应用提供部署环境和业务构件，在大数据处理框架 Hadoop 下提供通用服务组件。它利用虚拟化技术实现在线迁移、高可用性资源调度，利用 Storm、MapReduce 技术实现实时、批量的大规模数据处理，建立面向服务架构（SOA）的企业服务中心，建立与外部系统之间的数据交换系统。

（4）服务层：访问平台层提供的服务组件，开发业务应用，并封装为 Dubbo 架构的服务接口，供展示层调用。

（5）展示层：利用 HTML5、手机 App、万维网（Web）统一门户、单点登录等技术完成与用户的交互，支持通过不同终端使用平台的各类服务。

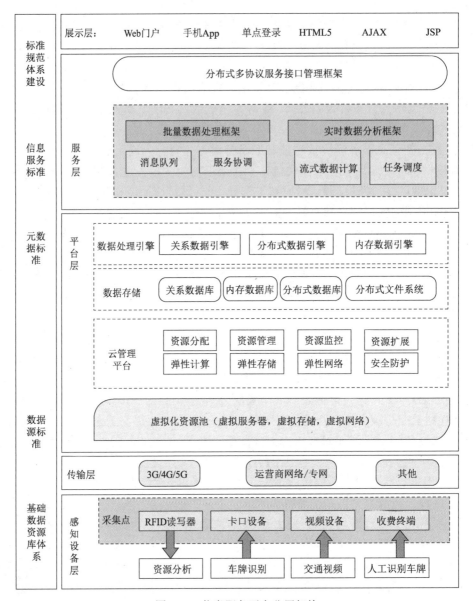

图 4.18 信息服务平台分层架构

4.3 云计算技术

4.3.1 云计算及其原理

云计算是一种新兴的共享基础架构的方法,可以将巨大的系统池连接在一起以提供各种服务。从本质上说,云计算并不是一种技术创新,而是一种业务模式的创新,它将分布式计算(distributed computing)、网格计算(grid computing)、虚拟化(virtualization)技术和基础设施服务(infrastructure service)相结合,把数据中心的计算资源进行虚拟化,然后提供给用户,使用户通过网络获得应用所需的资源(硬件、软件、平台),是一种新的资源交付和使用模式。根据美国国家标准与技术研究院(NIST)的定义,云计算可以随时随地方便而按需地通过网络访问可配置计算资源（如网络、服务器、存储、应用程序和服务）的共享池，该共享池可以通过最低成本的管理或通过服务提供商来快速配置和释放资源。狭义云计算是指"基础设施"的交付和使用模式，是指厂商通过分布式计算和虚拟化技术搭建数据中心或超级计算机网络，以免费或按需租用方式向技术开发者或企业客户提供数据存储、分析以及科学计算等服务。广义云计算是指"服务"的交付和使用模式，厂商通过建立网络服务器集群，向各种不同类型的客户提供在线软件服务、硬件租借、数据存储、计算分析等不同类型的服务，这种服务可以是和软件、互联网相关的，也可以是其他任意的服务。

云计算的"云"就是存在于互联网上的服务器集群上的资源，它包括硬件资源（服务器、存储器、处理器等）和软件资源（应用软件、集成开发环境等），本地计算机只需通过互联网发送一个需求信息，远端就会有成千上万的计算机提供所需的资源并将结果返回本地计算机，所有的处理都由云计算提供商所提供的计算机群（称为云计算平台）来完成。云计算平台通过在物理服务器上创建和管理虚拟运行环境，实现由相同规模的物理数据中心支持更多的应用和用户。打个比方，一栋建筑被分成许多房间，可以根据用户需要定制每个房间，用可移动的墙来调节各房间的大小和布局。数据中心可以为用户配备特定的服务，对新服务也能快速响应。

云计算是虚拟化、效用计算（utility computing）、基础设施即服务（IaaS）、平台即服务（PaaS）、软件即服务（SaaS）等概念混合演进的结果，网络服务提供商利用此技术可以在数秒内完成数千万个数据甚至数亿个数据的处理，达到和"超级计算机"同样强大的效能。

云计算工作原理架构如图 4.19 所示，其中系统资源层包括操作系统、数据库、中间件及计算设备等；云计算服务层有三类，即基础设施即服务（IaaS）、平台即服务（PaaS）、软件即服务（SaaS）。

（1）在 IaaS 中，资源被虚拟化为计算资源池、存储资源池和网络资源池，用户通过 Internet 可以从完善的计算机基础设施获得相应的服务，包括计算机（物理机和虚拟机）、存储空间、网络连接、负载均衡和防火墙等基本资源。IaaS 允许用户动态申请或释放节点，用户在此基础上部署和运行各种软件，包括操作系统和应用程序。

（2）PaaS 将开发环境作为一种服务来提供，以服务形式将应用程序开发和部署平台提供给第三方，包含数据库、中间件以及软件开发工具（软件设计、软件开发、软件测试和软件发布）等内容。这些内容均部署在服务器集群中，服务器集群完成用户提出的需求任务并将需求的结果反馈给用户。值得注意的是，用户不能管理和控制底层的基础设施，只能控制自己部署的应用。

（3）SaaS 将软件作为服务提供给用户使用，用户在客户端直接使用，不用购买和安装在本地计算机或终端上，如邮件系统、企业门户、视频会议等。和 PasS 类似，用户不能管理软件运行的基础设施，只能进行本地化设置。

云计算围绕用户动态的、实时的请求提供服务，其终极目标是让所有服务能够同时在位于全球不同地方的各种不同的智能终端和设备上显示。根据提供服务的不同，可分为三类不同的"云"：① 在互联网上开放的"云"，称为"公有云"，即多个客户共用一个服务提供的资源，提供商根据用户请求分配资源并设计收费，适合中小企业、微型企业、政府基层单位和个人用户；② 相对于"公有云"的"私有云"，通常是政府和企业为了能够与各部门及客户互动和沟通而构建的，适于大型企业集团、国家部委、省市一级政府；③ 介于私有云和公有云之间的"云"，也称之为"租用云"，是私有云和公有云的混合体，一部分资源共用，对外开放，一部分私用，不对外开放，如电信部门或"云"服务提供商。

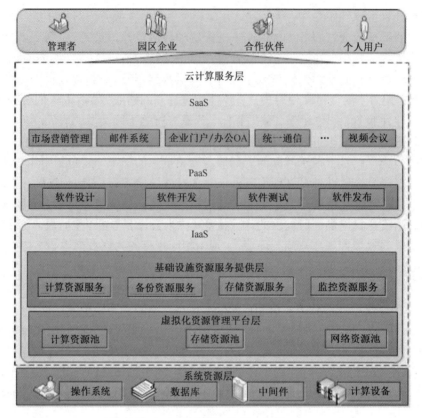

图 4.19　云计算工作原理架构

不管哪一类型的"云"，云计算都有其自身独到的地方，主要表现在：

（1）超大规模。"云"具有相当大的规模，Google 云计算已经拥有 100 多万台服务器，Amazon、IBM、微软、Yahoo 等的"云"均拥有几十万台服务器。政府或企业私有"云"一般拥有多达数十台甚至上百台的服务器。

（2）虚拟化。云计算支持用户在任意位置使用各种终端获取应用服务，所请求的资源来自"云"，而不是固定的。服务应用在"云"中某处实现，用户无须了解也不用担心其具体位置。

（3）高可靠性。在数据存储中心，"云"使用数据多副本容错、计算节点同构可互换等措施来保障服务的高可靠性，数据丢失、病毒入侵等事件几乎不会发生。

（4）通用性与高可扩展性。云计算不针对特定的应用，在"云"的支持下可以构造出千变万化的应用，同一个"云"可以同时支撑不同的应用。这是实现互联互通和数据共享，消除"信息孤岛"最有效的手段和方法。同时，"云"的规模可以根据需求动态伸缩，满足应用和用户规模增长的需要。

（5）客户端需求低。云计算对用户端的设备要求很低，用户端只需提出请求，并等待结果即可。数据的存储更是在云端，不需要在用户端占有存储资源。

（6）按需服务且成本低。云端根据用户需求配置资源，对用户而言则是按需求索取服务，且不需要与服务提供商进行人机交互。由于"云"的特殊容错措施，极其廉价的节点亦可构成"云"；"云"的自动化集中式管理使大量企业或用户无须负担日益高昂的数据资源中心管理成本，"云"的通用性使资源的利用率较传统系统大幅提升。综合这些优势，云计算给用户和服务提供商可带来经济上的实惠，在低成本开销的条件下获得同样的服务，或者用相同的付出获得更多的服务。

（7）可能无限多。云计算为存储和管理数据提供了几乎无限多的空间，也为完成各类应用提供了几乎无限强大的计算能力。例如，当驾车出游时，只要用手机连接到网络就能直接看到自己所在地区的路网地图和实时交通状况，能快速查询自己预设的行车路线，可以请网络上的好友推荐附近最好的景区和餐馆，还能把自己刚刚拍摄的照片或视频分享给远方的亲友等。

4.3.2 云计算体系结构

从概念上讲，前面给出的云计算原理架构，是通过资源整合再通过不同的调度策略提供服务的。但从实现角度看，则要用图 4.20 所示的体系结构。该体系结构由资源层、平台层、应用层、用户访问层以及管理层 5 部分组成，其本质是通过网络提供服务，以服务为核心。

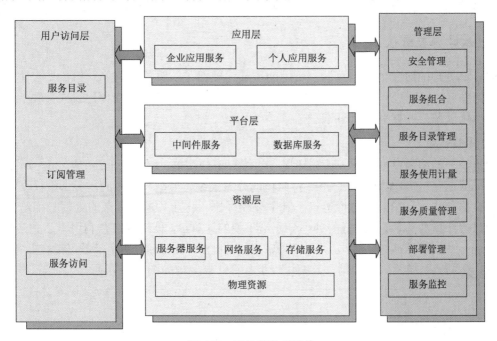

图 4.20　云计算体系结构

资源层是指基础架构层面的云计算服务，这些服务可以提供虚拟化的资源，从而隐藏物理资源的复杂性。其中，物理资源指的是物理设备，如服务器等；服务器服务指的是操作系统的环境，如 Linux 集群等；网络服务指的是网络处理能力，如防火墙、虚拟局域网（VLAN）、负载等；存储服务为用户提供存储能力。

平台层为用户提供对资源层服务的封装，使用户可以构建自己的应用。其中，数据库服务提供可扩展的数据库处理能力，中间件服务为用户提供可扩展的消息中间件或事务处理中间件等服务。

上述两层是云计算的基础，它们在图 4.19 中即为系统资源层的内容。

应用层提供软件服务。其中，企业应用服务是指面向企业用户的服务，如财务管理、客户关系管理、商业智能等；个人应用服务指面向个人用户的服务，如电子邮件、文本处理、个人信息存储等。

用户访问层是为方便用户使用云计算服务所需的各种支撑服务，针对每个层次的云计算服务都需要提供相应的访问接口。其中，服务目录是一个服务列表，用户可以从中选择需要使用的云计算服务；订阅管理是提供给用户的管理功能，用户可以查阅自己订阅的服务，或者终止订阅的服务；服务访问是针对每种层次的云计算服务提供的访问接口，针对资源层的访问可能是远程桌面或者 X Windows，针对应用层的访问所提供的接口可能是 Web。

管理层提供对所有层次云计算服务的管理功能。其中，安全管理提供对服务的授权控制、用户认证、审计、一致性检查等功能；服务组合提供对已有云计算服务进行组合的功能，使得新的服务可以基于已有服务而创建；服务目录管理提供服务目录和服务本身的管理功能，管理员可以增加新的服务，或者从服务目录中删除服务；服务使用计量用以对用户的使用情况进行统计，并以此为依据对用户进行计费；服务质量管理即对服务的性能、可靠性、可扩展性进行管理；部署管理提供对服务实例的自动化部署和配置，当用户通过订阅管理增加新的服务订阅后，部署管理模块自动为用户准备服务实例；服务监控提供对服务的健康状态记录。

4.3.3 云计算关键技术

云计算处理的对象主要是数据，所用的工具为硬件（以服务器为主）和各类软件（含插件、中间件）；云计算所涉及的技术繁多，其中的关键技术包括编程模型、数据管理、数据存储、虚拟化以及云计算平台管理等。

1. 编程模型

规范统一的编程模型，使云计算环境下的编程十分简单。MapReduce 是 Google 开发的 Java、Python、C++编程模型，它是一种简化的分布式编程模型和高效的任务调度模型，用于大规模数据集（>1 TB）的并行运算。其主要的区块，将业务逻辑复杂的处理分配给处理能力比较强的计算机，将复杂度低的处理分配给小型的计算机，使资源综合利用率达到最高。再通过 Reduce 程序将结果集进行分类和归纳输出。Map()和 Reduce() 两个函数可能会并行运行，即使不是在同一系统的同一时刻。云编程模型并行计算架构如图 4.21 所示。

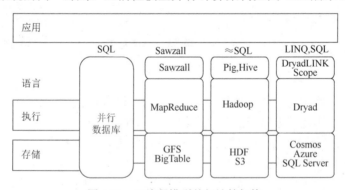

图 4.21 云编程模型并行计算架构

2. 数据存储

云计算中的数据存储在分布于不同区域的各个服务器上，为众多用户服务，采用分布式存储和冗余存储的方式。广泛使用的数据存储系统是全局文件系统（GFS），它可解决共享存储读写问题。一个 GFS 集群由主服务器（Master）和大量的块服务器（Chunk Server）构成，如图 4.22 所示。

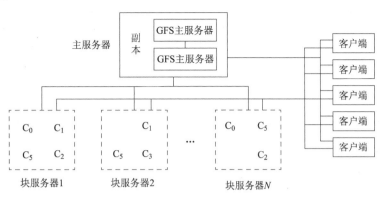

图 4.22　GFS 架构示意图

主服务器存储文件系统的元数据，包括名字空间、访问控制信息、从文件到块的映射以及块的当前位置，并定期通过 HeartBeat 消息与每个块服务器通信，给块服务器传递指令并收集其状态。GFS 中的文件被切分为 64 MB 的块，每份数据在系统中保存 3 个以上备份。客户端与主服务器的交换只限于对元数据的操作，所有数据方面的通信都直接和块服务器联系，从而大大提高了系统的效率，避免了主服务器超负载运转的情况。

云计算中的数据存储充分利用了物理存储设备的虚拟化管理，使数据不依赖物理存储位置，降低了数据管理的复杂性，增强了系统的灵活性和可扩展性。通过高速的读写接口，能够满足采编等应用的加工需求，并可对原始素材、成品节目、再加工节目等不同类型的数据进行分层存储与分类管理。跨域的数据存放与备份，能节省大量的存储空间。

3. 数据管理

云计算需要对分布式海量数据进行处理、分析，数据管理技术必须能高效地管理大量的数据。图 4.23 所示为数据分布式管理结构示意图。

当用户需要导入空间数据时，系统会为其分配相应的服务器完成操作。同时将最近完成的操作（包括空间数据读取和修改等）缓存起来，以提高系统的运行效率。缓存器中的数据会定期写入硬盘并做标记。在读取数据时，服务器首先查阅缓存中是否存在所需内容。如果缓存中没有所

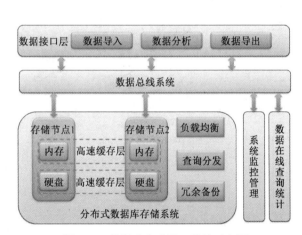

图 4.23　数据分布式管理结构示意图

需数据，则对服务器的硬盘进行寻址，直到完成操作为止。如果有更新，则首先会把这些更新写入系统的高速缓存里，然后通过调用把更新数据调用到文件中，最后服务器会把旧文件删除，并开始给用户提供新的访问数据。例如在矢量数据管理中，存储格式使用 ESRI Shapefile，可以将 Shapefile 文件看成一张表。表中的行名是几何对象的 ID，每一行存储着一个几何对象的

要素。表中同时包含着许多的列，在这些列中，最主要的是描述属性和几何实体的两列。一般而言，几何实体通常安排在最后一列。当然，还有栅格数据管理等。

从理论的角度看，海量数据下的分布式计算又可分为离线计算（针对海量的、对实时性要求不太高的数据）、实时流式计算、列存储、key-value（对半结构化、非结构化数据的实时查找）等。在基于协同计算的应用系统中，分层管理、灵活调度和易于扩充是系统数据管理的关键。

通常，实现数据管理与协同计算主要采用集中式、分散式和混合式三种架构：① 集中式架构，其实质是一种客户式的服务器系统架构，即服务器集中管理，负责整个计算机应用系统的控制、管理和调度，以及其他和具体计算应用相关的程序管理、逻辑设计管理和数据管理，客户端服务主要指的是与用户间交互工作的输入输出管理；② 分散式架构，主要将与系统相关的控制和管理模块分散在系统的各个客户端中，每个节点的在协同控制系统中拥有同等的控制管理地位；③ 混合式架构结合了上述两种架构的优点，既可减轻服务器的工作压力，又具有较好的灵活性和较短的响应时间。因此，在实际云计算协同计算时采用分散式架构，而在数据协同管理时多采取集中式架构，以提高数据管理效率。

4．虚拟化

虚拟化是云计算的基础，通过虚拟化技术可实现软件应用与底层硬件的相互隔离，包括将单个资源划分成多个虚拟资源的裂分模式，也包括将多个资源整合成一个虚拟资源的聚合模式。虚拟化技术根据对象可分成存储虚拟化、计算虚拟化、网络虚拟化等。其中，计算虚拟化又分为系统级虚拟化、应用级虚拟化和桌面虚拟化三种。云计算虚拟化架构如图 4.24 所示。

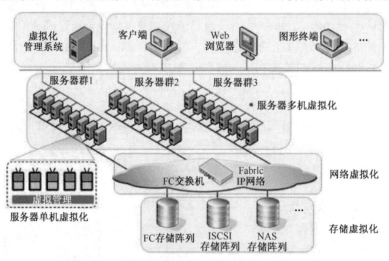

图 4.24　云计算虚拟化架构

5．云计算平台管理

云计算平台管理结构如图 4.25 所示。云计算资源规模庞大，服务器数量众多且分布在不同的地点，同时运行着数百种应用。如何有效地管理这些服务器，保证为整个系统提供不间断的服务，这将是个巨大的挑战。云计算平台管理技术能够使大量的服务器协同工作，方便地进行业务部署，快速发现和排除系统故障，通过自动化、智能化的手段实现大规模系统的可靠运营。

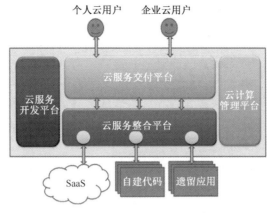

图 4.25 云计算平台管理结构

4.3.4 云计算与智能交通

1. 基于云计算的智能交通体系框架

1）研究背景

智能交通体系框架是各个国家和地区开展 ITS 建设和系统规划的指导框架，是规范智能交通发展的重要手段。自从美国第一个提出并实际开发出智能交通体系框架以来，欧盟、日本、澳大利亚、瑞典、加拿大等国家与地区相继开展了体系框架的研究和制定工作，并将体系框架作为规范本国或本地区智能交通规划和建设的重要指导依据。20 世纪 90 年代末，我国开始对 ITS 体系框架展开研究。2000 年交通部公路科学研究所（国家智能交通系统工程技术研究中心）牵头组织全国的专家制定了我国第一个"智能交通系统体系框架"。此后，根据该体系框架，一些省市制定了地区智能交通体系框架以及 ITS 规划。

近年来，随着车辆生产厂商、通信企业、高新数码企业和网络公司的加入，ITS 体系框架的格局分工发生了变化：企业将承担主要的建设和管理工作，而政府将会更加强调框架系统的确立与标准的规范化。新技术推动系统框架更新升级，新的体系框架促进应用的标准化。ITS 体系框架决定了 ITS 的构成、各系统的功能模块以及模块之间的接口和通信协议，包含实现用户服务功能的全部子系统的设计。研究基于云计算平台的 ITS 逻辑框架与物理框架，有助于从整体上确定新一代 ITS 的构成，保证各独立单元必需的性能指标，为各类系统应用的开发提供指导支持，明确下一阶段 ITS 标准化发展的方向。因此，在基于云计算的 ITS 中，原有的用户需求与物理框架正在改变，新的接口方式和通信协议亟待进行规范。

开发和修订 ITS 体系框架主要有两种基本的方法：结构化分析方法和面向对象的分析方法。由于结构化分析方法清晰简明，比较成熟，已经形成了一整套规范、标准，而且该方法采用面向过程的分析思路，比较符合人们的思维习惯，易为大众所理解和接受。《中国智能运输系统体系框架》采用的就是结构化分析方法。结构化分析方法的基本思想，可以归纳为分析的层次化、功能的模块化和相互关联三个方面，其核心是自顶向下逐层分解和抽象，其分析过程包括需求分析、逻辑模型和物理模型三个阶段，三个阶段以递进关系描述了系统分析和构建的过程。基于云计算的 ITS 体系框架需要对原有体系框架进行调整，但要兼顾体系发展过渡的平稳性。这样，基于云计算的 ITS 体系框架设计定位于对现有体系框架的继承和发展，采用结构化方法进行修订。基于云计算的 ITS 体系框架的结构化方法开发流程如图 4.26 所示。

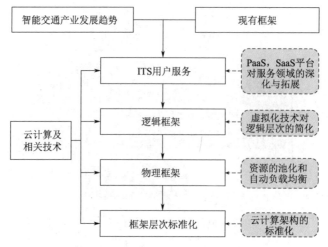

图 4.26　基于云计算的 ITS 体系框架的结构化方法开发流程

2）用户服务

按照《中国智能运输系统体系框架》，当前我国 ITS 服务分为 8 个领域，包括交通管理与规划、紧急事件和安全、车辆安全与辅助驾驶、电子收费、运营管理、出行者信息、综合运输和自动公路等。

考虑到系统的兼容性与框架体系过渡的平稳性，仍以 ISO 4813/TR-1 和 ISO 14813/TR-5 定义的服务领域和用户服务为蓝本设计用户服务领域。在基于云计算的 ITS 发展阶段，通过人、车、路的协同，将进一步扩展智能交通的服务领域，深化服务层次，完善服务类型。基于云计算的 ITS 用户服务调整为 9 个服务领域、38 项用户服务、162 项子服务，如表 4.3 所示。

表 4.3　基于云计算的 ITS 服务领域与用户服务

服 务 领 域	用 户 服 务	调 整 情 况
交通管理	1. 交通法规监督与执行	
	2. 交通运输规划支持	
	3. 道路维护管理	
	4. 交通控制	
	5. 需求管理	
	6. 紧急事务管理	
电子收费	7. 电子收费	
交通信息服务	8. 出行前信息服务	
	9. 行驶中驾驶员信息费业务	
	10. 途中公共交通信息服务	
	11. 个性化信息服务	
	12. 路径诱导及导航服务	
紧急事件与安全	13. 紧急情况识别	
	14. 紧急车辆管理	
	15. 危险品及事故通告	
	16. 公共出行安全	
	17. 易受伤害道路使用者的安全措施	
	18. 交汇处的安全服务	

服 务 领 域	用 户 服 务	调 整 情 况
城市公共交通	19. 公交规划	增加
	20. 车辆与客流监测	
	21. 公交运营管理	
	22. 公共交通安全管理	
	23. 公交信号优先	
综合运输	24. 交换客货运信息资源	调整领域
	25. 提供旅客联运服务	
	26. 提供货物联运服务	
	27. 一般货物管理	
	28. 特种运输管理	
车辆安全与辅助驾驶	29. 自动公路与车辆信息采集	降低层级
	30. 安全辅助驾驶	修改
	31. 车辆状况检测	
	32. 安全状况检测	增加子服务
	33. 自动车辆驾驶	
基础设施管理	34. 基础设施状态监测	新增
	35. 基础设施管理	
	36. 基础设施建设	
	37. 基础设施维护	
ITS 数据管理	38. 基于云计算平台的 ITS 数据管理	

用户服务的划分原则是总体上参照国家框架，并充分考虑基于云计算平台下的 ITS 用户的具体需求，主要的调整包括：

（1）增加 ITS 数据管理服务领域。云计算平台作为整个 ITS 体系的核心，通过相应的接口和管道连接云基础与云端服务，承担所有信息的采集、传输、处理、发布。该平台可以通过 PaaS，提供应用程序的运行环境，让各类用户能够在这个平台上快速搭建自己的应用。

（2）扩大辅助驾驶的范畴，将原有的自动公路领域作为辅助驾驶的子服务。按照云计算和车联网技术的发展导向，车辆既作为智能交通的服务主体，也将成为交通信息采集、传输的途径，与路面交通设施一道，实现自动化的交通运行保障。

（3）提升基础设施管理的层级，使之成为一个服务领域。将基础设施管理由之前交通管理与规划领域的子服务提升为单独一个服务领域，这是由于分布式计算和泛在网络技术的发展，广泛存在的基础设施既是信息采集的前端又是信息服务的终端，需要从更基础的层面定义其服务功能。

3）逻辑框架

在国家 ITS 体系框架的逻辑框架中，采用系统功能层次表和功能描述表以及数据流程图来说明系统的逻辑模型，逻辑框架中的功能域与服务领域相对应。但是，在以云计算系统为基础的 ITS 体系框架中，所有数据的处理、存储、服务都是由虚拟化的资源池所提供的，系统设备的空间属性被削弱。当系统设计为公有云框架时，所有与互联网连接的终端只要进入"云"即可根据需求和权限调用相应的服务，逻辑框架的作用将不仅体现在数据流的逻辑结构上，还将在虚拟化平台中确定各项资源权限的分配。

通过以上分析，ITS 体系框架的用户服务就确定了逻辑框架，新逻辑框架与现有逻辑框架的差别取决于确定两者用户服务的差别，由于服务的改变，逻辑框架中对应的内容也发生了变化，主要包括新增 ITS 数据管理等领域。逻辑架构顶层结构主要描述各个功能域之间为实现各自的功能所要交流的信息。考虑到该框架中包含有整合所有交通相关数据的智能交通综合信息平台，在逻辑框架中也突出了 ITS 数据管理功能域的功能。如图 4.27 所示，ITS 数据管理功能域将成为其他功能域外部数据的主要来源，而各功能域主要描述其内部系统功能之间的数据共享。

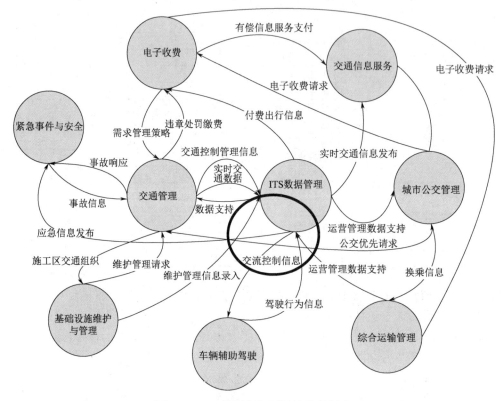

图 4.27　ITS 逻辑框架顶层结构数据流

4）物理框架

基于云计算的 ITS 物理框架是由要素和联系各种要素的框架流构成的，要素是物理框架的基本构建部分，具体包括云计算中心平台及与之相关的特定的车辆、用户和道路设施等。考虑到我国交通领域各部门的职能分工以及 ITS 建设现状，将物理框架划分为 9 个管理服务，其内部包含各等级的子系统服务。根据现有 ITS 的物理框架和上述功能部件的交互关系，得出云计算平台下 ITS 物理框架的基本模型。图 4.28 所示为 ITS 物理框架顶层结构，它反映了基于云计算的 ITS 框架中各要素之间概略性的连接关系，便于在高层次对系统框架各部分的关系做全面的了解。

在基于云计算的 ITS 物理框架中，由于使用虚拟化技术来构建计算、存储以及网络、数据、软件资源池，使用分布式处理技术使得原有在不同部门、不同系统中的各类资源被充分利用，充分挖掘现有服务器硬件资源，降低设备功耗，实现自动负载均衡和资源在线迁移扩展。原有的物理框架模型被打破，该物理框架更能反映逻辑框架体系。用户与 ITS 应用系统的开发者，不必去了解具体的数据接口与相关部门的硬件平台架构，只需从 PaaS 或 SaaS 平台中选取并调用相应的服务即可实现应用目的。

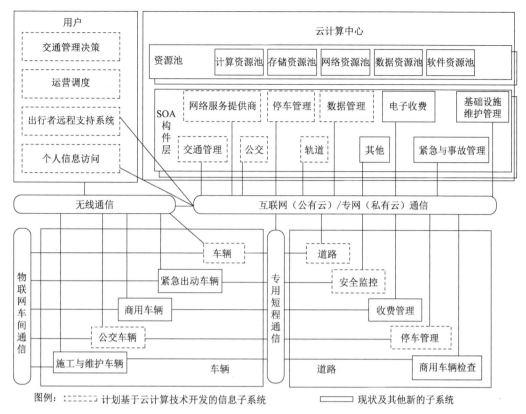

图例: ┄┄┄┄ 计划基于云计算技术开发的信息子系统 ──── 现状及其他新的子系统

图 4.28 ITS 物理框架顶层结构

5）框架层次的标准化

基于云计算平台的 ITS 体系框架的标准化数据与服务中心技术架构（以下简称数据中心或服务中心）由 4 个层次组成：

（1）物理接入层：在数据中心的前端提供多个可横向扩展的前端处理机，专用于数据和服务接入，以分摊来自带宽和性能方面的约束，并设置负载均衡器实现负载在各前端处理机间的分发；负载均衡的实现可借助反向代理、LVS（Linux Virtual Server）等各种软硬件方式实现。

（2）数据传输层：被服务对象可通过专网或 Internet/3G/4G/5G 连接到服务中心，实现在任意位置的数据上传、下载以及服务访问；采用分布式缓存、内存数据库、消息队列等方式实现连接，实现负载均衡处理并扩展处理器规模。

（3）并行数据处理层：实现海量数据的并行处理，基于目前的主流 Hadoop 架构实现。

（4）海量数据服务层：在大数据处理层后端采用云计算中的 BigTable、NoSQL 等技术实现海量数据的持久化存储、应用服务，便于未来回溯历史和进行长期数据挖掘。

框架层次的标准化将根据云计算技术的标准和规范，将在后续的工作中逐步完善。因此，基于云计算的智能交通体系框架研究，根据云计算技术的特点和智能交通产业的发展趋势，在充分考虑云计算平台下ITS用户的具体需求,适当调整和修改ITS体系框架中的用户服务需求,进而根据逻辑框架制定基于虚拟化与分布式计算技术的物理框架及相关的框架层次标准,为基于云计算的 ITS 发展规划与应用服务研究提供支撑。

2. 基于云计算的智能交通信息服务平台

1）基于云计算的智能交通信息服务平台框架

基于云计算的智能交通信息服务平台，旨在利用网格计算、云计算，为整个 ITS 提供高性能计算、大规模数据分布式存储，并通过灵活、安全的资源共享、协作机制和策略来求解问题，实现信息集成与共享，从而提供无缝、优质的交通信息服务。图 4.29 示出了基于云计算的智能交通信息服务平台框架。

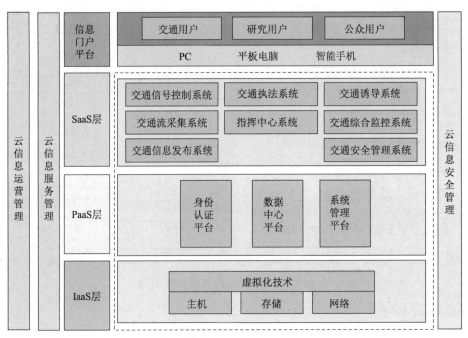

图 4.29　基于云计算的智能交通信息服务平台框架

在这个平台中，IaaS 层所有硬件资源都通过虚拟化技术进行封装，由系统统一调度管理，任一应用只需提供所需的运行环境（主机、存储、网络等）要求即可；PaaS 层所有应用系统通过身份认证平台、数据中心平台、系统管理平台等，形成一个透明、无限扩展、随时获取、按需使用的智能信息平台,提供各子系统业务流程建模与协同、多源异构数据库的整合与集成、统一的数据标准等功能；在 SaaS 层，对各自的业务流程进行梳理、重组和整合，重新部署和设计信息的同步与共享、角色权限等。信息门户平台必须按需定制，向终端用户等提供"一站式"服务，并支持多种类型终端的访问。

具体来说，基于云计算的智能交通信息服务平台主要由虚拟化计算平台、云数据中心、信息门户平台、统一身份认证平台、数据集成与共享平台以及移动信息平台等构成。

（1）虚拟化计算平台。ITS 是一个复杂的大系统，包含多个既独立又相互联系的子系统。按照传统做法，部署一个子系统一般需要配置一台服务器，存在资源浪费、维护管理工作量增加等弊端。因此，可以采用几台高性能服务器以及虚拟化软件搭建虚拟化计算平台。服务器数量和虚拟化软件用户数可以根据 ITS 实际需求进行配置。建立虚拟化计算平台的优势在于：提高资源的利用率，提高硬件和应用程序的可用性及业务的连续性，并减少系统的维护工作量，节约能耗。

（2）云数据中心。云数据中心可以实现数据的统一存储、统一管理。为提高云数据中心数据的高速传输、可靠性和安全性，数据中心主存储系统采用存储区域网络（storage area network，SAN）结构。SAN 独立于数据网络，因此传输速度更快，扩展性更强。同时，它具有较高的数据安全性和可靠性。备份存储系统则采用网络接入存储（network attached storage，NAS）结构。NAS 具有较高的传输速度和数据可靠性，比 SAN 实现起来更容易，成本更低廉。主存储采用异地双活存储策略，数据备份采用异地容灾备份策略。建立云数据中心的优势有：① 实现云环境下海量数据的存储和共享以及集中式管理与维护；② 提高数据安全性和可靠性；③ 便于存储容量的扩充。

（3）信息门户平台。信息门户平台为用户提供单一的 ITS 访问入口，从而统一控制用户对系统的访问，提供个性化界面管理。信息门户是整个系统的接口，应采用先进的技术架构和设计理念，以满足系统开发的需求。随着 ITS 功能的不断完善和扩展，要求信息门户平台具有高扩展性，使各种资源方便集成到门户系统中，迅速为用户提供服务。同时，信息门户面向所有用户，要求信息门户平台能够便于用户安全地获取信息资源。

（4）统一身份认证平台。统一身份认证平台实现 ITS 中各类应用的单点登录以及各类操作的安全审计，并对身份数据进行统一管理和存储。该平台不仅要求能够集中管理用户信息，而且必须保证数据的一致性和完整性。该平台可实现身份管理和身份信息同步，从而提供细粒度的资源访问控制和审计用户操作。如果发现异常，可自动告警。此外，该平台支持大规模的用户并发访问。

（5）数据集成和共享平台。数据集成和共享平台实现各子系统、公共数据之间的数据集成和共享。在构建该平台时，要基于国家标准和行业标准对所有子系统的代码进行统一存储和管理，要对各个子系统进行数据的抽取、加载、转换映射，完成从信源到信宿的数据交换。同时，系统应支持数据的双向传递，保持与原有系统中数据的同步，提供对过程的调度和监控。

（6）移动信息平台。移动信息平台作为 ITS 的重要组成部分，让用户可以通过各种移动智能终端（智能手机、PAD 等）接入系统的应用，从而为公众用户提供一种全新的服务渠道。移动信息门户应能实现信息门户平台要求的主要功能，但要求方便、简洁、实用，可采用 B/S（浏览器/服务器）或 C/S（客户机/服务器）结构模式；要求能支持 iOS、Android、WinCE 等主流系统的移动终端，使用户可以通过移动终端接入统一身份认证平台。

2）基于云计算的智能交通信息服务平台数据处理流程

在基于云计算的智能交通信息服务平台中，典型的文本和图片数据的处理流程如图 4.30 所示。从各卡口接收到的数据，经由分布式数据总线，按需转发给统一存储平台和大数据挖掘分析中心。其中，分布式数据库对海量文本数据进行存储和管理，分布式文件系统对图片数据进行存储和管理，用户可以选择对超过一定时间周期的图片数据进行归档存储，以降低系统建设成本；而流式计算平台对过车文本数据进行实时分析和处理，以满足实时布控、比对等实时类应用要求；批处理计算平台对海量历史文本数据进行挖掘分析，对判别分析类应用提供支撑。由此，云计算平台可实现对海量数据快速检索、精准数据挖掘分析及实时数据处理等各类上层应用的支持。而基于这种统一存储平台的建设，交通管理部门可以在多个方向上开展深入应用。

例如，基于云存储服务器自带的数据分析能力，后续可开展智能视频分析应用，实现人脸识别、道路交通事件的自动取证、拥堵检测报警等交通事件及参数检测，以及周界防范等功能；或者通过对卡口数据和机动车管理数据的关联分析，分析和了解新增机动车对现有城市道路运行的影响，以此作为城市交通管理的决策依据。

　　基于云计算的智能交通信息服务平台，有效整合了现有信息中心的各类信息资源，可以实现灵活、高效的软硬件资源分配和管理，也可以有效提升智能交通信息系统的安全性、稳定性和可扩展性。

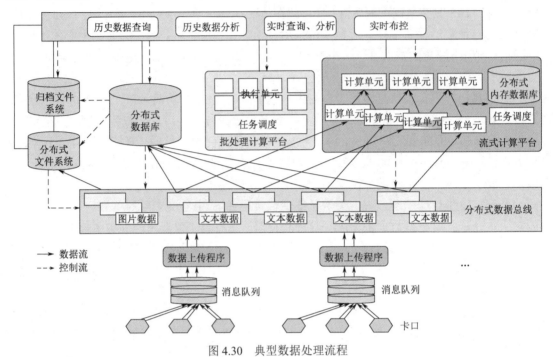

图 4.30　典型数据处理流程

3. 交通信息云计算模式逻辑架构

　　交通信息云计算模式，能够提供交通仿真模拟以及决策支持等信息，用于交通指挥、交通企业增值服务、交通信息发布以及基础设施建设等。图 4.31 所示为交通信息云计算模式的逻辑架构。从图 4.31 可以发现，当虚拟化层在硬件设备资源层的基础上建立起来之后，以虚拟化层和硬件设备资源层等为基础，可以构建虚拟机，并组成虚拟机应用系统。云计算服务管理平台与这三个层相结合，就能够形成 IaaS 云；然后以 IaaS 云为基础，又可以构建 PaaS 云。PaaS 云就是所谓的平台云，其主要作用是提供主流软件产品的部署，实现其他系统在 PaaS 云上的顺利运行。

　　同时，云计算平台将交通信息云的基础架构利用服务交付的方式提供给各种各样的用户，该基础架构组成如下：① 由网络设备、存储设备以及服务器等组成的云计算资源；② 云计算平台，它的主要作用是统一管理和调度收集到的各种交通数据；③ 基础设施服务，它能够利用交通数据资源池针对硬件资源进行相应的处理，并以交通数据的不同类型作为依据，提供虚拟网络的存储、虚拟服务器、虚拟存储以及小型虚拟机；④ 服务管理平台，它能够利用各种监控工具监控平台中的交通数据，汇总监控结果，使系统的稳定运行得到保障；⑤ 平台服务，其主要作用是以交通基础设施的需求为依据，提供相应的平台服务，主要包括数据库服务平台等各种内容；⑥ 服务门户，在构建好交通云计算数据中心之后，可提供一个集中的服务门户，使出行的用户或者交管部门能够根据需求自行选择服务。

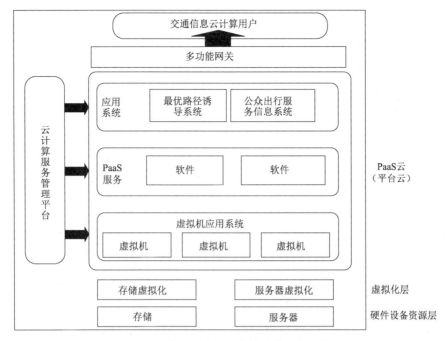

图 4.31　交通信息云计算模式的逻辑架构

4.4　信息可视化技术

可视化能将人脑和现代计算机这两个最强大的信息处理系统联系在一起，使人们能够观察、操纵、研究、浏览、探索、过滤、发现和理解大规模数据，并与之交互，从而极其有效地发现隐藏在信息内部的特征和规律。信息可视化技术随着计算机技术（尤其是数据库技术和计算机图形学）的发展，在理论和工程应用实现上都有了很大的进步。随着交通系统信息化建设的日益推进和完善，可用的交通信息数据量激增，理解海量和复杂的时空多维数据已经远远超出人脑的能力。如何高效地实现时空多维数据可视化表达与分析，直观地传达交通信息，发现数据中存在的关系和规律，为相关交通管理部门提供决策依据，提高交通系统的运行效率，日渐成为交通信息领域的一个重要研究热点，也是交通信息应用的一个重要方向。

4.4.1　信息可视化分类及分析方法

1. 地理空间信息可视化

地理空间信息可视化是信息可视化中的重要技术，涉及大多数国民经济行业，已经有广泛的应用。

在交通信息系统中，作为交通信息可视化的基础，地理空间信息可视化以地理信息科学、计算机科学、地图学、认知科学、信息传输学与地理信息系统（geographic information system，GIS）为基础，通过计算机技术、数字技术、多媒体技术等动态、直观、形象地表现、解释、传输地理空间信息并揭示其规律，是关于信息表达和传输的理论、方法与技术。地理空间信息可视化将复杂的空间数据和属性数据以地图、图像、统计图表和三维动态漫游等形式展现出来，从而让使用者发现事物之间的关联性和发展趋势，了解事物的发展动态和发展模式，进而做出及时、准确的判断与决策。

地理空间信息可视化也可根据手段或方式分为地图（图形）、多媒体（multi-media）、虚拟现实（virtual reality，VR）等，也可根据空间维数分为二维可视化、三维可视化、多维动态可视化等。

1）地图

地图是描述现实世界的传统方式，是表达空间实体和地理空间要素的符号化模型。从几何维度看，地图主要有二维平面地图和三维立体地图两种。

三维立体地图（如图 4.32 所示）和晕渲地形图（如图 4.33 所示）是三维立体地图中常用的表现形式。三维立体地图运用透视变换表示三维曲面的高低起伏，产生透视效果，使空间对象产生深度感。晕渲地形图以地物对光线的反射所产生的明暗使二维表面产生起伏感，从而达到表示立体形态的目的。

图 4.32　三维立体地图　　　　　　　　　图 4.33　晕渲地形图

2）图像

图像是表达空间实体的另一种模型，它不采用符号化的方法，而采用直观视觉变量（如灰度、颜色、模式）表示空间实体的几何位置与属性特征。例如航空摄影相片和卫星影像，它们一般将二维平面空间划分为规则的单元（如正方形），用直观视觉变量表示单元的属性特征。常见的图像有正射影像图和数字高程模型（digital elevation model，DEM），分别如图 4.34 和图 4.35 所示。

图 4.34　正射影像图　　　　　　　　　图 4.35　数字高程模型

3）统计图表

地理信息中属性信息（又称非空间信息）的一种表达方式是统计图表。统计图将实体的属性特征和实体间的相互关系采用图形表示，将空间对象的属性信息传递给使用者，让使用者对这些信息有全面、直观的了解。常用的统计图有柱状图、扇形图、直方图、折线图和散点图等。图 4.36、图 4.37 分别为饼状统计图和直方图的示例。统计表将数据直接表示在表格中，用户可直接看到具体数据值。

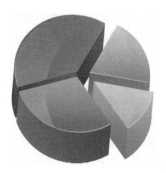

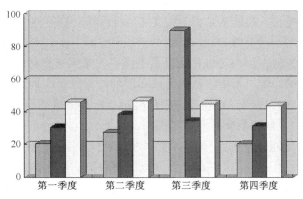

图 4.36　饼状统计图示例　　　　　　　　　　图 4.37　直方图示例

4）三维动态漫游

在实际应用中，对于一个较大区域或一条较长的路线，有时既要掌握局部区域的详细特征，又要了解大范围的概略特性，以获取区域全貌。三维动态漫游运用计算机动画技术，直观而逼真地显示地理实体运动变化的规律和特点，使观察者可以基于不同的高度、视角、距离来观察区域环境中的各种要素，从而从整体和局部两方面了解区域环境。其中包括：① 动态模拟，使重要事物变迁过程再现；② 运动模拟，对运动的地理实体的运行状态及环境进行测定和调整；③ 实时跟踪，在运动物体上安装 GNSS，能够显示运动物体各时刻的运动轨迹。

5）虚拟现实

虚拟现实（VR）以视觉为主，也结合听觉、触觉、嗅觉甚至味觉来感知环境，使人们犹如进入真实的地理空间环境之中并与之交互作用。除了对三维空间和一维时间仿真外，还包含对自然交互方式的仿真。VR 通过头盔式的三维立体显示器、数据手套、三维鼠标、数据衣、立体声耳机等，使人能完全沉浸于计算机生成的一种特殊三维图形环境，且人可以操作控制三维图形环境，如图 4.38 所示。

图 4.38　虚拟现实（VR）示意图

2. 交通专题信息可视化

交通专题信息可视化大体上可分为 4 类：① GIS 技术在交通信息可视化中的应用；② 高维（三维及以上）信息可视化；③ 交通仿真模拟可视化；④ 其他数据分析相关可视化技术。这 4 类既相互独立，也相互交叉融合，共同就某一应用提供支撑。GIS 能有效地实现对空间数据的可视化，广泛应用于交通领域，并逐渐发展成为交通地理信息系统（geography information system for transportation，GIS-T）。

1）交通要素表达与专题地图

GIS 中最有效、应用最广泛的信息可视化方式是地图。针对交通领域研究对象的特点，学者们也提出了一些应用于 GIS-T 的可视化技术和方法。例如，对某一时间段内的动态交通数据进行筛选、符号化和重放，对交通信号控制下的道路交通数量特征（如车辆密度、车速、占有率、等待时间）进行可视化等，以此来发现其中蕴藏的交通模式和趋势。

专题地图是 GIS-T 中应用地图可视化的一种主要方法。它不仅能直观地反映制图对象的质量特征、数量差异和动态变化，而且能反映各种现象的分布规律及相互联系，是分析和表现数据的一种有效方式。交通分析软件系统 Trans CAD 对交通对象专题图的制作提供了较好的支持方式，用户可以使用样式、标签、图例来强化地图，并可以改变地图要素的颜色、图案、符号等。如果希望将具有海拔高度的数据显示在地图表面上，还可以创建 3D 图形（如棱柱形专题图），使用 3D 图像或颜色显示单一数据域的数值。

2）数据整合与分析可视化

交通数据的来源具有多样性，不同格式数据的快速整合也为可视化带来很好的支持。GNSS 的迅速普及使得位置数据的获取更加快捷和方便，由此构成的浮动车数据（floating car data，FCD）采集系统，可获得大范围道路交通速度信息，并提供起始地和目的地之间时间最短或距离最短的路径服务。通过对道路实时交通数据的分析，可以获得道路 24 小时速度分布图、路网 24 小时速度分布概率直方图、道路一周内每天速度分布曲线比较等一系列有价值的交通信息，为城市道路和交通规划提供基础数据。

3）交通仿真模拟可视化

在道路交通管理中，微观交通仿真可视化技术发挥着越来越大的作用，通过模拟驾驶员的一系列行为，可对道路交通网络上行驶的车辆行为进行建模，分析交通事件的影响。例如，针对某交叉口展示交通信号灯变化模式和时间对交通流的影响等。图 4.39 所示为信号灯控制的交通三维动态模拟示意图。

图 4.39　信号灯控制的交通三维动态模拟示意图

3. 交通运行可视化分析方法

在城市管理中，实时准确地掌握交通运行规律，并对交通运行状态做出准确预测，预知交通拥堵等紧急情况，对营造安全、高效、有序的城市路网起着至关重要的作用。为了直观地探究多源、海量、异构交通数值型信息所隐含的交通规律，可从流量、速度、状态三方面分析交通运行的可视化，为掌握不同典型情境下交通运行时空演变规律提供技术支撑。

1）交通流量分析

早期交通可视化主要围绕交通流量进行，目的是直观地展示路网交通流量的时间或空间分布特性，辅助交通管理者了解与分析城市交通运行状况。

传统的交通流量可视化方法是在地图、图像上绘制箭头或流线来描述交通运行行为。W. R. Tobler 提出用带有宽度的箭头表示移动量的方向和大小，箭头的宽度与交通量成正比。随着不间断电源（UPS）设备在城市中的广泛部署，收集城市大范围交通轨迹数据成为可能。U. Andrienko 等认为使用视觉分析工具对轨迹数据进行处理，可有效分析交通运动轨迹和交通量的流动模式，并设计了一种融合数据库处理、数据转换、交互式显示的可视化分析框架，用于分析大量轨迹数据。在流向图上，箭头表示轨迹移动的方向，箭头的粗细代表交通流量的大小，用颜色对轨迹数据进行路径聚类分析，如图 4.40 所示。通过截取百度地图的路况图片进行图像识别，获取道路流量数据及其地理信息，并利用时空密度聚类算法进行聚类分析，将流量空间簇通过颜色进行时空可视化，如图 4.41 所示。

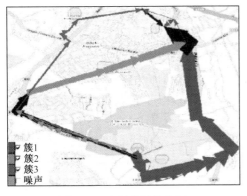

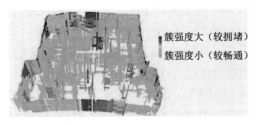

簇强度大（较拥堵）

簇强度小（较畅通）

图 4.40 　交通流量流向图	图 4.41 　交通流量时空分布图

簇1
簇2
簇3
噪声

目前，对交通流量的可视化显示方式主要是流向图和时空分布图两种。这两种可视化方法均存在一定的局限性：① 由于路网的紧密性，流向图会造成不同道路的相互遮挡，不适合分析大范围、高密度的路网数据；② 时空分布图缺乏对路网地图的显示，缺少与城市路网的直接联系，无法准确判断流量的空间分布特性。

2）速度分析

Wang Zuchao 等对 GNSS 浮动车轨迹数据进行数据预处理，并根据设定好的交通拥堵阈值判断道路的交通运行状况，结合拥堵发生时间先后顺序和路网空间的相关关系，绘制城市全路网、某区域、某道路等范围的交通拥堵传播图。拥堵传播图借助信息卡片显示拥堵位置、时间、速度、传播途径、传播距离等信息，如图 4.42（a）（b）所示。任意选定路网的拥堵点，系统以像素图的形式显示该位置附近路段车速随时间的分布情况。图 4.42（c）所示的北京某立交桥的拥堵时间分布像素图，显示了该立交桥不同路径的拥堵时空分布情况。拥堵时间分布像素图共有 7 行、24 列，分别对应一周的 7 天和一天的 24 小时，像素单元的颜色编码对应路段该时刻的车速大小。

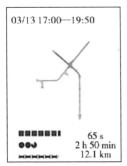

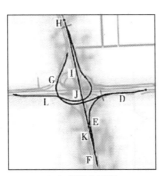

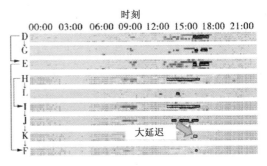

（a）信息卡片	（b）拥堵传播图	（c）选定点的拥堵时间分布像素图

图 4.42 　拥堵时间分布

交通时空轨迹数据的可视化工作一直以来都是一个挑战，它不仅要展现轨迹在时空上的情境，还要显示轨迹上独立的一个点的多维信息。对交通轨迹数据的分析和处理，包括数据库转换、可视化展示、交互式动态过滤及聚类方法研究等。Jo Wood 和 G. Andrienko 等利用树映射进行时空格局选择和时空可视化研究，对交通轨迹数据的可视化展示方式进行了多次研究和尝试，提出了交通导向视图（traffic-oriented view）和交通轨迹视图（trajectory-oriented view）两种描述轨迹数据的视图，同时采用马赛克图描述路网的速度变化特性，如图 4.43（a）所示。

马赛克图显示了一周中每日每时的速度时间分布情况,马赛克颜色的深浅程度表示路段速度的快慢。将马赛克图与地图进行匹配,可展示车速在路网上的空间分布特性。

C. Tominski 等采用融合堆积图技术进行交通时空数据可视化研究,提出了一种基于二维/三维混合的交通可视化方法,使用时间条带表示车辆行驶速度随时间的变化,利用色彩条带对不同轨迹的条带按照时间序列进行堆叠,以观察不同时空的交通运行状态,如图4.43(b)所示。G. Andrienko 等通过交通时空特性分析,对交通数据从时间(T)、空间(S)、属性值(A)3个维度进行处理,采用面向速度的时空聚集(S-T aggregation),利用地图上的时间查询环,结合时间透镜,显示一周中某日某时刻路网上交通量的分布情况。

张凡借助典型交通事件下道路拥堵的网络化蔓延特性分析,并考虑时间、空间因素完成了速度时空分布云图,以不同颜色代表不同速度值或速度区间,描述不同时间、不同位置的车辆速度状况,如图4.43(c)所示。

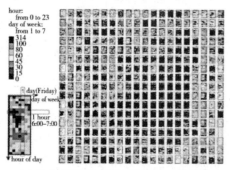

（a）城市不同区域不同时间的平均车速马赛克图

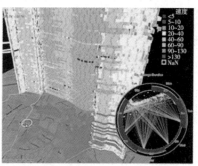

（b）二维/三维时空轨迹墙及时间透镜

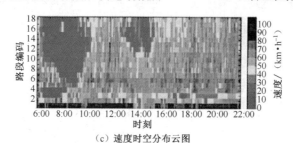

（c）速度时空分布云图

图 4.43　速度特性时空分布

3）交通状态分析

苟锡荣利用 GNSS 浮动车数据,对城市交通状态时空分布规律进行研究,即针对不同时刻的交通拥堵状态进行空间分析,按照时间顺序把交通状态的变化过程以色带的形式动态地表示在地图上,以分析城市交通状态信息随时间推移所呈现的分布规律,如图4.44(a)所示。刘杰综合考虑交通状态的时空关联性,提出了添加调节项的高阶多变量马尔科夫模型,分时段对交通运行状态进行预测,并将状态预测结果显示在地图上,如图4.44(b)所示。从交通状态空间分布图上可观察到:工作日高峰时段的缓行和拥堵路段明显多于畅通路段,拥堵严重路段也一目了然;而非工作日的拥堵分布不具有明显的高峰特性,反映在非工作日时间内人们的出行较分散。

国内外对流量、速度可视化分析进行了大量研究,但对道路交通运行状态的模式可视化和交互式可视化探索相对较少。人们对二维可视化技术和表现手段的研究最早,这也是最成熟的交通可视化技术手段,交通运行状态也多基于二维可视化进行分析。但是,随着交通问题的日益突出和大数据时代的到来，三维可视化分析技术兴起，它可更好地表达路网运行状态在时间和空间上的连续性，且可视化范围从某条道路拓展到某个区域。交通领域可视化的研究重心正逐渐转向带有时空特性的三维领域，并与交互机制相结合，为处理交通数据提供新的途径。

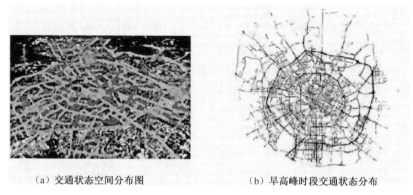

（a）交通状态空间分布图　　　　　（b）早高峰时段交通状态分布

图 4.44　交通状态时空分布

4.4.2　交通地理信息系统（GIS-T）

1. GIS 概述

地理信息系统（GIS）是迅速发展起来的时空信息分析技术，它在资源与环境应用领域发挥着技术先导的作用。利用 GIS 技术不仅可以有效地管理具有空间属性的各种资源环境信息，对资源环境管理和实践模式进行快速和重复性的分析测试，以便制定决策和进行科学的标准评价，而且可以有效地对多时期的资源环境状况及生产活动变化进行动态监测和分析比较，也可将数据收集、空间分析和决策过程综合为一个共同的信息流，以提高工作效率和经济效益，为解决资源环境问题和保障可持续发展提供技术支持。GIS 是多种学科交叉的产物，它以地理空间为基础，采用地理模型分析方法，提供多种空间的和动态的地理信息，是一种为地理研究和地理决策服务的技术系统。GIS 的基本功能是将表格型数据（无论它来自数据库、电子表格文件，还是直接在程序中输入）转换为地理图形显示，然后对显示结果浏览、操作和分析，其显示范围可以从洲际地图到非常详细的街区地图，现实对象包括人口、运营情况、运输线路及其他内容。

GIS 由硬件系统、软件系统、空间数据库、用户和方法 5 个主要元素构成，如图 4.45 所示。

（1）硬件系统，即 GIS 所操作的计算机，由主机、外设和网络组成，用于存储、处理、传输和显示空间数据。目前，GIS 软件可以在

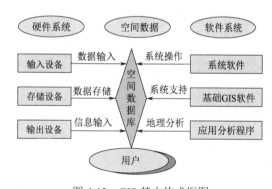

图 4.45　GIS 基本构成框图

很多类型的硬件上运行，从中央计算机（服务器）到桌面计算机，从单机到网络环境。

（2）软件系统，由系统软件、应用程序和基础 GIS 软件组成，用于执行 GIS 功能的数据采集、存储、管理、处理、分析、建模和输出。主要软件部件包括：输入和处理地理信息的工具，数据库管理系统（DBMS），支持地理查询、分析和视觉化的工具，以及容易使用这些工具的图形用户界面（GUI）。

（3）空间数据库，由数据库实体和数据库管理系统组成，用于空间数据的存储、管理、查询、检索和更新等。空间数据和相关的表格数据可以自己采集或者从商业数据提供商处购买。GIS 将空间数据和其他数据源的数据集成在一起，使用通用的或者专用的数据库管理系统来管理空间数据。

（4）用户。GIS 的用户范围包括设计、系统开发、维护的技术专家及管理者和使用人员。

（5）方法。成功的 GIS 方法，应具有良好的设计计划和特定的事务规律，这就是规范，而且对每一个公司来说具体的操作实践又是独特的。

从技术和应用的角度看，GIS 是解决空间问题的工具、方法和技术；从学科的角度看，GIS 是在地理学、地图学、测量学和计算机科学等学科基础上发展起来的一门学科，具有独立的学科体系；从功能上看，GIS 具有空间数据的获取、存储、显示、编辑、处理、分析、输出和应用等功能；从系统学的角度看，GIS 具有一定的结构和功能，是一个完整的系统。图 4.46 所示为 GIS 基本功能框架。

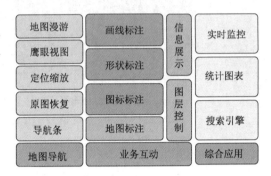

图 4.46　GIS 基本功能框架

GIS 的主要功能如下：

（1）数据采集与编辑。主要用于获取数据，保 GIS 数据库中的数据在内容与空间上的完整性、数值逻辑一致性与正确性等。对数据进行采集与编辑是 GIS 最基本的功能，例如对地图进行矢量化，将采集的地物点展现到地图上，修改以往的数据，等等。

（2）数据存储与管理。这是建立 GIS 数据库的关键步骤，涉及空间数据和属性数据的组织。栅格模型、矢量模型或栅格/矢量混合模型是常用的空间数据组织方法。

（3）数据处理和变换。初步的数据处理主要包括数据的格式化、转换和概括。数据的格式化是指不同数据结构的数据的变换；数据转换包括数据格式转化、数据比例尺的变化等。

（4）空间分析和统计。空间分析是 GIS 的核心功能，也是 GIS 与其他信息系统的根本区别。分析与解决现实世界中与空间相关的问题，是 GIS 应用深化的重要标志。空间分析与统计主要包括空间量测、几何分析（如叠加分析、缓冲区分析）、地形分析（如坡度坡向）、网络分析（如优化路径）以及空间统计分析（如空间插值）等。

（5）产品制作与显示。一个好的 GIS 应能提供一种良好的、交互式的制图环境，以供使用者设计和制作高质量的地图，其表现形式既可以是计算机屏幕显示，也可以是诸如报告、表格、地图之类的硬拷贝图件。

（6）二次开发和编程。为满足各种不同的应用需求，GIS 提供了一个二次开发环境，包括专用语言开发环境和控件等。

2. GIS-T 构成

GIS-T 是 GIS 在交通勘测设计、规划、管理等领域中的具体应用，具有 GIS 本身的一切特点和功能。GIS-T 由数据采集与质量控制系统、数据库系统以及功能表征系统三个子系统构成，如图 4.47 所示。

1）数据采集与质量控制系统

该系统采集行政区域边界、道路、铁路、基础设施等要素的空间图形数据，并按照不同空间数据类型分层，且能够满足规划与管理应用的数据质量要求。

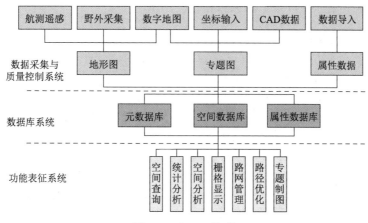

图 4.47　GIS-T 构成

系统提供的属性数据库管理子系统，能够完成相应的属性数据（如行政区域、交通分析区域、路线和基础设施等信息）的输入、修改、查询和管理等功能，并建立空间数据与相应属性数据之间的关联。

2）数据库系统

GIS-T 中的主要数据库包括：

（1）元数据库。元数据即描述数据的数据（data about data），用来支持指示存储位置、历史数据、资源查找、文件记录等功能。元数据库中的元数据还与数据用途有关，例如，可分为技术元数据和业务元数据。

（2）空间数据库，用来存储空间信息，如交通分区图、路网图以及设施分布图等。

（3）属性数据库，用来存储属性信息，包括交通区属性数据、路网属性数据、设施属性数据库、交通流量、道路等级、路面状况、图像数据（如航空影像、设施照片等）。

当然，数据库系统中也包括其他有关信息，如多媒体数据库中的航空影像、设施照片、声音等多媒体信息。

3）功能表征系统

（1）路网管理：和用户直接相关，是 GIS-T 的核心，其具体内容包括路网编辑与路段划分。其中，路网编辑（如路段的修改），具有增加或删除路段，增加或删除节点，路段合并或分割等功能；路段划分即采用动态分段技术，将地图网络中的连线按特征分段，以路段的形式进行管理。

（2）空间查询：从图形查询属性和从属性查询图形的图文交互查询方式，包括空间位置、属性、范围和关系等多种功能。交通流量图，各路段的交通饱和状态表，拥挤交叉口的空间、时间分布图，以及交叉口饱和状态表等内容均可查询。

（3）统计分析：将查询的数据以各种数据视图进行表达，如规划对象地区社会经济、人口、交通总量等指标历史变化的统计结果。

（4）专题制图：用于编辑、显示和测量具有特定信息属性的图层。

（5）栅格显示：使 GIS 可以包含图片和其他影像，可将对应的属性数据进行叠加分析、图层更新等。

（6）路径优化：设定起止点，可以选择最短路径，并可设置某个路口不能通行、某个路段不能通行等条件，以确定最佳选项，如最快到达、红绿灯影响最小、收费最少等。

（7）空间分析：提供空间数据的编辑和修改功能。

4.4.3 GIS 可视化技术

智能交通中的各个业务应用系统的展现，都离不开地理空间信息与可视化技术的应用。通过城市二维或三维景观电子地图，可以实现信息数据在电子地图上的位置、属性、景观的展示、查询、分析等，甚至通过虚拟现实（VR）技术将传统的信息数据符号及视觉变量表现为动态、时空变化、多维和多时相的交互虚拟环境。具体来说，城市 GIS 基础软件平台，地理空间信息共享数据互操作，城市三维景观重建与信息查询分析，以及信息可视化与虚拟现实四个方面，均有 GIS 可视化技术的应用。

1. 城市 GIS 基础软件平台

城市 GIS 基础软件平台是实现城市信息共享的核心。只有当城市信息被定位在城市基础地理空间数据上时，才能反映其空间位置和空间分布特征。该平台将城市各种比例尺（如 1∶500、1∶2000 等）的地图数据，通过城市数字正射影像数据、数字高程模型数据等，整合为城市各种信息应用系统的基础框架和图层。只有这样，才能在此平台上实现可视化的信息展现、查询和统计分析。

图 4.48 所示为城市 GIS 基础软件平台框架。

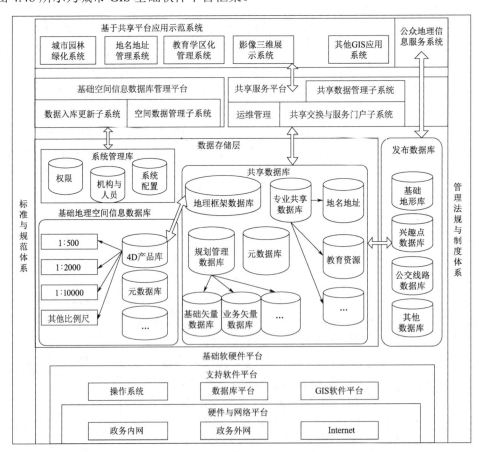

图 4.48　城市 GIS 基础软件平台框架

2. 地理空间信息共享数据互操作

GIS 与网络的结合实现了 GIS 的网络化，为空间数据的共享与互操作提供了契机。网络化 GIS 可以使得分布在不同领域、不同部门的空间数据进行共享和互操作，使得 GIS 的应用扩展到智能交通的各个应用领域和广大的地理区域，并出现了大量不同类型、分布式、异构的数据库或地理信息系统。因此，地理信息集成和共享就成为一个亟待解决的问题。在此背景下，要求传统的 GIS 由紧耦合、集中式、封闭的系统向松耦合、分布式、开放的系统转变，由传统的 GIS 向地理信息万维网服务（Web service）转变。Web service 是一种基于对象/组件模型的分布式计算技术，是数据互操作的解决方案。基于 Web service 的数据互操作结构如图 4.49 所示。

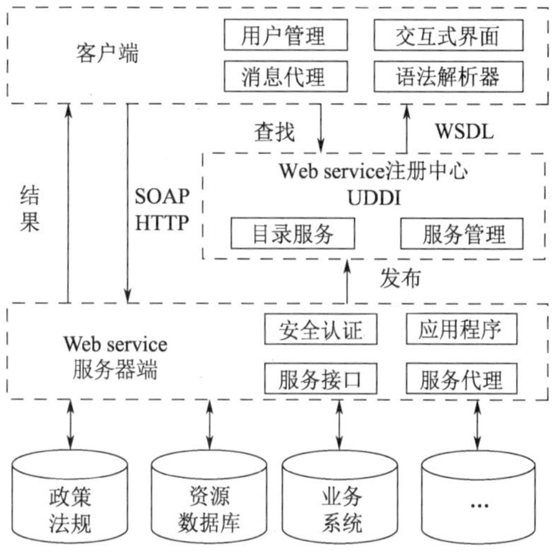

Web service 使得运行在不同机器上的不同应用无须借助附加的、专门的第三方软件或硬件，无论它们所使用的语言、平台或内部协议是什么，都可以相互交换数据。

图 4.49　基于 Web service 的数据互操作结构

3. 城市三维景观重建与信息查询

图 4.50 所示为城市三维景观重建与信息查询示意图。城市的地形景观主要由数字高程模型和数字正射影像两种数据进行逼真的展现，通过三维城市模型和数据来表现地形地物千变万化的几何结构和表面属性，利用真三维模型数据、表面纹理数据、属性数据的生成技术，使得在城市三维景观中对城市地形地貌、建筑、道路及桥梁等进行生动、逼真、客观的展现。

4. 信息可视化与虚拟现实

信息可视化（information visualization）是将信息和数据转换为人们可以直观、形象地理解的图形或图像表达方式的技术，它将物理性和逻辑性元素进行形象化、显性化的信息数据呈现，从而可为计算机用户提供更为快捷、有效的服务。在以科学探索为目的研究中，可视化技术为解释现象、揭示机理、发现规律的预测结果提供了独到的方法。信息可视化在帮助人们理解信息空间的结构，快捷地发现所需信息，有效防止信息迷途等方面将会扮演越来越重要的角色。现阶段的信息可视化技术的研究和应用，已经超出了传统城市地图符号及视觉变量表示方法的水平，使人们可以在动态、时空变化、多维和多时相的交互虚拟环境下探索城市，从而有效地改善对城市地理空间信息的利用水平。

虚拟现实（VR）是可视化技术最有效的应用和发展。虚拟现实技术综合利用计算机图形学、仿真、多媒体、人工智能（AI）、计算机网络、并行处理以及多传感器等技术，模拟人的视觉、听觉、触觉等感觉器官的功能，使人能够沉浸在计算机生成的虚拟境界中，并能够通过语言、手势等自然的方式与系统进行实时交互，用户不仅能够通过虚拟现实系统感受到在客观物理世界中所经历的"身临其境"的逼真性，而且能够突破空间、时间以及其他客观条件的限制，感受到真实世界中无法亲身经历的体验。

因此，空间信息可视化与虚拟现实技术的发展和应用，为智能交通物理元素提供了三维描述方法和人机交互的虚拟城市环境，具有多维动态可视化和实时交互式操作的效果，而 GIS

具有强大的海量空间数据存储、管理、处理和分析能力。这样，充分结合 GIS 和虚拟现实的优势，用户可以在 GIS 与虚拟现实集成平台上，实现智能交通各个信息应用和服务系统。

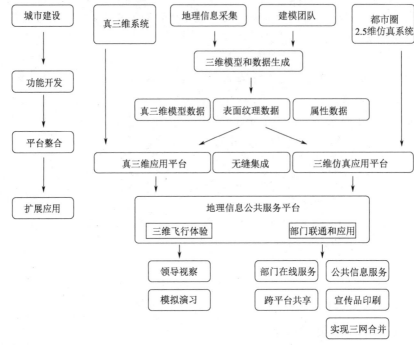

图 4.50　城市三维景观重建与信息查询示意图

4.5　交通仿真技术

交通仿真是指用仿真技术来研究交通行为，是对交通运动随时间和空间的变化进行跟踪描述的技术，它含有随机特性，可以是微观的，也可以是宏观的，并涉及描述交通运输系统在一定时间内实时变化的数学模型。交通仿真属于新兴的交通技术，在道路交通工程建设期间具有十分重要的作用，可以更好地解决交通堵塞问题，降低事故发生的概率。

4.5.1　交通仿真技术的优势与应用方法

1. 交通仿真技术的优势

交通仿真的作用在于对现有系统或未来系统的交通运行状况进行再现或预先把握，从而对复杂的交通现象进行解释、分析，找出问题的症结，最终对所研究的交通系统进行优化。与传统的交通分析技术相比，交通仿真技术的优势在于：

（1）模型机制的灵活性和柔软性。仿真模型对系统内各基本要素的变化规律及相互作用关系进行描述，并与系统的实际运行过程紧密对应，在机制上具有灵活性和较强的柔软性。

（2）模型描述的准确性和灵活性。仿真模型以交通系统最基本的要素（如单个的车辆、车道、信号灯等）为建模单元，能准确、灵活地反映各种道路和交通条件的影响。

（3）交通分析的开放性。借助计算机技术，通过良好的用户输入输出界面，模型的运算结果可方便地与用户交互，增强模型应用的实用性与便捷性。

（4）路网动态交通状态描述。交通仿真技术可有效地体现交通流的随机因素，按设想要求实现对动态交通状况的重现，从而能够大大降低现场试验要求。

2. 交通仿真技术的应用方法

下面以城市的道路为例，阐述交通仿真技术的具体应用方法，预测交通需求、项目交通量、非项目交通量等信息，并给出具体问题的改善措施。

1）预测交通需求

交通需求预测属于城市交通规划过程中最为关键的环节，主要判断道路的趋势交通量、转移交通量以及诱增交通量等项目。

2）预测项目交通量

在仿真系统的应用过程中，主要以城市的综合交通规划文件为基础，统计分析居民的出行方式及各种用地的产生率与吸引率，调查交通小域范围内建筑物吸引和发生的人流量数据。同时，在此基础上，将预测项目交通量叠加至交通小区，利用弹性系数法与约束重力模型，预测在开发项目完成后交通道路高峰期内机动车的OD（origin-destination，起讫点）矩阵。

3）预测非项目交通量

过境交通与区内出行交通均属于非项目交通量预测的组成部分，如交通小区间的出行交通量。工作人员对道路的交通量进行实地调查分析，并划分虚拟小区，在反推OD矩阵时采用Trans CAD方法，推算种子OD矩阵，得出各小区间的OD交通量，且交通区间内的阻抗越大，表示出行量越少。在结合城市综合交通规划政策文件的基础上，统计道路高峰期的交通出行率，计算交通的发生量与吸引量。在校准种子OD矩阵时采用反推OD矩阵的方法，确定相关的交通数据参数。

4）交通问题改善措施

针对上述数据分析，在结合某城市土地利用情况以及路网规划现状的基础上，介绍三种改善措施：① 采用单向交通，利用东西分路的方法将需要采用单向交通的路段分为两条路，确保来往车辆分开运行，并在此公路的西北交叉口处设置禁止左转标志，西南交叉口处设置禁止右转标志；② 采用协调限制方法，在所管理的范围内，协调控制道路的绿波带，并设置渠化路口，例如可以将左转车道设置为鱼肚形模式，在两条道路的交叉口设置导流岛，在遵照路权分配原则的基础上提高道路交叉口的交通水准；③ 将交通仿真技术应用到城市交通信号的控制过程中，有效模拟道路运行情况，并不断提升系统的设置参数，可有效避免不确定性因素导致的道路交通偏差问题，提高交通信号的控制效果。

采用交通仿真技术能够明显改善各路段的交通情况，缩短交叉口处人们的等待时间与车辆排队时间，可降低路网饱和度，切实减少汽车尾气的排放量，有效保护环境。除此之外，为了有效降低交叉路口交通事故发生的概率，还可采用协调控制与限制方案，在缩短车辆排队时间、运行时间以及停车时间的基础上，降低汽车尾气的排放量，在很大程度上提高交通路网运输效率，确保人们安全出行。

4.5.2　交通仿真工作程序与分类

1. 交通仿真工作程序

（1）提取和存储交通数据信息。交通仿真系统可以利用自身的数据提取技术有效提取交通运输过程中的数据信息，并利用自身的存储技术，将这些数据转化为固定格式。交通仿真系统经被广泛应用到各大城市的交通枢纽系统中，且可以实时显示、评价交通实际情况，促进交通流计算监督工作的顺利进行。

（2）优化预测分析。由大量的实践可以看到，将历史交通量、历史数据发展趋势以及历史数据相似性作为参照标准，可以在短时间内预测交通事件的发生。其中最为关键的便是交通施工的分析工作，整个分析过程主要以交通事故数据与拥堵数据为基础，制作类比分布图，在分析其发生原因的基础上提出有针对性的解决措施。同时，仿真系统还可以建立三维的城市环境，并引入多种多媒体技术，以增强预测结果的准确性与仿真效果的逼真性。

（3）增强决策支持。在对仿真系统确定决策支持时，应做好三方面工作：① 交通渠化的决策支持，分析系统收集的路段交通数据，有针对性地制定解决措施。② 配时的决策支持，收集和分析交通流数据，并利用配时算法解决路网的配时问题。③ 交通规划的决策支持，系统需要大范围地收集路段的交通流数据，并在利用交通配置理论的基础上全面分析支持决策。在此过程中，系统可以在遵循交通规划理论的基础上，结合路网信息，直接显示交通结果，并准确预测。

2. 交通仿真分类

交通仿真是计算机仿真技术在交通工程领域的应用，它不仅可以成功地用于传统交通系统中的交通分析和规划，而且可以有效地进行 ITS 的效果评价。随着我国大中城市不断发展，复杂而细致的道路和交通规则应运而生。如何尽可能详细而真实地描述道路特征，对微观交通仿真、交通流预测的研究显得尤为重要，交通网络的建模与表达也是 GIS-T 研究领域的热点。交通仿真根据其模型对交通系统描述的细节程度不同，可分为微观（microscopic）交通仿真、中观（mesoscopic）交通仿真和宏观（macroscopic）交通仿真，它们对交通流的描述分别以单个车辆、若干车辆构成的队列以及速度-流-密度关系等一些集聚性的宏观模型为基本单元。此外，根据研究对象的不同，还可以分为交叉口仿真、区段仿真和网络仿真等。

1）宏观交通仿真

交通系统较为复杂，且其中的交通流属于连续流而非支流，对个体车辆并不单独进行标识。相比之下，交通流对计算机资源没有太多限制和要求，但要求具备较快的仿真速度。

宏观交通仿真模型对系统实体、行为及相互作用的描述很粗略，仿真速度很快，对计算机资源的要求较低。它采用集合方式来展现交通流，如交通流量、速度、密度以及它们之间的关系。宏观交通仿真模型很少涉及车流内车辆之间的相互作用（如车辆跟驰、车道变换），不考虑个别车辆的运动，而是从统计意义上整体描述车辆的运动，它假定交通流已被合理地分配给各个车道。宏观交通仿真模型比微观交通仿真模型的精度低，应用的范围也小，适用于描述系统的总体特性，并试图通过真实反映系统中的所有个体特性来反映系统的总体特性。宏观交通仿真模型的重要参数是速度、密度和流量。

2）中观交通仿真

中观层面的交通仿真主要在宏观交通仿真的基础上，在宏观交通系统中引入单个车辆，标识单个车辆的行驶速度、属性以及具体位置等。中观交通仿真技术具有更为广泛的应用范围，且可以有效控制交通流。

中观交通仿真模型也能够细致地描述大多数系统实体，但它相对于微观交通仿真模型而言，对实体运动和相互作用的描述要较粗略，例如：它采用车队描述模型；对每辆车而言，车道变换则被描述成建立在相关车道实体基础上的瞬时决策事件，而非细致的车辆间相互作用。中观交通仿真模型在宏观交通仿真模型的基础上，将个体车辆放入宏观交通流中进行分析，根据模拟的需要，对特定车辆的速度、位置及其他属性进行标识；或者将个体车辆分组，再对每组车辆的速度、位置及其他属性进行标识。它对交通流的描述往往以若干辆车构成的队列为单元，描述队列在路段相应节点的流入流出行为，对车辆的车道变换之类的行为则用简单的方式近似描述。

3）微观交通仿真

在交通信息流中，每个独立的车辆均可被看成研究对象，因此微观层面的交通仿真技术可以标识个体车辆。在扫描每段交通道路时，微观交通仿真系统可以在短时间内记录车辆的速度与特性，有效模拟交通流的波动情况。不同于宏观与中观交通仿真系统，微观交通仿真系统对计算机资源的要求更高，且其仿真速度更慢；但可以研究小部分道路设施，并准确测量每辆车的速度、位置等参数信息。

微观交通仿真模型非常细致地描述系统实体和它们之间的相互作用，对计算机资源的要求较高。微观交通仿真把每辆车作为一个研究对象，对所有个体车辆都进行标识和定位，在仿真方法上完全不同于宏观交通仿真。在每一扫描时段，车辆的速度、加速度及其他车辆特性被更新。微观水平的车道变换不仅涉及当前车道中本车对前车的跟驰模型，而且涉及目标车道的假定前车和后跟车的跟驰模型，还有精细的驾驶员决策行为模拟，甚至整个车道变换的操纵过程也能被模拟出来，因而能非常灵活地反映各种道路和交通条件的影响。微观交通仿真模型特别适合在计算机上精确再现路网上的实际交通状况，常用于交通控制的仿真（如单个交叉口的定时或感应式控制、干道交叉口协调控制等）。相比于宏观交通仿真，微观交通仿真通常需要更多的计算资源。微观交通仿真模型的重要参数是每辆车的速度和位置。

宏观交通仿真模型对交通系统的描述比较粗略，而计算机技术的进步确保了在微机上也能够实现较大规模的微观仿真，这使得微观交通仿真模型已成为交通仿真的主流模型。微观交通仿真模型基本上由两大部分组成：一部分是路网几何形状的精确描述，包括信号灯、检测器、可变信息标志交通设施；另一部分是每辆车动态交通行为的精确模拟，这种模拟要考虑驾驶员的行为并根据车型加以区分，模拟中涉及对跟驰、车道变换以及路径选择等模型的描述。

微观交通仿真模型包括车辆行驶行为模型、交通控制状态模型、交通管理状态模型和道路几何状态模型。其中，行驶行为模型通过对车辆在各种约束条件下行驶行为的描述来反映交通路网的交通状态，是模型体系的核心；而其他三个模型侧重于对各类方案的描述，并确定行驶行为模型的约束条件。跟驰模型、超车模型及变换车道模型是描述车辆行驶行为的基本模型。

4.5.3　交通仿真软件

交通仿真是利用现代计算机技术，模拟现实交通系统、建立计算模型的过程。近年来，交通仿真逐渐成为设计、分析和评价交通方案的重要技术方法。利用交通仿真平台，可以对交通系统的特性和在特定约束条件下的行为进行分析，以解算现实交通问题，或对交通方案进行综合评价。与实地构建实验场地相比，智能交通仿真平台具有较为突出的经济性、安全性优势，研究者能够十分便捷地采集交通数据，并对交通控制策略的效果进行对比分析。总体而言，交通仿真软件有规模化模拟、多角度分析、可重复实验等多方面的优势。

1. 交通仿真软件概述

仿真算法是将系统的数学模型转换成适于计算机运行的模型（即计算机仿真模型）的一种算法。

连续系统的动态特性，一般可用微分方程、状态方程或传递函数来描述。连续系统的数学模型无法直接在计算机上运行，必须将它转变为离散时间的仿真模型（离散时间模型）。用于连续系统的仿真算法可分为数值积分法和离散相似法。

离散系统常常规模较大且结构复杂，往往又是随机的，很难用数学方程描述。因此，需要直接根据系统的目的、要求以及相关的知识建立其仿真模型。离散系统的仿真模型通常采用流程图或网络图描述，如排队网络模型、Petri 网络模型等。常用的三种仿真建模方法是面向事件的建模方法、面向活动的建模方法和面向进程的建模方法，对应的三种典型仿真策略为事件调度法、活动扫描法和进程交互法。

交通仿真软件是一种面向仿真用途的专用软件，它既可以使用专业的仿真语言编写，又可以使用通用的计算机高级语言编写。仿真软件包括仿真程序和仿真语言。仿真程序是仿真软件的初级形式，一般采用计算机高级语言（如 C 语言）编写，是仿真软件的基本组成部分。仿真程序用于对某些特定问题的仿真，只要仿真对象稍有改变，仿真程序就要重新编制。随着计算机仿真技术的发展，出现了专用的计算机仿真语言。

国外的交通仿真技术研究，总体而言经过了 4 个阶段。早期的仿真软件普遍为宏观交通仿真模型，由于计算能力的制约，其适用的规模较小。20 世纪 80 年代，随着计算机技术的发展，微观交通仿真模型开始出现。20 世纪 90 年代，国内外 ITS 研究的兴起，催生出了一大批以定量评价分析 ITS 效益的交通仿真系统，包括当前的一些主流交通仿真软件，如德国 PTV 公司的 VISSIM 和英国 Quadstone 公司的 Paramics 等。进入 2000 年后，随着 ITS 的推广与应用，交通仿真软件呈现出更为智能化、系统化的趋势，其特点：① 描述复杂路网和交通现象的能力得到有效提高；② 软件的接口更为多样化，系统封装更为完善；③ 部分仿真软件和外部感知设备互联，对硬件在环的仿真功能进行探索；④ 面向动态决策的实时在线交通仿真研究逐渐兴起。

受制于研究主体集中在高校和科研机构，国内在较长的时期内对交通仿真的研究仅限于一些特定的、局部的问题。进入 2000 年后，通过吸收国外先进成果，并结合自身技术创新，我国出现了一批面向网络交通分析的系统研究成果，在较大规模系统集成应用、GIS 集成、多智能体技术应用等新技术领域取得了一定的进展。

2. 常用交通仿真软件

1）VISSIM

VISSIM 是 1995 年由德累斯顿工业大学的 Dirk Helbing 教授在行人动力模型的基础上完成的，现可实现专业、真实的仿真行人行为模式仿真，是一款多模式下交通流建模的主流微观仿真软件。凭借其独特的高精准水平，VISSIM 可以准确地对城市和高速公路交通进行仿真，包括行人、骑自行车者、机动车辆。VISSIM 另一个独特之处是行人仿真和车辆仿真已经合并在一个软件程序里进行，这样可为用户提供一个综合考虑质量、安全和成本因素的解决方案。VISSIM 集交通工程专业知识和最先进的显示选项甚至 3D 动画于一体，这使得其应用不只在交通领域。越来越多的决策者和地方部门都选择 VISSIM 作为有力的依据来证实所预计的政策可能出现的成效，更不用说新建一条道路或规划一条轨道交通了。因此，VISSIM 为居民参与决策过程提供了独特的机会。图 4.51 所示为 VISSIM 仿真效果图。

在 VISSIM 中，动态路径选择的标准和策略使得用户可以真实地模拟车辆寻找目的地的行为。为了更高效、舒适地建模，该软件可以将所有的目的地归入一组，使用用户自定义的路径和动态交通分配。VISSIM 可以最优化固定时间控制的单个交叉口的绿灯时间。经过一系列的仿真运行后，用户定义的周期的持续时间会根据当前的交通需求做出相应调整，目标是最大限度地提高计算能力并减少损失时间。

图 4.51　VISSIM 仿真效果图

2）CORSIM

CORSIM 的开发研究始于 20 世纪 70 年代初期。在美国联邦公路局（FHWA）的支持下，CORSIM 在仿真逻辑和软件工程技术上经历了几个主要的改进和升级阶段。CORSIM 仿真平台集成了用于城市路网微观仿真的 NETSIM 模型和用于高速公路仿真的 Free Sim 模型，该仿真平台能够用于研究城市交通信号的协同设计、复杂几何条件、高速公路交叉区域、不同交通现象和交叉路口模拟，能够说明路网不同组成部分之间的相互作用，并备有与外部控制逻辑和程序的接口以及交通管理系统评价。

3）Paramics

Paramics 由英国 Quadstone 公司开发，能够支持大规模仿真且支持多用户并行计算。Paramics 能在交叉路口、高速公路上乃至整个城市交通系统中模拟每辆汽车的运行；可以模拟道路交通中的各种问题，包括公交车的优先权、轻轨通道、车辆超车、交通事故、气体排放、车辆流量的冲击以及复杂的交通信号灯等；还能模拟城市智能交通设施及管理，包括可变交通信息、车道管制、车辆转向以及停车占道等。图 4.52 所示为 Paramics 仿真效果截图。

Paramics 的动态响应功能通过结合司机驾驶特性和车辆拥堵信息，为车辆自行选择行驶路线提供基础支撑，从而可以精确模拟不同时间的交通变化特征，包括交通流量和拥堵等。同时，Paramics 还能模拟复杂的城市交通系统，其强大的三维图像显示功能保证了最全面的结果输出。另外，该系统为交通规划、设计工程师提供了丰富的二次开发接口，便于定制个性化应用系统。

4）TransModeler

TransModeler 是一个基于 GIS 的交通仿真模型，它为众多交通规划和仿真建模任务提供了最有效的解决方案。通过与当今美国最流行的交通需求预测软件 TransCAD 的有机结合，TransModeler 可用于对未来城市规划中的交通影响进行分析，对备选方案进行科学评估。它使复杂的交通仿真模型变得简单实用，是开展出行行为分析和交通管理的对策研究不可或缺的有力工具。同时，TransModeler 提供丰富的制图和仿真工具，用户通过它可以很方便地将其研究成果以直观易懂的方式呈现出来，便于决策者理解和及时决断。图 4.53 所示为 TransModeler 仿真过程的平面截图。

TransModeler 结合美国 Caliper 公司开发的 MITSIM 仿真平台，继承了 MITSIM 的合理结构，可以实现从高速公路到市中心区路网道口的各类道路交通网络的模拟，可以详细逼真地分析大范围多种出行方式的交通流。TransModeler 可以用动画的形式把交通流的状况、信号灯的运作以及网络的综合性能直观地呈现出来，一目了然地显示复杂交通系统的行为和因果关系。

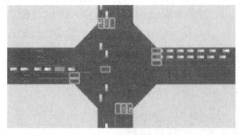

图 4.52　Paramics 仿真效果截图

图 4.53　TransModeler 仿真过程的平面截图

5）SUMO

SUMO 是一个微观的、连续的道路交通仿真软件，主要由德国宇航中心（DLR）基于 C++ 标准开发，并授权给 GPL（General Public License，通用公共许可证）。该软件始于 2000 年，可提供离散时间的仿真，支持多种车辆类型和多车道路网，具有图形化的二维用户界面。SUMO 作为一个开源的微观道路交通仿真软件，其主要目的是给交通研究组织提供一个实现和评估自己算法的工具，它具有良好的程序接口，能够兼容其他仿真平台的地图，而且能和其他的应用程序交互。

6）Veins

Veins 是一个由基于事件的网络仿真器和道路交通仿真模型构成的具有开放资源的车间通信仿真系统，是一款混合交通流软件，集成了开源的网络仿真平台 OMNeT++以及开源道路交通仿真软件 SUMO，实现了对车路协同系统下交通流的耦合仿真。此外，Veins 还整合了一个二氧化碳（CO_2）排放模型，以实现对车辆排放问题的仿真分析。

4.5.4　车路协同系统仿真优化方法

1. 车路协同系统仿真概述

车路协同系统（IVICS）是基于先进的全时空动态交通信息采集、融合技术，通过全方位实施车—车、车—路动态实时信息交互而进行车辆主动安全控制和道路协同管理，使得人、车、路有效协同的安全、高效和环保的道路交通系统。车路协同的交通系统呈现出超于常规的复杂性，而单一集中的仿真框架支撑环境难以适应这种复杂性。近年来，得到广泛应用的 HLA（high level architecture，高层体系结构）已被证明是一种很有效的分布式系统仿真框架，能有效地降低复杂系统仿真的复杂性并实现组件间的相互独立性。

在仿真应用领域，欧美各国均将 HLA 作为其军事仿真中的标准仿真体系。Emanuele 等人将 HLA 与 OPNeT++相结合，对通信网络的基础设备进行了仿真。在车路协同的信息交互系统中，OPNeT++本身提供了与 HLA 的接口，使得 OPNeT++仿真可以与 HLA 联合实现通信。HLA 结合 OPNeT++的工具组合，可以很好地满足系统仿真要求。基于 HLA 的仿真系统支撑框架，对于构建具有多层次交互性特征的车路协同仿真系统具有较好的适应性。

在车路协同系统仿真中，联邦成员间的信息交互过程存在数据量大、交互频率高、交互过程复杂等问题。下面介绍北京交通大学电子信息工程学院李四辉和蔡伯根等学者基于 HLA 的车路协同系统仿真框架，以及清华大学自动化系王冠等人的智能车路协同 3D 仿真平台架构，二者均很好地处理了这些问题。

2. 基于 HLA 的车路协同系统仿真框架

HLA（高层体系结构）由美国国防部建模与仿真办公室（DMSO）颁布，于 2000 年 9 月被 IEEE 正式接纳为 IEEE 1516 标准。HLA 引入了声明管理、数据分发管理等新机制，实现了仿真节点间的点对点通信或组播通信，极大地减少了网络冗余数据。一个基于 HLA 仿真框架的典型逻辑结构如图 4.54 所示。

在基于 HLA 的车路协同系统仿真框架中，将车路协同系统定义为联邦，而将车路协同仿真系统的各个子系统作为联邦成员，共同完成联邦的仿真目标。各个联邦成员既要完成自身的仿真任务，同时与其他联邦成员发生交互，提供自身需要的信息或向其他联邦成员提供信息。基于 HLA 的车路协同系统（IVICS）的仿真联邦结构如图 4.55 所示。

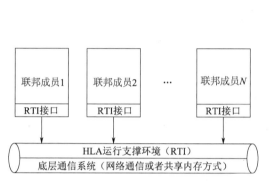

图 4.54　基于 HLA 仿真框架的典型逻辑结构

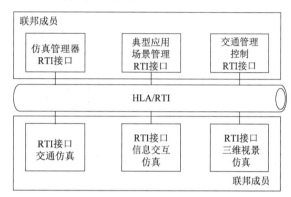

图 4.55　基于 HLA 的 IVICS 仿真联邦结构

由图 4.55 可知，IVICS 仿真联邦共由 6 个联邦成员组成。各联邦成员的基本功能如下：

（1）"仿真管理器"联邦成员主要负责联邦运行管理控制、时间管理、多分辨率场景显示、车车/车路信息交互管理、日志管理。

（2）"典型应用场景管理"联邦成员主要负责编写场景测试案例，尽可能全面描述真实场景；设计场景测试案例管理软件，增加测试序列生成功能，提供测试序列和交通场景加载命令。

（3）"交通管理控制"联邦成员负责在仿真过程中进行交通数据处理，实现相关交通控制算法，通过数据融合处理生成车辆运行状态控制信息、信号灯控制方案、交通提示信息。

（4）"交通仿真"联邦成员主要负责仿真过程中全时空交通信息的提取。

（5）"信息交互仿真"联邦成员主要负责信息交互仿真，构建三维仿真场景。

（6）"三维视景仿真"联邦成员根据确定的车路协同仿真场景图构建三维仿真场景，加载各个仿真模块，不仅可实现对车路协同系统多个场景的可视化仿真，还可根据需要对某一车辆重点进行实时、动态的监控。

3. 智能车路协同 3D 仿真平台架构

智能车路协同 3D 仿真平台是面向智能车路协同系统的规模化、分布式仿真需求而开发的一套多功能仿真系统，其开发目标是快速构建面向典型应用的测试场景。该仿真系统使用 C++编程语言开发，运行在 Windows 系统下，由服务器及分布式客户端构成。服务器与客户端之间通过 TCP/IP 套接字进行通信，服务器负责实现虚拟世界的构建以及仿真信息的更新，各种客户端则用于实现 AI（人工智能）的自主驾驶控制以及与仿真中的驾驶者的交互等功能。

1）服务器处理流程

服务器作为仿真系统的核心，负责仿真元素信息的更新、与客户端之间的通信以及三维渲染信息的传递等，其处理流程如图 4.56 所示。

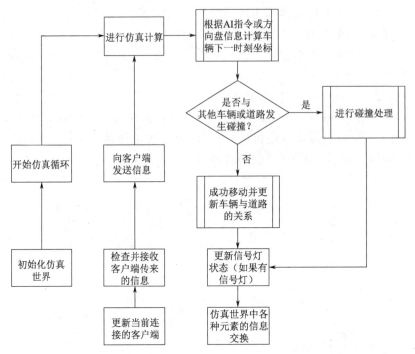

图 4.56　智能车路协同 3D 仿真平台的服务器处理流程

中央服务器本身不会对仿真车辆进行运动学计算和控制，而根据自主驾驶服务器发来的信息更新车辆信息、交通灯的状态等。

自主驾驶服务器负责车辆运动学算法处理，包括单车的运动学方程计算、车队的运动控制计算等过程。在自主驾驶服务器的计算中，采用多线程的机制来实现高效的计算，其中与中央服务器的连接采用自主驾驶服务器线程池的主线程来实现，而车辆的自主驾驶控制采用线程池的子线程来实现。

2）车队控制模块

车队控制模块是智能车路协同 3D 仿真平台的核心，是自主驾驶服务器的重要组成部分。为了应对复杂的车队控制情景和道路状况，这里将车队控制模块拆分为车辆入队、车队跟驰和车辆离队 3 个场景，在每个场景下分别设计不同的运动学控制算法和通信流程，而且 3 个场景之间可以相互转换，如图 4.57 所示。在该方案中，车辆模型先和仿真环境交互，以更新车辆位置等信息，通过和其他车辆通信来完成车队状态的更新；然后，车队状态机根据车辆的状态选择运动学计算函数，并执行运动学计算；最后，将实际的加速度传递给仿真车辆的运动执行机构。

为了更好地刻画行驶过程中车辆本身的运动学性质，建立双层运动学控制器，通过上层车队运动学控制器计算期望的运动加速度，经过下层车辆运动学控制器进行处理后，将实际的加速度传递给仿真车辆的运动执行机构。

3）仿真平台虚拟元素构建

在智能车路协同 3D 仿真平台中，主要的虚拟元素为路网、信号灯系统和车辆等。其中，路网用来描述虚拟世界的道路信息，并对坐标进行区域划分；信号灯用于道路系统信号灯控制，并作为车路协同系统中的路侧设备与车辆通信；车辆作为仿真系统中的主要仿真对象，用来执行仿真计算。

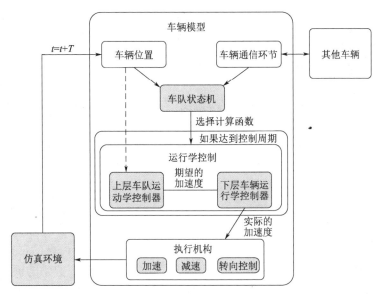

图 4.57　智能车路协同 3D 仿真平台的车队控制模块

（1）路网。路网使用图的数据结构来刻画道路系统。仿真系统目前所支持的道路类型为平面多交叉路口的道路。该道路系统使用节点/路段来刻画：节点为道路的交点或起点、终点，路段则为道路本身。节点与路段分别对应图数据结构中的点和连接点的边。节点描述道路端点在世界中的坐标、与该节点相连的所有路段，以及属于该节点的路侧设备；路段则描述两端的节点、自身的宽度，属于该道路的路侧设备以及仿真过程中当前在该路段上的车辆。

（2）信号灯系统。信号灯系统是智能车路协同 3D 仿真平台系统中的主要路侧设备，包括信号灯和信号灯组。信号灯用于指示虚拟世界中路口处某一路段上车辆通行的状态，具有直行、左转和红灯三个互斥的状态。信号灯组则是虚拟世界中某一路口上所有信号灯的组合，用于协调一个路口上的各个信号灯，以使其保持一致，并为信号灯控制相关的车路协同算法提供接口。

（3）车辆。在仿真系统中，车辆的模型参数都包含在同一个C++类中，主要包括车辆的空间位置、速度、质量、长和宽、车轮半径、发动机转数、油门开度以及刹车程度等参数。

综上所述，在智能交通仿真系统的设计与实现中，应该注重对其功能以及数据结构设计，并注重其数据结构和软件架构的设计。智能交通仿真系统的实践平台应该包括仿真前台实现、仿真后台实现以及仿真数据库应用。只有把设计中的各要素处理好，才能保障智能交通仿真系统的安全、高效运行。

4.6　数字孪生技术

当前，以 5G、物联网、云计算、大数据、人工智能等新技术为代表的数字化浪潮席卷全球，物理世界和与之对应的数字世界正形成两大体系相互作用、共同发展。数字世界为了服务物理世界而存在，物理世界也因数字世界变得更加高效有序。在此背景下，数字孪生技术应运而生，并逐步从制造业延伸和拓展至城市空间，深刻影响着城市规划、建设与发展。在万物互联时代，城市是物理世界与数字世界联动互通的最佳载体，数字孪生城市概念的提出并不意外。

在数字孪生城市提出之后，学界形成普遍共识：智慧城市是数字城市发展的高级阶段，而数字孪生城市作为数字城市的最高发展目标，是智慧城市的新起点，也是推动城市智慧建设的关键引擎。数字孪生城市的构建，将推动城市智能化管理和服务的颠覆性创新，也将重塑城市现代化治理体系和治理能力，最终将智慧城市的发展推向前所未有的新高度。

4.6.1　数字孪生技术发展

　　数字孪生（digital twin），又称数字双胞胎或数字化映射。其概念最初由 Michael Grieves 教授 2002 年在美国密歇根大学的产品全生命周期管理课程上提出。当时，Grieves 教授将其命名为"信息镜像模型"（IMM），它是一种三维模型，包括实体产品、虚拟产品以及二者间的连接，因实体产品和虚拟产品二者像"孪生兄弟"一样，故称之为"数字孪生"。Grieves 教授将数字孪生定义为物理产品或资产的虚拟复制。此复制实时更新（或尽可能定期更新），以尽可能地匹配其真实世界。

　　此时，全球工业开始向数字化方向发展。2007 年，西门子明确了"融合物理世界和虚拟世界"的战略愿景。随后，数字孪生得到了进一步发展。借助基于模型的定义（MBD），企业在实施基于模型的系统工程（MBSE）过程中产生了大量物理的、数学的模型，这些模型为数字孪生的发展奠定了基础。但因当时技术和认知上的局限性，数字孪生的概念并没有得到重视。直到 2011 年，美国空军研究实验室（AFRL）和国家航空航天局（NASA）合作提出了构建未来飞行器的数字孪生体，并定义飞行器数字孪生体为一种高度集成的多物理场、多尺度、多概率的仿真模型，能够利用物理模型、实时更新的传感器数据和历史数据等来反映与该模型对应的实体功能、实时状态及演变趋势等。

　　2012 年美国 NASA 发布了"建模、仿真、信息技术和处理"路线图，使数字孪生概念正式进入公众视野，并给出了数字孪生的概念描述：数字孪生是指充分利用物理模型、传感器、运行历史等数据集成多学科、多尺度的仿真过程，它作为虚拟空间中对实体产品的镜像，反映了相应物理实体产品的全生命周期过程。2013 年美国空军发布《全球地平线》顶层科技规划文件，将数字线索和数字孪生一同视为"改变游戏规则"的颠覆性机遇，并从 2014 财年起组织洛克希德·马丁、波音、诺斯罗普·格鲁门、通用电气、普拉特·惠特尼等公司开展了一系列应用研究项目。至此，数字孪生理论与技术体系初步建立，美国国防部、NASA 及德国西门子公司等开始接受这一概念并对外推广。数字孪生发展历程如图 4.58 示。

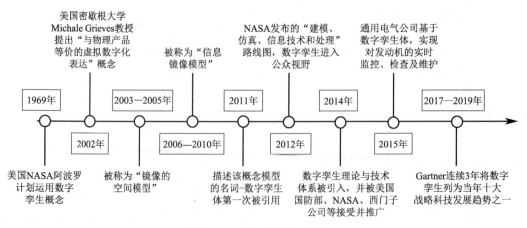

图 4.58　数字孪生发展历程

随着数字孪生得到学界的广泛关注，一些学者在 NASA 提出的概念基础上进行了完善。例如，Gabor 等人提出数字孪生还应包含专家知识，以实现精准模拟；Rios 等人认为数字孪生除了面向飞行器等复杂产品，还应面向更加广泛、通用的产品。为了便于对数字孪生的理解，庄存波等人提出了数字孪生体的概念，数字孪生体是指在虚拟空间存在的与物理实体完全等价的信息模型，可以基于数字孪生体对物理实体进行仿真分析和优化。数字孪生是技术、过程和方法，数字孪生体是对象、模型和数据。

4.6.2 数字孪生技术内涵

数字孪生是指一种在信息化平台内创立实体系统的数字映射，仿真和模拟物理实体、流程或系统的技术。数字孪生技术可利用虚拟实体对物理实体进行分析和优化，并可借助传感器数据了解物理实体的状态，并对变化做出实时响应，帮助改进物理实体的行为和操作。总之，数字孪生将现实世界的物理实体、系统及其流程等复制到虚拟数字空间，形成一个一一对应的"克隆体"，二者最终构成一个"数字双胞胎"。

中国科学院院士、中国工程院院士李德仁先生在 2021 年 7 月举办的第二十届中国互联网大会上提到，数字孪生是物理世界与网络世界虚实之间双向映射、动态交互、实时连接的关键途径，它将物理实体的属性、结构、状态、功能映射到虚拟世界，其理想特征主要有：① 物理实体真实全面感知；② 多维多尺度模型的精准构建；③ 全要素、全流程、全业务数据的深度融合；④ 智能化、人性化、个性化服务的按需使用；⑤ 全面、动态、实时的交互。

数字孪生体不仅仅是物理世界的镜像，也要接收物理世界的实时信息，更要反过来实时驱动物理世界，进化为物理世界的先知、先觉甚至超体。这样的演变过程称为成熟度进化，即一个数字孪生体的生长发育将经历数化、互动、先知、先觉和共智等过程。典型的数字孪生技术体系架构如图 4.59 所示。

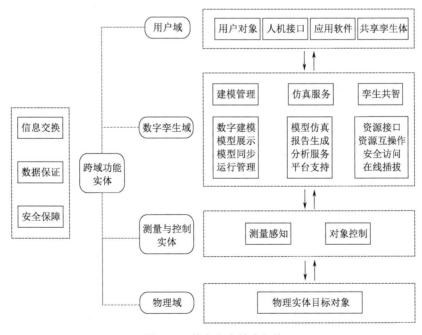

图 4.59　数字孪生技术架构

从图 4.59 可以看出，数字孪生技术架构包括用户域、数字孪生域、测量与控制实体、物理域和跨域功能实体 5 个部分，其布局和功能分别为：① 整体架构的最底层是物理域，即物理实体目标对象所处的现实时空，所涉及的物理对象既包括物理实体，也包括实体内部及互相之间存在的各类运行逻辑、生产流程等已经存在的逻辑规则。② 测量与控制实体用于连接数字孪生体和物理实体，实现对物理对象的状态感知和控制功能，其数据来源于物理空间中的固有数据，以及由各类传感器实时采集到的多模式、多类型的运行数据。③ 数字孪生域主要实现建模管理、仿真服务和孪生共智三类功能，并实现对物理对象的实时诊断和预测，是反映物理对象某一视角特征的数字模型，既包含了对应已知物理对象的机理模型，也包含了大量的数据驱动模型。其关键核心是"动态"，要求模型具备自主学习的能力。④ 位于架构最上层的用户域包含用户对象、人机接口、应用软件以及其他相关数字孪生体，其核心是呈现数字孪生整体系统的重要功能，如半自主性的子系统、数字孪生针对某特定场景的小型实例、某类具体问题的解决方案，重点是要做到在物理空间内使用户与系统产生信息交互和耦合。综观数字孪生系统，贯穿于整个架构之中的是数据和信息，即跨域功能实体部分，该部分通过信息驱动来实现信息交换、数据保证、安全保障等跨域功能支持。

数字孪生作为一种超越现实的概念，可以被视为一个或多个重要的、彼此依赖的系统的数字映射。它在虚实之间具有一种双向映射、动态交互和实时联系的特性。双向映射即本体向孪生体输出数据，同时孪生体向本体反馈信息和输出最优解，它是数字孪生的核心特性；动态交互即根据传感器现时数据、历史数据及周围环境数据进行模拟仿真分析，为物理实体的后期运作提供改善与优化方案，并辐射到物理实体；实时联系即数字孪生实时和准实时创建与物理实体等价的"克隆体"或数字模型。因此，数字孪生可以通俗、形象地理解为：把眼见为实的物理世界，用数字技术在网络空间"塑造"一个"一模一样"的虚拟镜像，让物理世界在信息世界中具有一个数字化的"双胞胎"，并使它们相互全方位实时联系，进而对操作对象全生命周期的变化进行记录、分析和预测。

数字孪生以数字化的形式在虚拟空间中构建了与物理世界一致的高保真模型，并通过与物理世界间不间断的闭环信息交互反馈和数据融合，能够模拟对象在物理世界中的所有行为，监控物理世界的各个变化，反映物理世界的运行状况，评估物理世界的状态，诊断已经发生的问题，预测未来可能的趋势，乃至优化和改变物理世界。因此，数字孪生能够突破许多物理条件的限制，通过数据和模型双驱动的仿真、预测、监控、优化和控制，实现服务的持续创新、需求的即时响应和产业的升级优化。数字孪生正在成为提高质量、增加效率、降低成本、减少损失、保障安全、节能减排的关键技术，同时数字孪生应用场景正逐步拓展和延伸到更多、更宽广的领域。

4.6.3　数字孪生与智能交通

1. 数字孪生是交通发展新趋势

数字孪生是未来交通的新方向。数字孪生的本质是将现实空间中的人、物、关系、过程等对象全时空一致地复现为虚拟空间，并通过观测、分析、推演和操作数字孪生体来实现对现实对象的研究和控制。

车路协同、自动驾驶、智慧高速等智能交通领域掀起了数字孪生应用热潮，衍生出行业发展新趋势。与此同时，交通拥堵、行车难、停车难、公共出行不准时等问题，不仅让普通的交通参与者头疼，更是成为一直困扰交通管理部门的重点民生问题。智能交通在项目建设和运营过程中，更加注重交通数据和系统的互联互通，强调整体解决方案的质量和效果。具备实时性、闭环性的数字孪生进入交通领域，正好弥补了交通管理和控制的不足之处。随着数字孪生技术的发展以及互联网科技企业的不断投入，数字孪生正逐渐深入到交通行业的各个细分领域，如项目建设规划、城市交通、高速公路、车路协同、自动驾驶等。

数字孪生技术已经在智能交通领域陆续得到了应用。例如，贵州先行试点的数字孪生交通系统，就是利用视频监控，融合毫米波雷达，全息感知机动车、非机动车、行人等交通要素，实现在数字空间构建现实交通系统的映射模型；利用该系统进行实时分析与跟踪，可以有效解决交通资源浪费、信号系统功能僵化、交通事件无法预测和快速响应等交通问题。另外，隧道3D可视化操控，可将3D车道指示器、火灾报警等传感设备自定义编辑和配置到隧道场景中，实现联动控制。同时，全局掌控交通运维管理系统，联动视频监控进行实时车流和设备查看，监测数据信息及安全隐患，有效提升运维管理能力，使智能交通3D可视化。不难看出，在国内驾驶场景复杂化的当下，人们对加强车辆行驶的稳定性、驾驶路途的安全性、日常出行的便利性的呼声越来越大，让数字孪生赋能智能交通势必成为未来出行的新方向。

根据公安部统计，2020年我国汽车保有量达到2.81亿辆，如果按照14亿人口计算，相当于每5个人中就有1人拥有汽车。面对较高的汽车保有率以及复杂多样的驾驶场景变化，如何提高车辆的自适应能力，从而保障日常行驶的稳定性，一直以来都是智能交通的痛点。

数字孪生技术将会从多个方面赋能智能交通，以满足未来出行的需求。其中包括：

（1）同步可视、模型推演，实现数据驱动决策。数字孪生将会实时采集数据，让交通运行同步可视化，并为交通模型推演提供试验空间，完成数据的驱动决策。

（2）场景丰富、实景重现，加速智能驾驶落地。城区级或地级市的数字孪生数据可以提供高精度地图。基于真实数据和模型的数字孪生技术，会提升智能驾驶的安全稳定性，从而加速智能驾驶更安全地落地和推广。

（3）全城视野、全局规划，寻找治理拥堵的最优解。城市区域路面复杂，交通流量变化大，准确量化城市交通动态画像是现代交通的难点。数字孪生可通过对全要素数据汇聚，进行城市画像，可以实现对城市交通动态的洞察。

另外，随着我国5G技术的应用普及，"5G+数字孪生"将会激活智能交通新动能；同时随着信息技术的不断迭代，5G标准的逐步完善和商用网络的建成，大带宽、高速率、低时延的网络性能将进一步赋能数字孪生智能交通系统的升级。一方面，5G超高速的网络性能让车辆在高速移动中进行安全可靠的通信成为可能，保障了车路协同自动驾驶、车辆编队自动驾驶、远程自动驾驶等功能的实现；另一方面，5G的加速发展，将利于物联网与人工智能的协同，使交通系统具备"万物互联"的能力，允许数字孪生将"人—车—路—环境"交通四要素从物理世界"迁移"到数字世界，极大地丰富交通数据，让智慧交通的"数字化、网络化、智能化"得以真正落地。

数字孪生虽然是智慧交通的前沿趋势，但距离真正的全局管理、同步可视、虚实互动的数字孪生交通系统仍存在一定差距。不过在5G技术变革和需求升级的共同驱动下，数字孪生技术为智慧交通提供了新思路、新途径、新理念，在未来将会持续发展并最终形成一套完整的技术运行体系。

2. 我国数字交通发展规划

2021年10月25日，交通运输部印发了《数字交通"十四五"发展规划》。该规划确定了十四五期间我国数字交通发展的总体目标、具体目标、建设任务和保障措施，是指导我国数字交通在未来 5 年中发展的纲领性文件。

（1）发展总目标。到 2025 年，"交通设施数字感知，信息网络广泛覆盖，运输服务便捷智能，行业治理在线协同，技术应用创新活跃，网络安全保障有力"的数字交通体系深入推进，"一脑、五网、两体系"的发展格局基本建成，交通新基建取得重要进展，行业数字化、网络化、智能化水平显著提升，有力支撑交通运输行业高质量发展和交通强国建设。

（2）具体目标。"交通设施数字感知，信息网络广泛覆盖，运输服务便捷智能，行业治理在线协同，技术应用创新活跃，网络安全保障有力"6 个目标。

（3）建设任务包括"一脑、五网、两体系"。其中，"一脑"就是打造综合交通运输"数据大脑"；"五网"就是构建交通新型融合基础设施网络，部署北斗、5G 等信息基础设施应用网络，建设一体衔接的数字出行网络，建设多式联运的智慧物流网络，升级现代化行业管理信息网络；"两体系"就是培育数字交通创新发展体系，构建网络安全综合防范体系。

早在 2019 年 7 月，交通运输部印发了《数字交通发展规划纲要》，提出：我国数字交通发展要以数据为关键要素，赋能交通运输及关联产业，推动模式、业态、产品、服务等联动创新，提升出行和物流服务品质，让数字红利惠及人民。要坚持世界眼光、国际标准、中国特色，以试点为重要手段，通过典型引路，逐步形成数字交通发展的中国经验和中国方案。

交通运输部和国家的数字交通发展规划为数字孪生交通发展奠定了基础。

3．数字孪生交通

数字孪生交通（也称作平行交通或虚拟交通）是将实时采集的交通数据纳入所建立的交通模型体系中，实现对交通体系的虚拟数字映射，通过大数据分析、人工智能和交通仿真技术生成交通优化方案和对方案进行评价。数字孪生交通是智慧（智能）交通的一部分。

数字孪生交通的本质是数据闭环赋能体系，通过数据全域标识、状态精准感知、数据实时分析、模型科学决策、智能精准执行，实现交通的模拟、监控、诊断、预测和控制，解决交通规划、设计、建设、管理、服务闭环过程中的复杂性和不确定性问题，全面提高交通资源配置效率和安全运转状态，实现智慧交通的内生发展动力。

数字孪生交通的理念是在现实交通的基础上，复制一个完整的数字映射。数字孪生交通的模型和机制建设得如此完美，以至其运作模控和运行机制都能与现实交通一致，因此可以用数字孪生交通来预测现实交通的状态。

现实交通系统通过交通感知系统采集数据，根据统计分析和决策确定要实施的方案，对实施方案的结果进行"事后"评价。如果不能达到预期目标，则需要调整方案后再实施。数字孪生交通则是在数字孪生交通域中对方案进行"事前"仿真评价，如果达到预期目标，就交付给现实交通实施；如果未达到目标，则需要反复修改方案，直至达到预期效果。图 4.60 所示为现实物理交通与数字孪生交通的关系。

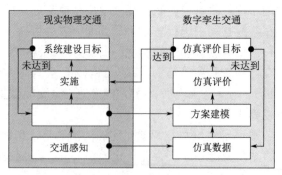

图 4.60　现实物理交通与数字孪生交通的关系

基于数字孪生的智能交通服务系统平台架构如图 4.61 所示，基于数字孪生的智能交通模型框架如图 4.62 所示。

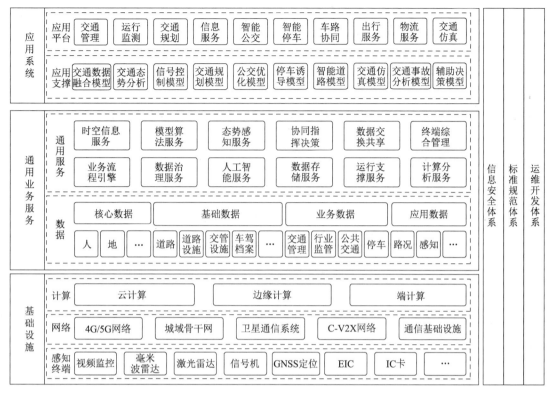

图 4.61　基于数字孪生的智能交通服务系统平台架构

交通数据融合模型	交通态势分析	信号控制模型	交通规划模型
• 将不同交通传感器感知的数据进行融合，形成统一的交通流数据 • 包括交通流量、速度等	• 根据历史数据和实时感知交通数据，对交通进行分析、预测和评价 • 包括交通流量、速度等	• 根据实时交通流数据，以及对交通流的预测，对交叉口信号配时进行优化 • 包括单点、线路和区域最优配时方案	• 以交通规划的四阶段法为基础，结合交通出行、移动互联网和大数据，对路网交通量进行预测 • 包括交通量、服务水平等
公交优化模型	**停车诱导模型**	**智能道路模型**	**交通仿真模型**
• 以公交线网为基础，对公交出行进行预测，对公交系统服务水平进行评价，对公交线网进行优化 • 包括线路优化、服务水平评价等	• 根据区域停车位占用状态和停车需求预测，提供区域停车优化诱导信息 • 包括停车诱导信息等	• 根据智能道路实时感知数据，形成道路高清动态地图，辅助网联车辆安全行驶 • 包括道路高清动态地图、网联安全提示	• 结合车辆动力学特征、行驶模型等对实时运行的交通流进行仿真模拟，以对比不同方案的优劣 • 包括方案对比评价
	交通事故分析模型	**辅助决策模型**	
	• 结合事故发生的主要因素，对交通事故进行分析，对道路安全性进行评价 • 包括道路安全评价、事故主要原因分析等	• 对交通改善项目进行技术经济分析和评价，推荐性价比高的项目 • 包括项目技术经济分析和评价	

图 4.62　基于数字孪生的智能交通模型框架

　　从以上可以看出，基于数字孪生技术而构建的智能交通服务系统平台架构和交通模型框架，与传统智能交通平台所不同的是，数字孪生交通应用平台更注重后台支撑的交通模型和人工智能，再辅以增强现实（AR）技术的展现，可以为用户提供更加精细化的指导和更智能的决策。

　　总之，从数字交通的角度来看，交通可分为现实物理交通和数字孪生交通。当然，从当前被热捧的概念——元宇宙的角度，世界本身就是分为现实和虚拟两部分的。利用物联网、大数据、BIM/CIM、人工智能、增强现实等技术为现实交通建立一个数字孪生交通，将现有的智能交通平台拓展成数字孪生平台，利用交通模型和人工智能驱动虚拟交通世界，将现实交通的建设项目、改善方案在实施之前就进行事前分析和评价，具有重要的意义。

讨论与思考题

　　（1）物联网与智能交通的关联体现在哪些方面？

　　（2）简述大数据的特点。

　　（3）交通大数据的来源有哪些？

　　（4）交通大数据存在哪些问题和挑战？

　　（5）如何理解智能交通的云计算核心技术结构？

　　（6）简述 GIS 可视化技术特征。

　　（7）交通仿真工作程序与分类有哪些？

　　（8）阐述交通仿真技术的具体应用方法。

　　（9）阐述数字孪生交通的应用价值。

第5章 智能交通主要功能系统

5.1 交通需求管理

5.1.1 概述

随着城镇化的持续快速发展和机动化进程的不断加快，我国城市交通拥堵问题已经成为城市发展的瓶颈；能否解决交通拥堵，成为改善城市投资环境、提高市民生活质量的关键。而产生交通拥堵的根本原因，是交通供给和交通需求不平衡，即交通需求大于交通供给。由此可见，解决交通供求不平衡的矛盾必须从交通供给和交通需求两个方面着手，根据城市实际制定系统对策。在城市的不同发展阶段，针对不同的需求特性、地理气候、传统文化和基础设施条件等，采取何种策略、何种方式提供交通基础设施和交通服务，以及在何种情况下采取何种交通需求管理对策来调整交通需求特性，是城市交通领域亟待解决的问题。经验表明，今天选择的交通供给策略和交通需求管理对策将决定城市交通的未来,决定未来的城市生活形态和生活质量。

目前，在交通供给方面存在的问题主要有：① 大规模小区建设没有同步提供公交服务，客观上引导出行者首先选择个体交通工具来满足通勤交通的刚性需求；② 以小汽车为中心，在道路通行资源分配方面，全力以赴扩大机动车的通行空间，挤压非机动车和行人的通行空间，大量占用非机动车道来解决停车问题；③ 在规划设计和运用管理中没有对步行、自行车的通行空间给予足够重视，使得步行、自行车的通行空间不连续、不安全，通行比较困难，客观上使人们不得不放弃步行或自行车出行；④ 需求追随型的交通供给模式，头疼医头脚疼医脚，缺乏系统规划与论证；⑤ 在道路景观、绿化和交通安全等功能的综合权衡方面，常常会将交通功能放在次要位置上。

与此同时，在交通需求管理方面存在的问题主要有：① 没有把交通需求管理与交通设施供给放在同等重要地位，在调整交通供需不平衡的矛盾时往往侧重于供给方面；② 往往认为交通需求管理是权宜之计，不是长远对策；③ 缺乏对设施供给与需求管理进行整合的一体化解决方案；④ 对职住均衡的用地布局和公共配套设施重视不够，导致过多的交通需求和无效出行；⑤ 对交通文化建设重视不够。

交通供给策略和交通需求管理是一个问题的两个方面，缺一不可。下面从供给时间、需求特性、方式属性、行为模式和城市发展 5 个维度，对城市交通供给策略和交通需求管理进行分析和讨论，称为五维度综合分析法。

城市社会的生产与生活活动是交通需求产生的根源。城市综合交通系统作为城市活动的重要支撑系统和动脉，必须满足城市交通的总量、结构和时空需求特性。城市交通供给策略的研究主要包括供给模式、供给时机、供给决策的依据、供给对需求的满足程度以及不同供给策略产生的影响和效果等。交通供给策略的五维度综合分析法如图 5.1 所示。

（1）供给时间维度。交通供给对交通需求的满足方式有需求追随型和需求引导型两种。其中，需求追随型交通供给的优点是基础设施的利用效率高、投资效益好；但由于交通供给滞后于交通需求，往往会不同程度地影响和阻滞城市社会的发展。相反，需求引导型交通供给对城市发展具有很强的影响和引导作用，能够及时满足交通需求；但往往由于初期需求不足而导致交通设施利用效率不高，同时，交通供给有先入为主的影响效果。

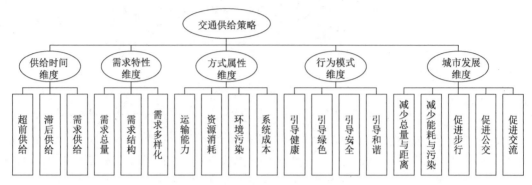

图 5.1 交通供给策略的五维度综合分析法

（2）需求特性维度。需要同时满足交通需求总量、需求结构和需求的多样化。无论人的出行需求，还是货物运输需求，都有各自的需求层次和需求偏好。

（3）方式属性维度。用不同的交通方式满足交通需求，会对资源环境产生完全不同的影响，交通运输的效率也有很大不同。

（4）行为模式维度。需要通过设施供给促进形成充满活力、安全、便捷、高效、健康、以人为本的城市和城市交通。由于设施供给的差异，不同城市实质上对出行者提供了不同的选择，会形成不同的城市交通模式。

（5）城市发展维度。应根据城市结构、发展阶段、地理气候、土地利用、需求特性、设施水平的实际状况，制定切合城市实际的交通供给策略。

五维度综合分析法用以研究和制定合适的交通供给策略。上述分析研究结果将得到在给定条件下的一组交通供给策略，包括交通设施供给的总量、方式结构、服务水平、供给时机和政策保障等。总之，我国城市交通供给策略的制定，既要考虑支撑城市社会经济持续快速发展的效率，也要考虑未来人性化理想城市发展的趋势，以实现双赢。

5.1.2 交通需求管理策略

人的出行及各类物资的流动是城市不可或缺的一种功能需求。这些需求是交通需求的原动力，各类人的日常出行需求及物资流动需求可称为城市交通的"基本需求"。相对于出行量及货物流动量需求而言，各种运输方式承担的客货运量、周转量及道路（或地铁、铁路等其他运输载体）上的负荷，称为"派生需求"或"非基本需求"。图 5.2 所示为交通派生需求和基本需求的关系。

这两类交通需求与相关外部因素（如城市发展规模、形态、布局及社会经济等）之间存在双向互动制约关系。基本需求与派生需求之间也存在双向互动制约关系。例如，在出行量一定的情况下，换乘次数愈多，客运量愈大；即使客运量完全相同，由于运输路线的选择不同，周转量也会有很大的不同。因此，派生需求虽与基本需求密切相关，但其强度及时空分布又不完全决定于基本需求，有很大弹性。两种需求与相关外部条件的平衡和协调发展关系，交通基本需求与运输系统及运输载体（道路、地铁等）系统的协调发展关系，以及派生需求的弹性，使得交通需求管理成为可能。

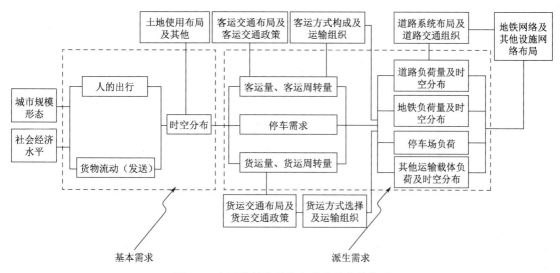

图 5.2　交通的派生需求和基本需求的关系

所谓交通需求管理，从广义上说是指通过交通政策等的导向作用，促进交通参与者交通选择行为的变更，以减少机动车出行量，减轻或消除交通拥堵；从狭义上说是指为削减高峰期间只有一人乘车的小汽车通勤交通量而采取的综合性交通政策。交通需求管理的内容主要包括：① 通过实施错时上班等对策，在时间上分散交通需求；② 通过向驾驶人提供道路交通情报和拥堵、事故状况，促使交通需求在空间上分散化；③ 通过提高公共交通的服务水平促进人们利用大容量、高效率的公共交通；④ 通过实施各种综合对策，促进小汽车的有效利用，并通过城市规划、交通规划等手段对交通需求特性进行调整，建设交通负荷小的城市。

从城市交通需求的产生机理可以看出，出行具有一定的弹性和可塑性。交通需求管理策略的主要出发点就是利用出行的这一特性，在交通需求的不同阶段，从不同角度采取合适的策略，综合完成调整交通需求特性、改善交通系统运行效率、降低资源消耗和减少环境污染的交通发展目标。交通需求管理内容与作用机理如图 5.3 所示。

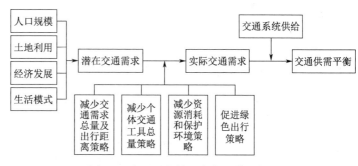

图 5.3　交通需求管理内容与作用机理

不同类型的交通需求管理措施，其实施的前提和时机非常重要。和交通供给策略的五维度综合分析法类似，也可以从以下 5个维度研究交通需求管理对策。

（1）时间维度。交通需求管理对策有迅速取得效果的近期对策，也有需要经过较长时间才能取得效果的长期对策。但是，不管是短期对策，还是长期对策，都需要从现在做起，并不意味着长期对策现在不用考虑。

（2）属性维度。交通需求管理对策可以从属性上改变交通需求特性本身，改变人的交通方式选择，减少道路上的机动车交通量等。

（3）供求关系特性维度。处于何种供求关系状态，将决定需要何种交通需求管理对策及对策的实施时机。

（4）行为模式维度。不同的交通需求管理对策，将产生不同的交通行为引导效果，实现不同的管理目的。

（5）城市发展维度。应该从建设生态城市、绿色交通系统的角度出发，制定系统的交通需求管理对策，调整交通需求特性，促进形成有利于可持续发展的交通选择行为，最终实现以人为本的城市绿色交通系统的建设目标。

出行需求包含刚性需求和弹性需求，交通选择行为具有在给定条件下进行有限权衡决策的特点。这一属性决定了在推进绿色交通系统建设时需要采取激励和限制措施，这样才能实现走向理想交通状态的目标。交通供给与交通需求相互作用的机理如下：

（1）增加交通供给会诱发潜在的交通需求。特别是道路通行条件的改善会在极短时间内吸引和诱发大量的交通需求，从而使道路交通趋于饱和状态，导致"路修得越多交通越拥堵"的现象。同样，合理的道路系统布局和功能定位，会产生更为合理的道路交通需求和道路交通状况。

（2）提供不同类型的交通供给会产生不同类型的交通需求。如果把有限的通行空间优先配置给步行、自行车和公共交通等绿色交通方式，不仅会大幅度提高交通空间利用效率，步行和骑自行车的人也会逐渐增多，还会使更多的人选择公共交通出行。

（3）交通方式选择特性的改变需要客观的驱动力量。特别是对小汽车交通方式的改变需要外力的推动。小汽车使用者难以放弃小汽车的使用，这不仅因为人有延续某种行为的惯性，更因为小汽车对于个人来说，具有诸多的独特优势。因此，要想促使出行者放弃小汽车转而选择公共交通出行，一方面需要提高公共交通的服务水平，另一方面需要采取一定的抑制小汽车使用的措施，促进交通方式的转换。

图 5.4 所示为主要交通供给策略及其对策效果分析图。

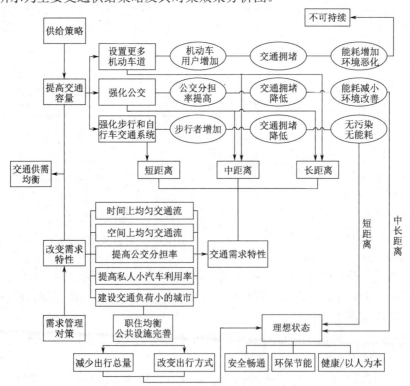

图 5.4 主要交通供给策略及其对策效果分析图

根据图 5.4 的动态作用机理，可确定城市交通供给策略的制定框架，如表 5.1 所示。

表 5.1　基于五维度综合分析法的城市交通供给策略制定框架

分析维度	主　要　对　策	对　策　意　义
供给时间	• 公交系统与住宅区同步投入使用； • 道路与公交线路同步开通； • 新城住宅区与公共设施合理配套，同步使用	避免小汽车先入为主，减少出行总量
需求特性	• 保持供求总量动态平衡； • 提高绿色交通分担率； • 满足多样化的交通需求	科学满足交通需求
方式属性	• 长距离（4 km 以上）公交系统； • 近距离（4 km 以内）：步行+自行车； • 根据交通需求特性在城市的不同区域提供不同的公交服务； • 重视解决最后一千米问题	基于不同的交通需求特性，提供高质量的绿色交通服务
行为模式	• 合理配置道路通行空间，保证步行、自行车交通系统的连续、安全； • 强化交通文化建设	从设施和观念两个方面着手改变人的交通行为
城市发展	• 城市的轨道交通和干线公交线路适当超前，优先提供服务，用干线公交培育客流，具备条件后建设轨道交通，必须做好用地预留； • 彻底改变当前公交滞后，步行和自行车空间建设滞后的状况，实现适当超前； • 推进 TOD 模式； • 促进职住均衡； • 推进"公交+步行+自行车"主导的城市绿色交通系统建设	从源头上管理交通需求；以交通引导城市健康、生态、绿色发展

一般来说，交通需求管理政策主要通过削减或引导交通需求、调节交通需求的时间和空间分布以及优化交通方式结构三种途径来达到调节交通需求的效果。

（1）削减或引导交通需求。通过协调城市发展与交通之间的关系，调节基本需求，进而调节派生需求，达到交通资源最优利用、效率最高的目的，如公交引导型城市开发政策等。

（2）调节交通需求的时间和空间分布。利用智能化手段或经济杠杆，调节高峰时段、交通资源紧缺区域的交通需求，使其向非高峰时段、交通需求不旺盛的地区转移，达到时空资源均衡利用、设施效率综合最优的调节效果。

（3）优化交通方式结构。通过优先发展公交、积极引导小汽车使用的"两手政策"，为小汽车方式向公交方式转换创造条件，走集约化运输的可持续发展之路。

5.2　交通信号控制

5.2.1　交通信号控制的作用与分类

用红绿灯来控制管理交通的方式已有百余年历史，这种交通信号诞生于 1868 年，最早采用燃气燃烧发光。随着科技的进步和交通的发展，信号机不断得到改进，今天已达到完全自动化的水平。交通信号灯的作用主要是从时间上将相互冲突的交通流分离，使其在不同的时间内通过，以保证行车安全。同时，交通信号对于组织、指挥和控制交通流的流向、流量以及维护交通秩序等均有非常重要的作用。图 5.5 所示为交通信号控制结构示意图。

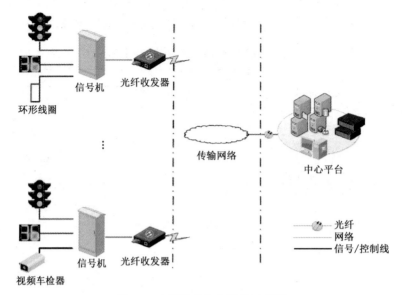

图 5.5　交通信号控制结构示意图

信号灯控制经过一个多世纪的蓬勃发展，逐渐形成了"点控""线控"和"面控"三种典型控制模式。

（1）单交叉路口的控制，如图 5.6（a）所示。这种控制模式用于单个有信号灯的路口，对交通流的控制不考虑邻近路口的控制情况，即"点控"。

（2）干线交叉路口的控制，也称为开放网络的控制，如图 5.6（b）所示。用于沿干线街道的多个有信号灯的路口，主要考虑的是为沿干线行进的交通流提供方便。在这种情况下，各路口信号的运行必须作为一个系统来考虑，即"线控"。

（3）闭合网络的控制，如图 5.6（c）所示。这种控制模式用于一组相邻的有信号路口，从信号控制的角度看，必须考虑连锁控制，即"面控"。城市商业区的交通控制就是一个典型例子。

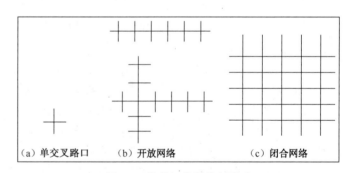

（a）单交叉路口　　（b）开放网络　　　（c）闭合网络

图 5.6　信号灯典型控制模式

按照交通信号灯的运行方式，基本上可划分为固定配时方案和信号灯实时配时方案（由车辆检测器提供的实时交通信息控制信号灯的运行）两类。固定配时方案是由一个或一系列事件确定的配时方案，各路口信号机严格执行该方案；在事先确定的配时方案中，绿灯时间的长短、信号周期以及每个方向上绿灯的起始时间都是相对固定的，即在某一确定的时间区段中，配时参数保持不变。实时配时方案是由车辆检测器将检测到的车辆到达信息传输给信号机，按实时交通信息对信号灯进行控制，包括每种灯色显示时间的长短和各进口方向灯色的转换时序等。由于要利用车辆检测器，如环形线圈、红外探头等，系统的投资要增加；但这种运行方案在信号配时控制上具有很大的灵活性，信号周期时长的有效利用率较高。

实际应用中的城市交通控制系统主要有两种：一种是以澳大利亚系统为代表的实时配时

方案选择系统 SCATS（悉尼自适应交通控制系统）；另一种是以英国系统为代表的利用联机交通模型计算配时参数的控制系统 SCOOT（绿信比、周期、相位差优化技术）。这两种系统在我国都已引进，并在实际中正式使用，但控制效果都不尽人意。由于城市交通系统是一个不确定的、影响因素众多的复杂系统，传统上通过建立精确数学模型或者预先人为地设定多套方案来实现，难以做到尽善尽美；我国的城市交通车辆种类多，兼有自行车和行人的干扰，更是如此。为此，非常有必要继续对交通信号灯控制系统进行研究，在原有系统的基础上进行更新与改进。

5.2.2 交通信号控制系统构成与组网拓扑结构

1. 交通信号控制系统构成

交通信号控制系统是智能交通管理系统的核心，其主要功能是自动协调和控制整个控制区域内交通信号灯的配时方案，均衡路网内交通流的运行，使停车次数、延误时间及环境污染减至最小，充分发挥道路系统的交通效益。必要时，可通过控制中心人工干预，直接控制路口信号灯执行指定相位，强制疏导交通。

交通信号控制系统一般采用三级分布式控制结构：中心控制级、区域控制级以及路口控制级。其框架结构如图 5.7 所示，其工作流程如图 5.8 所示。

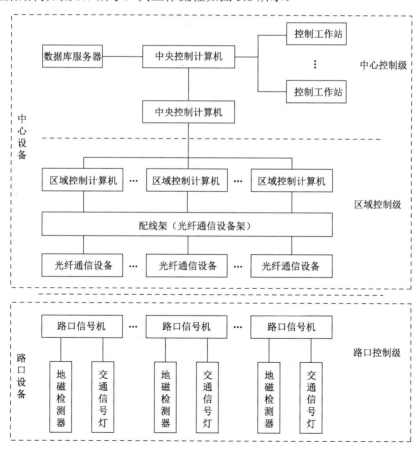

图 5.7 交通信号控制系统框架结构

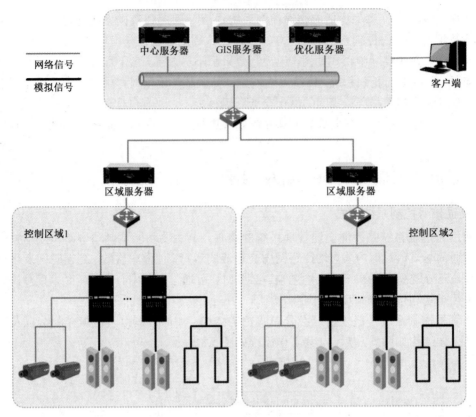

图 5.8　交通信号控制系统工作流程

1）中心控制级

中心控制级部分由中央控制计算机（中心服务器）及其配套软件组成，不直接进行自适应控制，主要功能包括：① 负责协调区域控制级的运行；② 连接各种服务，提供系统参数、路口特征参数的上传、下载和同步；③ 连接用户终端，监视系统运行，修改参数，进行人工干预；④ 连接数据终端，进行交通信息的统计处理；⑤ 监视系统各组成部分的运行情况，并维护相关日志；⑥ 进行信息的发布，可向上层指挥系统提供相关交通数据。

2）区域控制级

区域控制级部分是实时自适应控制的核心，监控受控区域的运行，具体功能有：① 对路口交通信号进行优化和协调控制；② 对路口信号机的工作状态和故障情况进行监视；③ 监视和控制区域控制级外部设备的运行，并维护相关日志。

区域控制级部分主要由区域控制计算机（区域服务器）、光纤通信设备和系统控制软件组成，光纤通信设备由设在控制中心（或分中心）的内站通信装置（ITU）和装在路口信号机处的外站通信装置（OTU）组成，ITU 与区域控制计算机通过以太网连接，ITU 与 OTU 之间采用光纤以太网连接。

3）路口控制级

路口控制级部分由路口信号机及检测器组成，它是信号控制系统的执行终端和交通流数据采集终端，主要功能有：① 控制路口交通信号灯；② 接收和处理来自车辆检测器的交通流信息，并定时向区域控制计算机发送；③ 接收和处理来自区域控制计算机的命令，向区域控制计算机反馈工作状态和故障信息；④ 单点信号优化功能。

除了上述三级控制外，为了方便、灵活地控制系统，系统挂接终端控制计算机，方便用户实施系统监视、人工干预、参数修改和信息查询。

2. 交通信号控制系统组网拓扑结构

交通信号控制系统在现代智能交通领域是极其重要的，利用先进的交通信号控制系统可以有效管理交通流量，增进城市道路畅通。该系统包括前端信号控制单元、交通信息采集单元、网络传输单元和中心管理控制单元，其组网拓扑结构如图5.9所示。

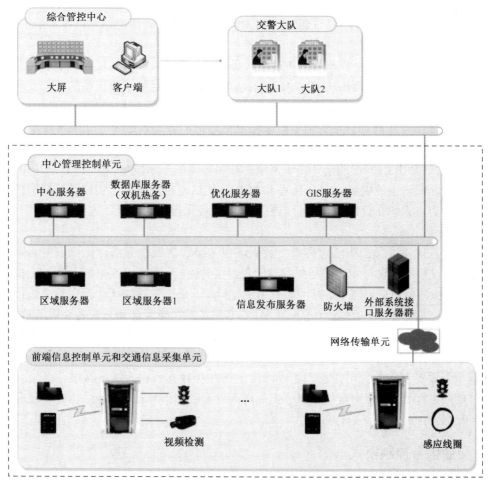

图 5.9 交通信号控制系统组网拓扑结构

1）前端信号控制单元

前端信号控制单元按照循环交通信号规则控制交通信号灯的显示状态，指示车道实际状态，适用于各种十字、丁字等交叉路口（简称交叉口），控制机动车红、黄、绿灯及行人红、绿灯的通、禁行工作时间，自动执行控制设置。根据不同路口或同一路口不同时间段车流量的大小，自动调节相应的通、禁行时间。

交通信号控制系统目前通常采用32位微处理器控制，其软硬件采用模块化设计，可实现交通信号的控制和通信功能，并实现全天候自动控制或者夜间自动关机、黄闪等；对维护交通秩序，改善路口通行效率，避免路口交通事故起到举足轻重的作用。

2）交通信息采集单元

交通信息是交通信号控制的基础和依据，也是交通管理者进行交通管理和规划的数据支撑，科学、完备的交通数据采集系统是智能交通建设的重要组成部分。

交通信息采集单元可连接视频、线圈等多种检测器，按照用户设定的间隔上传所检测的交通信息，并根据各种交通控制需求，按相应的数据格式进行预处理。

3）网络传输单元

网络传输单元负责数据的传输与交换，中心网络通常由接入层交换机以及核心交换机组成。交通信号机通信方式有多种，目前比较流行是串口通信、四芯电话通信以及基于 TCP/IP 的网络通信等。

（1）串口通信。串口是计算机上一种通用设备接口，大多数计算机包含两个 RS-232 串口。串口也是信号机设备通用的通信接口，串口通信可以用于获取远程采集设备的数据及向远程发送控制指令，而且串口通信方式安装调试灵活、部署方便，因此大多数信号机都采用这种方式。

（2）电话通信。当前也有不少信号机采用电话通信的方式，这种方式成本较低，可以利用城市现有的通信系统，或者在一些没有网络或光纤的地方部署。

（3）基于 TCP/IP 的网络通信。由于网络和数字技术的不断发展，基于 TCP/IP 网络通信的信号机系统已成为主流发展方向，且基于 TCP/IP 的信号机在安装、调试及后期维护方面都有着巨大的优势，因此在管理控制方面也更加符合模块化设计的需要，方便使用。

4）中心管理控制单元

中心管理控制单元是由中心服务器、数据库服务器、区域服务器、优化服务器等组成的服务器群，通过控制平台可实现信号机参数配置、实时监控、特勤任务、统计查询、报警管理等功能，利用检测器对交通流量、时间占有率进行检测，采用先进的优化模型对交通信号配时进行实时优化，实现各种协调控制功能。其中，中心服务器负责管理和分配各个服务器的职责，提供离线 GIS 服务；区域服务器负责管理前端设备；优化服务器根据交通流实时优化路口配时方案；数据库服务器可采用内置嵌入式数据库或者外接 Oracle 数据库。

前端检测设备获得的流量信息，通过网络上传并保存在数据库服务器中，区域（优化）服务器对数据进行处理，得出最优配时方案后再下发到各个信号控制单元，由此实现交通信号配时的实时优化，提高道路通行效率。

5.2.3　交通信号控制模式

1. 单点控制

1）单点多时段控制

把一天按交通流大小分成若干时段，在高峰时段执行高峰配时方案，而低峰、平峰时段分别执行低峰、平峰信号配时方案，这样可有效地提高交通信号的控制效率。

系统具有时间表控制功能：设置时间包括年、月、周、日、时、分，日时段划分为 40 个，可设置 16 个周期方案、7×16 个日期类型，可分别设置工作日、周末、节日或特别指定日的时间表，系统根据日期自动改变和执行时间表。

2）单点感应控制

利用交通检测设备对到达的交通流进行检测，优化交通信号配时，使信号配时适应实际的交通需求。单点感应控制分为全感应和半感应两种。

（1）全感应信号控制：在路口各进口道都设置交通检测器。在采用全感应信号控制的交叉口，以车队形式到达的车流最有可能遇到绿灯，不要让车队出现大的空隙，否则检测器会以为没有车辆到达，而不延长绿灯信号时长。

（2）半感应信号控制：用于主次道路相交的道路，检测器的设置有以下两种形式。

● 检测器设在次要道路（次路）上：通常情况下主路上总是绿灯，对次路预置最短绿灯时间。当次路上检测器检测到有车时，立即改变相位，次路为绿灯；后继无车时，即返回主路绿灯的状态。这种感应控制实质上是次路优先，只要次路检测到有车到达就会打断主路车流。这种半感应控制一般在消防队、救护车和重要机关的出入口等处采用。

● 检测器设置在主路上：主路优先，这种半感应控制通常主路绿灯总是亮的，当检测器在一段时间内测不到主路有车辆时，才换相位，让次路通车；当主路上检测得车辆到达时，通车相位返回主路。这种控制方式可避免主路车流被次路车流打断。

3）单点自适应控制

信号机单点运行时可采集实时流量、占有率等数据，数据经过处理后通过优化软件对信号周期时长和绿灯时间进行优化，提高交叉口通行效率，达到单点的最优控制。

2. 干线协调控制

在城市交通中，交通干线承担了大量的交通负荷，通过协调控制的方式保证干线交通的畅通，对改善城市交通状况具有很大的作用。在干线协调中，路口信号控制有一个明显的规律，即绿灯时车辆以车队形式通过路口，而当路口前的车辆放空后出现断流，路段上出现空闲时间，则放行相交方向的交通流。根据上述规律，针对整个信号控制系统中涉及的道路和路口进行干线控制，优先保证这些干线方向运行畅通，提高交通信号控制的整体效率。通常，干线协调控制有静态绿波控制和动态绿波控制两种方式。

1）干线静态绿波控制

绿波控制是干线协调的基本方法，其工作原理是：对处于一条主干线上的一串信号灯同步动作，各路口的信号绿灯依一定规律先后出现，使往来于主干线上以车队形式出现的车流能够不遇红灯、不停车而顺利通过，从行驶方向来看就像一条绿波从一个交叉口随着车流传播到下一个交叉口，从而形成一条绿波带。由此可见，绿波控制的实质是相位差的调整。在实际的干线绿波控制中，通过对几个信号机设定共用的周期长（系统周期长）和确定各信号时间上的相对关系（相位差）来实现绿波控制。

2）干线动态绿波控制

干线动态绿波控制是对干线静态绿波控制的发展。它在应用绿波控制基本原理（干线子区内各路口信号机执行相同周期并协调相位差）的基础上，通过实时获取当前干线交通流状态，在每个信号控制周期后对整个子区共有周期做出调整。子区内各个路口信号机在执行共有周期基础上，根据自己路口交通流状态调整绿信比（可换算成各个相位绿灯时间）和相位差。该控制方式可以根据交通状态对绿波带做出调整，达到在保证干线绿波、最大限度地提高协调方向道路通行能力的基础上兼顾其他方向的交通需求，有效减少绿灯引起的浪费。

3. 区域协调控制

将重点区域及相关联的路口划为同一个子系统，多个子系统组成一个区域，子系统内各个路口均配备交通流检测器。系统能够根据各路口所检测到的交通流信息自动进行交通控制参数的优化并执行优化后的配时方案，实现区域协调控制，提高区域通行能力。

4．远程手动控制

系统按等级设置用户权限，当发现紧急情况而需要人工干预时，拥有权限的用户将对需要控制的路口进行人工干预，待路口秩序恢复正常情况后切换为自动控制。

5．路口排队溢出控制

路口出口处排队溢出，造成路口拥堵，影响其他方向车辆行驶。在这种情况下，系统进入饱和控制模式，以避免排队上溯和大范围拥堵，即减少上游路口绿灯时间（极限情况下不放行），增加下游路口绿灯时间，直到检测器反馈的信息确认排队溢出现象解除，信号机回复正常控制模式。

路口排队溢出控制示意图如图 5.10 所示（一般情况下检测器个数与车道数相同）。

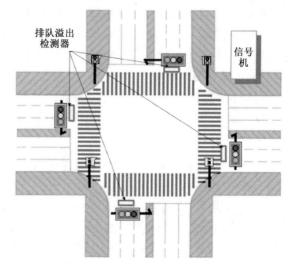

图 5.10　路口排队溢出控制示意图

6．路口溢出拥堵控制

当下游路口遇堵导致车辆排队，且溢出至上游路口时，其他方向车辆驶入路口中间就无法驶出，导致路口中间拥堵，从而使交通瘫痪。系统通过视频检测到路口中间拥堵状态后，使上游路口全部亮红灯，待路口中间的车辆驶离路口之后，再恢复正常周期运行。

7．紧急车辆优先控制

系统能够按预定时间和预定路线进行绿灯信号推进，以满足各种重大活动、重大事件及特殊警务的通行需求，使其车辆迅速通过沿线路口。

8．公交优先控制

系统具有多种科学合理、灵活实用的公交优先控制算法，并能执行相应的优先控制程序，以满足一般公交优先、双向高频度公交优先或多方向公交优先的需求。通过在公交车辆上安装特殊发射装置或在公交专用车道上设置车辆检测器来采集公交车辆的交通需求，结合专门的公交优先算法为公交车辆设置适当的提前放行时间或绿灯延长时间。

9．故障降级控制

中心软件可监视系统内所有设备的运行状况，在设备发生故障时产生报警信号。例如，当出现严重绿冲突，某信号组所有红灯均熄灭，或信号灯组红灯、绿灯同时点亮时，信号机应能立即自动切断信号输出通道，转入黄闪或关灯状态。信号机内设有独立黄闪器，即使在主控制器发生故障的情况下仍然能进行黄闪控制，以系统控制→单点控制→黄闪的次序降级控制。

5.2.4　交通信号控制配置功能

在所有进口道设置视频车检器，其检测的交通参数通过网络直接传输给信号机。在一个周期内，感应式信号机内部设置"最小绿灯时间"和"最大绿灯时间"。当进入绿灯相位时，信号机将开始执行这个"最小绿灯时间"，如果在"最小绿灯时间"用完之前，在一个预先设置的时间间隔（如 4～6 s）内没有接收到来自视频车检器的车辆到达请求，则信号机将切断绿灯，变换为红灯；如果信号机接收到来自视频车检器的车辆到达请求，则增加一个延长的绿灯相位时间，直到完全用完"最大绿灯时间"，以保证车辆能顺利通过该路口。

针对典型的"十字路"交叉口，有两相位、三相位和四相位三种配时方案，分别如图5.11、图5.12和图5.13所示。

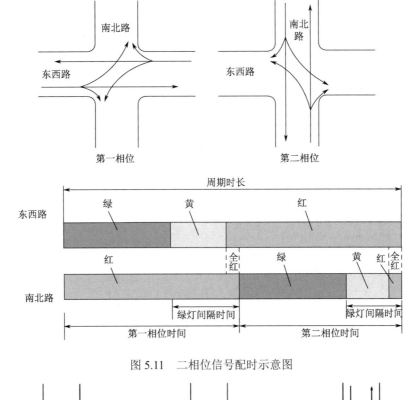

图 5.11　二相位信号配时示意图

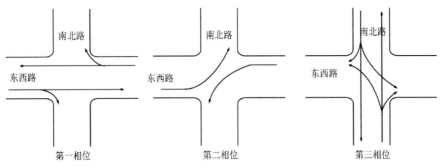

图 5.12　三相位信号配时示意图

1. 信号周期长度配置

信号周期是指信号灯任何一个完整的循环，其长度是指信号灯运行一个循环所需要的时间，等于绿灯、黄灯、红灯时间之和。

1）信号周期长度常用计算方法

不论在什么样的交叉口，能使车辆延误时间最少的最佳信号周期 C_0 可按下式计算：

$$C_0 = \frac{1.5L + 5}{1 - Y} \tag{5.1}$$

式中：Y 为各相位总的流量比；L 为各相位总的损失时间，可按式（5.2）计算。

$$L = \sum_{i=1}^{n} I_i + \sum_{i=1}^{n} l_i - \sum_{i=1}^{n} f_i \qquad (5.2)$$

式中：I_i 为车辆启动损失时间，一般为 3 s；l_i 为绿灯间隔时间，即黄灯时间加上全红灯清空路口的时间，一般黄灯为 3 s，全红灯为 2～4 s；f_i 为黄灯时间；n 为所设相位数。

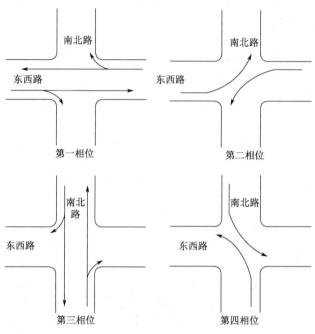

图 5.13　四相位信号配时示意图

2）各相位总的流量比计算

各相位总的流量比可按式（5.3）计算。

$$Y = \sum_{i=1}^{n} \max(y_i) \qquad (5.3)$$

式中：y_i 为第 i 个相位的流量比，即

$$y_i = q_i / s_i \qquad (5.4)$$

其中 q_i 为第 i 个相位实际到达流量（实际调查），s_i 为第 i 个相位流量的饱和流量（实际调查）。

2. 最小绿灯时间、最大绿灯时间设置原则

最小绿灯时间根据过街行人确定。行人需要有足够的绿灯时间通过交叉口或行至最远车道的中间带，因此绿灯时间应根据交叉口宽度和行人步速计算，行人步速通常取 1.2 m/s。另外，研究表明：当每周期行人流量小于 10 ped/cycle（行人每周期）时，行人绿灯间隔时间为 4 s 即可满足要求；当行人流量为 10～20 ped/cycle 时，绿灯间隔时间需要 7 s。由此，最小绿灯时间应为：

$$G = (4 \sim 7)\ \text{s} + W/(1.2\ \text{m/s}) - T \qquad (5.5)$$

式中：W 为交叉口宽度，即该相位中最长的人行横道长度，单位为 m；T 为总的转换时间（黄灯+全红），单位为 s。

最大绿灯时间根据历史交通量或者现场调查交通量的情况进行设置。

3. 绿信比设置原则

一个周期内有效绿灯时间与信号周期的比值，称为绿信比。周期相同，各相位的绿信比不一定相等。

绿信比根据交叉口各向交通流的流量比确定：

$$\lambda = g_e/C \tag{5.6}$$

式中：λ 为绿信比；C 为周期时长；g_e 为有效绿灯时间，g_e ＝实际绿灯时间＋黄灯时间－损失时间。

5.2.5　单点交叉口交通信号灯多目标动态优化配时算法

交叉口交通信号灯的传统配时方案一般采用定时控制和分时段控制，而且往往用时间延误这个单一指标进行优化。此类方案可根据配时经验通过反复实践获得，也可由多目标优化方法计算得到。分时段控制方案是在考虑不同的车流的情况下，根据交通流的高峰和低谷把一天分成不同的时段，不同的时段执行不同的配时方案。本质上，传统配时方案都是静态的配时控制，不会随着交通流的变化而做出优化调整。红绿灯的时间及间隔都固定不变，其缺点是显而易见的，仍然容易造成交通拥挤。研究发现，交通状态的随机不确定性特征，决定了不同交叉口的交通信号灯配时优化的显著差异。在交通流趋近饱和的状况下，交通通行能力面临着最大的压力，因此应该优先减小排队长度，保证交叉口最大限度地使车流通过；而在交通流低饱和的状况下，在保证车流在交叉口通行流畅的同时，尽可能减少时间浪费。减少车辆延误、降低停车次数，其目的都是提高人们出行的时间效率。交通信号灯配时控制策略将逐渐成为有效治堵的方法之一。

1. 绿信比设置原则

1）总延误时间 D

为了提高有限道路资源的利用效率，应尽可能减少进出口各相位进口道上的车辆延误，这一直是一个重要的研究方向。道路上的车辆延误时间 d 主要由一致性延误时间 d_u 和随机延误时间 d_r 两部分组成，其中 d_u 为车辆到达率为常数的延误时间，d_r 为车辆到达率不一致的延误时间。因此，第 i 相位的平均延误时间 d_i 为：

$$d_i = d_{u,i} + d_{r,i} = \sum_j \frac{C(1-\lambda_i)^2}{2(1-y_{ij})} + \frac{y_{ij}^2}{2\lambda_i q_{ij}(\lambda_i - y_{ij})} \tag{5.7}$$

式中：$d_{u,i}$ 为第 i 相位的平均一致性延误时间，单位为 s/veh（秒每辆车）；$d_{r,i}$ 为第 i 相位的平均随机延误时间，单位是 s/veh；C 为周期时长，单位为 s；$\lambda_i = g_{e,i}/C$ 为第 i 相位的绿信比；q_{ij} 为第 i 相位第 j 进口道的实际交通流量，由实测得到；y_{ij} 为第 i 相位第 j 进口道的流量比，即实际交通流量与饱和流量之比。

一个周期内车辆总延误时间 D 为：

$$D = \frac{\sum_i d_i \sum_j q_{ij}}{\sum_i \sum_j q_{ij}} = \frac{\sum_i q_i \left[\sum_j \frac{C(1-\lambda_i)^2}{2(1-y_{ij})} + \frac{y_{ij}^2}{2\lambda_i q_{ij}(\lambda_i - y_{ij})} \right]}{\sum_i \sum_j q_{ij}} \tag{5.8}$$

2）排队长度

在多目标联合优化函数中不加入该指标，而把它用作模糊控制变量来实现动态追加绿灯时间，这样就把多目标联合优化和动态配时策略有效结合在一起。

3）通行能力

在道路交叉口，对车辆通过交叉口的定义是车辆只有在有效绿灯时间内通过停车线。根据停车线原理，一个车道在 1 小时内可通过停车线的车辆数即为该车道的通行能力：

$$Q_{ij} = \frac{3600}{C} \times \frac{g_{ei}}{h_{ij}} \tag{5.9}$$

式中：Q_{ij} 为相位 i 的第 j 个车道的通行能力；h_{ij} 为平均车头时距。

4）停车次数

车辆的停车次数又叫停车率，是车辆在通过交叉口时受车流和信号控制影响而停车的次数，是车辆在受阻情况下的停车程度。一个周期内交叉口的平均停车次数为：

$$H = \frac{\sum_i H_i \sum_j q_{ij}}{\sum_i \sum_j q_{ij}} = \frac{\sum_i q_i \left[\sum_j 0.9 \times \frac{C(1-\lambda_i)}{(1-y_{ij})} \right]}{\sum_i \sum_j q_{ij}} \tag{5.10}$$

式中：H_i 为第 i 相位的车辆平均停车次数。

2. 单点交叉口信号配时优化模型

交叉口信号配时的重要性能参数有通行能力、延误时间、排队长度、停车次数和饱和度等。这里以提高通行能力、减少延误时间、降低排队长度、减少停车次数作为信号配时的目标。其中，以通行能力、延误时间、停车次数这三个指标通过加权作为多目标联合优化的参数指标，以排队长度作为模糊控制指标，追加有效绿灯时间。由于单位不同，要对联合优化的三个指标进行无量纲化处理。不同的权值用来表示指标的重要程度，因此信号配时的联合优化函数为：

$$\min(PI) = \alpha \frac{D}{D_0} - \beta \frac{Q}{Q_0} + \gamma \frac{H}{H_0} \tag{5.11}$$

$$st. \begin{cases} g_{\min} \leqslant g_a \leqslant g_{\max} \\ \sum_l^m g_a = C - L \\ C_{\min} \leqslant C \leqslant C_{\max} \end{cases}$$

式中：D 为车辆在交叉口的平均延误时间；D_0 为车辆在交叉口的初始平均延误时间；Q 为交叉口通行能力；Q_0 为交叉口初始通行能力；H 为车辆在交叉口的平均停车次数；H_0 为车辆在交叉口的初始平均停车次数；α 为平均延误时间的权重值，$0 \leqslant \alpha \leqslant 1$；$\beta$ 为通行能力的权重值，$0 \leqslant \beta \leqslant 1$；$\gamma$ 为平均停车次数的权重值，$0 \leqslant \gamma \leqslant 1$；$g_{\min}$ 为每相位的最小绿灯时间，$g_{\min} = 15$ s；$g_{\max}$ 为每个相位的最大绿灯时间，单位为 s；L 为交叉口总损失时间，单位为 s；n 为交叉口相位数；$C_{\min}$ 为最小周期，单位为 s；$C_{\max}$ 为最大周期，单位为 s。

加权系数的选取要考虑交通流的实际情况。交通流量低饱和时，尽可能减少车辆在交叉口的延误和停车；趋近饱和和过饱和时，尽可能提高交叉口的通行能力。每个相位有两个方向的交通流，因此各加权系数均乘以 2，即

$$\alpha_i = 2s_i y_i (1-Y) \tag{5.12a}$$

$$\beta_i = 2 \times \frac{YC}{3600} \tag{5.12b}$$

$$\gamma_i = 2s_i y_i \frac{1-Y}{0.9} \qquad (5.12c)$$

式中：s_i 为第 i 相位进口道的饱和流量；y_i 为交叉口第 i 相位的流量比；Y 为组成周期的全部相位的总流量比。

5.2.6 多点交叉口交通信号灯动态配时算法

对多点交叉口的交通信号灯统一协调优化，其研究对象一般以城市干道为主，这也是由城市干道交通在城市路网中的关键性作用决定的。

1. 基本控制参数的选取

1）周期时长

在多点交叉口的信号协调优化系统中，要确定系统的公共周期。因此，必须采用以多个信号控制指标作为输入的多目标优化函数，求出各交叉口所需的周期并从中找出最大值，即系统周期，对应的交叉口叫作关键交叉口。

2）绿信比

在多点交叉口的信号协调优化系统中，各相位绿信比的确定与单点交叉口信号配时方案中的绿信比是一样的。它们都是由各个交叉口交通流的流量比来确定的。因此，各个交叉口的信号绿信比可以根据交通流数据单独确定。

3）相位差

相位差的本质是时间差，而且是指两相邻相位之间的时间差。为了高效地使用道路基础设施，在理想情况下，希望交通流行驶在信号协调优化系统中时，能够避开或者尽可能减少与红灯相遇。通常情况下，若无特别说明，交通流指车流。多点交叉口的信号要实现协调优化，其关键指标是相位差，而且相邻交叉口间的绿灯时差一般要与车辆在此区间的行程时间相匹配，计算公式如下：

$$t = \frac{l}{V} - nC_0 \qquad (5.13)$$

式中：l 为相邻两交叉口间的距离，单位为 m；V 为平均车速，单位为 m/s。

2. 求解信号协调优化起始相位差

以某主干道路段为研究对象，其交叉口路网模型如图 5.14 所示。

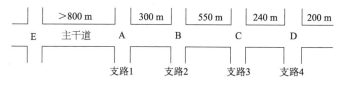

图 5.14　某主干道交叉口路网模型

从图 5.14 可以看出，与主干道相交的 5 个交叉口设为 E、A、B、C、D，其中 E 和 A 之间的距离大于 800 m。当主干道上相邻两个交叉口的距离超过 800 m 时，两个交叉口的交通灯配时的相关性大大减小。因此，在此主干道信号协调优化系统中，交叉口 E 采用单点动态配时方案，交叉口 A～D 采用信号协调优化方案。

1）相位设定

图 5.14 所示的路网模型，其中与主干道相交的 4 条支路在实际交通中的交通流量，与主

干道相比小得多，可以优先考虑主干道。因此，在A~D各交叉口都采取三相位的信号控制方式：主干道直行相位为第一相位，主干道左转和右转放行相位为第二相位，与主干道相交叉道路直行、左转、右转为第三相位。

2）不同交叉口的单点信号配时方案

求得各交叉口的某一周期信号配时方案，如表5.2所示。

表5.2　某一周期各交叉口的信号配时方案

路口	周期/s	信号配时方案
A	53	直行方向有效绿灯时间25 s，直行向左转有效绿灯时间8 s，相交叉道路放行有效绿灯9 s，全红时间2 s
B	45	直行方向有效绿灯时间23 s，直行向左转有效绿灯时间7 s，相交叉道路放行有效绿灯8 s，全红时间0 s
C	47	直行方向有效绿灯时间25 s，直行向左转有效绿灯时间5 s，相交叉道路放行有效绿灯6 s，全红时间0 s
D	62	直行方向有效绿灯时间24 s，直行向左转有效绿灯时间12 s，相交叉道路放行有效绿灯11 s，全红时间2 s

注：全红时间即损失时间。

3）交通信号灯协调优化配时方案

由表5.2可知，4个交叉口的最大信号周期为62 s。根据多交叉口信号协调优化原则，把62 s作为系统周期，并由各相位的流量比计算得到各相位的有效绿灯时间。各个交叉口的信号协调优化配时方案如表5.3所示。

表5.3　信号协调优化配时方案

路口	周期/s	信号配时方案
A	62	直行方向有效绿灯时间28 s，直行向左转有效绿灯时间11 s，相交叉道路放行有效绿灯9 s
B	62	直行方向有效绿灯时间27 s，直行向左转有效绿灯时间7 s，相交叉道路放行有效绿灯12 s
C	62	直行方向有效绿灯时间25 s，直行向左转有效绿灯时间13 s，相交叉道路放行有效绿灯9 s
D	62	直行方向有效绿灯时间24 s，直行向左转有效绿灯时间12 s，相交叉道路放行有效绿灯11 s

4）数解法求解协调控制信号最优起始相位差

根据路网模型，将A~D中各交叉口之间的距离写在表5.4的第二行中，并对距离的数值做简单处理，如B到C的距离550 m写成55。已得到系统周期为62 s。城市中车辆的速度一般为40 km/ h，则将系统速度暂定为 V=40 km/ h。

用数解法求解协调控制信号的相位差的关键，是在只知道实际信号之间的挪移量差的条件下，如何求得各交叉口实际信号距离理想信号的挪移量。首先假设 a 为交叉口 A 距离理想信号的挪移量，可分别求出各交叉口实际信号距离理想信号的挪移量。数解法计算结果如表5.4所示。

表5.4　数解法求解各交叉口信号配时的相位差

a	A	B	C	D
	30	55	24	b
29	1	25	20	19
30	0	25	19	19
31	30	23	16	16
32	30	21	13	13
33	30	19	10	11
34	30	17	7	13

a	A	B	C	D
	30	55	24	b
35	30	15	4	15
36	30	13	1	17
37	30	11	35	19
38	30	9	33	21
39	30	7	31	23
40	30	5	29	24
41	30	3	27	24
42	30	1	25	24
43	30	42	23	23
44	30	41	21	21
45	30	40	19	19
46	30	39	17	17

其中 a 是假设的理想信号位置，由 A、B 交叉口距离理想信号位置的挪移量差，可以推算出 B 交叉口距离理想信号的挪移量。依次可以推算出交叉口 C、D 距离理想信号位置的挪移量。表 5.4 中所得数据即为各交叉口实际信号距离理想信号的挪移量。将实际信号位置与理想信号位置的挪移量按从小到大的顺序排列，并计算各相邻挪移量的差值，将计算值的最大值计入 b 列。

5）确定最优的理想信号位置

从表 5.4 可知，$b=24$ 为最大值。那么，就取这个最大的 b 值所对应的 a 的值，它使 A、B、C、D 各交叉口实际信号到理想信号的挪移量最小，即当 $VC/2 = 410\,m$ 时，系统信号协调优化的效率最高。根据 C、D 距离理想信号间的挪移量差最大为 240 m，可以计算理想信号同 C 的挪移量最大为 $(a-b)/2 = (41-24)/2 = 8.5$，即实际信号与理想信号的最大挪移量为 85 m。由此可得出各交叉口实际信号与理想信号的相对位置。

6）信号协调优化起始时差

如图 5.15 所示，如果左、右两个相邻实际信号之间共用一个理想信号，那么信号协调优化就该采用同步式协调策略，其他的各个实际信号之间采用交互式协调策略。根据理想信号的周期性，可知每隔一个理想信号，其左右相邻实际信号间就得采用同步式协调策略。结合这里的路网模型，第一个和第三个理想信号的左右相邻实际信号间采用同步式

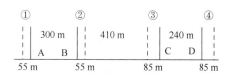

图 5.15　理想信号与实际信号的相对位置

协调策略，第二个和第四个理想信号的左右相邻实际信号间采用交互式协调策略。相应于奇数理想信号的实际信号的时差为 100%～0.5λ%（λ 为绿信比），相应于偶数理想信号的实际信号的时差为 50%～0.5λ%。各交叉口实际信号与理想信号的相位差等于周期与各个时差的乘积，具体如表 5.5 所示。若保持系统周期不变，则车流通过协调优化系统的速度必须调整为：

$$V = \frac{2 \times a_0}{C} = \frac{2 \times 410\,m}{62\,s} \approx 13.2\,m/s \approx 47.5\,km/h \qquad (5.16)$$

表 5.5　各交叉口的绿信比、有效绿灯时差和与理想信号的相位差

交叉口	A	B	C	D
理想信号	①	②	③	④
绿信比/%	45.2	41.5	40.3	38.7
有效绿灯时差/%	77.4	29.2	79.8	30.6
与理想信号的相位差/s	48	18	49	19

7）干线协调相位差的实时变化

在低饱和交通量的条件下，信号协调优化的干道的上游和下游的车流量对干道路段的影响较小，可以忽略不计。此时的协调优化相位差是车辆通过两交叉口间路段的平均时间，且该相位差是固定的。但是，随着干道上的车辆越来越多，且在控制干道的两端交叉口可能形成车辆排队，并对交叉口和干道路段造成影响。此时车辆通过两交叉口间路段的行驶时间不仅取决于两交叉口的距离与车辆平均速度的比值，还取决于路段上的车辆排队长度。由于车辆排队是随机和动态的，因此相位差也应该实时变化。

随着时间的变化，主干道的车流量是实时变化的。假设次干道对主干道车流变化的影响最小，忽略不计。那么在联动控制的信号周期内，干道车流量的变化首先影响的是联动控制干道段两端的信号配时。在图 5.14 中，干道车流量的变化，首先影响的是交叉口 A 和交叉口 D，应对其信号配时方案进行修改。

3．具体算法步骤

（1）选择某一起始控制时刻，对系统进行初始化，设定最大、最小信号周期以及最短绿灯时间等。

（2）根据各个交叉口的平面布局及交通流量控制性能指标，按单点交叉口动态配时方法，确定每个交叉口所需周期的时长。

（3）按照信号协调优化原则把周期时长最大的交叉口作为关键交叉口，并以此周期作为系统周期。

（4）根据数解法的原理计算干线协调控制的最优相位差。

（5）根据主次道路各相位交通流量的比值，计算各交叉口相位的绿信比及显示绿灯的时间。

（6）根据主干道交通流量的实时变化，由单点交叉口动态配时方法计算协调控制干道两端交叉口（交叉口 A 和交叉口 D）的配时周期和显示绿灯的时间，判断周期是否变化。若小于等于系统周期，则保持系统周期不变，只相应改变绿灯时间，重新用数解法计算相位差，执行步骤（5）；若周期增大，则调整系统周期为该交叉口周期，并相应地改变绿灯时间，重新用数解法计算相位差，执行步骤（5）。

5.3　交通视频监控与诱导管理

视频监控系统在交通中的应用可大致分为交通视频监控系统、治安卡口系统和电子警察系统等方面，主要通过摄像机进行信息的采集，然后将所采集的信息进行分析和处理，并作为交通诱导管理的重要内容。

5.3.1 视频监控系统

1. 交通视频监控系统

交通视频监控系统框架如图 5.16 所示。前端采用 IP 高清摄像机或高速球机，通过视频传输专网将视频信号接入指挥中心，用于存储、调用和回放。所有高清视频图像通过光纤网络汇聚到指挥中心统一存储，由中心管理平台对存储策略统一管理，提高了存储系统的灵活性。

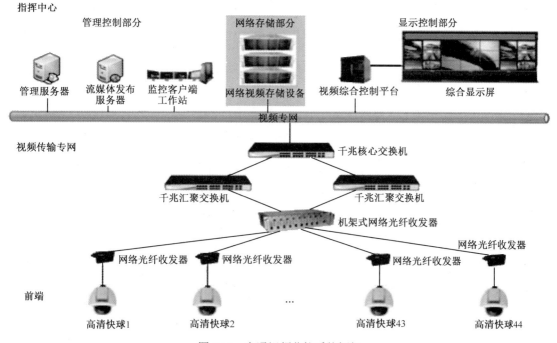

图 5.16　交通视频监控系统框架

2. 交通治安卡口系统

交通治安卡口系统原理框架如图 5.17 所示。卡口以设置在主要交通枢纽道路口的摄像机为依托，结合智能化的仪器和软件来实现对道路交通的智能控管，如当前的车流量、断面车辆计数、车辆特征检索；也能够对受监控路面的车辆信息进行自动采集和处理，为与车辆相关的刑事和治安案件、套牌和黑车的追查与侦破提供信息和凭证。

卡口数据可作为车辆流量分析、交通诱导指引、交通指挥系统等业务判别分析的基础信息，其主要功能如下：① 目标图像捕捉，即对经过卡口的所有目标的图像进行捕捉；② 汽车号牌识别，即从捕获的目标图像中识别出车辆的车牌号码；③ 断面车流量，即对断面车流量进行统计；④ 断面车速，即对断面车速进行检测；⑤ 时间占有率，即通过对捕获的信息进行分析，统计出时间占有率；⑥ 套牌车辆检测，即对选定区域、选定时间段内的车牌信息进行重复比对。

3. 电子警察系统

电子警察系统原理框架如图 5.18 所示。高清电子警察指可安装在信号控制的交叉口和路段上，利用先进的光电、计算机、图像处理、模式识别、远程数据访问等技术，对指定车道内每一辆机动车及其车号牌的图像进行连续全天候实时记录，甄别出车辆闯红灯违法行为，也可用于对逆行、违法变道、不按车道行驶等类型的交通违法行为进行检测与记录。

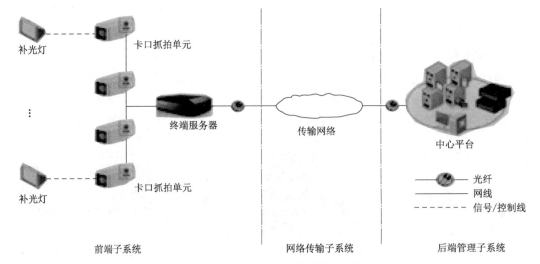

图 5.17　交通治安卡口系统原理框架

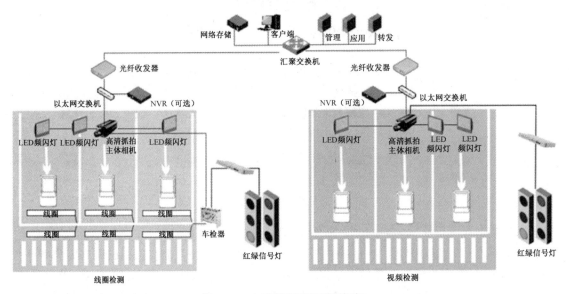

图 5.18　电子警察系统原理框架

电子警察系统由外场子系统和指挥中心两部分组成,涵盖的主要功能包括:① 闯红灯抓拍;② 实线变道;③ 压双黄线;④ 车牌自动识别;⑤ 高清违法录像; ⑥ 视频检测红灯信号;⑦ 车流量信息采集;⑧ 远程综合管理。如图 5.20 所示为交通电子警察系统解决方案架构。

5.3.2　交通诱导系统

交通诱导系统是基于电子、计算机、网络和通信等现代技术,根据出行者的起讫点向道路使用者提供最优路径引导指令,或者通过获得实时交通信息来帮助道路使用者找到一条从出发点到目的地的最优路径。其特点是把人、车、路综合起来考虑,诱导道路使用者的出行行为,以改善路面交通状态,防止阻塞的发生,并减少车辆在道路上的逗留时间,实现交通流在路网中各个路段上的合理分配。

交通诱导系统主要由交通信息控制中心、通信系统、交通诱导信息发布系统组成。交通信息控制中心负责从交通网络中收集各种实时的交通信息，并进行信息处理；通信系统负责交通信息控制中心与道路上车辆之间的数据交换；交通诱导信息发布系统主要通过各种终端将诱导信息发布出去。图 5.19 所示为交通诱导系统工作流程框图。

根据交通诱导信息的作用范围，交通诱导系统可以分为车内诱导系统和车外诱导系统。

（1）在车内诱导系统中，实时交通信息在车辆和信息中心之间传输，其诱导对象是单个车辆，故这种系统也称车辆个体诱导系统。它的诱导机理比较明确，容易达到诱导的目的，但它对车内设施和信息传输技术要求比较高，造价相对昂贵。

（2）在车外诱导系统中，交通诱导信息在车流检测器、信息中心和外场信息显示设备（交通信息板、交通诱导屏等）之间传输，诱导对象是车流群，故这种系统也称群体车辆诱导系统。

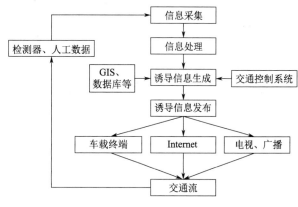

图 5.19　交通诱导系统工作流程框图

交通诱导信息屏主要对出行车辆进行群体性交通诱导，由出行车辆根据诱导信息自主选择出行路径。根据不同的设置地点可以选择三种交通诱导屏：① 可变信息标志屏，采用绿、黄、红分别表示路段畅通、拥挤、堵塞；② 图文+可变信息标志屏，采用交通信息提示，如事故、施工、交通管制等；③ 可变图文 LED 显示屏，可以显示前方路段实时交通路况，滚动显示交通事件以及公共交通安全信息宣传。另外，还有通过公共 Internet 网络平台以"GIS+实时交通状况+实时交通事件"的形式发布城市道路的实时交通状态。

我国现阶段所实施的交通诱导系统主要是车外诱导系统，投资少、见效快，对群体车辆有较好的诱导作用。通常，这种车外诱导系统又可分为城市交通诱导系统（包括城市街道诱导信息发布系统、城市停车诱导系统等）和公路交通诱导系统（含高速公路交通诱导系统等）。

5.4　交通事件管理

5.4.1　概述

在交通管理中，将影响交通系统运行的事件（如交通周期性严重堵车）称为交通事件。例如，道路发生的交通事故、车辆故障抛锚、恶劣天气、集会、游行、重大会议、道路养护作业以及需要临时占用道路资源的运动项目等，这些会导致道路通行能力暂时下降或交通非周期性异常的事件，都属于交通事件。

交通事件可以分为交通周期性严重堵车事件、特殊事件、突发交通事件等。前两者可以事先预测到，而突发交通事件无法事先预测。交通周期性严重堵车事件发生在上下班集中的时间段，主要原因是交通信号交叉口处理容量不足，道路利用需求集中，瓶颈区段车路不均匀等；特殊事件发生在事先计划的时间段，主要原因是道路占用施工或特殊活动等；突发交通事件多发生在车辆运行速度比较高、运行环境恶劣的时间段（白天和深夜），主要原因有交通事故、气象灾害（结冰浸水、暴风雪、暴雨）、空降物、故障车辆等。交通事件自动检测系统作为ITS的重要组成部分，其主要作用就是及时感知道路上发生的交通事件，使之能得到及时处理，以尽量减少因交通事件带来的人员伤亡、财产损失等，并避免二次交通事件的发生。

对交通事件进行管理是保证事件顺利进行，降低事件的负面影响，保证原有交通系统安全、高效、可靠运行的有效手段。根据国内外成功的交通管理经验，以交通事件驱动的交通管理策略特别适合我国的交通管理实际情况。交通事件检测是引起交通管理部门和交通管理安全部门注意交通事件的前提，合理选用交通事件检测工具及其算法是事件管理过程的第一步，也是其核心和关键。由车辆检测器以及交通信号控制系统的检测器、视频监控系统、电子警察系统等实施对交通事件的自动检测，不同事件的发生可能是相互独立的，但是在系统判断时将会有一定的联系。另外，从交通系统的两个基本要素——交通需求和交通供给角度考虑，对整个路网交通量重新组织，使各条道路的通行能力得到合理使用。

5.4.2　交通事件检测

1.　人工检测方法

交通事件检测方法有很多种，从简单的人工巡逻检测方法到紧急电话、移动电话检测方法，从闭路电视（CCTV）监控方法到全自动电子监视方法等。这些方法都能够在一定程度上、一定范围内发现道路上发生的交通事件，对提高道路交通的效率和安全性具有重要意义。然而，这些方法各有不同的特点和适用范围，在实际工程应用中要加以分析和选择。

早期的交通事件检测方法主要是对道路上已发生的交通事件进行人工检测，例如驾驶员移动电话呼叫，事件管理人员观看CCTV监视图像，驾驶员求助电话或路边紧急电话，交通警察巡逻队、交通部门或其他单位工作人员通过对讲机报告交通状态，以及车队（公交车、卡车）的报告等。

人工检测方法是最早、最容易实施也最常用的方法，在日常生活中用来向交通管理中心报告交通事件信息。从整体上看，这种检测方法的主要优点是方便、直接、经济，效率比较高；缺点是要求当时当地有目击者，事件地点比较难以准确确定，需要专门的人员对报告进行筛选、确认，人员工作量和强度都比较大。而固定的观察人员更适合短期的需要（如在有特殊的活动时或在道路建设与维修期间等）。CCTV监控方法可以作为一种人工交通事件检测的方法，也可作为一种对电话和AID（automatic incident detection，自动事件检测）的报警进行确认的方法，前者需要有操作员进行连续观察。

交通事件检测方法除了人工检测方法外，还有利用检测器的自动检测方法，具体分类如图5.20所示。

2.　自动检测方法

根据交通事件检测算法所采用的指标，可把交通事件检测方法分为基于宏观交通流运行特性的检测方法和基于微观车辆运行特性的检测方法。在大交通流量下发生的交通事件，既可以通过对宏观交通流参数的检测来达到事件检测的目的，也可以通过对微观车辆的特性进行检测实现对交通事件的自动判别。小交通流量下发生的交通事件，一般不会对整体交通流造成太大的影响；因而不能通过对整体交通流参数的检测来实现自动判别，而需要通过对微观车辆的信息进行判别来实现对交通事件的自动检测。其中，基于宏观交通流参数的判别方法又可以分为间接AID方法和直接AID方法。

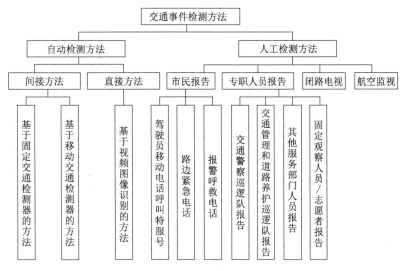

图 5.20 交通事件检测方法分类

绝大多数的 AID 方法都是通过识别由交通检测器得到的交通流参数的非正常变化来间接地判断交通拥挤和交通事件的存在的,因此被称为间接 AID 方法。直接 AID 方法则是指使用图像处理来判别是否存在缓行或停止的车辆,以对交通事件进行检测的方法。这类方法实际上"看到"了发生的交通拥挤和交通事件,而不是通过对交通流特征参数数据的分析来检测它们的存在。

从潜在的意义上看,直接 AID 方法在判别速度方面远远胜于间接 AID 方法,特别是在交通量较低的情况下也能对突发交通事件进行良好的检测;但需要更密集地设置交通视频检测器,需要较高的资金投入才能保证判别的可靠性,而且气象条件对其影响也较大。

交通拥挤产生的原因是路段上存在交通瓶颈(包括固定瓶颈和临时瓶颈),一旦瓶颈上游的交通需求大于瓶颈处的通行能力,拥挤将不可避免。此时,瓶颈上下游检测站处的交通流参数数据会有较大的变化。以瓶颈处上游密集的交通流参数数据作为交通状态判别依据的 AID 算法,称为单截面 AID 方法;同时考虑上游密集交通流参数数据和下游稀疏交通流参数数据而开发的 AID 算法,称为双截面 AID 方法。它们都属于间接 AID 方法。

交通事件自动检测系统根据实时采集的数据信息,由一组复杂的算法与设定的事件门限值进行比较,自动判断交通事件是否发生,以采取有效的措施快速处理交通事件,以此来提高运输效率。其运行流程如图 5.21 所示。

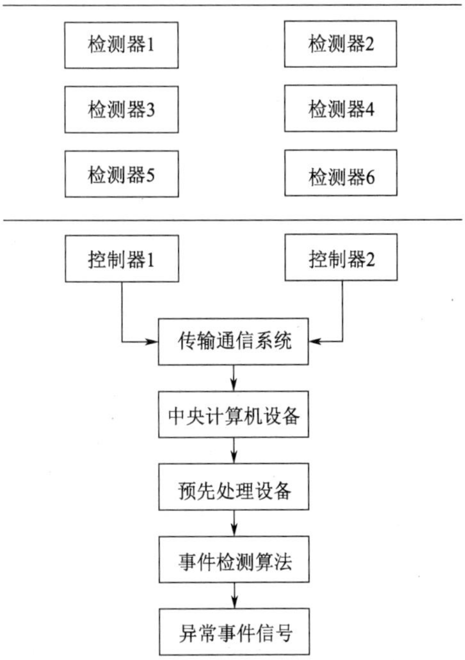

图 5.21 交通事件自动检测系统运行流程

3. 交通事件自动检测的经典算法

目前,所应用的各种交通事件自动检测算法,大致可分为基于模式识别的算法、基于统计理论的算法、基于人工智能的算法和基于突变理论的算法。这些算法大都建立在固定车辆检测器（特别是最常用的环形线圈检测器）基础上，所使用的基本输入参数为时间或空间上的流量、速度以及行程时间和占有率。

1）基于模式识别的算法

这类算法又称比较算法，它根据事件产生前后交通变量的差值是否超过某一给定的阈值来判断事件，进而激发事件警报。这类算法主要有加利福尼亚（California）算法（简称加州算法），它是事件检测算法中的经典算法之一，属于双截面模式识别算法。加州算法的研发已经有很多年时间，它由美国加利福尼亚运输部开发。该算法基于事件发生时上游截面占有率将增加，下游截面占有率将减小这一事实，以平均占有率为判断依据。

设路段 i 处的检测器在时刻 t（单位为 min）采集到的平均占有率为 $OCC(i, t)$，则有以下几个判断条件：

$$OCCDF = OCC(i, t) - OCC(i+1, t) \geqslant K_1 \tag{5.15}$$

$$OCCRDF = \frac{OCC(i, t) - OCC(i+1, t)}{OCC(i, t)} \geqslant K_2 \tag{5.16}$$

$$OCCTD = \frac{OCC(i+1, t-2) - OCC(i+1, t)}{OCC(i+1, t-2)} \geqslant K_3 \tag{5.17}$$

式中：K_1、K_2、K_3 为判断阈值，应该根据路段的特点及时间段适当选取，其选择与检测效果息息相关。

式（5.15）用来衡量上下游占有率的差值，式（5.16）用来衡量上下游占有率的相对差值，式（5.17）用来衡量相邻下游处前后两分钟内占有率的相对差值。

在加州算法的基础上，出现了一系列改进的算法。加州算法的主要缺点是它只使用与占有率相关的变量作为输入，并未考虑与流量、速度相关的数据；其优点主要是误报率比较低。

2）基于统计理论的算法

基于统计理论的交通事件检测算法，主要包括非参数回归算法、变点统计算法、贝叶斯算法、标准正常偏差算法、卡尔曼滤波算法和指数平滑算法等。以下简要介绍非参数回归算法、变点统计算法和贝叶斯算法。

（1）非参数回归算法。非参数回归算法是近年来兴起的一种适合不确定、非线性的动态系统的非参数建模方法。它不需要先验知识，只需要足够的历史数据，寻找历史数据中与当前点相似的"近邻"预测下一时刻值。因此，当有交通事件发生时，其预测结果要比参数建模精确。非参数回归算法作为一种无参数、可移植、高预测精度的算法，经过对搜索算法和参数调整规则的改进，可以使其真正达到实时检测交通流状况的要求，非常适于实时交通事件检测。

（2）变点统计算法。变点统计分析方法是近年来迅速发展起来的研究现实世界中突变现象的非线性统计学方法。王晓原教授利用变点统计理论建立了检测交通异常的均值变点模型，并提出了相应的基于最小二乘法的交通流变点统计算法。该算法基于以下事实：当交通流状态发生突变时，将以某一时间或空间位置为界面，在此界面两侧交通流参数发生质的变化。在对各种交通流参数（如流量、速度、车道占有率等）使用该算法时，对其分布并无特别的要求。该算法在应用中显示了较好的敏感性、准确性和良好的全局收敛性。但是，在采用该算法进行检验时，要用到大样本。

（3）贝叶斯算法。采用著名的贝叶斯概率分类理论，分类结果的期望输出可以表示为条件概率。给定一个有事件和无事件交通条件的先验概率，就能够使用贝叶斯定理计算出期望的后验概率，如式（5.18）所示。贝叶斯算法的检测率很高，且误报率比较低，但是其平均检测时间比较长，不利于事件的实时检测。

$$P[I/M] = \frac{P[I] \times P[M/I]}{P[I] \times P[M/I] + P[IF] \times P[M/IF]} \quad (5.18)$$

式中：I 为"有事件"事件；IF 为"无事件"事件；M 为观测的交通流参数；$P[I]$ 为"有事件"事件的先验概率；$P[IF]$ 为"无事件"事件的先验概率。

3）基于突变理论的算法

基于突变理论开发的一种算法是 McMaster 算法。该算法不仅能识别是否发生拥挤，而且能确定所发生的拥挤是常发性拥挤还是偶发性拥挤。由于该算法是由加拿大 McMaster 大学土木工程系开发的，因而称为 McMaster 算法。该算法基于以下前提：当交通从拥挤状态向非拥挤状态变化时，流量和密度变化平稳，而速度表现为突然的变化。图 5.22 所示为 McMaster 算法使用流量和占有率对每个检测站的交通状态的划分图。图中交通状态分为 4 类，每一类状态值都是通过历史数据得到的。如果发现状态为 2 或 3 的拥挤，算法就检测下游检测站的交通状态。周期性拥挤和事件引起的拥挤会产生不同的下游交通模式，据此判断事件的发生。如果下游检测站的交通状态是 1 或 2，就触发事件警报；如果下游检测站的交通状态是 4，就认为是周期性拥挤；如果下游检测站的交通状态是 3，则以同样的方式检查下游的检测站交通状态。

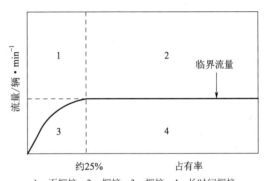

1—不拥挤；2—拥挤；3—拥挤；4—长时间拥挤

图 5.22 McMaster 算法对交通状态的划分图

McMaster 算法和加州算法相比有一些明显的优点。在这种算法中，下游检测器出现故障，不会影响事件的检测，这和加州算法不同。McMaster 算法在确认可能的事件时采用流量作为一项输入量，而加州算法只考虑把占有率作为算法的输入量，况且 McMaster 算法数据采样平均时间间隔为 30 s，比加州算法数据采样间隔 60 s 要短。McMaster 算法在确认事件时也把常发性拥挤或偶发性拥挤考虑进去了，这样就会使得误警率更低。McMaster 算法主要的不足是数据都是在同一道路截面的快车道上采集的。当交通事件发生在路肩或者靠右的车道上时，这种算法需要一个更长的检测时间，直到交通事件影响到快车道上的交通流时，它才会检测到事件的发生。

4）基于人工智能的算法

（1）基于模糊逻辑的算法。模糊逻辑理论起始于 20 世纪 60 年代，1965 年美国加利福尼亚大学 L. A. Zadeh 教授首次提出模糊集合概念。基于模糊逻辑的算法，其主要思想是模糊规则形式的模糊知识库，该知识库通过推理系统区分相应的交通状态。该算法的主要优点是采用了模糊逻辑，消除了传统算法因采用阈值而引起的临界决策区。在该算法中，确定各个模糊集的隶属函数是一项至关重要的工作，隶属函数合适与否，直接影响到检测率和误报率。因此，隶属函数的确定是该算法的难点。该算法另一个突出优点便是检测时间短，如果隶属函数恰当，检测率和误报率都比较理想。

（2）神经网络算法。交通流运行状态的变化是十分复杂的，其影响因素很多，随机性很大。应用神经网络，极大地简化了建模问题，避免了理论上对原有模型的修补，可直接用对交通流数据训练后的神经网络来描述交通流规律。1995 年神经网络算法被应用到高速公路交通堵塞检测中，取得了很好的效果。在交通事件检测方面所应用到的神经网络模型，主要有多层感知器网络模型、概率神经网络模型和模糊神经网络模型。该算法的思想是模拟人类大脑的思维过程，通过构造人工神经网络，描述大量数据的复杂函数关系。用于交通事件检测的人工神经网络模型大多采用三层前馈神经网络，包括输入层、隐藏层和输出层。神经网络算法的判断逻辑为：将上游检测站数据与上游站延迟一个时间间隔的数据相比较，若呈现不连续变化，则认为两站之间有事件发生。用于交通事件检测的神经网络算法还有多层前向网络、自组织特征映射神经网络以及概率神经网络等。

5.4.3　交通事件处理

智能交通系统（ITS）的主要目标是实现良性的交通管理及安全，通过先进的信息技术和产品来保证日常交通的畅通和安全，当突发事件发生时保证系统及时响应和处理，并保证特殊事件下的交通管理和控制（如施工、恶劣天气、VIP 特勤事件等）。经过 20 多年的发展，特别是经历北京奥运会、上海世博会、广州亚运会、深圳大学生运动会的考验，交通事件中 ITS 的建设和使用经验在我国已经取得了较大的进展，事件的管理从技术导向转变为流程导向。在交通事件处置的实践中，将 ITS 各种子系统进行适当的梳理，形成了典型的对交通事件的控制、诱导和协调流程，如图 5.23 所示。

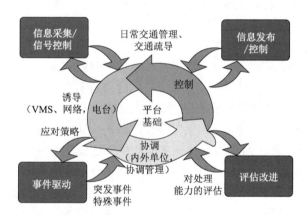

图 5.23　对交通事件的控制、诱导和协调流程

一般情况下，交通顺畅时 ITS 只利用交通流检测系统（vehicle detection system，VDS）的数据，闭路电视（CCTV）执行持续的监控并实行现场基础设施的状态管理。在平时和拥堵发生时的系统管理流程示意图如图 5.24 所示。

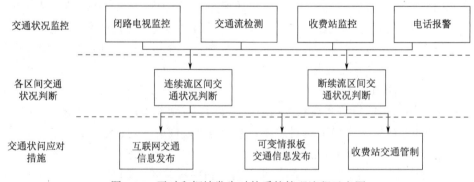

图 5.24　平时和拥堵发生时的系统管理流程示意图

当发生周期性拥堵时，系统管理流程分事件监控、疏导和应对三个阶段。

（1）事件监控（即交通状况监控）阶段：交通指挥中心人工通过 CCTV 的图像、ITS 的 VDS 数据和收费站数据，以及系统终端或情报板上各区间的交通状况信息，实施对路况的监控，并接受交通参与者的报警和告知。

（2）疏导阶段：利用 VDS 数据、CCTV 和收费站判断连续流区间的各道路单位区间交通疏通状况，以便及时疏导交通。

（3）应对阶段：系统以每分钟为周期通过自动在互联网、车辆监测系统（Vehicle Monitoring System，VMS）发布各区间交通疏导信息。必要时可以由人工生成交通拥堵信息，或由人工干预系统。

理论上，交通突发事件的处置通常分为发现、确认、应对和处理、记录等阶段。图 5.25 所示为突发事件处置流程。

（1）发现突发状况：交通指挥中心从 ITS 的 VDS 和收费站数据、中心的大屏幕或运行终端上的 GIS（geographic information system，地理信息系统）地图上，得到突发事件发生的报警信息，或者由交通参与者报告事件的发生。

（2）突发状况自动感知：利用 ITS 的 VDS 数据和收费站数据以及其他子系统的数据，以每分钟为单位执行突发状况自动感知算法。

（3）突发状况信息确认：交通指挥中心通过执行突发状况自动感知算法，观察拥堵地图和接待市民报警等方式，获得有关事件的粗略信息，并根据现场交通参与者的报告以及 CCTV 和视频 VDS 观察，最终确认突发事件的发生和获得更详细的事件信息。

（4）突发状况应对和处理。

（5）突发状况信息记录和总结。

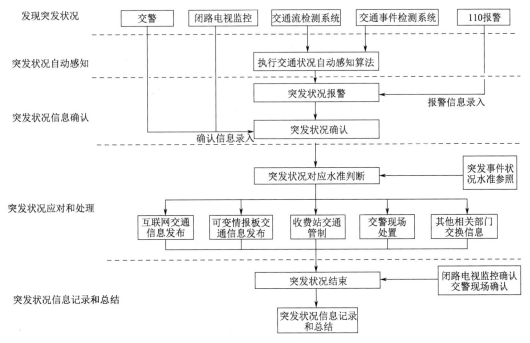

图 5.25 突发事件处置流程

5.5 交通数据管理

5.5.1 概述

ITS 采用把道路、车辆和环境综合起来的方式来管理交通，这为解决交通拥堵问题提供了新思路和新途径。其中，交通信息是核心内容，占据着很重要的地位，而且各项功能的实现都必须以信息为核心展开。

先进的交通管理系统（advanced traffic management systems，ATMS）是 ITS 的重要组成部分，其高度集成的系统特性使其在解决交通拥堵问题上有着明显的优势。其各项功能的实现均围绕交通信息展开，确定需求的信息类型是其首要步骤，即面对采集到的各种信息，如何从中提取对系统和用户有用的信息是至关重要的。同时，为了提高系统对信息的提取效率和减少信息资源的存储空间，必须进行合理的组织。而信息在计算机上主要是以数据的形式存储的，因此对信息的处理可转变成对数据的处理，合理的数据组织可减少信息在存储空间上的占用，使系统快速地调用数据，改善运行效率。

ATMS 最主要的特征是系统的高度集成化。它利用先进的通信、计算机、自动控制、视频监控技术，按照系统工程的原理进行集成，将交通工程规划、交通信号控制、交通检测、交通电视监控、交通事故发现和救援与信息系统有机地结合起来，通过计算机网络系统，实现对交通的实时控制和指挥管理。ATMS 的另一特征是信息高速集中传输与快速处理，由于运用了先进的网络技术，获取信息快速、实时、准确，提高了控制的实时性。ATMS 的应用使交通管理系统中交通参与者与道路以及车辆之间的关系变得更加和谐，最终达到缩短行程时间、减少道路拥挤和阻塞、减少交通事故、节省能源和保护环境、交通流合理分布、平稳运行的目的。要想实现对信息高速集中传输和快速处理，必须保证所获取的信息准确、有效。由于交通系统包含复杂的路网、路段，交通信息必须能实时反映道路的交通状况，加上对获取到的实时动态交通信息的处理、传输和发布的特殊要求，使得系统拥有一个庞大的数据体系。面对如此海量的数据，合理、有效的组织数据模型和处理方法是极其关键的。

5.5.2 ATMS 的信息需求

ATMS 的功能主要是满足不同层次用户的需求，只有根据用户需求来确定 ATMS 的信息需求，才能更好地发挥 ATMS 的功能。ATMS 需求的信息是多方面、多层次的，但有些信息并不能直接获取，需要对其他信息进行加工处理才能得到。例如，对路网的交通状态以及交通事件的估计等，就需要通过对交通流参数数据、车辆速度以及道路参数等数据进行综合处理才能得到。而这些信息能否满足实际的应用要求，还取决于所获得的信息是否及时、准确、可靠。根据用户需求确定的 ATMS 信息需求如表 5.6 所示。

表 5.6　ATMS 信息需求

ATMS 用户主体	ATMS 信息需求
交通综合决策与规划部门	道路及路网分布信息、基础地理信息、功能小区划分信息、交叉口布局信息以及基础设施信息等
道路运营管理部门	道路上的车辆信息、驾驶员信息、自动收费信息以及道路上的交通状况信息等
公共交通运营管理部门	公共交通需求信息、公共交通载体及行车路线信息、道路交通状况信息等

ATMS 用户主体	ATMS 信息需求
交通综合管理部门	路网信息、路况信息、紧急事件信息、施工信息、交通流运行信息以及交通诱导与发布信息等
行人及非机动车驾驶员	受限制区的车辆速度、转向、变更路线以及事件发生的时间与地点等
换乘者	最佳换乘路线信息、紧急情况下的救援信息及路线引导服务信息等
乘客	最佳乘车路线信息、行程时间信息以及各种服务信息等
驾驶员	路网信息、当前交通状况信息、车辆诱导信息，以及一些包括事故、施工、阻塞信息在内的动态交通信息；遇到突发事件和事故时，要求系统能够提供停车信息并能够得到紧急救援等
车辆所有者	自动收费信息，车辆被盗后能够通过先进的通信手段报警；车辆在非运行状态发生损坏时，能够通过车辆自动报警装置报警
车辆维修公司	车辆故障信息以及发生故障的位置信息，以便车辆维修公司可以迅速提供维修服务
急救中心	可以通过先进的通信手段接收医疗救援信号，并通过自动定位系统确定需要救援的位置，迅速进行紧急医疗救护

根据以上对 ATMS 信息需求的分析，可以将信息大致分为静态信息和动态信息两大类。

1. 静态信息

（1）基础地理信息，主要包括路网的分布状况、功能小区的划分情况、交叉口的布局以及基础设施等信息。

（2）路网基础信息，包含道路的几何长度、道路等级、车道数、收费信息以及立交连接方式等信息。

（3）各种车辆保有量信息，包括按照时间、区域以及车种来划分的车辆保有量信息。

（4）交通管理信息，主要包括车辆的单向行驶、禁止左转、分时段和空间限制进入以及道路施工等信息。

2. 动态信息

（1）交通流状态特征参数信息，主要指交通流量、速度、占有率等。

（2）交通紧急事故及突发事件信息。

（3）在途车辆以及车辆驾驶员的实时信息。

（4）环境状况信息，主要指大气和污染状况的信息。

（5）交通动态控制管理信息等。

不管静态信息还是动态信息都是 ATMS 的主要信息来源和输入数据，保证这些信息的及时、有效对于实现交通管理的各项功能是非常重要的。

5.5.3　ATMS 的数据类型和数据体系

如前所述，智能交通的核心是交通信息，而交通信息的基础是与交通相关的数据。ATMS 也一样，其核心必然是数据。要想实现 ATMS 的功能，首先需要掌握 ATMS 涉及哪些数据，即对其数据需求进行分析。根据用户需求，表 5.7 列出了所有 ATMS 数据的类型和说明，包括描述基础地理信息的数据、描述路网基础信息的数据、记录各种车辆保有量信息的数据、用于交通管理的数据、刻画交通流状态特征的数据、记录交通事故及突发事件的数据、反映在途车辆及车辆驾驶员实时信息的数据、描述环境状况信息的数据、用于交通动态控制的数据等。

表 5.7 ATMS 数据类型和说明

ATMS 数据类型	说　明
描述基础地理信息的数据	与路网分布、功能小区划分、交叉口布局以及地点交通参数检测器、摄像头、信号机等基础设施有关的静态 GIS 数据
描述路网基础信息的数据	主要指与道路几何线形、道路等级、车道数和立交连接方式有关的静态 GIS 数据以及与收费相关的交通数据
记录各种车辆保存量信息的数据	按照区域、时间和车种来划分车辆保有量及车辆信息的数据
用于交通管理的数据	主要包括与车辆限制进入等有关的标志信息数据以及与道路施工相关的数据
刻画交通流状态特征的数据	主要指交通流量、速度、占有率等动态交通参数数据
记录交通事故及突发事件的数据	记录描述交通事故和突发事件的相关数据，包括事件发生时间、地点、车辆损坏情况和伤亡人员情况以及一些灾难性的天气条件等
反映在途车辆及车辆驾驶员实时信息的数据	与车辆和驾驶员有关的各种数据
描述环境状况信息的数据	主要指影响交通运行状态的相关环境参数数据，其中环境参数包括大气状况和污染情况
用于交通动态控制的数据	主要指与信号配时、控制方案、出行咨询信息、停车状况信息相关的实时动态交通数据

ATMS 功能的实现需要大量的数据支撑，但这些数据的类型和属性都很复杂，因而构建良好的数据体系是十分重要的。按照数据的用途可以把 ATMS 的数据划分为三大数据体系：描述交通地理信息的 GIS-T（交通地理信息系统）数据、描述交通状态的交通变量数据以及描述交通事故和突发事件的交通事件数据，如表 5.8 所示。

表 5.8 根据数据用途划分的 ATMS 数据体系

按照用途划分的 ATMS 数据体系	包含的数据类型
GIS-T 数据	描述道路基本信息（几何线形、道路等级、长度、宽度等）的几何数据；描述路网分布、功能小区划分、交叉口布局的 GIS 数据；与地点交通参数检测器、摄像头、信号机等基础设施有关的静态数据；与收费站、立交连接方式、周边建筑及环境有关的 GIS 数据
交通变量数据	主要指交通流量、速度、占有率等反映交通流运行状态的交通参数数据，反映道路交通信息（顺畅、拥挤、堵塞）的交流状态判别结果数据，数据质量结果分类数据；还包括与动态交通控制和管理有关的实时数据和环境变量数据等
交通事件数据	主要包括事件类型、事件发生时间、事件发生地点、损坏车辆信息数据，以及伤亡人员信息数据等

由于 ATMS 中的数据与空间数据相关，可以采用面向对象的思想对 ATMS 的数据体系进行划分，如表 5.9 所示。

表 5.9 面向对象的 ATMS 数据体系

面向对象的 ATMS 数据体系	包含的数据类型
交通网络对象数据	包括描述路网中的道路、连接点、封闭交通区域、路段、交叉点、聚合路、汇交路口以及环岛的路网数据；描述公交路线线段、公交连接点、公交路线、公交车辆、公交换乘区以及公交点的公共交通对象数据
基础设施对象数据	信号机等监控设施数据；地点交通参数检测器、摄像头等基础检测设备设施数据；交通标志、路标、路面标记、照明灯、人行横道、环境设备、安全设备等设施数据
功能小区对象数据	功能小区划分数据以及命名区域对象等数据
动态交通信息对象数据	主要包括交通变量数据和交通事件数据

现实世界的数据除了与空间相关外，还与时间相关，空间数据的变化往往会随着时间的变化而变化。因此，按照时间序列对数据划分又可以包括：反映过去状态的原始数据和历史趋势数据；当前状态下的实测数据、交通事件数据，以及一些环境信息数据、数据质量分类结果数据和交通状态判别结果数据；反映未来趋势的预测数据。

5.5.4　ATMS 的数据模型

面向对象的模型把对象作为基本建模单位，无论多么复杂的实体都可以用对象来表示，对象之间通过建立对象标识来进行联系。面向对象模型能够直接表达一对多的关系，它不仅支持变长记录，而且支持对象的集合，能从几何信息、专题信息和语义信息以及时态信息等方面对对象进行描述。面向对象模型使用户更容易理解和接受逻辑概念，避免烦琐的技术细节，使应用模型的建立和应用更加容易。因此，这里利用面向对象理论来构建面向 ATMS 的交通数据模型。

交通路网信息由基础地理信息和交通信息组成。其中，基础地理信息主要由节点和路段信息组成，用来反映交通路网的几何信息以及各组成对象之间的拓扑信息。交通信息又由交通变量信息和交通事件信息组成。节点用于描述路网中的道路交叉口，而弧段用于描述实际路网中的道路路段。作为多尺度的需要，路段和节点又包含了复杂路段和复杂节点。拓扑信息则描述的是路段和节点之间的拓扑关系，用于描述路网的联通性。

道路基础设施主要包括交通信号灯、交通标志、测量设备等，这些设施数据用点来表示，功能小区主要通过多边形来表示。

采用面向对象的方法针对具体要素分别进行建模，每一种建模要素都对应一种对象。对象由标识、属性集和操作集三个部分组成。标识是一个用于识别对象的唯一编码，它在对象的生命周期内是保持不变的。属性集封装了对象的时间域、空间域和专题域。对象的空间属性用来描述对象的形状和位置，它是由矢量数据中的点、线、面、体组成的几何图形。对象的专题属性用于描述对象的性质和特征，它可以是文字的，也可以是数值的。对象的时间属性用于描述对象的时态变化，它可以是有效时间也可以是事务时间，分别用于表达对象的实际存在时间以及它在数据库中的更新时间。操作集则封装了对象的时空拓扑关系、专题特征变化以及空间特征变化。空间特征变化主要指对象几何形状的变化、对象的分割与合并以及位置的移动。空间关系进一步分为方位关系、拓扑关系和度量关系。在时态区间代数模型的基础上引入时刻概念，结合时空对象的不同几何特征（点、线、面），可以将上述要素分别设计成不同的对象类。

面向 ATMS 的交通数据时空对象是由时态空间对象和时态专题对象聚合构成的。而时态空间对象和时态专题对象分别是由在空间对象和专题对象交通信息上附加时态特征构成的。空间对象由几何对象以及几何对象之间的空间拓扑关系构成。几何对象由单一实体节点、路段区域以及复合实体几何集合组成。时态特征由时态对象以及时态拓扑关系构成。采用线性的绝对时间结构，并把时间轴与整数轴同构，即假定时间密度为离散的整数。时间粒度可以是天或秒，分别对应对象的有效时间和事务时间。时态空间对象与时态专题对象通过对象标识链接，实现路网与动态交通信息的动态一体化。

下面就利用面向对象的方法，设计面向 ATMS 的交通数据一体化概念模型、逻辑模型和物理模型。

1. 面向 ATMS 的交通数据一体化概念模型

面向 ATMS 的交通数据一体化概念模型如图 5.26 所示。面向对象的数据体系把面向 ATMS 的数据所包含实体抽象为各类时空对象。这些对象从几何角度可以分为点、线、面三大类。从数据内容的时态特性来看，可以分为两种类型：静态 GIS-T 对象和动态交通信息对象。静态 GIS-T 对象主要包括交通网络对象、功能小区对象以及道路基础设施对象，动态交通信息对象包括交通变量和交通事件。

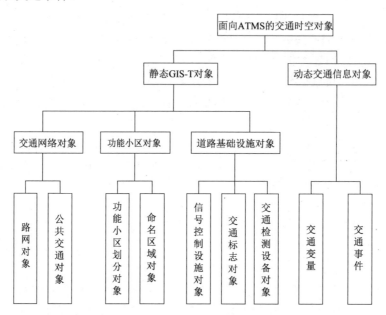

图 5.26　面向 ATMS 的交通数据一体化概念模型

根据面向对象的数据体系，下面分别设计不同对象数据的概念模型。

（1）交通网络对象数据的概念模型。交通网络对象主要包括路网对象和公共交通对象，这些对象中所包含的 ATMS 数据主要涉及路网中的道路、路段数据以及交叉口布局数据。交通网络对象数据的概念模型如图 5.27 所示。

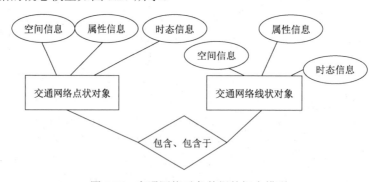

图 5.27　交通网络对象数据的概念模型

（2）功能小区对象数据的概念模型。功能小区对象包括功能小区划分对象和命名区域对象，其数据概念模型如图 5.28 所示。

（3）道路基础设施对象数据的概念模型。道路基础设施包括交通标志、交通信号灯、照明灯、测量设备、环设备、安全设备等。道路基础设施对象数据的概念模型如图 5.29 所示。

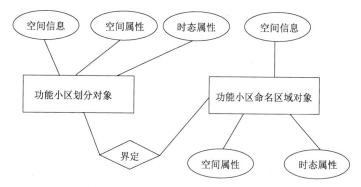

图 5.28　功能小区对象数据概念模型

（4）动态交通信息对象数据的概念模型。动态交通信息从内容上可以分为交通变量信息和交通事件数据两部分。交通事件数据和交通变量信息的概念模型分别如图 5.30 和图 5.31 所示。

图 5.29　道路基础设施对象数据概念模型

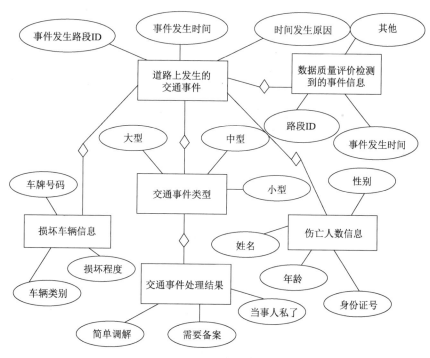

图 5.30　交通事件数据的概念模型

2．面向 ATMS 的交通数据逻辑模型

下面采用面向对象的方法设计面向 ATMS 的交通数据的通用逻辑模型，如图 5.32 所示。针对交通时空数据的每一个建模对象，分别建立初始表 B、变化表 C、删除表 D、关系表 R、空间表 F 和索引表 S。

B 表用来存储对象的初始状态；C 表用来存储对象的特征变化；D 表用来存储那些被删除的对象；R 表用于存储对象之间的分割和合并关系；F 表用于存储对象的空间特征；S 表则存

储对象的空间索引。B、C、D 表中的字段（VTB、VTE、TTB、TTE）用于记录对象的起始、终止有效时间或事务时间。C 表中的字段 CID 用于表达对象的变化索引。在 R 表中，FID 用来表达发生分割或者合并对象的编码，NEXTID 用于表达分割或者合并以后形成的新对象的编码。B、C、D、R 表可以反映对象的变迁信息，并能重构对象的演化历史。pk（primary key）是唯一用来识别表中的每一个记录的主键。fk（foreign key）是将一个数据表中的主键存放到另外一个数据表中的外键。FK1、FK2 分别代表数据表间外键和主键的对应关系。

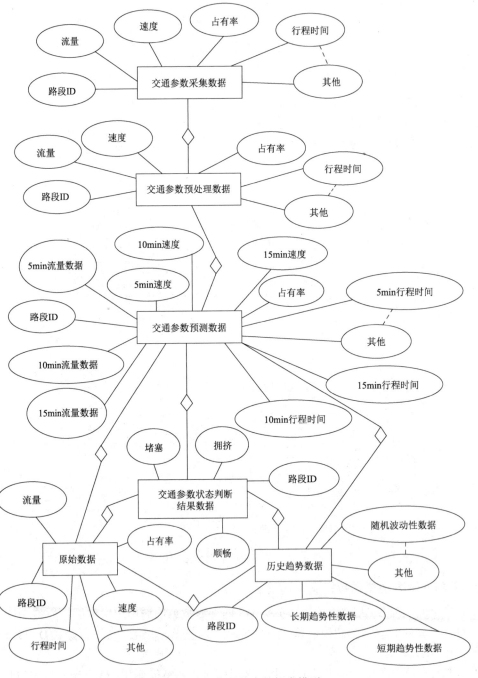

图 5.31　交通变量信息的概念模型

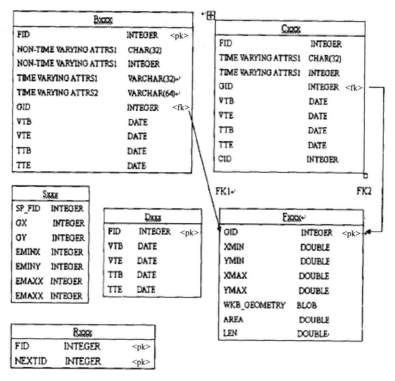

图 5.32　面向 ATMS 的交通数据通用逻辑模型

对于交通时空对象，不仅要考虑它的空间特征和属性特征，还考虑它的时态特征，利用时空模型对交通数据进行组织，便于数据的及时更新。因此，在加入和更新信息时，不仅要存储现时的数据，还要增加时间维，用以保留历史数据。这里采用面向对象的时空数据模型，为交通对象定义一个存在时间，以表达交通对象的存亡情况。对某些可能会发生时态变化的属性字段进行特殊的定义，使其字段是可以变长的，并将有效时间标记在字段的旁边，用以说明其属性的变化情况。

下面针对面向对象的 ATMS 数据体系，分别构建不同对象数据的逻辑模型。

（1）交通网络对象数据的逻辑模型。交通网络对象中路网对象数据和公共交通对象数据的逻辑模型分别如图 5.33 和图 5.34 所示。

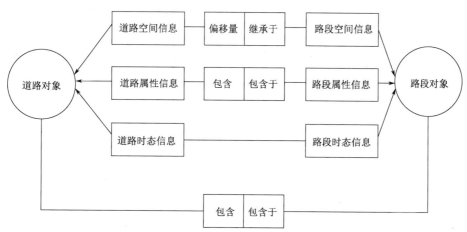

图 5.33　路网对象数据的逻辑模型

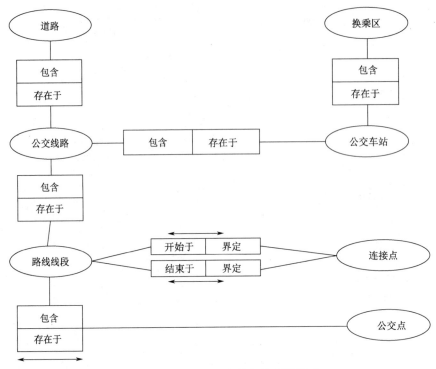

图 5.34　公区交通对象数据的逻辑模型

（2）功能小区对象数据的逻辑模型。功能小区对象数据的逻辑模型如图 5.35 所示。

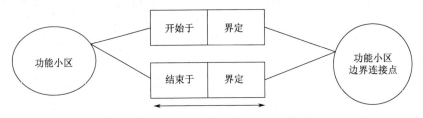

图 5.35　功能小区对象数据的逻辑模型

（3）道路基础设施对象数据的逻辑模型。道路基础设施对象数据的逻辑模型如图 5.36 所示。

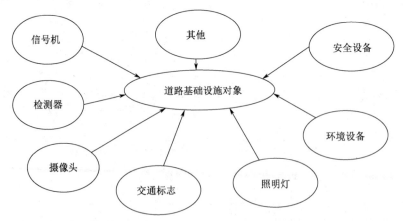

图 5.36　道路基础设施对象数据的逻辑模型

（4）动态交通信息对象数据的逻辑模型。动态交通信息对象数据的逻辑模型如图 5.37 所示。

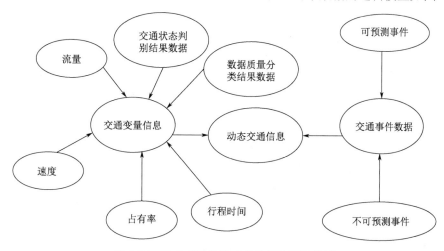

图 5.37　动态交通信息对象数据的逻辑模型

3. 面向 ATMS 的交通数据物理模型

面向 ATMS 的交通数据物理模型主要是设计交通时空数据的物理结构，而交通时空数据的物理结构主要指空间数据及其附属信息在物理设备上的组织和存取方法。

时空数据库主要包括路网数据库和动态交通信息库。路网数据库主要包括现势库（现在时态）、过程库（进行时态）和建立分级索引的历史库（过去时态），用来表示不同时态的数据库。

现势库反映的是操作对象现在时态的空间位置和属性特征，数据库中的元组是数据库的当前操作对象。现势库用于存放最新录入的数据集。

过程库在大多数的时态数据库中只保存了对象的空间位置和属性的现状及其变化前的各时段的历史状态。然而，数据的变化往往需要经历一个过程，也就是必须满足一定的条件，过程操作经过验证后，才允许进入过程演变的下一个阶段，这时过程演变被存入过程库中。过程库中的关系表只用来存储每次更新时变化的要素和变化类型信息，并不存储要素的几何信息。过程库依据这张关系表跟踪对象演变的所有阶段，用于描述事件发生的和演变的全过程。一旦事件发生的条件得不到满足，该事件就会沿发生的时间轴回退，直到条件成立时才停止或者直接返回到事件发生前的状态。

当历史库中的一个对象发生变化后，其最新的状态被存入现势库中，而它的演变过程则被存入过程库中。如图 5.38 所示，更新数据与历史数据在经过动态关联后，会将已发生各种变化的数据存储在历史库的信息表中，由于该信息表只存储变化了的信息，因此实现了无冗余存储。为了方便对历史数据进行快速查询，应对所有元组分别建立分级索引。这样，对于任意给定的时刻或时间段，都可从历史库中查询到其"过去"的状态。

关联后的关系表被存入过程库中，过程库中并不存储任何地理空间信息，只是存储历史数据与更新数据的对应关系。ID1 表示历史数据中所包含的对象，ID2 表示更新数据中所包含的对象，ID3 表示现势库中所包含的对象（如实体 10、13、14）。而那些发生变化改变的要素信息，如实体 11、12 则被放入历史库中。在 R 表中，"0"表示实体没有变化，"1"则表示实体形状发生了变化，"2"表示实体的消失，"3"表示新实体的增加。

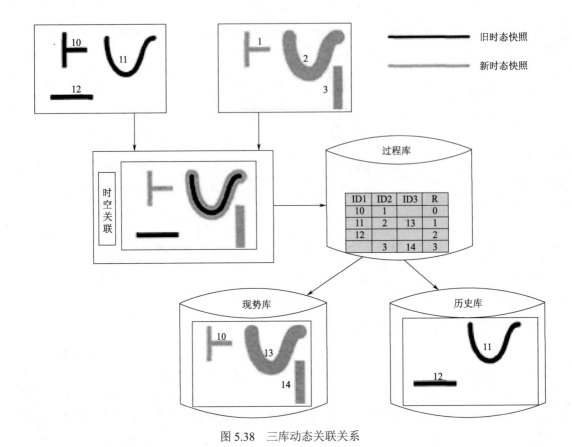

图 5.38　三库动态关联关系

动态交通信息库在数据库中的组织形式就是一张二维交通信息表，该表随着交通信息不断更新（一般更新时间是 5～10 min），不断写入新的数据，并在历史数据上加一个终止的有效时间，表示更新的结束。路网数据库和动态交通信息库的关系如图 5.39 所示。

在面向对象的数据体系中，交通网络对象数据、功能小区对象数据和道路基础设施对象数据的当前状态存放在路网数据库的现势库中，历史数据

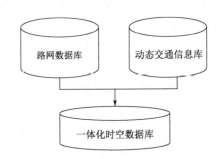

图 5.39　路网数据库与动态交通信息库的关系

则存放在路网数据库的历史库中，其中间的变化过程则存放在路网数据库的过程库中；而动态交通信息对象数据则存放在动态交通信息库中。

5.6　公共交通管理

5.6.1　概述

城市公共交通是指城市中供广大民众乘坐的、经济方便的各种交通方式的总称。《国民经济行业分类和代码》确定的市内公共交通工具，主要包括汽车（含小型公共汽车）、电车（含有轨电车）、出租汽车、地铁、轻轨、轻索道和缆车。

城市公共交通运营管理包括政府对城市公共交通企业的管理和政府对城市公共交通运营本身的管理两个方面。政府对城市公共交通企业的管理措施主要有：保持城市公共交通企业之间适度的竞争；利用微观经济手段来优化交通资源的合理配置；利用非市场化手段大力支持公共交通企业优先发展；采用合理的公共监管手段限制企业在某些方面垄断；充分发挥价格的杠杆作用，形成科学合理的价格调整机制。

政府对城市公共交通运营的管理主要从以下5个方面实施：

（1）公共交通规划管理：根据城市社会经济发展态势、用地布局和路网规划布局，同时参考其他相关规划，确定不同类型公共交通方式的适用条件、功能定位、服务对象和服务水平，统筹安排各层次、各类型城市公共交通方式在城市中的空间布局和合理衔接。

（2）公共交通运营调度管理：城市公共交通企业根据客流的需要以及城市公共交通的特征等相关因素，通过对运行车辆的详细作业计划进行编制以及对作业车辆实施有效的调度，使车辆运营的所有环节以及所有部门均得到有效的协调，从而使交通运营的效率得到有效的提升。

（3）公共交通服务质量管理：根据情况对公共交通全过程进行管理、监控，向乘客提供优质服务。

（4）公共交通设施建设管理：城市公共交通基础设施主要包括枢纽、场站、轨道、信息化系统以及各类配套服务设施等，其建设管理主要包括程序管理、项目管理、项目竣工验收管理以及基础设施运营管理与维护等。

（5）公共交通运营安全管理：贯穿于公共交通运营服务的全过程，包括对公共交通场站、车辆等服务设施及轨道交通安全保护区等区域的监督管理。

5.6.2 城市公交运营调度

1. 城市公交运营指标

城市公交运营调度是指城市公交企业根据客流的需求、城市公交的特点，通过制定运营车辆的行车作业计划和发布调度命令，协调运营生产的各环节、各部门的工作，合理安排、组织、指挥、控制和监督运营车辆的运行和有关人员的工作，使企业的生产达到预期的经济目标和良好的社会服务效益。运营调度的主要目的是按照车辆运行作业计划的要求，结合现场的实际情况，正确有效地指挥、控制和调节车辆运行，保证客运工作按时、按质、按量地完成。运营调度有很多相关的定额和参数，运营车辆运行定额包括单程时间、始末站停站时间、周转时间及周转系数，它们与车辆调度管理以及企业的运营管理有着密切的联系，是城市公交企业中重要的指标。

1）单程时间

单程时间是指车辆由始发站到终点站所耗费的全部时间，其中包括单程行驶时间和车辆在中间站完成停车开门、乘客上下车、乘客上下车完毕后关门、起车的全部时间。

2）始末站停站时间

始末站停站时间是指车辆在起始站和终点站调动车辆、清洁车辆、交接班以及调整车辆间隔等必需的停歇时间，客流高峰时段和客流平峰时段对始末站停站时间有相应的要求。

3）周转时间及周转系数

车辆从起始站出发，运行到终点站后再运行回起始站，称为一个周转。周转时间是上下行单程时间、始末站停站时间之和。周转系数是单位时间内车辆完成的周转次数，它与周转时间呈倒数关系。

与运营调度有关的运行参数主要包括线路车辆数、行车频率、行车间隔等。值得注意的是，对行车间隔进行排列时，在客流高峰时段向客流平峰时段过渡时，应采取由小到大的排列方式；在客流平峰时段向客流高峰时段过渡时，应采取由大到小的排列方式。

2. 城市公交车辆调度形式

车辆调度形式是指运营调度措施和计划中所采用的运输组织形式。按车辆工作时间的长短与类型可分为正班车、加班车与夜班车；按车辆运行与行驶方向及停靠站点，又可以分为全程车、区间车、快车、定班车和跨线车等。图5.40所示为公交车辆调度示意图。

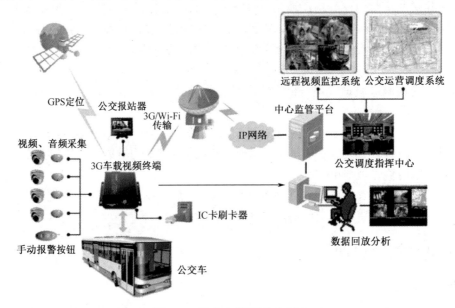

图 5.40　公交车辆调度示意图

正班车主要是指车辆在正常运营时间内连续工作，相当于两个工作班的一种基本调度形式，因此又称为双班车或大班车。

加班车是指车辆仅在某种情况下，在某段运营时间内上线工作，且一日内累计工作时间相当于一个工作班的一种辅助调度形式，因此又称为单班车。

夜班车是指车辆在夜间（通常指下半夜）上线工作的一种辅助调度形式。

全程车又称为慢车，是指车辆从线路起始站发车运行，直到终点站为止，必须在沿线各固定站点依次停靠，并行驶满全程的一种基本调度形式。

区间车是指车辆仅仅行驶在线路上某一客流量较大的路段或区间的一种辅助形式。区间调度形式可通过计算路段客流量或路段不均匀系数的方法来确定。一般情况下，当客流断面不均匀系数达到1.5时，就应该采用发区间车的调度方法。

定班车是为了接送有关单位职工上下班或学生上下学而组织的一种专线调度形式，车辆可按定时间、定路线、定班次和定站点的原则进行运行和组织。

公交运营调度均以全程车和正班车为基本调度形式，并根据线路的客流分配等情况辅以其他调度形式。其他调度形式的选择，除了根据线路客流情况进行有关计算外，还需对道路与交通条件、企业自身的组织与技术条件以及有关运输服务质量要求等因素进行综合分析，使得调度方案和措施具有充分的可行性、良好的服务性和经济性。

3. 基于实时位置的动态调度

合理的行车作业计划很少需要现场调度，只有在客流急剧增加时，才需要人为干预，或者直接由计算机进行及时调整，如加开越站车辆等。

基于实时位置的动态调度策略是：根据行车作业计划运行，也就是采用静态的调度方法调度车辆；当高峰时段和平峰时段相互过渡而导致客流变化或发生各种突发事件时，原来的依据行车作业计划的调度方案已经不能正常地运行，此时基于 GNSS 的动态调度策略，系统根据车载终端对运行车辆在线路上的实际运行情况实时采集，通过调整车辆在首末站的停靠时间或采取加减车措施，重新编排行车作业计划。图 5.41 所示为公交车辆动态调度策略原理图。

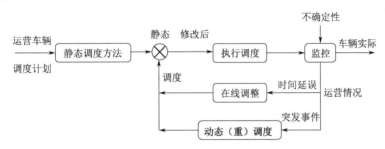

图 5.41 公交车辆动态调度策略原理图

（1）通过车辆安装的终端，系统可对车辆运营过程进行实时监控，了解车辆到站是否停靠，具有回放车辆轨迹功能，从而加强企业运营管理，提高运营车辆的安全行车系数，降低行车安全事故频率。

（2）在运营管理中，对车辆运行位置、间距等进行数字化监控，并根据全面记录和收集的线路运营的大量数据，制定科学合理、符合实际的日常行车作业计划，总结车辆运行规律。同时，可以对首、末站点发车准点率进行监控和考核，进一步保证车辆行车间隔，提高车辆正点运营率、车辆准点率和运营管理效率，从而合理地进行车辆调度，达到科学运营管理的目的。

（3）系统可以通过对运营车辆位置的监控，统计和预测车辆到达站点的时间，同时让乘客可以通过电子站牌、网站、手机等多种方式查询和了解车辆的实时位置信息，由此有效提高对乘客的服务质量。

4. 基于实时位置的公交运营管理系统

基于实时位置的公交运营管理系统的总体框架如图 5.42 所示，主要包括信息采集子系统、公交调度子系统、GIS 平台、信息服务子系统以及后台数据中心。其中，信息采集子系统主要负责采集静态数据（包括城市居民分布、城市道路情况、交通政策、公交线路分布、公交站点分布、公交车辆）和动态数据（包括公交车辆位置、公交车辆速度、站点间行程时间、公交车辆间隔、公交车辆满载率、道路交通状况）两方面信息；公交调度子系统包括公交线网规划、公交站点设置、公交长周期计划、公交短周期计划、系统实时监控、车辆实时调度、驾驶人员调度；GIS 平台主要包括公交基础图层、公交车辆实时位置；而信息服务子系统主要是指电子站牌、公交服务网站以及便于在移动信息终端上查询公交信息的应用软件。

后台数据中心是系统的一个至关重要的部分，负责存储更正数据。系统采用先进技术手段（如 GIS/GNSS）来采集公交车辆位置、公交车辆速度、站点间行程时间、公交车辆间隔、公交车辆满载率、道路交通状况等实时的、动态的信息，同时结合城市居民分布、城市道路情况、交通政策、公交线路分布、公交站点分布、公交车辆信息，由后台数据中心对数据进行分析、整合，再通过 GIS 平台或电子地图实现对公交基础图层和公交车辆实时位置等信息的可视化显示功能，然后通过公交调度子系统实现对公交运营车辆的实时监控和调度，使得公交企业能够迅速调整公交车辆的运营状况，提高运营车辆的效率，使公交部门实现资源的最佳分配和利用，达到运营的高效化。与此同时，信息服务子系统又通过电子站牌、公交服务网站等多种方式为乘客提供综合的公交实时信息，如线路站点信息、车辆到达或延误信息等。

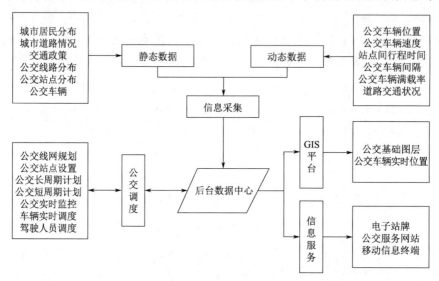

图 5.42　基于实时位置的公交运营管理系统总体框架

5. 公交运营管理调度系统

公交运营管理调度系统主要包含调度中心、公交信息服务和车载终端 3 个模块，每个模块包含不同的功能，如图 5.43 所示。

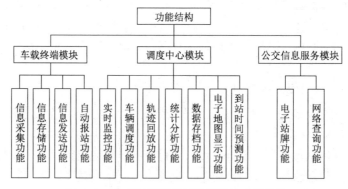

图 5.43　公交运营管理调度系统的功能结构

1）调度中心模块

调度中心可以控制对车辆的实时监控，并能够对车载终端发回的数据进行实时更新。数据库中存储了大量的公交运营管理信息，如公交线路和站点信息、公交车辆信息、行车作业计划信息、驾驶人员信息等。这些信息能够为管理中心做出各种决策提供数据支撑。同时，调度中心还具有快速建立与更新数学模型的能力。系统通过对路段、天气、环境、历史数据等一系列信息进行分析，采取相应的调度策略，并能够对公交车辆到站信息做出准确的预测。调度中心通过对车载终端传回的数据进行分析、计算、存储、传输，保证公交电子站牌的顺畅运行。因此，调度中心的功能设计是公交电子站牌智能化的保证。

调度中心模块应具有以下功能：

（1）监控调度功能（实时监控、车辆调度）。通过调度中心内的全市地图，调度人员可实时监视所有受控公交车的位置、运行轨迹、行进速度及方向等信息，还可直接对受控的某辆、某几辆或全部公交车进行调度。

（2）数据存档功能。调度中心具有信息自动存档功能，以备查用。

（3）轨迹回放功能。对某一车辆在某一时段的行使轨迹进行回放，同时显示该段行驶过程中的行使数据，如车辆行驶速度、满员状态等。

（4）电子地图显示功能。调度中心有当地整个市区的地图，其中包含该地区的详细的地理信息；电子地图中还存有各车的车号等信息，用户可随时查看这些信息。电子地图可以按照一定比例缩放，以便进行详细查看，通过电子地图可以实时跟踪和查看某辆车的信息。

（5）到站时间预测功能。站点之间的运行时间是公交服务非常重要的基础数据。特别是公交电子站牌上显示的下一辆车的到达时间，需要根据站点间运行时间预测得到。车辆到站时间预测也是公交电子站牌应用的一个重要部分，预测时间的准确性，直接影响公众的接受率。

（6）统计分析功能。调度中心可计算每辆公交车每趟出车的运行时间、行驶里程，并记录存档，需要时可随时查询这些信息。

通过对同一线路的不同车辆终端回传的空间信息来分析车辆之间的距离、行车的速度、车辆密度，并由此判断不同时段的交通量，对于安排车辆调度有很大的参考价值。同时，将这些数据综合计算后利用车载终端发送到各个电子站牌，供乘客乘车时参考。对车辆回传的不同状态和信息加以处理，再发送到车载终端，由车载终端中的被动 RFID 读写模块写入 RFID 卡中，被相应的电子站牌系统读取，便可实时显示车辆状态和交通信息，对乘客乘车选择有极大帮助。

2）公交信息服务模块

公交信息服务模块应具有网络查询和电子站牌功能。

调度中心把城市电子地图、公交线网、站点公交发车时刻等信息发布到网站上，当用户要查询信息时，只要输入相应的查询信息（如公交线路名称、公交站点名称）或直接在电子地图上点击相应的站点图形图像，网页就会将信息发送到服务器端；服务器根据收到的信息，结合数据库中的公交信息数据、实时监控数据和历史数据等查询或计算出线路或站点的实时信息，发送到页面供用户查询使用。

电子站牌主要由 RFID（射频识别）、显示、存储器三部分组成，由高速单片机统一控制协调，如图 5.44 所示。

当车辆经过电子站牌时，主动 RFID 读写模块读取车载终端的 RFID 卡中的全部信息，包括该辆车的信息、后一辆车的信息，以及天气预报、新闻、公共信息、灾害预警等信息和首末班时间信息，存入电子站牌的存储器中。如果在某一站点上有多条公交线路，则每条线路的公交车辆均采用相同方式将信息写入存储器，由单片机对存储器内的信息进行处理后，将各类信息以循环播放或滚动播放的方式通过显示器显示。电子智能站牌是公交运营系统面对外界的接口，也是乘客了解公交信息的重要渠道，因此对电子智能站牌的需求就是大众对公交运营信息的需求。

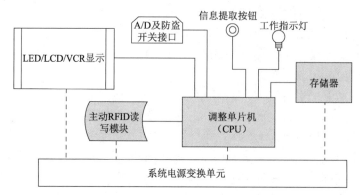

图 5.44 电子站牌工作原理示意图

电子智能站牌按照线路进行显示，每条线路里包含以下信息：

（1）途中车辆行驶预报信息。乘客在车站候车时，最希望知道的就是自己所乘线路的车辆何时能到达、现在在什么地方、车上的载客量如何。然而在高峰时段（如上下班时），往往会发生接连两三辆公交车相隔较短时间到站，而乘客由于不了解情况，全部拥挤至头一辆车，造成头一辆车乘客拥挤、后面车辆乘客稀松的运力失衡的情况，极大地降低了乘车的舒适度。因此，可将途中车辆行驶信息的显示，扩展为离该站点最近的两辆车的预报信息；因每个公交车站的线路较多，采用循环滚动显示的方式。

（2）途径本站的线路编号。

（3）指定线路的交通状况。对每一条途经线路的交通情况（如拥堵等）进行显示，让乘客可以通过系统预估的到站时间和显示的路况来综合判断。

（4）车辆状态的显示。对车辆的实时状态进行显示，如正常、故障、满员等，让乘客在等车时可以做到心中有数。

（5）末班车提示。当总站发出末班车时做出提示。

（6）综合信息显示。当前时间、天气预报、公共信息、灾害预警等。

3）车载终端模块

车载终端是车辆调度、监控管理系统的前端设备，通常隐秘地安装在各种车辆内。车载终端设备主要由车载视频服务器、LCD（液晶显示器）触摸屏、外接摄像机、通话手柄、汽车防盗器等组成。车载视频服务器采集音视频信号并压缩为数字流，通过 cdma2000 1x 等无线网络传输到用户监控中心，达到远程监控、应急指挥的目的。车载视频服务器需要的是双码流同时编码，包括本地独立的录像码流和网传码流。用户需要提取视频监控的数据，可以采用车载终端 USB（通用串行总线）端口和 EV-DO（cdma2000 1x、Wi-Fi）远程调取两种方式。

车载终端模块可以实现如下功能：

（1）在线监控：全方位、全智能、精准监控，即通过后台系统提供对车队和车辆的位置信息查询、区域查车、实时监控跟踪、轨迹查询、轨迹回放、报警信息提醒查看、拍照、视频监控等功能，实时监控车辆的信息，做到方便管理。

（2）调度管理：主要包括自动调度、人工调度、状态查询功能。其中，自动调度结合车辆的任务情况、位置范围，自动计算和匹配，对车辆自动发送调度和任务信息；人工调度提供区域查车、短信调度、语音调度功能。多种类、全方位的信息调度，可为企业节省更多成本与时间。

（3）报表管理：提供报表的多条件查询和报表的导出功能。借助报表功能，使得业务信息内容、车辆信息更为丰富。报表主要包括报警统计（SOS 报警、越界报警、超速报警、断电报警）、行车报表（开停车统计、历史轨迹）、油耗报表（每日油耗、加油统计）、里程统计、温度统计、短信息统计、图像统计。

（4）OBD（车载诊断）信息：随时、随地掌握车辆健康状态，即提供车辆实时车况信息（油耗信息、电瓶电压、进气管温度、当前车速、发动机水温、引擎转速）的实时查询，以及故障记录、保养管理以及行车报告等功能。

（5）CRM（客户关系管理）：为企业用户提供客户资源管理功能，包括客户信息管理、联系人、增加业务机会以及合同管理等。

（6）订单管理：主要包括发单管理、收单管理以及任务管理模块，能提供订单查询（多条件组合）、订单生成、变更、订单查看、订单分配、发送、撤销等功能，方便而高效。

（7）媒体信息：提供对新闻信息和广告信息的管理，信息随时下发，互动性强。通过新闻管理可实现新闻信息的录入、修改、发布、注销、浏览等功能；广告信息管理主要是利用接入的显示屏或移动互联终端，实现广告信息的录入、发布功能，在发布广告时，可选择发布对象、有效期、显示方式等。

（8）系统管理：包括用户管理、群组管理、角色管理、司机管理、车辆管理、设备管理、报警配置和系统日志管理，其操作简单、实用。

5.6.3 轨道交通系统

地铁目前正朝着信息化、智能化方向发展。随着地铁运营线路的不断增加，运营管理将变得越来越重要和越来越复杂，运营管理的效率将直接影响列车行车安全和企业的经济效益。地铁运营管理的内容包括司乘管理、车辆运营管理、车辆检修管理等。

1. 司乘管理

司乘管理作为地铁运营管理中的一个重要部分，对于地铁安全、准点的运行具有重要的作用。司乘管理是指与司机、乘务相关的信息管理，如司乘人员的信息管理、司机出乘计划编制和管理、司机出退勤管理、司机出乘信息统计管理等。

目前我国地铁运营中司乘管理的信息化水平较为落后，司乘管理基本上采用人工方式用纸制台账记录和管理相关的司机乘务信息，然后以存档的方式保存；用办公软件人工推算和编制司机的值乘任务计划，并以邮件等方式下发给相应的司机；用电话、传真等方式实现不同岗位间的信息交换。随着地铁运营线路的逐渐增加和运营需求的不断变化，运行图的调整日益频繁，通过人工编制出乘计划将越来越困难和烦琐，难以满足地铁运营的需求。采用人工方式也不能保证管理信息的正确性，同时增加了企业的费用支出，也不能保证地铁的安全高效运行。因此，将司乘信息进行系统化、信息化、智能化的管理，是城市轨道交通运营管理发展的必然要求。

司乘管理的主要对象是地铁中担任车辆运行任务的正线电客车司机、车辆段/停车场的工程车司机及调车司机等。相对于电客车司机的管理，工程车和调车司机的作业管理相对简单。司机的乘务管理是列车能够开行的基本条件，其合理与否直接影响地铁的运输效率以及运营的安全性，但各地铁公司的司乘管理方式和管理制度并不完全相同。下面以成都地铁司乘管理为例加以说明。

根据现场作业情况，司乘管理的主要内容如下：

（1）司机信息管理。司机信息管理主要采用 3 层管理模式，即机队、机班、司机个人。机队一般由若干机班组成，一个机队担任一个乘务作业班次（早班、白班、夜班）的值乘任务，机队中机班的数量一般根据各作业班的值乘任务数量来确定。一个机班担任一个乘务任务，由主司机、副司机、实习司机组成，其中主司机负责列车安全驾驶和控制，副司机监督主司机操作，实习司机主要是列车驾驶实习。一个机班必须有主司机，可以没有副司机和实习司机。司机个人管理是指司机个人信息的管理，包括司机的姓名、岗位、编号、出生年月、联系方式等，一般机队所包含的机班、机班所包含的司机是固定的，司机管理同时还包括正线备用司机的管理。

（2）司机乘务计划的编制、管理和下发。乘务计划在地铁中是指司机的出乘计划，是司机出乘的依据，同时也是司乘管理中最为重要的一个部分。乘务计划编制合理与否，直接影响行车安全和效率，直接影响到地铁公司的经济效益。调度人员需要根据运行图所对应的乘务任务和相关规则编制排班计划，然后每天需要根据对司机的使用情况以及排班计划编制次日的乘务计划，且将编制好的乘务计划下发给司机，使司机了解自己的值乘任务。

（3）司机出退勤管理。司机在出勤、退勤时需要办理相关手续。司机在出勤时需要进行相关内容的考核，包括安全条例考核、酒精测试、着装等，考核不过则不能出勤；同时，需要进行工具借用、出乘时间信息等内容的登记。司机在退勤时需要归还工具，登记退勤时间及相关台账。

（4）司机请销假管理。司机请销假需要向所在机队的机队长报告，机队长通知派班调度员，派班调度根据具体乘务任务和司机信息调整安排其他司机值乘，并登记司机请销假的时间、原因等信息。

（5）乘务资产管理。乘务资产主要是司机出乘需要使用的工具，包括机车钥匙、电台等物品。司机出乘时需要登记物品借用信息，退勤时需要归还工具同时做好归还登记。

（6）司机出乘信息的统计。司机退勤后，需要进行司机的出乘信息统计，包括司机驾驶列车的纯公里数、安全公里数、工作时间、纯驾驶时间等信息。

除了以上内容，调度人员在进行工作交接班时需要将相关的台账进行面对面交接。同时，司乘管理还包括司机位置图管理、司机就餐信息统计等内容。司乘管理的主要业务流程（即作业流程）如图 5.45 所示。

每个作业岗位具有不同的司乘管理职责，主要的司乘管理职责属于派班调度。派班调度需要对司机信息进行管理，并从行车调度人员那里获取运行图所对应的运行计划信息，将列车运行计划所对应的值乘任务进行排班编制，然后根据对司机的实际使用情况将排班结果所对应的任务分配给相应的司机进行值乘。司机按时、按地办理出退勤手续，执行值乘任务。

2. 智能化轨道交通运营管理平台

智能化轨道交通运营管理平台是基于现代电子信息技术的轨道交通运输服务系统，其核心技术是电子通信技术、计算机技术、交通工程和系统工程等，它以信息收集、处理、发布、交换、分析、利用为主要特点，为乘客、企业和政府提供多样化的信息服务。通常，应事先广泛征集各专业专家意见，在进行顶层科学设计的基础上，推动该智能平台的分阶段建设与应用。

该智能平台的基本架构大致包含空间规划、现场管理、分析处理、业务融合以及智能管理 5 个层面，如图 5.46 所示。

第一层是空间规划层，通过数字建模技术，对线路走向、车站位置、车站布局、设备设施位置等空间信息进行详尽而准确的数字描述与建模,为后续的运营管理提升和应用价值拓展建立数字化、可视化的操作界面基础。

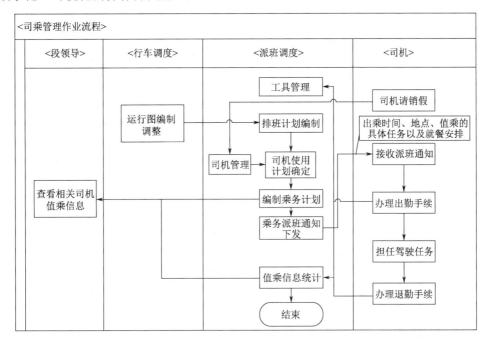

图 5.45　司乘管理作业流程

　　第二层是现场管理层,即在数字建模的基础上,对各专业设备和设施进行现场权限设置和日常管理。例如,与乘客出行密切相关的自动售检票设备、信息发布显示设备、列车广播设备,与行车安全密切相关的信号系统设备、火灾报警系统设备、电力设备等,均应设置现场终端管理权限,使相关人员可通过系统随时观察、检测和采集设备状态,并接收调度中心发出的操作指令。这一层面的实现对设施管理和设备状态采集,对运营管理企业日常的运营分析、旅客疏导、信息处理与发布、站务管理等工作至关重要,是后续管理升级和价值拓展的数据基础。

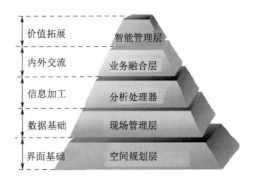

图 5.46　智能化轨道交通运营管理平台基本架构

　　第三层是分析处理层。智能化轨道交通运营管理平台需要收集和处理的,不仅包括各专业设备本身的各类信息,还需要从其他外部系统获得线路运营计划调整信息、现场应急突发情况信息、恶劣天气预测信息等。这就要求该智能平台具有标准、统一的接口管理体系,从而达到对各类子信息系统的紧密集成,通过该智能平台来打破现有的纵向的、不同系统间的信息隔离,实现横向信息共享和交流,为上层的指挥及决策奠定分析基础。

　　第四层是业务融合层。一方面,通过对企业内部管理业务的整合,将运营计划、客流预测、设备运行、应急处理等各项业务有机融合,实现线网级集中管理,改变信息不全、消息封闭、依靠经验、决策时滞的半透明运营管理状态;另一方面,加强和其他行业的数据共享和融合，积极拓展企业信息数据的外部价值，提升企业整体效应和轨道交通运营行业总体水平。

第五层是智能化管理层，通过可视化的人机界面，最终展现对轨道交通运营管理信息和业务的融合，加快信息流动，进行高效决策指挥，实现"信息共享、业务自动、管理智能、服务优质、价值拓展"的最终目标。

在具体的智能平台建设过程中，因各地运营管理水平差异较大，建设进度和方式也存在较大的不同。但总体上，多数城市的实际运营管理都具有按线运行、线网内相关线路综合协调管理的共性。为此，在智能平台的建设中应普遍考虑线路、区域及线网三个建设层次。

具体来讲，线路层负责单线的日常运营管理；区域层则对同一区域和临近区域具有衔接换乘关系的几条线路具有一定的协调管理权限；线网层则一般统管该地轨道交通线网内所有运营线路的综合调度管理。目前，在我国具有区域层模式的城市有广州等，由线路层直接接入线网层的城市有北京、上海等。北京、上海等地均设置了全市统一的轨道交通运营管理中心。各地虽在系统构成规模、功能上有所不同，但基本上遵循了各线路信息上传至线网/区域管理中心的思路。

建设更高水平的监控一体化、应急联动化、调整智能化、价值最优化的管理平台是未来的大趋势。建设时，应以线路网络化运营为整体进行开发，通过配置不同的数据库和部署不同的应用功能，实现支持单一线路运营管理的基本功能。然后，在不改变系统整体结构的前提下，通过配置的改变、系统和数据的迁移，平滑过渡到线路网络化运营的高级模式。这种思路的优点是初期开发周期较短、成本较低且比较适应目前各地运营管理的实际需求。

3. 城市有轨电车运营管理系统

现代有轨电车运营管理系统是一个集通信、控制、计算机网络等众多技术手段，并与其他系统紧密结合、互联互通、信息共享，实现对有轨电车运行的监视、管理和控制，保障列车安全、高效运行的综合型管理与控制一体化系统。有轨电车作为城市轨道交通系统的一种重要交通形式，其根本任务是将旅客安全及时地输送到目的地，因此设置运营管理系统的目的主要有两个：① 监视列车运行，保证行车安全；② 管理列车运营，提高输送效率。它通过列车定位技术对在线列车进行跟踪，实现对全线列车运行的实时监视，对列车运行过程中系统或设备出现的故障进行及时的统计分析，并采取有效手段排查，真正保证列车运行的安全性；它通过编制和管理列车运行计划来管理列车，使列车严格按照既定计划有序运行，真正提高列车输送效率。

现代有轨电车运营管理系统主要实现对列车运行过程的全面监视和管理，通常设置一个运营管理中心。中心调度员对列车运行位置、速度和状态进行实时监视，统一编制全线列车运行时刻表，列车严格按照该时刻表运行。在必要情况下，如临时交换运行情况，中心调度员可直接控制沿线道岔和信号，办理进站。另外，运营管理中心还可对沿线、车站设备状态进行监控，及时处置各类突发事件。随着有轨电车线网规模的不断扩大、信息日趋庞大复杂化以及人们对服务质量要求的提高，现代有轨电车运营管理系统在实现基本运营管理功能基础上，还应与旅客服务信息系统、票务系统和广播系统相结合，使系统高度集成，将系统从传统的以运行监控为主的模式全面升级为对有轨电车交通网络的综合化管理。

现代有轨电车运营管理系统的主要技术特征有：① 列车运行的精确定位、跟踪与监视；② 列车运行时刻表编制及管理；③ 道岔区段列车进路控制；④ 列车运行和设备状态自动监视及故障报警；⑤ 运行记录、操作信息记录及回放；⑥ 旅客服务信息的及时发布；⑦ 与其他系统交换信息。

1）系统层次结构

现代有轨电车运营管理系统是保证有轨电车畅通、安全运行，确保各子系统间密切配合、相互协作，实现信息交互和共享的核心系统。在统一的、标准的系统平台上，现代有轨电车运营管理系统与其他各相关系统互联，形成一个集监视、控制和网络管理于一体的复杂系统，其系统组成和功能取决于信号系统的特点以及运营管理体制。根据国内外现代有轨电车运营管理系统的技术特点，其系统层次结构大体上可由上而下划分为管理中心层、传输网络层和车站被控对象层等三个层次，如图 5.47 所示。

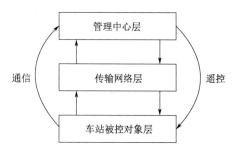

图 5.47　现代有轨电车运营管理系统层次结构

管理中心层是系统的顶层，它负责接收车站被控对象层发送的列车运行和设备状态信息，并通过分析处理以文本、图形等形式显示出来；管理中心同时根据既定列车运行计划以及列车运行状态信息做出决策，并将控制命令下发给车站被控对象以控制列车运行。

传输网络层是系统的中间层，是连接管理中心层和车站被控对象层的桥梁，它为整个系统提供可靠的信息传输通道，实现管理中心层和车站被控对象层之间的信息交互。

车站被控对象层是系统的底层，主要由车载设备和轨旁控制设备组成，实现对列车运行信息和线路设备元件状态信息的采集以及对列车进路的控制。

现代有轨电车运营管理系统的数据信息主要通过网络通道来传输，因此构建安全可靠的系统网络尤为重要。系统网络构建示意图如图 5.48 所示。

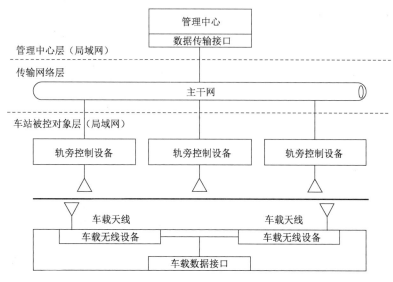

图 5.48　系统网络构建示意图

管理中心层是一个基于局域网的分布式系统，由两台网络交换机组成冗余中心局域网，冗余的双以太网结构增强了系统网络的可靠性。中心主要设备通过以太网口分别挂在两个网络交换机上，通过中心数据传输接口接收车站被控对象层采集的列车状态信息，同时向车站被控对象层发送控制命令。

车站被控对象层主要包括轨旁控制设备和车载无线设备。采用局域网结构，通过车地无线通信网连接轨旁控制设备和车载设备。列车运行过程中，车载无线设备将采集到的列车运行状态信息通过车载天线传送给轨旁控制设备，轨旁控制设备继而将这些信息上传至管理中心。同时，轨旁控制设备接收管理中心发送的控制命令，车载无线设备接收中心发送的线路信息等，通过这些命令和信息实现对全线的监控。

管理中心局域网和车站局域网之间是主干网。主干网是整个系统的核心网络，承担着信息交互的重任。中心控制命令通过主干网下发到轨旁控制设备，轨旁控制设备也将车载无线设备采集的列车运行状态信息通过主干网上传至管理中心，从而实现信息的交互。

2）系统功能

现代有轨电车运营管理系统主要辅助行车调度人员对有轨电车运营进行全面监督和管理，并控制列车按照原定行车计划运行。根据运营任务要求，运营管理系统应具备列车运行监视、列车时刻表管理、列车进路控制和运营记录统计4个基本功能。系统对其管辖范围内运行的列车进行监视，及时准确地掌握列车位置、运行速度和设备状态等信息。根据列车位置及运行速度信息对列车实施速度防护与控制。系统根据列车位置信息和进路状态信息判断列车前方进路是否建立，根据列车运行计划办理进路，对道岔进行防护和控制，从而保证列车能够顺利行驶或安全停车。系统对列车运行数据、设备状态数据以及系统故障报警等信息进行记录统计，并对车辆信息实施管理，为更合理地制定车辆运用计划提供数据支持。

根据系统运营管理任务和基本功能要求，对于线路拓扑比较简单且具备普通运行功能的有轨电车，其运营管理系统基本功能关系图如图5.49所示。

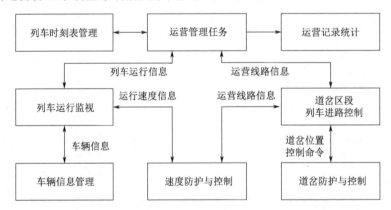

图 5.49　有轨电车运营管理系统基本功能关系图

现代有轨电车运营管理系统是为保证列车运行安全，提高运营效率而设置的。这里在现代有轨电车运营管理系统理论研究基础上，结合国内各城市已投入运营的有轨电车系统的技术特点及管理经验，并根据上述基本功能关系图，重新将系统功能进行详细划分，得到图 5.50所示功能结构图。具体功能如下：

（1）列车运行监视功能，主要实现对在线列车的监视。系统通过列车定位技术检测列车位置，并在管理中心将经过处理后的列车位置以动态形式显示在调度员工作站和大屏幕上。

（2）列车时刻表管理功能，主要实现列车运行时刻表的编制，并对编制好的时刻表进行修改、添加、删除、查看等操作。

（3）正线道岔区段列车进路控制功能，主要实现在中心控制模式下，运营管理系统对正线道岔区段列车进路的控制。系统根据列车位置、临时运营要求以及人工判断，生成道岔控制命令，并将控制命令下发至正线道岔控制系统，办理列车进路。其控制功能主要包括进路办理、进路取消、限速设置、计算复位、信息显示。

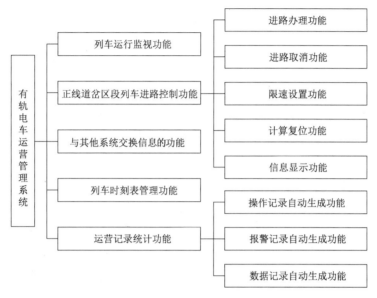

图 5.50　系统功能结构图

（4）运营记录统计功能。现代有轨电车运营管理系统对运营过程中的所有操作及数据信息进行统计，同时采集系统本身和设备的故障报警信息并进行分析。系统运营记录主要包括中心调度员操作记录、系统故障报警记录和系统接收的数据记录。

（5）与其他系统交换信息的功能。现代有轨电车运营管理系统作为其信号系统的子系统之一，主要实现与其他各子系统间的安全通信，包括与正线道岔控制系统、车辆段连锁系统、路口信号优先控制系统间的信息交换。同时，还实现与外部系统间的信息交换，主要是与票务系统、乘客信息系统、广播系统和时钟系统之间交换信息。

3）管理中心组成示例

现代有轨电车运营管理系统是一个复杂的系统，其中管理中心设备是整个系统的核心，负责系统的管理和控制任务。在管理中心网络环境下设置服务器、工作站和通信设备，将它们通过双冗余以太网连接在一起。服务器主要有数据库服务器、通信前置服务器、接口服务器、应用服务器；工作站主要有时刻表编辑工作站、调度员工作站、系统维护工作站和系统培训工作站；还有大屏显示系统及打印机、绘图仪等设备。系统组成结构如图 5.51 所示。

（1）数据库服务器一般由互为热备的 2 台高性能服务器以及磁盘阵列组成，主要用于系统数据的存储。系统数据主要有静态数据，如时刻表数据、车站信息等；还有动态数据，如控制命令、站场表示信息、列车运行信息等。

（2）通信前置服务器一般采用双机配置，两台服务器互为热备，主要用于管理中心和车站之间数据信息的交换，实现通信接口功能。

（3）接口服务器主要实现管理中心与其他系统之间的信息交互功能。它采用双机热备工作模式，每台服务器配置双网卡，与其他设备形成双网互联。

（4）应用服务器是系统的核心，负责系统数据信息的接收、发送以及处理等工作。现场采集设备所采集的数据信息通过应用服务器传送到管理中心，管理中心发送的控制命令也通过应用服务器传至采集设备。应用服务器采用双机热备工作模式。

（5）调度员工作站主要对列车运行和现场设备进行监视，根据时刻表指挥列车运行。调度员能够在该工作站直观地了解在线列车运行情况和设备状态信息，而且能够通过该工作站向列车下发控制命令以控制列车运行。

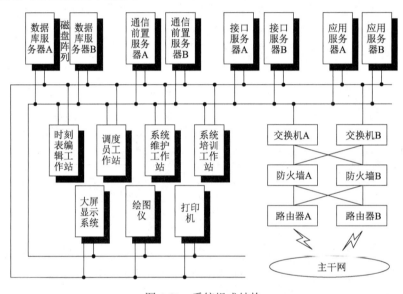

图 5.51　系统组成结构

（6）系统维护工作站主要用于系统维护、故障报警处理等。维护人员可以在该工作站了解系统各设备工作状况，并对系统设备运用情况、操作信息进行记录、分析、回放等。

（7）时刻表编辑工作站主要供调度员编制列车运行时刻表，并对其做一定的修改工作。

（8）系统培训工作站主要用于对实习调度员进行各种现场培训。其中安装有各种系统构成工具和列车运行仿真软件，能够模拟仿真列车在线运行以及各种异常状况。

（9）大屏显示系统用来宏观地显示列车运行情况以及系统设备状态，由显示设备和相应的驱动设备组成。

4）轨道交通综合监控

轨道交通综合监控属于城市轨道交通系统机电设备综合自动化的范畴，以乘客、环境及设备的防灾和安全为核心，并为安全行车和调度指挥提供应急处理方案及丰富的信息，目的是进一步提高城市轨道交通服务质量和运营管理水平。

轨道交通综合监控系统（ISCS）是一个大型的分布式计算机和机电设备集成系统，采用

"三级控制、两级管理"的架构模式，如图 5.52 所示。

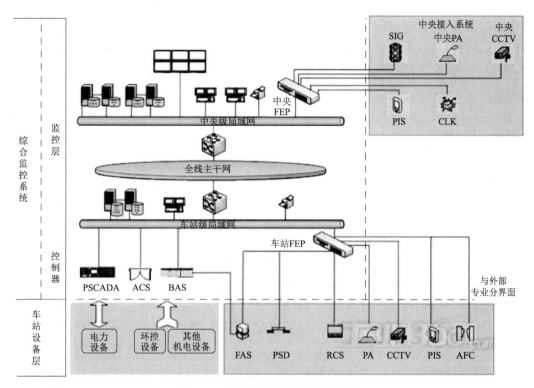

图 5.52　轨道交通综合监控系统架构

5.7　智能高速公路管理

5.7.1　概述

高速公路建设在国家经济发展中具有重要地位。我国高速公路建设起步相对较晚，但整体发展较快。自 1988 年修建第一条高速公路——沪嘉（上海—嘉定）高速公路以来，我国高速公路建设经历了三个发展阶段：1988—1992 年为起步阶段，年均高速公路里程在 50～250 km之间；1993—1997 年为发展速度较快阶段，年通车里程保持在 450～1 400 km 之间；1998 年至今为高速公路的大发展阶段，在国家积极财政政策的推动下，高速公路发展迅速。截至 2018年底，总里程突破 14 万千米，居世界第一位。经过 30 多年的发展，我国高速公路已经开始由大规模建设逐渐向建设与原有系统改造并举过渡，并朝着以信息化带动智能化的方向发展。

高速公路智能化是伴随着 ITS 的发展而提出来的一种新的理念，是在高速公路的建设和管理发展到一定程度之后提出的一种新的发展方向，强调的是系统融合性、信息交互性和服务广泛性。与 ITS 的发展历程相似，高速公路智能化也是率先由欧美发达国家提出的。美国、日本和欧洲等一些发达国家和地区高速公路修建得较早，加之交通需求增长较为迅速，因此其高速公路智能化的研究和应用相对来说比较广泛。经过多年的探索和尝试，其在管理体制的演变、先进技术的使用、应用系统的建设、标准化等方面都取得了较好的成绩。

相比而言，我国高速公路的智能化发展主要有如下几方面。

（1）高速公路收费系统。"一路一公司"是我国高速公路收费体制的特点，从 1999 年起，交通部（现交通运输部）开始推广高速公路联网收费，已获得很大成功。"京沈高速联网收费示范工程"的成功，为高速公路跨省联网收费起到了示范性作用。2015 年 9 月 28 日我国实现电子不停车收费（ETC）系统全国联网。截至 2017 年 2 月底，全国 29 个联网省区市（西藏、海南除外）累计建成 ETC 专用车道 14 285 条；建成自营服务网点 1 115 个、合作代理网点 37 502 个；ETC 用户突破了 4 700 万户，日均交易量达 810 万笔，占高速公路通行量的 31.17%。我国公路客车的 ETC 使用率，2015 年为 30%，至 2020 年 10 月已提升到 70%。

（2）高速公路交通信息服务系统。我国目前总体上已具备建立高速公路交通信息服务系统的便利条件。虽然目前还落后于发达国家，但具备起点高、可参照对象多等优势。随着高速公路的发展，在吸取发达国家先进交通管理经验的同时，将逐步建立起较为完善的交通信息服务体系。当前，许多省高速公路网的交通信息主要通过呼叫中心、网站、交通广播台、路侧情报板来发布，各地均设置了紧急救援电话"12122"，用于高速公路报警救援。随着我国高速公路基础设施的逐步完善，政府、运营管理部门和建设者们将更加关注交通管理、交通信息服务等方面。

（3）高速公路紧急事件管理系统。随着我国高速公路的迅速发展，许多研究单位和交通管理部门已经很重视高速公路紧急事件管理系统的开发与应用。如何减少交通阻塞，减少各类交通事件的不良后果，是我国道路交通（特别是高速公路交通）当前着重考虑的内容。图 5.53 所示为高速公路紧急事件管理系统构成框图。

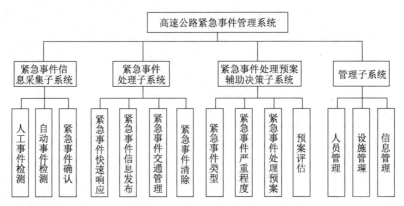

图 5.53　高速公路紧急事件管理系统构成框图

（4）高速公路综合管理系统。我国在经历多年高速公路建设与管理后，逐步认识到高速公路要实现现代化管理就必须建立高速公路综合管理系统。早在"十五"期间，通过国家科技攻关项目"高等级公路综合管理系统关键技术及示范工程"的研究，我国高速公路向更高层次的管理迈进。该项目是一项旨在全面提升高等级公路管理水平的国家"十五"科技攻关课题，通过对高等级公路综合管理系统体系结构、信息集成、紧急事件管理、公众信息服务等关键技术的研究成果，建立具有代表性的综合管理系统，为高速公路综合管理系统在全国的推广奠定基础。

5.7.2　智能高速公路系统需求分析

建设智能高速公路系统，主要是满足如下需求。

（1）提高收费效率，充分利用收费数据。在我国，由于高速公路采用分段建设、分段管理的方式，不仅造成收费系统的重复投资和建设，而且各运营公司从自身利益出发设置收费站点，容易出现关卡设置过多过密，收费站点布局不合理，而且收费方式互不兼容，收费价格混乱等问题。对于通行车辆来说，常常需要多次停车交费，等待时间的延长使收费站成为高速公路的通行瓶颈，极大地影响了高速公路通行能力的发挥，同时停车、启动环节造成了更多的能源消耗与环境污染。另外，从收费环节得到的有关车辆和车流量的数据往往隐含着大量有用的信息，会对交通控制产生积极的作用，应该得到充分重视。为了解决传统的收费方式所带来的问题，有必要建立新的高速公路 ETC。ETC 系统已经在很多国家得到了成功的应用，是目前解决高速公路收费问题的最好方法。目前，全国 ETC 联网打破了中国高速公路分省管理、分省运行、分省服务的传统格局，进入了全国"一张网"的新时代，实现了公路交通现代化管理方式的重大转变，有力地助推了公路交通供给侧结构性改革和综合交通运输体系的建设。交通运输部明确提出未来将从三方面加快 ETC 的推广和应用：① 继续加大用户发展力度，提高 ETC 社会认知度，构建规范、便捷的 ETC 客户服务体系；② 不断强化 ETC 系统安全，推进 ETC 密钥国产化升级，不断改进和提升 ETC 系统性能，确保全国 ETC 联网系统安全、稳定、高效运行；③ 加快推动 ETC 拓展和推广应用，结合京津冀区域交通一体化，以邮政车辆为试点，探讨标准厢式货车通行 ETC 车道，以及探索实现 ETC 系统在公路服务区、城市停车等交通领域的广泛应用，为 ETC 用户提供更多便利等。

（2）获取实时监视信息，及时进行交通控制。先进的联网收费方式需要获取收费广场和车道的车流量信息、收费亭工作人员的收费操作信息以及通行车辆的牌照、车型等信息，这些都需要车辆检测器、摄像机等监视设备。高速公路管理需要通过气象监测设备获取实时气象信息，特别是在异常气象条件下，及时获取路面平均速度、平均湿度、能见度、风向、风速及降雨量等信息，对于预防和减少交通事故的发生十分重要。高速公路管理离不开实时交通参数，车辆密度、车流量和平均车速是预测和预防交通堵塞和拥挤的发生，合理地进行车辆调度的依据。这些交通参数可由车辆检测器获得，而环形线圈检测器是目前应用最广泛的车辆检测器。隧道等特殊地段需要获取实时的光线、温度、一氧化碳浓度等，保证行车安全，预防火灾等意外事故的发生。视频信息对于及时确认和处理交通事故，分析事故成因，以及获取路面状况信息都是必不可少的。视频信息的获取主要通过闭路电视（CCTV）系统实现。一些物流企业和特殊用户，需要对车辆进行定位和跟踪，而 GNSS、GIS 以及 CCTV 系统能够完全满足用户的需求。另外，路侧紧急电话和现在广泛使用的手机等移动通信设备都是直接从高速公路用户获取交通实时信息的有效工具。

高速公路是全封闭、全立交的道路，在高速公路上运行的车辆行驶速度快，车流量大，极易引发交通事故；一旦发生事故，就可能有多辆车相撞的情况发生，比一般道路事故更严重。另外，高速公路上行驶的车辆不得任意减速或停车，雨、雪、大风等天气对高速公路车辆行驶的影响很大。因此，对交通进行及时控制十分必要。

在对所获取的各种信息进行处理分析后，控制系统通过车道控制标志、可变情报板、可变限速标志、路侧广播、移动通信等方式，将交通信息、控制命令等提供给驾驶人员，从而预防和减少交通事故与堵车现象，疏导交通，同时将交通事故的视频信息传送给有关单位，提高事故处理效率，减小事故造成的损失。

从以上分析可以看出，先进的交通监控系统也是智能高速公路系统的一个重要需求。

（3）提供交通信息，方便出行。高速公路的出行者需要在出行前获得尽可能多的交通信息。这就需要在出行者出行前通过办公室或家庭的计算机终端、咨询电话、咨询广播系统等，向其提供当前的交通和道路状况以及服务信息，以帮助其选择出行方式、出行时间和出行路线。

在其出行途中，通过车载信息单元或路边动态信息显示板，向其提供道路条件、交通状况、车辆运行情况、交通服务的实时信息，通过路径诱导系统对车辆进行定位和导航，使汽车始终行驶在最佳路线上，使出行者以最佳的出行方式和路线到达目的地，有效地减少交通拥挤和交通事故的发生。

（4）高速公路养护。为了保证行车安全和延长高速公路的使用寿命，需要保证高速公路的路面质量。但是，高速公路路面的使用性能会因车辆和自然因素的作用逐渐下降，为了把性能维持在一定的服务水平上，需要进行及时、合理的路面养护和管理。在经历了大规模的高速公路建设之后，随之而来的是任务繁重的公路养护和管理。通过检测车等路面检测设备，能获得大量精确的路况信息，对这些数据进行及时分析，结合工程人员的经验，给出合理的养护计划。

（5）合理调度车辆，避免拥挤。由于车流量的不平衡，高速公路有些路段经常发生常发性和偶发性拥挤、堵塞，而同时另一些路段却车辆稀少，使资源得不到充分利用。因此，许多地方都已建立了车辆调度系统，监控实时车流量，预测可能发生的交通拥挤和堵塞，通过可变情报板和车载通信设备，及时改变后续车辆的行车路线，以避免拥挤和堵塞现象的发生和加重。

（6）提高事故救援响应速度，减少损失。高速公路的特点，决定了一旦发生交通事故，后果就十分严重。因此，应尽可能提前预测，尽量避免交通事故的发生。但是，由于交通事故发生的随机性和突发性，更多的交通事故又是难以预防的，有必要在高速公路运营管理中采取一些新的技术来提高公路设施的使用率，缩短紧急救援的响应时间，提高救援的有效性和可靠性，尽快恢复高速公路的通行能力进而提高管理水平；在保证社会效益的同时，最终增加运营公司的收益。为此，要把高速公路管理单位、交警、医院、消防等组成一个虚拟的组织，该组织在监视系统得到事故实时信息后，向事故快速处理中心提供医疗设施导航、事故车辆确认等信息，向救护等部门提供事故的关键信息，向高速公路交通组织部门和信息服务中心提供便捷准确的信息，向其他高速公路使用者提供预警信息，从而最大限度地缩短事故救援的响应时间，提高救援效率。

（7）决策支持。决策支持是智能高速公路系统智能化的体现，是提高高速公路管理水平和效率，增强决策合理性和科学性的保证。以交通流状况为基础，结合交通工程师控制交通安全的经验和知识，可以尽早发现高速公路潜在的交通事故隐患，制定合理的调度方案，并采取其他有效措施避免或降低交通事故所带来的危害。以路面状况数据为基础，可以帮助判断路面受损伤的程度，从而制定合理的养护计划和方案。以收费数据为基础，可以进行成本收益分析、收支预算与决算，为制定合理的收费价格，确定投资额度提供依据。在目前我国高速公路仍处于大规模建设阶段的情况下，对整个高速公路系统进行规划是必要的，因此决策支持也是一个需求。

（8）数据存储、管理与传输。智能高速公路系统涉及大量的数据，对这些数据进行存储和管理就显得十分重要。一般数据存储由数据库来完成，由于数据库中存储的数据量大，又要为多个用户共享使用，因而必须有一套专门的软件来管理数据库，这就是数据库管理系统。数据库系统是指引入了数据库管理系统，具有管理数据库能力的计算机系统，包括计算机硬件、操作系统、数据库管理系统、数据库和在数据库管理系统基础上开发的各种应用软件。数据的传输是数据处理和各个系统间互联互通的基础，必须保证数据传输的安全、及时和通畅，传输方式包括以光纤为介质的同步数字体系（SDH）通信网、异步转移模式（ATM）、移动通信、专用短程通信以及网络等。

5.7.3 智能高速公路系统构成

1. 智能高速公路的系统架构和交通信息服务系统框架

1）智能高速公路系统架构

根据以上的需求分析，智能高速公路系统架构如图 5.54 所示。

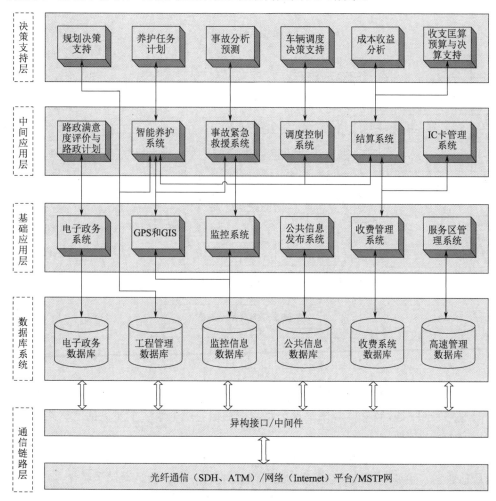

图 5.54　智能高速公路系统架构

根据各部分的功能，综合考虑各个系统的类型，将系统框架分成 5 个层次。数据库系统和通信链路层用来满足数据存储、管理和传输的需求。基础应用层包括实现最基本功能和获取原始数据的一些模块。其中，收费管理系统用来满足提高收费效率、充分利用收费数据的需求；监控系统与 GNSS、GIS 用来满足获取实时监视信息、及时进行交通控制的需求；公共信息发布系统用来满足获取交通信息、方便出行的需求。中间应用层包括一些能够实现较复杂功能的模块。其中，智能养护系统用来满足高速公路养护的需求；事故紧急救援系统用来满足提高事故救援响应速度，减少损失的需求；调度控制系统用来满足车辆合理调度、避免拥挤的需求。决策支持层辅助管理单位和人员进行决策，包括规划决策支持、养护任务计划、事故分析预测、车辆调度决策支持、成本收益分析以及收支匡算预算与决算支持等系统。

2）智能高速公路交通信息服务系统框架

根据《中国智能运输系统体系框架》，这里介绍浙江省交通规划设计研究院耿驰远等提出的智能高速公路交通信息服务系统应用框架和物理框架流程，分别如图 5.55、图 5.56 所示，供读者参考与借鉴。

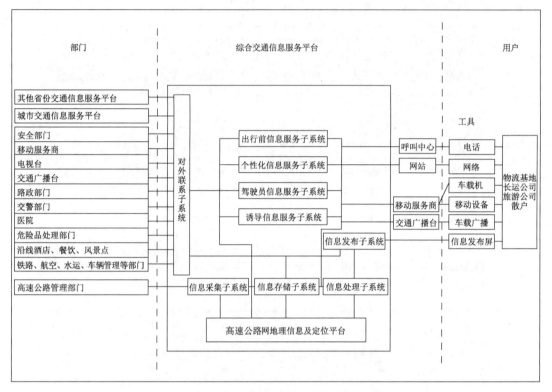

图 5.55　智能高速公路交通信息服务系统应用框架

由图 5.55、图 5.56 可知，我国高速公路网交通信息服务系统主要包括信息共享层、信息处理层和应用服务层等。

信息共享层是智能高速公路交通信息服务系统的基础部分，其主要功能是向上层各类应用提供基础数据，主要包括高速公路网地理信息及定位平台、信息存储子系统。

高速公路网地理信息及定位平台将高速公路网及沿线设施的信息转化为地理信息数据，便于上层各类应用使用，此类数据为基础数据，变化较少，主要包括：① 道路信息（道路、各类桥梁、隧道、互通式立交、枢纽、软基、公里桩等关于道路的各类基础信息）；② 高速公路沿线设施及其联系方式（收费站信息、服务区信息、停车区信息、管理分中心信息、外场设备位置类型等）；③ 高速公路沿线附近的医院、交警部门、路政部门、危险品处理部门及沿线酒店、餐饮、风景点等；④ 与高速公路互通衔接的国道、省道、县道；⑤ 社会救助机构如120、119、110、122 位置及联系方式等。

数据存储子系统则用于保存高速公路沿线各类经常变化的信息，这类信息实时性强，要求更新速度快，主要包括交通状况、气象条件、突发事件信息、突发流量、封道、施工、养护、维修、危险品处理、沿线设施状况等。

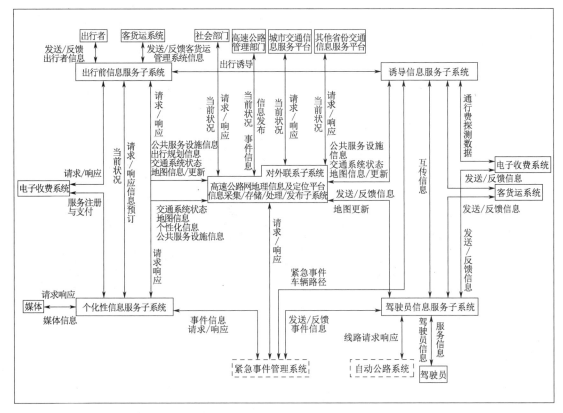

图 5.56 智能高速公路交通信息服务系统物理框架流程

信息处理层是信息采集及数据维护部分，主要包括对外联系子系统、信息采集子系统、信息处理子系统和信息发布子系统，主要功能是与社会其他部门联系，通过标准的协议进行信息交流和数据共享。通常，通过信息处理层可获取整个高速公路交通状况、设施情况、气象条件、事件信息、封道、施工等各类信息；信息处理层将各类资料转化为可用的标准格式的信息，并负责对基础数据进行更新和维护。

应用服务层则利用基础数据对用户的各类应用提供相应的信息服务，主要包括出行前信息服务子系统、个性化信息服务子系统、驾驶员信息服务子系统、诱导信息服务子系统（进行路径诱导和导航服务）。各子系统通过网站、邮件、移动设备等提供服务接口，为用户提供各类服务。

2. 公路资产管理系统

智能高速公路系统的智能化体现在，在集成化基础上实现公路路政管理、设施维护、行业信息管理及应急救援管理等业务的智能化和信息化管理。相应地，公路交通管理系统可划分为公路资产管理、公路路政管理、公路交通监控和应急救援管理等系统，如图 5.57 所示。

公路资产管理系统宏观地对整个公路资产进行管理和优化，其管理的资产主要包括路桥设施、智能交通设施、公路安全设施及附属设施等，如图 5.58 所示。

公路资产管理系统采集道路、桥梁、绿化设施、智能交通设施等的状态数据，分析和确定工程设施损坏情况，并对养护方案的制定提供决策支持。维修养护管理功能模块实现对工程养护的进度、质量、工期等的计算机辅助管理，从而可以支持公路管理部门高层决策、中层控制和基层运作，实现从路况数据采集、分析、统计、可视化查询到养护计划、养护造价、养护工程、养护质量、养护资产、养护资料的信息化管理，并为养护管理部门的决策提供战略性的信息，使公路养护业务规范化、科学化、专业化，全面提高资产管理水平。

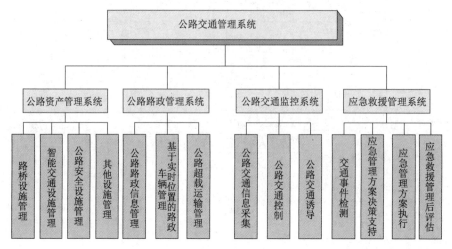

图 5.57　公路交通管理系统结构示意图

3. 公路路政管理系统

公路路政管理系统一方面要对原有系统进行完善，使系统能较好地满足路政管理的业务要求，实现适用性更强的路政信息管理功能；另一方面，为了有效遏制超限超载运输，需要建设动/静态称重系统，实现超载运输管理功能。公路路政管理系统的功能如下。

1）公路路政信息管理

（1）路政日常业务处理，包括路政许可、挖掘占用、违法建筑、其他路产损失、行政复议诉讼、超限运输查处、超限运输审批、公路施工路段管理、公路路政装备管理、路政执法人员与公务车管理、投诉举报、公路巡查、重要情况通报、路政工作日记、路产损失赔补收据等。

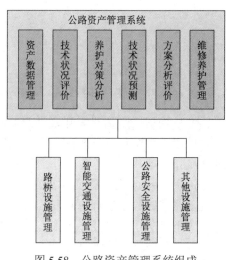

图 5.58　公路资产管理系统组成

（2）路政业务台账管理，利用日常处理的业务数据，自动生成各种路政业务台账，主要包括路政许可、违法建筑、挖掘占用、其他路产损失、超限运输审批、超限运输检查、路政执法人员、公务车管理、路政投诉、举报以及路政综合等。

（3）业务数据查询、统计，提供对路政业务所有数据的在线查询，并根据需要自动生成月报、季报、年报，包括路政管理统计月报、超限运输管理统计月报、路政执法统计季（年）报、交通安全设施统计年报、公路施工路段管理统计报表、公务车管理统计报表、路政人员结构统计年报、路产损失统计年报、路政装备统计年报等。

（4）公文处理，实现网上通知下达、查阅通知、路政信息发布、路政信息查询、上级文件原件影像及查询、路政简报原件影像及查询、文件上传下载等。

（5）多目标路径选择。针对现有的超限运输路径选择不足的情况，系统地调查存在超限运输的主要单位及其地址，分析重车行驶的主要路线，建立固定的重车路线图和固定重车路线数据库。当通过系统查询重车过桥路线时，系统首先在固定重车路线数据库中寻找所需路径。若找到，则直接从数据库中调用相应记录并返回结果；若没有找到所需路径，则由路政部门工作人员先通过系统网络分析功能辅助生成参考路线，然后上路踏勘，确定最终路线并将其加入固定重车路线数据库中，以扩充数据库记录。另外，扩大可供选择的目标，如时间最短、费用最低等。

2）基于实时位置的路政车辆管理

基于实时位置的路政车辆管理主要包括对车辆的管理、跟踪、监控和调度等功能。一方面可以规范路政车辆的使用，另一方面可以加快路政部门对交通事故的响应速度。

3）公路超载运输管理

目前，对公路上超重车辆的检查主要采用人工随机抽查方式，有专门人员在各主要的检查站进行抽查，但这种方式不能对超重车辆通行进行有效的控制。

建立动/静态称重系统可以有效解决超载运输问题。车辆重量检测的主要检测点分布在超重车辆多和出入某市的路段上，形成大范围的固定测重网点。结合自动车型识别（AVI）和自动车辆分类（AVC）系统，以及动态称重系统（WIM）和静态称重系统，对公路上的行驶车辆进行有效管理和检查，加强对超重的控制。动/静态称重系统中的管理设施包括动态称重设备和静态称重设备，其中动态称重设备是整个系统的核心。由于动态称重设备的精度有待提高，一般配合静态称重设备使用。静态称重设备在车辆低速或静止条件下进行相关参数的检测，其检测精度一般高于动态称重设备。

4. 公路交通监控系统

公路交通监控系统主要包括公路交通信息采集、公路交通控制和公路交通诱导等内容。通过各种信息采集方式采集公路静态和动态信息，根据这些信息对公路交通进行强制性管理或提供交通信息来引导驾驶员的路径选择。

1）公路交通信息采集

采用多种方式对公路交通信息进行自动采集，通过有线和无线通信网络传输到交通管理中心，满足管理者对公路进行管理和控制的需求，以及出行者对交通信息的需求。

（1）路网上的信息源包括道路、车辆、驾驶员、收费中心、路政部门等诸多方面，针对不同信息源特征，采取不同方式获取实时信息及历史信息，为交通管理提供决策支持。

（2）对采集的信息集中处理，实时辨别交通状态，以便对所采集的交通信息进行分级集中处理，能对道路交通拥挤进行规范的分类和提示，包括常发性交通拥挤，偶发性交通事件，外环、高速和等级公路上发生的异常交通事件等；具有初步的交通预测功能。

（3）具有故障自检功能，使管理人员能及时了解外场设备状况系统能对交通监控设备的运行状况进行检测，当交通检测设备出现故障时，系统能及时报告，便于交通管理人员维修和处理。

2）公路交通控制

公路交通控制主要通过强制性手段对交通进行管理，主要针对高速公路采取交通控制措施。高速公路上的交通在正常交通状态下基本为连续流，只有在发生交通事件时才会出现偶发性交通拥挤。因此，高速公路交通控制的重点是提高行车安全，同时采取措施缓解偶发性交通拥挤。

对高速公路采取的控制策略有速度控制和流入控制两种。

（1）速度控制主要是为了提高高速公路服务水平和安全性。通过控制高速公路上的车速，达到比较均匀的速度和稳定的交通流。随着交通流的增加，控制速度使交通流稳定，从而减轻交通流中车辆之间的相互影响。相反，当道路上车流量较小时，通过速度调节提高流量的均匀性，提高道路设施的利用效率。

（2）流入控制主要用于异常事件发生时缓解由此带来的偶发性交通拥堵，通常用匝道流入控制实现。若在高速公路入口匝道处有收费站，则可通过收费站控制车流。

3）公路交通诱导

公路交通诱导是指用交通信息来引导驾驶员的路径选择，其作用主要体现在两个方面：从宏观（网络）角度可以均衡网络上的交通流量，提高网络通行能力；从微观（个体）角度（单个车辆）可以减少车辆出行成本，向出行者提供人性化服务。

图 5.59 所示为高速公路诱导系统结构示意图。系统以出行者为主要对象，通过各种通信手段和显示方式向出行者提供实时的交通信息，以达到规划出行、节约时间、避免拥挤、路径寻优、提高效率、保障安全的目的。

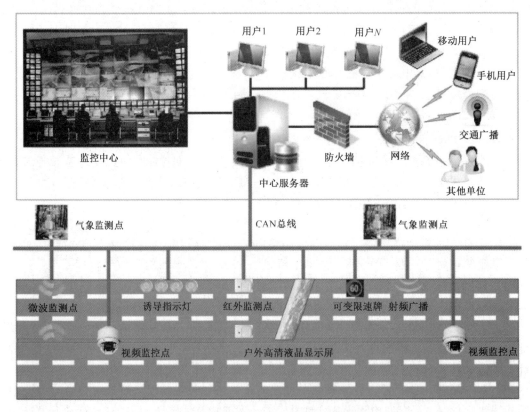

图 5.59　高速公路诱导系统结构示意图

（1）交通事件诱导。交通事件诱导是指对于路线中发生的交通事件，根据其影响范围在局部路线内发布诱导信息及分流路线，给出车道关闭信息或封闭信息等，并给出相应的建议分流路线。同时，根据预估的事件处理时间或影响范围，确定发布信息的范围和内容。

交通事件主要是通过视频监控点以及报警电话进行数据采集，前方视频传回中心处理器后利用图像处理技术分析该路段是否发生事故，如车辆是否超出道路范围、车辆行驶方向是否正确等。当监测到事故发生后自动生成诱导方案经审核后发布到相应点位实行交通诱导，并联系最近的消防单位和医疗机构。发布渠道包括户外高清液晶显示屏、手机微博微信、交通广播、可变限速牌等。

（2）气象环境变换诱导。气象环境变换诱导是指：当路网中发生的恶劣天气不太严重，即没有达到必须实施相应的交通管制措施的程度时，对上游的车辆驾驶员发布警告信息；当恶劣天气很严重，如发生暴雨、大雪、强烈侧风，达到必须实施相应管制措施的程度时，不仅要发布信息，还要给出分流信息。

（3）排队与拥挤诱导。当道路中发生排队和拥挤时，要分析是常发性拥挤还是偶发性拥挤，根据预估的拥挤持续时间确定发布信息的范围和内容。排队与拥挤主要通过视频监控点、红外监测点和微波监测点实时对道路某个路段内车辆进行统计分析，发现排队与拥挤后自动报警并经审核后发布。

（4）道路施工诱导。道路施工是可预见的事件，不需要进行数据自动采集。根据施工的程度的不同，诱导信息也不同；如果路段封闭施工，则在上一个收费站前方的高清液晶显示屏发布诱导图，并通知收费站做好准备，以显示和发布再次上高速公路的路线图。

5. 应急救援管理系统

应急救援管理系统主要用于干线路网中异常事件的及时排除以及异常事件情况下的救援管理，主要功能包括：异常交通事件自动检测和预警、启动应急救援预案、制定救援策略、救援策略实施（包括救援资源派遣、救援车辆路径导行、现场组织救援等）。应急救援管理系统功能流程如图 5.60 所示，该流程主要在发生异常交通事件的情况下启用，以便尽快恢复正常交通，最大限度地降低异常交通带来的损失。

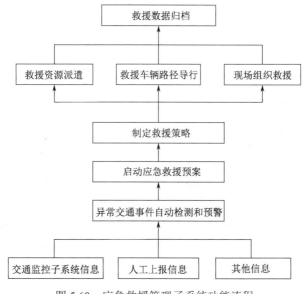

图 5.60　应急救援管理子系统功能流程

随着我国高速公路基础设施建设的逐步完成，政府、运营管理部门和建设者们更加关注交通管理、交通信息服务等方面的建设，在吸取发达国家先进交通管理经验的同时，我国必将逐步建立起较为完善的交通信息服务体系。

5.8 停车场管理

随着居民生活水平的提高以及汽车产业的发展，城市车辆的数量大幅度增长，因而产生了停车难、交通拥堵等问题。其中，停车位不足且不能高效利用，更是加重了停车难、违章乱停等现象，传统的停车场已经不能适应城市的现状。在国内，为解决传统停车场带来的诸多问题，部分停车场已采用新型停车场设备，在一定程度上缓解了传统停车场带来的停车压力，但仍未从根本上解决停车问题。与此同时，国外的智能停车场设备也开始在较多的停车场中投入使用。功能完善的智能停车场设备能够缓解城市现有的交通压力，改善停车环境，给车主提供便捷、快速的停车服务。

我国城市停车场通常划分为三类：配建停车场、路外公共停车场和路面停车场。其中，配建停车场是提高停车场供应水平的主要停车设施；路外公共停车场是地上停车楼和地下停车场；路面停车场主要用于短时停车，起到周转作用且在路内停车。城市小区停车场在停车场中占主导地位，因此建设升级智能小区停车场已迫在眉睫。伴随着传感网、物联网技术的发展，其在智能小区车辆管理中的应用日渐突出。利用物联网相关技术，将软件、硬件相结合，构架城市停车场智能化管理系统可以提高停车场泊车便利性与管理效率。本节介绍长安大学王尧等基于物联网技术的智能停车场管理系统解决方案。

1. 系统工作原理

用户可以通过万维网（Web）用户界面，了解预备停车点附近区域各个停车场的泊车数量、导航路线信息，以决定停车点。当一辆车低速通过某停车场入口时，处于自动扫描状态的远程读写设备会探测到安装在车辆上的电子标签，将标签中的车辆信息、此刻停车信息等写入停车场管理系统的数据库，同时系统将这些信息传送给物联网数据平台，平台经过云端计算处理，通过与数据库的停车场原始注册信息对比，决定是否给予停车权限，并记录相关信息。如果入库车辆正常停车，则平台将记录这一时刻的停车场泊车数量、停车位等信息，用以更新 Web 发布的停车场信息。如果入库车辆无法被识别，则平台会给当地的停车场管理平台发送一个回馈信息，由停车场管理系统引导车辆停车后，系统会将车辆信息、此刻停车数量以及停车位信息上传给物联网数据平台并存储，以更新 Web 信息。图 5.61 所示为智能停车场管理系统工作原理图。

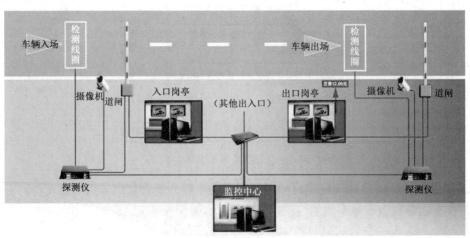

图 5.61　智能停车场管理系统工作原理图

从图 5.61 可以看出，智能停车场管理系统工作原理是：在用户进场过程中，通过 RFID 卡自动识别，系统抓拍车辆照片、记录车辆车牌号以及进场时间等信息，读卡机读入 RFID 卡号，在系统数据库内进行数据检索，搜索相关资料以判断用户合法性。当车辆到达出口时，系统通过读取 RFID 卡信息自动识别卡号，通过数据库信息检索，查到相应车辆记录并显示用户类型、车辆号码、车辆照片以及出场时间。

2. 系统工作流程

基于以上物联网数据平台的智能停车场管理系统的工作原理，可以明确车辆进入停车场和离开停车场的工作流程，分别如图 5.62 和图 5.63 所示。

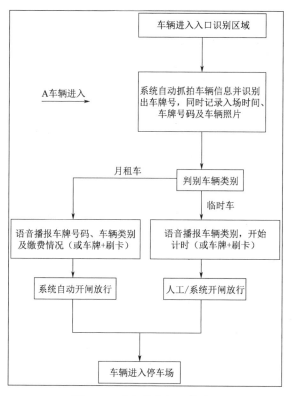

图 5.62　进入停车场工作流程　　　　图 5.63　离开停车场工作流程

当非固定用户车辆进入停车场时，其工作流程是：① 车辆驶入识别区；② 通过摄像机自动扫描识别出车牌号码，然后通过摄像机检索视频流找出一张最清晰的图片上传给系统数据库，通过软件呈现在监控画面中；③ 若车位未满，则道闸放行，同时系统记录车辆进入时间，车辆越过入口，驶入停车场内，道闸自动关闭，系统自动刷新车位信息。整个过程自动完成，无须工作人员干预，车辆一直处于行驶状态，无须暂停。

当非固定用户车辆离开停车场时，其工作流程是： ① 车辆进入车牌识别区域；② 车牌识别系统自动识别出车牌号码，然后通过检索数据库得出车辆类别；③ 电脑显示该车的有效期（月租车或贵宾车）、余额（储值车）或收费金额（临时车）等。

如果该车属于固定用户车辆，则道闸自动起杆放行，电脑调出该车入场时的抓拍图像、入场时间等；如果是临时车，则车辆须暂停、交费才能离开。如果车辆被列入黑名单，不管是临时车辆还是固定车辆，道闸都不会打开，同时系统会发出报警信号，通知工作人员注意。车辆驶离停车场后，系统记下车辆离开时间，并自动刷新车位信息。

3. 系统应用实现

智能停车场管理系统应用物联网的 RFID、计算机局域网、互联网、语音提示、短程微波通信、图像数字处理和自动控制等技术，实现对车辆的自动识别和信息化管理，提高车辆的通行效率和安全性，并统计车辆出入数据，方便管理人员进行调度，减轻管理人员的劳动强度，有效防止收费漏洞。

图 5.64 所示为基于物联网数据平台的智能停车场管理系统结构。该系统尤为突出的特点是各个停车场在接入物联网数据平台后，能够给停车带来极大的便利与实惠。

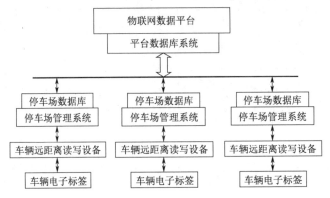

图 5.64　基于物联网数据平台的智能停车场管理系统结构

从图 5.64 可以看出，系统主要包括如下模块：

（1）物联网数据平台，其功能是对子系统上传的数据进行分类处理，并进行云端计算，将结果以 Web 或其他方式显示在数据平台的用户界面上。

（2）平台数据库系统，对子系统上传的数据进行逻辑分类存储并及时备份，以保证数据的完整性、准确性，支持常用的各种数据库，如 SQL Server、Oracle 等。

（3）停车场数据库，它对于智能停车场系统而言是关键设备，可保证数据的迅速存取和数据安全，并及时进行备份。

（4）各自独立的停车场管理系统，可实现实时系统管理、卡片数据管理；进行车辆信息统计分析，显示并打印各种统计报表资料，为管理人员的查询与管理提供全方位的服务；提高管理效率，降低运作成本。

（5）车辆远距离读写设备，配合电子标签，有效距离可达 10 m 左右，在车辆靠近前只要它减速即可迅速读取信息。

（6）车辆电子标签，具有防水、防磁、信息存储量大、高保密度、一卡多用等特点。

4. 系统集成模式

根据系统协议的不同，停车场系统接入物联网数据平台主要有以下两种集成模式：

（1）对于标准总线通信协议（如 BACnet IP/MSTP、LonWorks、Modbus ASCII/RTU/TCP、OPC 等），可直接通过即插即用的方式读取子系统的变量，在集成平台中进行变量映射，将现场信息点分布图组态为统一监控界面。

（2）对 RS-232 /422 /485、软件开发包（SDK）、开放数据库连接（ODBC）等私有通信协议，可根据子系统的协议开发相应的通信驱动程序；驱动程序测试通过后，根据协议中的内容进行变量映射，将现场信息点分布图组态为统一监控界面。

为实现对子系统的监测、控制功能，根据系统的不同，有以下几种主要接口形式要求：

（1）标准通信协议（LonWorks、BACnet、Modbus、OPC 等）。如果接入的停车场系统提供 LonWorks、Modbus、BACnet、OPC（用于过程控制的 OLE）等标准通信协议，则要求该系统提供相应的变量点表及其详细说明。

（2）RS-232/422/485。如果接入的停车场系统提供数字通信的物理接口（串口），则该系统需要提供集成系统与设备之间进行数字通信的物理接口标准和接口协议。物理接口标准规定了使用何种通信介质以及链路层的接口协议等，如 RS-232 中各引脚代表的具体含义。

接口协议规定了通信双方约定的命令及数据响应格式、数据校验方式等，具体包括通信参数波特率、奇偶校验、数据位、握手协议和传送格式（十六进制或 ASCII 码），对传送格式要求进行详细说明，包括数据头、数据尾。以 RS-232 接口为例，它特别详细说明数据内容包含的意义。

① 通信参数：波特率，19200 baud；奇偶校验，无；数据位，8 bit；握手协议，无。

② 传送格式（十六进制）如图 5.65 所示。

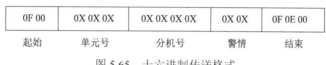

0F 00	0X 0X 0X	0X 0X 0X 0X	0X 0X	0F 0E 00
起始	单元号	分机号	警情	结束

图 5.65　十六进制传送格式

③ 总体上对接口通信协议的要求是内容要完整、清楚、无歧义；对每条通信指令要求有举例说明；系统集成商能据此编程，以实现通信和数据交互；通信协议的版本必须和工程现场实际应用的主控制机版本一致。

（3）以太网（SDK）。如果接入的停车场系统提供以以太网为介质的 SDK 软件开发包，则系统集成商需要提供数据通信方式、通信设置方法、链路建立和响应的详细资料、数据包详细准确的解释说明、使用示例和协议测试程序等。

（4）ODBC 方式。如果接入的停车场系统提供的是 ODBC 方式，则需要提供接口数据的数据库详细资料，包括数据库表及其字段的详细说明等。

5. 系统实现功能

传统停车场管理系统的重点均在计费、收费管理功能上，关注车辆进出的时间以便收费，但在停车场的安全性、运行效率和针对顾客的人性化要求方面考虑得较少，各个停车场相对独立，信息无法交流，停车场的使用度不平衡，影响使用效率。而智能停车场管理系统充分考虑停车场的安全性、运行效益，并针对顾客的人性化要求，可实现各个独立的停车场在同一个物联网数据平台中的信息共享，如图 5.66 所示。

用户能够使用智能手机、平板电脑或 PC 浏览用户的 Web 界面，其中汇集了物联网数据平台所采集的各个停车场的地理位置及实时车位信息，以"地图+坐标"的形式，直观地展现各个停车场的位置和空余车位信息。此外，系统还给拥有 GNSS 设备的用户提供路线导航，这样就为用户停车提供了实时且完整的数据支持。与此同时，在现有停车场管理系统不变的前提下，实现各个停车场的数据融合、用户资源的共享以及计费的后台实现。例如，在 A 停车场办卡的用户去 C 停车场停车，C 停车场将车辆数据上传到物联网数据平台，物联网数据平台先与自己原先收集的各个停车场的数据库进行比对：如果发现该数据存在于平台数据库中，就会记录相关信息，并发给 C 停车场可以停车的相关信息；如果不存在，则返回给该停车场系统一个无效用户信息。具体工作流程如图 5.67 所示。

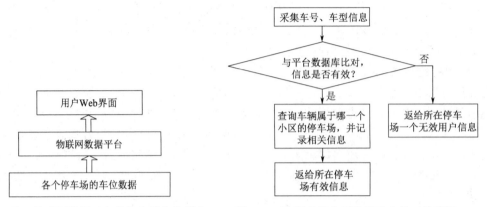

图 5.66　基于物联网数据平台的停车场信息共享　　图 5.67　实现各停车场数据融合的工作流程

将停车场管理引入物联网数据平台，使得远程授权功能的实现成为可能。该功能旨在对特殊访客车辆进入园区停车时，可以事先通过平台对入园车辆、车牌号码等信息进行注册（若有需要，可授予一定的停车特别权限），停车时就可以不用再进行信息注册。

总之，在现有停车场管理系统的基础上，对软件进行升级，加装一些识别和传输设备，使其能够接入物联网数据平台，让原本服务相对独立的各个停车场构成一个有机的整体，再结合移动互联智能手机平台，为用户停车提供实时数据支持，缓解停车难的问题。

讨论与思考题

（1）交通供给策略从哪些维度进行思考和探索？
（2）阐述交通供给与交通需求相互作用的机理。
（3）交通事件的处理流程是什么？
（4）交通事件自动检测的经典算法有哪些？
（5）ATMS 的数据体系和数据模型分别包括哪些内容？
（6）阐述公交车辆动态调度策略的原理。
（7）我国智能高速公路系统的需求主要体现在哪些方面？
（8）阐述智能停车场管理系统构成与工作流程。

第6章　面向智能交通的车联网

6.1　车联网及其发展

6.1.1　车联网概述

车联网（internet of vehicles，IOV）是指装载在车辆上的电子标签通过射频识别（RFID）等技术，实现在信息网络平台上对所有车辆的属性信息及静态、动态信息进行提取和有效利用，并根据不同的功能需求对所有车辆的运行状态进行有效监管和提供综合服务的技术。

车联网可以实现车与车（V2V）、车与路（V2R）以及车与人（V2H）的信息交换，它甚至可以帮助实现汽车和行人、汽车和非机动车之间的"对话"。就像互联网把单个的电脑连接起来一样，车联网能够把独立的汽车连接在一起。图 6.1 所示为车联网概念示意图。

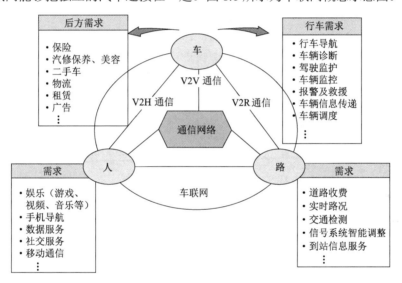

图 6.1　车联网概念示意图

车联网（IOV）本质上是通过车与互联网的连接，实现信息的交互，从而提升对车内驾驶、车辆管理以及基于车的相关服务的感知。目前，能够最直接感受到的就是车载设备的导航，手机与车的互联和控制，车载设备一键救援，呼叫中心直连，以及车载 Wi-Fi 等，但这些也仅仅是 IOV 的一部分。IOV 将通过互联网，实现车与车、车与人、车与环境的连接，通过连接服务驾乘人员的全方位、微角度的需求，让驾车成为一种享受，让车辆成为生活助手。

根据中国物联网校企联盟的定义，车联网是由车辆位置、速度和路线等信息构成的巨大交互网络。通过 GNSS（全球导航卫星系统）、RFID（射频识别）、传感器、摄像头图像处理等装置，车辆可以完成对自身环境和状态信息的采集；通过互联网技术，所有的车辆可以将自身的各种信息传输汇聚到中央处理器；通过计算机技术，可以对大量的车辆信息进行分析与处理，从而计算出不同车辆的最佳路线，及时汇报路况和安排信号灯周期。未来的车联网系统可以使感知更加透彻，除了道路状况外，还可以感知各种各样的要素——污染指数、紫外线强度、天气状况、附近加油站情况等，同时还可以感知驾驶员的身体状况、驾驶水平、出行目的等，路线不再是"快速到达目的地"，而是"最适合驾驶员，最适合这次出行"，汽车导航将由"以路为本"变为"以人为本"。

车联网通过车和人、车和路、车和车信息交互来实现信息共享，使车辆能与公众网络动态通信。它可以收集车辆、道路和环境的信息，并在信息网络平台上对多源采集的信息进行加工、计算、共享和安全发布，根据不同的功能需求对车辆进行有效的信息推送服务与监管，在高带宽的无线网络环境下，甚至可以提供专业的多媒体与移动互联网应用服务。

6.1.2 车联网应用系统架构

车联网（IOV）系统一般具有实时实景功能，利用移动网络实现人车交互、车车交互。图 6.2 所示为车联网应用系统架构。

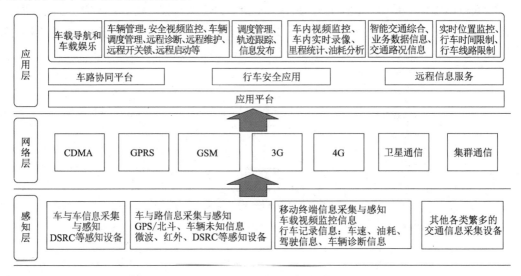

图 6.2 车联网应用系统架构

车联网系统分为车载终端、云计算处理平台以及数据分析平台三大部分，并根据不同行业对车辆的不同的功能需求实现对车辆的有效监控与管理。车载终端由传感器、数据采集器、无线发送模块组成，主要负责采集车辆实时运行数据（驾驶员的操作行为、动力系统工作参数数据）等，实现对车辆所有工作信息和静/动态信息的采集、存储和发送。车辆的运行往往涉及多项开关量、传感器模拟量、控制器局域网络（controller area network，CAN）信号数据等，驾驶员在操作车辆运行过程中，所产生的车辆数据不断回发到后台数据库，形成海量数据。云计算处理平台处理海量车辆信息，对数据进行"过滤清洗"。数据分析平台则对数据进行报表式处理，供管理人员查看。

第一层（感知层）：感知层通过汽车的智能传感器，负责采集与获取车辆的各种信息，感知行车状态与环境。智能传感器是具有车内通信、车间通信、车网通信的泛在通信终端，同时还是让汽车具备车联网寻址和网络可信标识等能力的设备。

第二层（网络层）：解决车与车（V2V）、车与路（V2R）、车与基础设施（V2I）、车与人（V2H）等的互联互通，实现车辆自组织网络（简称车辆自组网）及多种异构网络之间的通信与漫游，在功能和性能上保障实时性、可服务性与网络泛在性，同时它是公网与专网的统一体。

第三层（应用层）：车联网是一个云架构的车辆运行信息平台，它的生态链包含了 ITS、物流、客货运、危特车辆、汽修汽配、汽车租赁、企事业车辆管理、汽车制造商、4S 店、车管、保险、紧急救援、移动互联网等，是多源海量信息的汇聚，因此需要虚拟化、安全认证、实时交互、海量存储等云计算功能，其应用系统也是围绕车辆的数据汇聚、计算、调度、监控、管理与应用的复合体系。

值得注意的是，GNSS+GPRS（通用分组无线业务）并不是真正意义上的车联网，也不是物联网，只是一种技术的组合应用。目前国内大多数 ITS 试验和车联网都是基于这种技术实现的。

6.1.3　车联网的运营模式

传统车联网产业链以车、人为核心，主要是车与人的连接，为车主提供车辆状态监控服务、车载娱乐服务等，其赢利模式主要是内容/服务授权费、技术服务费、数据通信费等。

车联网将车、人、路连接在一起，实现车与人、车与路以及车与车之间的连接。除了提供车辆信息服务、车载服务外，通过车与车之间、车与路之间的连接，实现位置信息采集（每辆车都是信息提供方）、车辆调度、实时路况分析等。车联网生态圈创造了新的价值模式——B2B2C（business to business to customer，企业对企业对用户），数据服务商、保险服务商、广告服务商、车辆租赁服务商等通过车联网服务平台（平台提供商）向终端消费者提供服务，如图 6.3 所示。车联网服务平台通过互联网和计算机等技术将车载设备收集的大量信息，包括车辆信息（如车辆位置、车速、电瓶电压、系统故障等）、车主习惯（如驾驶行为，急加速、急减速等）进行存储、分析、建模，从而提炼出适用于不同行业的解决方案和数据，找到行业痛点，做到对症下药，并为车主提供安全防盗、故障提醒等服务。

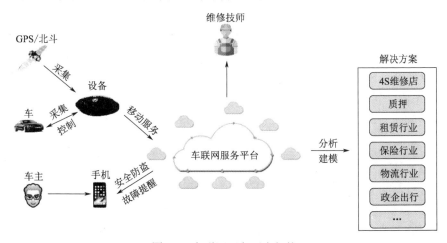

图 6.3　车联网服务平台架构

车联网生态圈整体可分为汽车远程服务提供商（telematics service provider，TSP）平台、整车厂商、应用/内容服务提供商、电信运营商、车辆零部件商、芯片供应商、车辆后向服务商、传统线下商家及交管局等。其中，TSP 平台是车联网生态圈的主导者，整车厂商、应用/内容服务提供商、电信运营商是车联网生态圈的关键参与者，其他组成部分是车联网生态圈的参与者。

1. 主导者——TSP 平台

TSP 平台是车联网的核心，它连接整车厂商、应用/内容服务提供商、电信运营商、呼叫中心等，负责车辆与服务提供商之间的数据供应和采集。除专门的 TSP 平台外，目前许多第三方服务商（如整车厂商、电信运营、互联网内容服务商等）也开始进入 TSP 领域，构建属于自己的 TSP 平台。

TSP 平台是车联网生态圈中潜在利润空间最大的一部分，包含 App 开发、车载软件开发、平台运营等环节，并随着 B2C（business to customer，企业对用户）及 B2B（business to business，企业对企业）（保险、维修、检测、物流、广告等）商业模式的逐步成形，TSP 平台的价值将呈上升趋势。

2. 关键参与者

关键参与者通常包括整车厂商、应用/内容服务提供商、电信运营商等。

整车厂商凭借在车辆领域的先天优势及车辆相关软硬件能力，在生态圈中拥有较大的话语权和号召力，能够有效地整合车辆资源，在发展 TSP 平台方面具有很大的优势。目前，国内外整车厂商主要采用自主或合作研发的方式构建自身的 TSP 平台，在自有品牌车辆上配置。整车厂商的赢利模式主要有两种：一是向车主销售 TSP 平台及应用服务，收取平台费及服务使用费；二是与应用/内容服务提供商、电信运营商、车辆后向服务商合作，基于 TSP 平台实现利益分成。

应用/内容服务提供商可以分为两类：一类为车载终端设备提供定位软件、系统软件等支持，由车载终端设备商集成在车载设备内；另一类直接对接 TSP 平台，为用户提供导航、紧急救援、保险、预定等服务。应用/内容服务提供商的赢利模式主要有两种：车载终端设备商支付软件/内容费用；TSP 服务收益分成。目前，以后者为主，TSP 平台获取收益后，按照事先商定的分配协议与应用/内容服务提供商进行利益分成。

电信运营商为车联网提供通信和传输保障，是整个车联网产业的中枢神经，在车联网生态圈中占据重要地位。目前，国内外主要电信运营商均已介入车联网市场，并在前装市场、后装市场、TSP 平台、网络等方面展开重点布局。电信运营商的赢利模式：① 收取网络流量费用；② 开发车联网设备及应用，收取设备及服务费用；③ 合作研发 TSP 平台，基于该平台实现前向和后向收费。

3. 参与者

参与者通常包括车辆零部件商、芯片供应商、车辆后向服务商、传统线下商家及交管局等。

车辆零部件商主要为车辆提供硬件服务，除得润电子（车联网传感器、连接器）、保千里（布局汽车红外夜视系统）等传统的车辆零部件公司外，目前还有不少企业看好车联网市场，通过收购或参股方式介入车载系统的研发和生产，如金固股份（收购苏州智华 20%股权）、亚太股份（收购前向启创 15%股权）等。

芯片供应商主要为车辆提供芯片服务，可以分为两类：一类是专门为整车厂商提供芯片的企业，如在车联网芯片市场占据领先地位的英飞凌、瑞萨电子等；另一类是传统芯片巨头，通过收并购纷纷进入车联网市场，如飞思卡尔与 NXP 达成合并协议，高通收购 NXP 后坐拥 CSR、NXP、飞思卡尔三大汽车芯片企业，成为第一大汽车芯片供应商。

车辆后向服务商通过与 TSP 平台合作，面向车主提供广告、维修保养美容、保险、物流、租赁、二手车、金融等后向服务。国内的车辆后向市场发展尚处于起步阶段，主要集中在基于驾驶行为的保险（UBI）、租赁、车队管理等新兴领域，典型代表有钛马的 UBI 车载智能盒和分时租赁服务系统、九五智驾的车队管理应用、飞驰镁物的 Soda 分时租赁服务等。车辆后向服务商通过 TSP 平台进行销售获利，TSP 平台收取服务佣金（广告费、会员费等）。

传统线下商家为车主提供购物、餐饮、住宿、娱乐等 O2O（online to offline，线上到线下）服务内容。目前，国内 O2O 发展相对较好，主要业务集中在 BAT（百度、阿里巴巴、腾讯）等互联网公司。一般有两种实现方式：一种是通过手机与车辆联网，实现车载 App 服务；另一种是车载系统自带的生活类 App。

交管局基于卡口、公路信号桩等交通基础设施，通过交通管理控制平台，实现实时路况获取、道路收费、交通检测、道路规划设计等。

4. 车联网的主流商业模式

根据生态圈主导者的差异性，车联网生态圈主要有 4 种商业模式，分别为电信运营商、整车厂商、TSP 平台及应用/内容服务提供商主导的模式。其中，电信运营商、应用/内容服务提供商拥有一定的用户影响力及资金、技术优势，其主导的车联网生态圈具有较强的竞争力；整车厂商的平台及应用多为自身品牌服务，其平台兼容性较差，难以整合其他车企，主导的车联网生态圈难以做大做强；TSP 平台在前装和后装市场均缺乏足够的话语权和优势，整合资源的能力较差，其主导的生态圈难以形成规模。

6.1.4 车联网产业发展

车联网产业并非刚刚起步，早在 2009 年通用公司旗下的 OnStar 漂洋过海来到中国，把车辆的升级从传统的机械设计更新转向互联网改变体验这一主题上。中国车联网开始在神州大地生根发芽，但一路走来，并不很顺利。

1. 车联网产业历史

通过对整个车联网历史的回顾，可将车联网发展归纳为 4 个阶段，如图 6.4 所示。

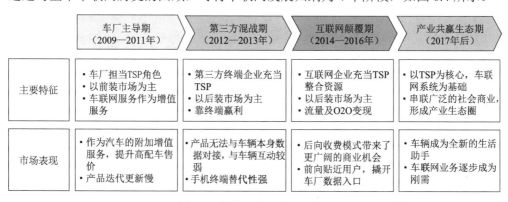

图 6.4　车联网发展阶段示意图

1）车厂主导期

整车厂商（简称车厂）作为 TSP 平台，整合终端、软件、内容、服务及网络等资源，通过终端前装至汽车的方式，为车主提供优质感知的驾车相关服务。车厂将车联网服务定义为汽车的增值模块，通过增值模块获得车辆销售差价收益来覆盖终端、内容、服务及网络等费用。后期以客户续费提供服务和网络为主。但从续约率来看，市场并不理想，主要原因是车厂对这块增值服务迭代慢，投入力量较弱，产品满意度不高。在车联网业务未形成刚需时，很难吸引客户续费。

2）第三方混战期

车厂提供的车联网服务无法深入车主内心，但潜在需求还是有的，这一点被第三方终端厂商所捕捉，很多终端厂商转战车载终端设备，以 PND（便携式导航仪）、OBD（车载诊断系统）、DVD 导航仪、智能后视镜等产品切入市场，为车主提供导航、手机与车互联等应用。赢利模式主要通过终端销售差价及服务续费等方式获得。由于这部分终端厂商本身规模有限，很难与车辆数据对接。即便大型车厂对其开放数据，也非常有限，使得第三方终端设备对车辆本身信息掌控不足，相关应用感知较差。同时，第三方终端厂商仍然以客户付费为核心，没有突破传统车联网商业模式，在刚需未形成前很难保持企业的可持续发展。

3）互联网颠覆期

很多终端厂商在寻求合作，互联网企业也注意到车联网可能带来的巨大市场空间。互联网企业以全新视角，从根本上建立了颠覆式的新形态商业模式，即"羊毛出在猪身上"的逻辑。通过开发契合用户需求的车联网服务，吸引更多用户加入，累积车主流量；再通过流量变现，如大数据分析、O2O 引流等，实现商业价值的落地。由此激发产业呈现循环上升的趋势：一方面在互联网及资本市场的支持下，开发更契合用户需求的产品，包括引导客户的需求；另一方面在客户流量不断汇聚的情况下，通过大数据及导流实现流量变现。

我国车联网产业目前正处于这一阶段，互联网企业的加入带来了全新的商业模式（后向收费模式），真正找出了一个能够推动产业向前发展、逐步引导需求的发展模式。目前，主流的变现方式有 UBI、汽车后市场导流等。从这几年资本市场的投资情况来看，资本市场非常认可后装市场的新商业模式。

4）产业共赢生态期

随着产业的不断向前发展，车辆将成为企业与用户的更广更深的联系工具和触点，产业间融合不断加深，将单向的产业链不断演绎成多产业协作的产业共赢生态圈，如图 6.5 所示。

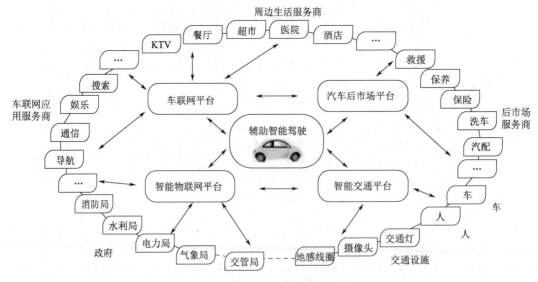

图 6.5　车联网产业共赢生态圈示意图

产业合作不断加深，后向收费模式为企业运营发展提供了基础保障，使企业有资源和能力组织并开发更多贴近用户的车联网产品及应用，用户逐步形成使用习惯，并愿意为之付费；车联网传统商业模式（前向模式）再次回归，推进产业成熟发展。车联网产业发展蓝图如图6.6所示。

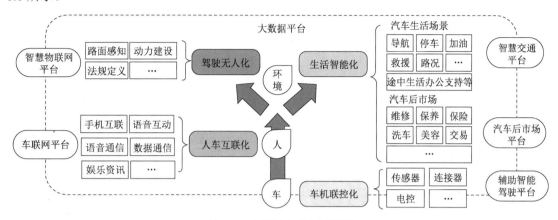

图 6.6　车联网产业发展蓝图

2. 车联网产业与发展

车联网是汽车、电子、信息通信、道路交通运输等行业深度融合的新型产业形态，发展车联网能够培育新的增长点，提高产业链现代化水平，同时对于促进交通安全、提升出行效率也具有重要意义。车联网当前处在政策、技术、产业的三重因素共振之上，为 ITS 的推进提供了绝佳机会。

在交通强国建设不断推进的大背景下，作为 ITS 建设的主要突破口，车联网行业的发展面临历史性机遇。车联网产业链条长，产业角色丰富。从制造业角度来看，车联网产业链中上游包括元器件供应商、通信设备提供商、汽车电子系统供应商等，下游主要是整车厂商，包括传统车企与互联网车企。此外，车联网产业链中还包括大量服务业角色，如地图等软件与数据提供商、通信服务商、车内软件提供商等。未来，随着互联网、大数据以及人工智能的发展，智能汽车将会有大的发展，尤其是服务平台会从面向用车服务的数据平台，过渡到面向产品提升的数据平台，再到面向智能控制的数据平台。图 6.7 为车联网服务数据平台的发展趋势。

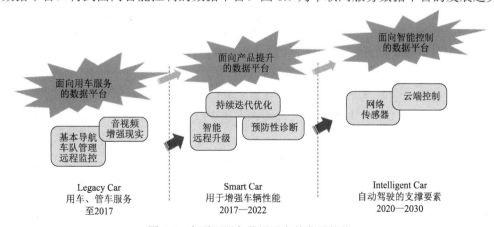

图 6.7　车联网服务数据平台的发展趋势

当前，车联网的内涵不断丰富，价值空间不断拓展。车联网应用服务体系日益丰富，与汽车、交通等行业加速融合。车联网应用不仅服务于辅助驾驶、高等级自动驾驶等智能网联汽车应用，还能够有效解决交通效率、城市治理等系统性工程问题。城市道路环境下车联网应用创新活跃。信息服务类应用已经普及，且在网联技术赋能下实现创新发展；智能驾驶类应用加速渗透，且与网联系统逐步耦合；智慧交通类应用不断深化，且逐步衍生出新型场景。例如，长沙先导区基于 LTE-V2X 的智慧公交场景应用，在智慧公交 315 号线、3 号线、9 号线上实现了商用运营，315 号线平均行程时间优化 12.6%、平均行程车速提升 14%。此外，车联网应用正逐渐从服务个人用户扩展至服务智慧矿山、智慧港口、智慧工厂等企业用户的生产类应用。特定区域工况环境下规模商用加快，基于网联的车辆集群智能调度、远程监控等应用较为成熟，远程遥控驾驶等应用也不断得到验证。例如，宝日希勒露天煤矿已经实现了自动驾驶矿卡应用，矿区自动驾驶系统可动率大于 96.7%。又如，天津港投入了近 80 台自动驾驶汽车，实现智能化任务调度和路径规划，打通作业系统、岸桥、轨道桥、智能解锁站间的"信息通道"。因此，我国汽车网联化与智能化协同发展按下了"加速键"。汽车厂商均推出 L2 + 辅助驾驶应用，一汽红旗、广汽埃安等发布了车联网 C-V2X（cellular vehicle to everything，以蜂窝通信技术为基础的 V2X 技术）量产车型。以感知、计算为核心的路侧融合系统向着硬件功能集成化、建设部署敏捷化方向演进，功能需求呈现分级趋势。边缘、区域、中心多级平台协同部署，核心业务逐步明晰，多方角色协同推进，产业成熟度持续提升。无线与有线组网技术融合共存，权威资料显示，我国已经具备自主知识产权的车联网 C-V2X 车规级芯片模组，形成了国际市场竞争力，5G 基础设施建设走在全球前列。

与此同时，新一代信息技术正与传统汽车加速融合，历经车载信息服务阶段、智能网联汽车阶段以及智慧出行阶段，我国车联网产业链已经从单纯的车载信息服务迈入智能网联汽车的发展阶段。2022 年 6 月底，《海南省车联网先导区（项目）建设实施细则》以及海南省第二批智能汽车开放测试和示范应用道路在博鳌发布，明确提出海南围绕赋能智慧城市、智慧公路、智慧旅游、智慧港口等方向，分类推进先导区项目建设，鼓励有条件地区创建车联网先导区。

中研普华研究报告《2022—2027 年中国车联网行业市场全景调研与发展前景预测报告》分析：随着 5G、边缘计算等新技术与智能网联汽车融合应用的更加深入，我国车联网产业在多方面取得了积极进展，在促进汽车、交通等传统产业转型升级，以及促进形成数字经济发展的新产业集聚方面起到了积极作用。目前，全球车联网产业生态不断丰富和完善，汽车联网化渗透不断加强，全球市场搭载智能网联功能的新车渗透率超过 45%，预计至 2025 年可达到近 60% 的市场规模。我国持续推动车联网产业发展，从政策发布到标准建立，推进车联网健康、有序地发展。2020 年 11 月国务院办公厅印发的《新能源汽车产业发展规划（2021—2035 年）》提出，推动新能源汽车与能源、交通、信息通信全面深度融合，协调推动智能路网设施建设，推进交通标志标识等道路基础设施数字化改造和互联。《工业和信息化部关于推动 5G 加快发展的通知》中提出，促进"5G + 车联网"协同发展，推动将车联网纳入国家新型信息基础设施建设工程，促进 LET-V2X 规模部署，建设国家级车联网先导区。有了政策加持，我国车联网新型基础设施快速落地并初见成效。

由此可见，智能网联汽车已进入关键发力期，随着智能驾驶等级的提升，车联网成为智能网联汽车产业发展的重要趋势。国家相关部委陆续发布顶层规划、建设指南、标准等系列政策，鼓励车联网行业发展，加速产业落地。很多地方政府布局建设智能网联示范区，加速区域车联网与信息通信、智慧交通的深度融合。国家级四大先导区持续深耕车联网产业，不断部署完善路侧通信单元、边缘计算设备等智能路网设施，扩大开放测试道路里程和测试范围，探索车路协同商业模式。因此，随着 ITS 的发展，车联网逐渐普及，用户的规模将不断扩大，市场需求不断增长，车联网市场前景一片光明。未来几年，我国仍然是全球汽车消费大国，随着智能交通的发展，我国车联网用户的规模也将逐年提升，行业渗透率将进入加速增长阶段。经过初步估算，我国车联网市场规模有望在 2026 年达到 8 000 亿元，2021—2026 年平均复合增长率将达到 30.36%。根据中汽协的预测，2025 年我国汽车销量或将达到 3 000 万辆，考虑到其中的智能网联汽车占 30%，新增智能网联汽车的销量约为 900 万辆，同时考虑到车端、路端以及网络端的安全保护投入，由此带来的市场空间值得期待。

那么，车联网行业的发展趋势如何？2022 年在上海车展期间召开的中国汽车论坛上，美国汽车工业联盟副主席 Gloria Bergquist 表示，未来车联网的发展趋势主要表现在汽车安全、半自动化汽车、基于云与无线的空中下载技术、汽车通信、减少堵塞、降低油耗等方面。

（1）汽车安全。汽车安全的主要关注点是避碰。讨论发现，人为的错误在 95% 的状况下会导致许多碰撞的事故。因此，车联网可以在这方面使道路变得更加安全。提到汽车安全，不得不提到驾驶辅助系统，如预警系统、变道辅助系统等，这些系统加在一起，就像你在道路上的眼睛，四面八方都能看得清，可以将汽车的碰撞事故减少 5%～10%；假如有自动刹车，可以使得碰撞事故进一步减少 20%。

（2）半自动化汽车。这些驾驶辅助系统的技术，都可以让我们进行自动驾驶。密歇根大学所做的调研显示：中国人对于自动驾驶汽车能够降低拥堵的效果最为乐观，对将来拥有自动驾驶汽车的喜爱程度也最高。许多企业把车作为无线通信节点，让驾驶员保持联网；许多消费者盼望在车内车外都能与在家里和办公室一样实现无线互联。现在，汽车都有各自的软件系统，它们可以进行数据的互动，甚至可以上传到经销商的网络上进行更新。

（3）基于云与无线的空中下载技术（OTA）。现在，汽车制造商对硬件的关注越来越转向对软件的关注。福特和微软已经发布了基于云的基础设施，可以对汽车进行 OTA 的升级。菲亚特、克莱斯勒升级了他们的 4 款车型，增加了一些车辆诊断系统，能够直接向驾驶员发送车辆诊断报告。此外，本田、特斯拉也推出了他们的 OTA 助手。特斯拉有针对充电的 OTA 助手，可以计算离你最近的充电设施有多远，就像对你的手机软件进行更新一样。

（4）汽车通信，即车对车（V2V）的通信。对于自动驾驶汽车来说，其本身会受到一些限制或有局限性。例如，自动驾驶汽车可能只有到了某个位置时才知道那边有桥或其他建筑；可能前方路上有一个塑料袋或者水泥块，有的车距离比较远而分不清。但是有了 V2V 通信，前车就可以将这些信息与其他的车辆共享，提前发出警示。这样，就有机会降低 50% 的汽车碰撞事故，每年可以挽救数千人的生命。

（5）减少堵塞、降低油耗。车联网不仅可以减少故障，挽救人的生命，还可以节省大家的驾驶时间，减少交通堵塞，降低燃油的消耗。美国政府估计，25% 的拥堵是由于一些小的碰撞，包括高峰时期的碰撞造成的。一些新的安全系统，能够让车减少碰撞，也就减少了拥堵，从而间接提高燃油经济性。

6.2 车联网的体系架构

6.2.1 车联网是物联网的一部分

国际电信联盟（ITU）给物联网的定义是：物联网主要解决物到物（thing to thing，T2T）、人到物（human to thing，H2T）、人到人（human to human，H2H）之间的互联。定义中特别指出，H2T 和 H2H 中的 H（human）指的是通过通用装置而非个人计算机实现互联的人。通过物联网，可以构建无处不在的网络，实现任何时间、任何地点，互联任何物品的需求。由此可见，车联网是物联网的一部分。当物联网中互联的对象都是车辆以及一些道路基础设施时，物联网就成为车联网。物联网的范畴要比车联网大得多，车联网只是物联网的一种特定应用。然而，要真正全面实现物联网，尚存在一些困难，如全球标准不统一、部署成本过高、技术尚不够完善、安全性等问题。相比之下，车联网的实现就具有更高的可行性。在车联网的研究过程中需要借鉴物联网的研究成果和研究思路，同时车联网的研究成果也将丰富和发展物联网的研究工作。

与物联网相比，车联网有一些自己的特点：

（1）车联网当中的网络节点以车辆为主，这就决定了车联网的动态特性。与一般的物联网相比，车联网当中的汽车节点移动速度更快、拓扑变化更频繁、路径的寿命更短。

（2）与一般的物联网相比，车联网当中的车辆节点间的通信所受到的干扰因素更多，包括路边的建筑物、天气状况、道路交通状况、车辆的相对行驶速度等。

（3）车联网当中受到车辆运动情况、道路分布状况等因素的影响，其网络的联通性不稳定，这在一定程度上限制了车联网的推广使用。

（4）车辆当中有稳定的电源供电，网络在工作时一般没有能量方面的限制；车辆当中有较大的承载空间，可以装备较高性能的车载计算机以及一些必要的外部辅助设备，如 GNSS、GIS 等。

（5）车联网对网络的安全性、可靠性以及稳定性要求更高。在车联网的应用过程中，不能像互联网一样出现一些不安全、不可靠的事件，否则可能会造成巨大的生命财产损失，引起车辆行驶的混乱。

车联网是能够实现智能化交通管理、智能动态信息服务和车辆智能化控制的一体化网络。中国汽车工业协会发布的信息显示：2016 年我国汽车销量突破 2 800 万辆，产销量连续 8 年居世界第一；到 2017 年我国汽车销量在 2 940 万辆左右，增速为 5%。

6.2.2　车联网是智能交通的物联网

车联网也可看成汽车移动物联网，它利用车载电子、标准信源、无线传感网络等技术实现车辆信息采集，通过 RFID、DSRC（专用短程通信）、GNSS、广域无线通信等技术实现车辆的信息互联，并通过操作管理平台完成对车辆的静/动态信息的深度挖掘，从而实现对车辆的监管和综合服务。在此，"联网"的内涵包括"人—人""车—车""车—路""车—信息平台"等层面的双向通信。由此可见，车联网其实就是对智能车辆的升级与联网，升级后的"智能车辆"理所当然应该称为"智慧车辆"。"智慧车辆及无人驾驶"是车辆发展的终极目标，而车联网是智能交通中车辆发展的最终目标，是构成智能交通的主体要素。

在物联网架构支撑下，智能交通总体架构如图 6.8 所示。可见，智能交通是一个非常复杂的系统工程，实施过程需要分步、有序、稳健地向前推进。但是，整个系统的实现需要多项关键技术。感知层对交通流量、人、车、路、环境等全面感知；网络层实现车—路、车—车、人—车、人—环境等的短程通信，并将数据汇总到云计算平台，实现对感知层交通数据的融合、分析、挖掘与共享，为业务系统提供必要的交通信息数据；应用层满足指挥平台、用户及公众等的各种业务需求，将各种有价值和可用的信息通过信息发布终端提供给交通管理者、出行者及公众。

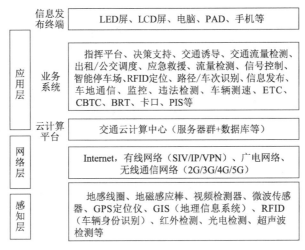

图 6.8　基于物联网的智能交通总体架构

人、车、路、环境是交通的四大基本要素。在 ITS 架构中，四者之间依靠互联网、物联网、移动互联网等构成以车联网为中心的能够进行交通信息广泛采集和即时传输的网络，利用云存储计算、大数据、人工智能等技术对交通数据进行深度处理，并将结果进行发布，最终形成集节能环保、绿色低碳、智能高效于一体的智慧交通系统。ITS 的顶层核心技术包含物联网、云计算、大数据、移动互联网、人工智能等高新技术；底层包含交通信息检测技术、处理技术、控制技术以及交通地理信息采集分析处理技术等。

智能车辆是集环境感知、多等级辅助驾驶、规划决策等于一体的综合系统，其融入了计算机、传感器系统、通信等，其关键技术包括 GNSS、智能驾驶、智能防碰撞、智能轮胎、智能钥匙、智能空调、智能玻璃、智能安全气囊等，它也是车联网的基本构成要素，目前在我国中高端车辆配置中较为常见。智能车辆研究主要致力于安全性、可操作性、舒适性、方便性等，以减少交通意外，降低排放等，其核心在于实现无人驾驶，但还要结合自动公路才能实现真正意义上的无人驾驶。自动公路是指建有通信系统、监督系统等设施，并对车辆实施自动安全监测，发布相关信息，实时自动操作的信息平台。

车联网即汽车移动物联网，它是智能交通发展的高级阶段，是智慧城市的重要标识。它利用车载电子、RFID、传感网络等技术实现车辆的身份及静动态信息采集，采用 DSRC、广域无线通信实现车辆的信息互联，并通过网络监管平台完成对车辆信息的深度挖掘和综合利用，对网内车辆进行监管和服务。

图 6.9 所示为车联网的物理架构。其中，车载终端是其核心的信息来源，由电子标签等获得车辆身份信息，车内传感网络获得实时的车辆运行和行驶信息，车载电子设备和车载电脑实现车—车、车—路、车辆—通信网络的单/双向信息传输；手机、家庭电脑或商业、公共场所电脑等终端可满足车辆使用者或公众（非在途）的服务信息要求；路侧设备以有线方式与通信网络对接，完成对车辆的感知和检测，获取车辆的个体信息，并可向车辆发布有价值的信息，如交通拥堵、事故、管制等；交通诱导、信号控制等设备或系统经扩展开发，亦可参与到车联网中。数据与服务平台中心是整个系统的数据汇总中心和应用服务系统的管理中心。

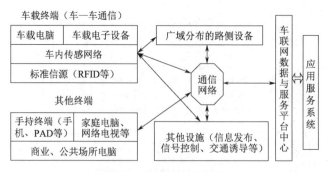

图 6.9 车联网物理架构

6.2.3 车联网与大数据、云计算相融合

车联网是物联网、智能交通、车载信息服务、云计算和汽车电子等多种技术融合应用的结果。随着我国政策、经济、社会、技术环境的持续利好，为车联网产业提供了良好的发展环境。车联网是利用传感技术感知车辆的状态信息，并借助无线通信网络与现代智能信息处理技术实现交通的智能化管理，以及交通信息服务的智能决策和车辆的智能化控制。纵观国外智能汽车发展的历程和现状，都是以提高出行安全和行车效率为主要目的，以传感技术、信息处理、通信技术、智能控制为核心，车路、车车协同系统与高度自动驾驶已经成为现阶段各国发展的重点，也已成为市场竞争制胜的关键因素。我国在智能汽车领域的基础技术、研发水平、相关产业链基础还十分薄弱，目前仍处于驾驶辅助阶段，未来将逐步向部分自动驾驶、高度自动驾驶和无人驾驶过渡。

车联网通过新一代信息通信技术，实现车与云平台、车与车、车与路、车与人、车内等全方位网络链接，可实现所谓的车内网、车际网和车载移动互联网的"三网融合"。其中，① 车与云平台间的通信是指车辆通过卫星无线通信或移动蜂窝等无线通信技术实现与车联网服务平台的信息传输，接受平台下达的控制指令，实时共享车辆数据；② 车与车间的通信是指车辆与车辆之间实现信息交流与信息共享，包括车辆位置、行驶速度等车辆状态信息，可用于判断道路车流状况；③ 车与路间的通信是指借助地面道路固定通信设施实现车辆与道路间的信息交流，用于监测道路路面状况，引导车辆选择最佳行驶路径；④ 车与人间的通信是指用户可以通过 Wi-Fi、蓝牙、蜂窝等无线通信手段与车辆进行信息沟通，使用户能通过对应的移动终端设备监测并控制车辆；⑤ 车内设备间的通信是指车辆内部各设备间的信息数据传输，用于对设备状态的实时检测与运行控制，建立数字化的车内控制系统。

车联网能够将车辆本身信息、车辆位置信息、驾驶员信息、天气情况、交通状况等数据搜集起来，通过大数据分析，能够获取深层次的洞察，例如对驾驶员驾驶习惯和出行模式的理解，对车辆故障识别和预警，对商用车的调配和运输成本的减少等。车联网移动云服务也将得到广泛应用。交通管理部门可以从车联网移动云中获取海量的交通信息，可以为交通流预测、交通灯动态控制、路线规划等决策提供依据；企业可以把车联网移动云作为商业宣传的平台，发布广告、产品打折促销等内容；用户可以通过车联网移动云服务提高行车安全和行车效率、获取各种各样的多媒体娱乐信息，从而获得更好的行车体验。

大数据用于车联网构建中主要有以下几个方面：

（1）大数据用于车联网感知端。在车联网的感知端构建中，实现汽车信息的全面感知是车联网系统的基础。车联网感知端构建应用大数据技术，能够准确地采集到业务运行数据，确保能够了解客户的需求和位置,同样采用大数据分析来提升客户的满意度,同时也能够节省经济成本。将大数据技术应用到车联网的感知端构建中,是车联网系统实现的重要前提。车联网感知端的构建,主要运用传感技术、北斗定位技术和图像识别技术,通过大数据技术能够准确地建立信息数据库。同样大数据技术应用到车联网感知端构建当中,可以为后续的云计算分析和智慧决策提供信息支持。例如对运输车辆的智能跟踪与计算,实现对运输车辆的智能调度。

(2)大数据用到车联网传输通道。在车联网传输通道的构建中,传输通道主要连接着汽车的数据信息采集和存储,同样智能汽车传输通道能够以互联网和通信技术为基础,实现汽车信息数据的收集和存储,为大数据技术的应用提供良好的运用环境,也实现大数据车联网信息数据的及时传输。

(3)大数据用到车联网存储端。在当前的车联网智慧端的构建中,需要实现存储端的应用多样性。大数据技术主要应用在以云计算为核心的车联网存储端,同样由于车联网海量的数据信息传输到存储端,因此传统的数据计算与存储难以实现数据的接收处理。因此,大数据技术应用到车联网的存储端构建当中,借助云计算的存储功能和大数据技术的计算处理分析能力,得以实现车联网系统的存储和计算分析,为后期的数据效益的生产提供保障。

随着生态系统的健全,车联网将提供更加多样化的服务,并向 O2O 与汽车后市场渗透,跨界合作和服务创新日益显著。例如在保险行业,通过车联网技术,可以更为精准地评估并做风险定价,更好地匹配保险费和实际风险,并以驾驶行为和里程为基础,提供个性化的汽车保险费率。

6.3 车联网的感知模型

6.3.1 车联网的三层模型

车联网是物联网与智能交通的深度融合,用以解决交通问题,能有效预防碰撞等事故发生,使系统运营商和用户对出行方式做出最佳选择,可减少能耗、降低污染、增进安全性能。车联网不仅能实现智能交通的功能,还面向用户提供辅助驾驶、在线娱乐等多样化的用户应用与安全应用,是未来智慧地球的重要环节,具有极大的发展和应用潜力。而信息感知是车联网的神经末梢及功能实现的前提,对相关感知技术的研究具有重要意义。

车联网是物联网技术在交通系统领域的典型应用,可概括为全面感知、多位交互、综合应用 3 个方面,分别对应车联网三层模型的感知执行层、网络传控层和集成应用层,如图 6.10 所示。

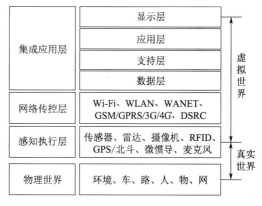

图 6.10 车联网三层模型

1. 感知执行层

感知执行层采集物理世界对象属性及相关信息,同时让汽车具备寻址和网络标识等能力,并根据自身或依据上层指令做出动作。

2. 网络传控层

网络传控层为感知执行层提供统一接口,兼容不同的网络技术,为信息传输提供路由及差错控制，保证数据完整、可靠地传递。

3．集成应用层

围绕车辆的数据汇聚、计算、调度、监控、管理与应用，集成应用层需要安全认证、实时交互、海量存储、云计算等功能，因此可细分为数据层、支持层、应用层和显示层4个子层。

（1）数据层：遵照一定模式对感知或交互信息形成聚类，进行整理、存储等操作，构成系统的数据基础。

（2）支持层：处理不同数据，为上层应用提供智能的信息处理方式，面向不同对象提供数据服务。

（3）应用层：面向用户需求，根据不同应用提供相应的服务。

（4）显示层：综合呈现不同类型的信息。

现代汽车正朝着智能化方向发展，车辆本身已成为完整的信息系统，拥有独立的传感网络、灵活多样的车内网以及多应用集成的车载终端。车辆接入互联网，成为全新的车载社交网络，用户从中可获取海量、丰富的信息，并自由交互，满足多样化与个性化需求。从图 6.10 可以看出，车联网技术同物联网技术均以信息感知为前提，以通信网络技术为基础，以应用创新为核心。信息感知同系统应用之间不仅是源与流的关系，还存在交互过程，两者相辅相成。

6.3.2　车联网信息感知与交互模型

车联网作为一种网络信息系统，其核心是对数据的综合管理和运用；而数据是对车联网感知信息的整合与提炼，数据的获取需要通过感知得到。国防科学技术大学杨博等人提出了车联网信息感知与交互模型，如图 6.11 所示。

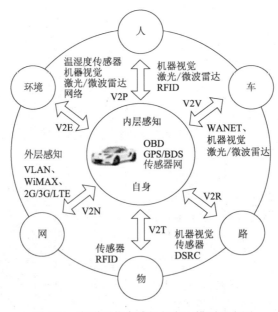

图 6.11　车联网信息感知与交互模型示意图

1．内层感知

内层感知（vehicle to self，V2S）即对车辆自身状态的感知，是车联网信息感知的基础和首要环节。

1）机械本体感知

感知车辆各部件的静/动态信息，如发动机转速、车速、油耗、燃油量、冷却液温度、胎压等信息，有利于驾驶者及时掌握车辆状态，进行合理操控、决策等。

2）电控系统感知

感知各类车载电器、执行机构等的故障信息，这是辅助车辆维修的重要手段。

3）位置与姿态感知

对车辆的经度、纬度、海拔的绝对位置感知以及在地下工程等场所的相对位置感知，是进行车辆监控、在线调度和辅助驾驶的基础。

2. 外层感知

外层感知即以车为核心，与人、其他车、路、物、网和环境发生交互，感知其状态和变化，从而获得相应的信息。

1）车—人感知

车—人感知（vehicle to person，V2P）对实现车联网人机交互具有重要作用。

（1）车内人员感知：感知驾乘人员的图像、身份等信息，可实现车辆的安全防范；感知音视频信息，可作为实时通信的基础；感知驾驶员面部图像，结合转向盘转动等信息，可用于判断驾驶员是否疲劳驾驶。

（2）车外人员感知：感知人的身份、距离等信息并与报警系统联动，是汽车安全防范、防撞、安全行驶和智能驾驶的前提条件。

2）车—车感知

行驶中车辆互联互动是车—车感知（V2V）的关键环节。

（1）任意车间感知：通过感知身份等信息可实现一定的社交功能，通过组建无线网络实现信息的交互和资源共享，通过感知距离、速度等信息用于车灯控制、防撞预警。

（2）车队内部感知：统一管理的车队易于组建稳定、高效的局域网，可实现车队成员间的信息交互；进行音视频通信与广播，便于指挥调度；实时共享车距、位置、路况及车况等信息，可大大提高车队的信息化、精细化和安全管理水平。

3）车—路感知

在车—路感知（vehicle to road，V2R）部分，道路环境感知是车辆与外部进行感知的主要内容，为车辆与智能交通融合提供信息支撑。

（1）路面感知：感知路面平整状况及周边情况，便于驾驶者进行合理的操控；感知自身所处车道位置，可确保行驶或超车的安全，也是实现无人驾驶的重要部分。

（2）交通状况感知：感知行车速度、交通拥堵状况等信息，是车联网进行智能调度等的信息基础。

（3）交通信号感知：主动感知和识别各种交通信号，或被动接收数字化交通设施发送的信号，提前获取红绿灯状态等信息，可使驾驶员做出预判，合理选择路线，对实现智能驾驶具有重要作用。

4）车—物感知

车—物感知（vehicle to things，V2T）可看作物联网技术的具体应用，实现车物相联是车联网信息感知的重要部分。

（1）车内物品感知：感知车内物品、特殊载荷的信息与状况，将这些信息通过车联网系统传输到物联网系统，可以对车联网系统中的物品进行实时联网监控、可视管理、在线调度，从而实现智慧物流的运作。

（2）车外物品感知：对车外建筑、物品及前后车辆的感知，是保证行车安全、实现智能驾驶的信息基础。

5）车—网感知

车—网感知（vehicle to network，V2N）融合了智能交通信息和互联网资源，是车联网综合应用的体现。

（1）智能交通感知：智能交通感知是车联网与智能交通的融合与集成。通过智能交通感知可实现不停车收费（electronic toll collection，ETC）、停车场管理、紧急救援等车联网应用。

（2）互联网感知：将车辆接入互联网，使车辆成为物联网的有机节点，车辆与网络同行，使用户畅享丰富、无限的互联网资源。

6）车—环境感知

车—环境感知（vehicle to environment，V2E）包括感知温度、有害气体浓度等，直接关系到驾驶员的舒适度与健康。

6.4 车联网的数据传输

6.4.1 车联网联通模型

车联网利用先进的感知、计算、无线通信、GNSS定位等技术，通过IEEE 802.11p控制器组网，对道路和交通进行全面的感知，联通一定范围内的车辆、行人和道路，形成一个特殊的移动自组织网络。在5G车联网中，大量部署的5G基站融入其中，使无缝切换、负载均衡、干扰管理以及安全认证等技术得到了进一步的发展。车联网联通模型如图6.12所示。

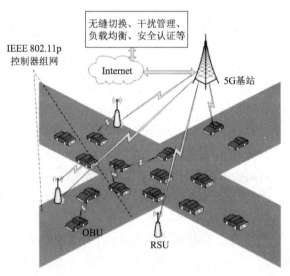

图 6.12　车联网联通模型

从图6.12可以看出，车辆节点和路边安装的基础设施是车联网中通信的主体元素，车上都安装有无线通信终端，即车载单元（OBU），其作用是与邻近范围内的车辆以及路边基础设施进行信息的相互交换；路侧通常装有路侧单元（RSU），其作用类似于OBU，RSU可以和通信范围内的 OBU 及其他 RSU 通信。它们之间的通信内容包括：交通事故发生的地理位置、车辆移动的速度信息、前方道路状况、对交通灯的预测信息等。车联网的应用层对获取的信息进行精确计算，实现智能交通管理，可有效提高交通系统的运行效率，降低交通事故发生的概率。

从图 6.12 中可以清楚地看出，车联网中主要包括 3 种联通通信模型：车辆与车辆（V2V）之间的联通模型、车辆与路边基础设施（V2R）之间的联通模型、路边基础设施与路边基础设施之间（R2R）的联通模型。

1. 车车联通

图 6.13 所示为一个车车联通通信模型示意图。车车联通通信，即道路上快速移动的车辆依靠安装在车上的车载单元（OBU）进行信息的双向传输。OBU 之间较多采用专用短程通信（DSRC）技术，具有高速、低时延等特点，在一定范围内，相邻的车辆之间可以灵活地组网，网络扩展性好。但是，由于车辆的快速移动，车辆之间的相对速度不稳定，车联网的拓扑结构快速变化，造成了组网的不稳定性。

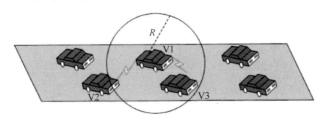

图 6.13 车车联通通信模型示意图

值得注意的是，OBU 的通信范围是有限的。从图 6.13 可以看出，车辆 V1 的通信范围是半径为 R 的圆，车辆 V2、V3 在其通信范围内，因此 V1 可以直接和 V2、V3 进行直接通信，但是不能和此范围以外的车辆进行直接联通。车辆与车辆之间很难一直保持相对静止，由于车辆之间相对速度的存在，车辆之间的距离也会不停地变化。当车辆 V1 和 V2 之间的距离逐渐变大并超过 R 时，直接联通会发生中断，即车辆的快速移动会极大地影响车辆之间的联通性。当道路上车辆稀疏时，可能会存在孤立的车辆；反之，若道路上的车辆过于密集，又会影响数据的传输效率。

车车联通通信在交通安全方面有很大的作用，如合作式合流辅助、合作式前向碰撞警告、车道变换辅助等。在车道变换辅助的场景中，当驾驶员准备变换车道时，利用车车联通通信可以警示驾驶员有其他车辆正在驶入相邻车道，从而避免因为"盲区"而造成伤害。

2. 车路联通

图 6.14 所示为一个车路联通通信模型示意图。车路联通通信，即道路上快速行驶的车辆和路边基础设施（如红绿灯、交通摄像头、RSU 等）进行信息的相互传输。与车车联通通信相似，车路联通通信也较多使用 DSRC 技术；不同之处在

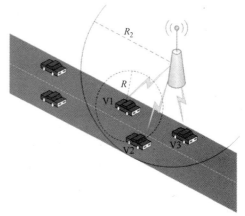

图 6.14 车路联通通信模型示意图

于，由于路边基础设施是固定而不可移动的，车路组网的扩展性较差。

以路侧单元（RSU）为例，RSU 也有一个固定的通信范围，假设其半径为 R_2。从图 6.14 可以看出，RSU 的通信范围比 OBU 的通信范围大，即车路组网的网络大于车车组网的网络，实现了道路上更大范围内的信息互传，这也是车车联通网络与车路联通网络之间比较大的一个差别。

在图 6.14 中，当车辆 V1、V2 和 V3 行驶进入 RSU 的通信范围内时，即可与 RSU 进行相互之间的联通通信。由于 RSU 的通信范围比较大，车辆和 RSU 组成的联通网络可以维持较长的时间，理想状态下可达 13~16 s，即车辆与路边基础设施联通的稳定性比较好。

车路联通通信应用的场景包括：合作式交叉路口碰撞警告、前方交通拥塞警告、施工区警告、限制驶入警告、红绿灯信息预测、服务站电子收费管理等。通过车路联通，对车辆和道路进行智能管理，可为驾驶员减少很多麻烦，提高其驾车效率。

3. 基础设施与基础设施联通

基础设施与基础设施之间的联通通信，即路边的基础设施之间实现更大范围内的信息共享，主要应用于实时的信息更新、远处交通事故警示等。

6.4.2 车联网的通信技术

1. 车联网通信技术 LTE-V2X

最早提出和发展的是 DSRC 技术，该技术已在美国、欧洲、日本等国家和地区进行了广泛应用。1999 年，美国联邦通信委员会（FCC）在 5.9 GHz 区域为 V2X（车用无线通信技术）留出 75 MHz 的带宽（5 850～5 925 MHz），用于实现车辆在高速状态下的短程通信，以保障公共交通安全。2016 年 9 月 1 日，美国交通部（又称运输部）在三个地点启动了连接车辆试点部署项目的设计、建造和测试。另外，美国交通部于 2016 年提出了一项提议，该提议要求未来生产的所有轻型汽车以及卡车配备 V2V 通信设备（DSRC）。欧洲在车联网技术上同时考虑 ETSI-ITS-G5（基于 IEEE 802.11p/DSRC）和蜂窝 V2X（4G/5G），称为 C-ITS（Cooperative Intelligent Transport System，协同智能交通系统）。欧洲各国政府也将 5.9 GHz 的频谱（5 855～5 925 MHz）分配给 C-ITS，目前已经开展了许多大型项目的实施与部署，如 COOPERS、CVI 以及 Nordic Way Project。日本的 VICS 于 1996 年开始提供车联网信息服务，2003 年便已基本覆盖全日本。但 DSRC 技术也存在明显不足，例如覆盖距离短、接入冲突以及数据包路由复杂等。随着长期演进（LTE）技术的普及，另一种车联网标准应运而生，该标准克服了 DSRC 技术的不足，在蜂窝网技术的基础上加以改进，实现了车—车、车—路、车—人的直接或间接通信。我国的车联网发展起步较晚，并以 LTE-V2X 为主要技术手段，不管从国家政策方面，还是市场需求方面，我国车联网发展都具有强大的驱动力。国内的车联网试验主要基于 LTE-V2X 技术。2015 年，工业和信息化部发布了国内首个"智能网联汽车试点示范区"项目，在上海安亭镇建设了国内首个智能网联汽车（intelligent and connected vehicle，ICV）研发和试验基地。随后工业和信息化部又先后在杭州、北京、重庆、长春等地建立了车联网实验基地，基于 LTE-V2X 和 5G 技术，开展智能驾驶、智慧交通的相关示范应用。

车联网技术向着智能化、网联化方向演进，通信技术将聚焦于智能网联汽车、自动驾驶等不同阶段的应用中。V2X 作为智能网联汽车中的信息交互关键技术，主要用于实现车间信息共享与协同控制的通信保障。在未来的自动驾驶应用中，V2X 是实现环境感知的重要技术之一，与传统的车载激光雷达、毫米波雷达、摄像头、超声波等车载感知设备优势互补，为自动驾驶汽车提供雷达无法实现的超视距和复杂环境感知能力。通过和周边车辆、道路、基础设施进行通信，V2X 从时间、空间维度扩大了车辆对交通与环境的感知范围，能够提前获知周边车辆操作信息、交通控制信息、拥堵预测信息、视觉盲区等周边环境信息。可见，V2X 的应用能够增强环境感知能力，降低车载传感器成本，使能多车信息融合决策。

针对多样化的车联网应用场景和需求，考虑 LTE 系统向垂直行业新业务的延伸，2010 年大唐率先开始面向智能交通应用的 LTE 车联网技术研究，其代表中国提出的基于 LTE 系统的 LTE-V 技术，已成为 3GPP（第三代合作伙伴计划）的 LTE-V2X 标准。LTE-V2X 作为面向车路协同的通信综合解决方案，能够在高速移动环境中提供低时延、可靠、高速率、安全的通信，满足车联网多种应用的需求，而且它基于 TD-LTE 通信技术，能够最大限度地利用 TD-LTE 已部署网络及终端芯片平台等资源，从而节省网络投资，降低芯片成本。

2. LTE-V2X 工作模式与分类

大唐在国内外最早提出的基于 LTE 系统的 LTE-V 技术，包括蜂窝方式和直通方式两种工作模式。

蜂窝方式（LTE-V-cell）即利用基站作为集中式的控制中心和数据信息转发中心，由基站完成集中式调度、拥塞控制和干扰协调等，可以显著提高 LTE-V2X 的接入和组网效率，保证业务的连续性和可靠性。

直通方式（LTE-V-direct）即车与车之间直接通信，针对道路安全业务的低时延、高可靠性传输要求，节点高速运动，以及隐藏终端等挑战，进行了资源分配机制增强。在实际应用中，LTE-V-cell 技术可以为车辆提供高速数据的连续性传输，而 LTE-V-direct 技术可以实现车车之间的信息交互，避免车辆碰撞而发生事故。

图 6.15 所示为 LTE-V2X 技术的典型工作场景。在图 6.15（a）中，车辆通过基站或路侧设备获得与远端 ITS 服务器的 IP 地址接入；在图 6.15（b）中，车辆通过不同的基站或路侧设备，进而通过云平台，获得分发的远距离车辆的信息；在图 6.15（c）中，车辆间直接进行与道路安全相关的低时延安全业务信息的交互；图 6.15（d）为非视距（NLOS）增强场景，车辆在十字路口由于建筑物的遮挡不能直接进行低时延安全信息交互，此时可以通过基站或路侧设备的转发，获得车辆间的道路安全信息。在上述场景中，图 6.15（c）可采用 LTE-V-direct 模式进行通信，其他场景可采用 LTE-V-cell 模式进行通信。

按业务模式，LTE-V2X 可以分为以下 4 类（如图 6.16 所示）：

（1）V2V（vehicle-to-vehicle）通信，例如防碰撞预警、拥塞控制等车辆安全效率类应用，此类应用不受网络覆盖的限制，可实现随时随地通信。

（2）V2P（vehicle-to-pedestrian）通信，例如行人防碰撞预警等行人安全类应用。

（3）V2I（vehicle-to-infrastructure）通信，例如道路安全预警、排队预警等安全效率类应用，主要涉及车与路边基础设施的通信。

（4）V2N（vehicle-to-network）通信，例如路况信息播报、路线规划、地图下载等信息类应用。根据接口的不同，LTE-V2X 可分为 V2X-Direct 和 V2X-Cellular 两种通信方式。V2X-Direct 通过 PC5 接口，采用车联网专用频段（如 5.9 GHz），实现车与车、车与路、车与人之间的直接通信，适用于无线蜂窝网络覆盖有限的场景，时延较低，所支持的移动速度较高；但需要有良好的资源配置及拥塞控制算法。V2X-Cellular 则通过蜂窝网络 Uu 接口转发，采用蜂窝网频段（如 1.8 GHz），使得 V2X 通信范围更广且更稳定。

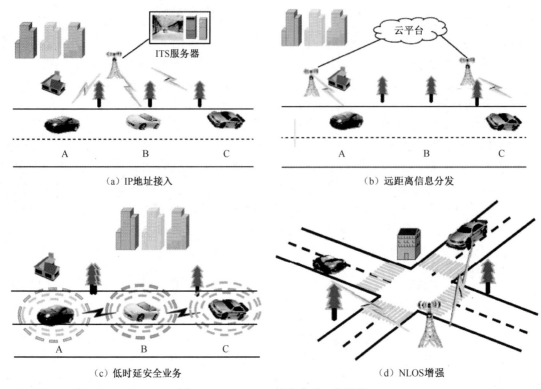

（a）IP地址接入　　　　　　　　　　　　　（b）远距离信息分发

（c）低时延安全业务　　　　　　　　　　　　（d）NLOS增强

图 6.15　LTE-V2X 技术典型工作场景

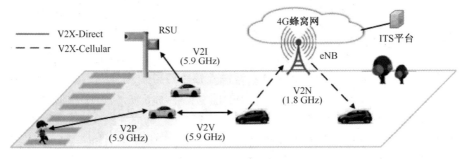

图 6.16　LTE-V2X 的分类

6.4.3　车联网的云网协同技术

为满足车联网的业务需求，运营商在未来车联网中将采用"终端—网络—平台—应用"的统一网络架构，打造"多模通信+车车协同+车云同步"的云网协同一体化网络，如图 6.17 所示。

1. 立体化通信网络

运营商从横向和纵向两个维度打造立体化网络架构，实现多模接入、车车直通，支持多种低时延、高可靠性业务的车联网通信。横向实现 3G/4G/5G 网络共存，依据不同的业务需求（如 Telematics 业务、V2X 业务）选用不同的网络及技术，实现多模通信。纵向实现车车之间无缝联通，在有网络覆盖的情况下，可通过基站实现车车通信；而在无网络覆盖的情况下，可通过 V2V 实现车车之间直接通信。通过网络实现路边设施信息回传与管理，实现 RSU 的快速、灵活、低成本部署，实现数据与业务分流，降低网络时延，避免资源冲突，完成数据与业务的回传。作为运营商，为了增强基于基站通信的低时延、高可靠性业务，加强对车联网业务的掌控，考虑沿公路部署光纤传输管道，根据用户的业务需求在网络不同位置引入边缘云计算，实现用户面的业务下沉，降低网络传输时延。

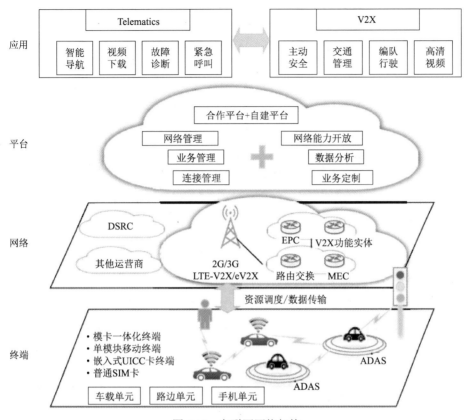

图 6.17　车联网网络架构

2. 车联网协同云平台

构建车联网协同云平台，实现互联互通。在功能上，一方面车联网协同云平台具有网络管理能力，实现业务管理和连接管理，满足车车协同和车云协同；另一方面它具有网络开放能力，开放垂直行业应用以及第三方应用接入，提供大数据收集及分析能力，拓展新的业务渠道。统一的云平台是未来车联网的重要组成部分。

车联网协同云平台具备以下特点（如图 6.18 所示）：

（1）云平台作为连接网络与应用服务的桥梁，首先应支持共性平台建设，具有一定的通用性、灵活性、安全性、开放性以及稳定性。

（2）需要保证各类用户的体验，具有网络开放的能力，实现网络间的互联互通，支持泛在接入，通过模块化实现云平台的灵活弹性，保证用户永远在线，并对客户做出实时响应。

（3）实现多场景支撑功能，如主动安全、协同路径规划、共享数据以及协同感知等。

3. 业务综合化与多样化

基于技术的发展以及设备服务能力的升级与改造，运营商要实现车联网业务的综合化和多样化，主要分 3 个阶段进行：

（1）以现有的 Telematics 业务为主，主要依靠蜂窝网 3G/4G，实现定位导航、车载娱乐、远程管理等低速率数据服务。

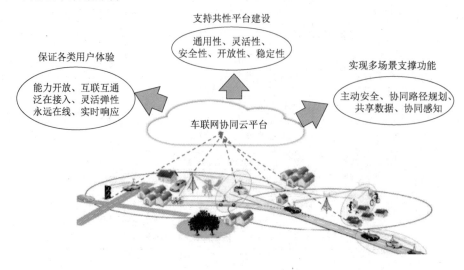

图 6.18　车联网协同云平台特点

（2）以实现辅助驾驶功能为主，依靠 LTE-V2X 技术，支撑安全预警、交通管理等对时延及可靠性要求较高的中高速数据服务。

（3）以实现自动驾驶、万物互联为目标，主要依靠 5G 技术。在该阶段，对时延及可靠性的要求进一步提高，并需要大带宽以传输高速数据，实现自动驾驶、编队行驶、高清视频传输等业务。

另外，在提供多种 V2X 业务的同时，针对海量数据，融合通信网络大数据、个人用户大数据以及智能汽车和智能交通数据，提供大数据分析及推广服务，打造基于互联网和汽车的大数据生态圈。图 6.19 所示为车联网大数据应用示意图。

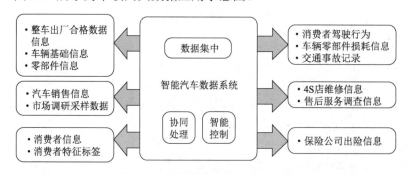

图 6.19　车联网大数据应用示意图

6.5　车联网的安全

6.5.1　车联网安全概述

车联网是物联网技术近年来在交通系统领域的典型应用，到目前为止其概念并未在国际上得到统一、权威的定义。车联网是车内网、车际网和车载移动互联网的融合网络，它以车辆为移动的信息感知对象，利用传感技术、无线通信网络、信息处理技术、互联网技术等，按照约定的通信协议，在车与 X（X：车、路、行人及互联网等）之间进行无线通信和信息交换与共享，通过人、车、路、网之间实时互联感知，实现交通智能管理、信息服务智能决策和车辆智能化控制的一体化。车联网的基本思想源于物联网，通过在车中部署具有感知能力、计算能力和执行能力的软硬件，使其本身成为承载智能传感网络的智能节点，再由网络设施和云平台传输处理信息，使车辆内部网络与外部的人、车、路、网互联互通。

车联网除了继承物联网的基本特征外，还具有 3 个独特的需求：① 相比于移动自组织网络，车辆节点的高速移动导致网络拓扑的快速变化和接入方式的频繁切换，要求很强的通信实时性与可靠性；② 相比于物联网，作为车联网感知和通信单元的车辆节点，具有更充足的存储空间和能量，以及更强的计算能力，因此可在终端对感知网络信息进行处理；③ 相比于其他智能联网终端，联网车辆引入了更多的通信接口、接入方式以及应用，具有更多样的应用场景，如主动安全、协同驾驶、交通管理监控、网络应用等。车联网可靠性要求高，其安全问题成为制约车联网全面发展和部署的重要因素。

根据现有研究分析，目前车联网主要面临以下安全问题：

（1）在车联网终端层，不同车厂各自的设计目标使得其车内网络架构缺少统一的数据接口和协议，导致很多智能传感器和终端无法统一接入，难以有效地在全网范围内进行数据共享和协同，造成数据交互不及时。此外，车上越来越多的无线通信技术以及接口的部署，令黑客可通过蓝牙或互联网技术攻击 GNSS、信息娱乐等联网系统，进而控制整个车内网络，从而带来严重的信息安全、隐私安全甚至人身财产安全隐患。

（2）在车联网网络层，用户接入认证协议、网络协议、网络切换机制的漏洞以及密钥的暴露，都将带来信息安全和隐私泄露威胁。

（3）在车联网应用层，黑客进行 DoS（denial of service，拒绝服务）等攻击，甚至取得后台的控制权，进而威胁到整个车联网的信息安全，造成隐私泄露。

由于车联网源于物联网，具备明显的物联网属性，遵循物联网的 3 层体系架构，这里给出相应的车联网安全层次结构（如图 6.20 所示），并结合每层的安全需求所涉及的关键技术进行阐述。

图 6.20　车联网安全层次结构

在车联网的感知层，以一系列车辆节点为基础对象为上层提供原始的终端信息服务，这些车辆节点集无线通信、信息采集和处理等技术于一身；在车联网网络层，除了像传统网络层协议那样具备为上层提供透明传输服务以及屏蔽通信网类型细节等功能外，还应融合和管理异构无线网络资源；在车联网应用层，各应用服务除了在现有的网络体系内采用云计算、大数据等技术完成各自职责外，还兼容可能的未来网络——软件定义网络（software defined network，SDN）技术。

6.5.2 车联网感知层终端安全

车辆作为车联网终端，其主要功能为感知，其内部安装了大量电子控制单元（electronic control unit，ECU）、智能传感器、执行器等电子系统，使车辆本身成为智能的传感器网络系统。终端安全涉及硬件安全、嵌入式操作系统等基础软件安全、接口安全等方面，这里主要介绍传感技术安全和车内 CAN 通信安全。

1. 传感技术安全

传感器由数据采集、数据处理、控制、通信、供电等模块组成。车辆上需要安装多种功能相同或者不同的传感器（如速度、加速度、GNSS、胎压传感器等），以实现多视角、全方位的自身和环境参数协作感知；感知数据由智能传感器加工后交由车内相应的ECU处理，此过程中涉及多传感器数据融合安全问题。车联网感知层的多传感器数据融合，是指将车内多个传感器在空间和时间上互补或冗余的信息依据某种准则进行组合和总结提炼，从而为ECU提供更加精确、全面的有效信息。确保融合过程安全性的主要方法有两种，即提高原始数据安全性以及使用安全融合算法。对于前者，主要通过数据真实性、完整性认证，以及对异常传感节点的检测与隔离，保证原始数据的安全有效；对于后者，主要根据不同的业务功能需求来选择不同的融合算法。目前，常用的数据融合算法分为经典方法和现代方法两类，每种算法都有其在精度、处理开销、实时性、容错能力上的优势和劣势。在车内网中，可在两类方法之间选择多种融合算法进行有机集成，以得到更优的融合算法。

2. 车内 CAN 通信安全

目前，车内电子单元普遍使用 CAN 总线协议，通过 CAN 总线建立各 ECU 间的通信。CAN 总线协议具有 3 个特点：① CAN 总线上所有 ECU 访问权限相同；② 广播信道，无任何加密认证机制；③ 非破坏性总线仲裁，某些 ECU 会持续占用信道。这就导致数据帧不包含加密属性和发送单元地址，且以广播形式在车内网络中流动，使得其他 ECU 单元无法对发送源进行认证；如果车内部某 ECU 单元被控制或出现故障，则容易受到窃听以及伪装、重放等攻击。

为确保车内网安全，目前主要通过异常检测方法对 CAN 异常进行检测。例如，在 CAN 总线子网中放置若干传感器检测总线异常数据帧，及时发现总线上各种异常消息和漏洞并预警；或为车内所有 CAN 子网设置中心网关，将汽车内网划分为动力、舒适娱乐、故障诊断等不同的安全域，将高危要素集中到独立的"局部安全总线"，定义清晰的安全域边界，并在边界部署安全措施，通过安全网关使动力总线与其他区域安全通信；也可为总线上的各 ECU 增加硬件安全模块，使车内通信均以密文进行。

6.5.3 车联网网络层无线网络安全

车联网的基础网络是互联网和移动互联网、无线通信网等行业网络，其中作为承载网的互联网可继续沿用原有的安全策略，而作为接入网的无线通信网涉及加密认证、异常流量控制、网络隔离和交换、信令和协议过滤等安全需求。这里主要介绍无线接入认证、无线切换融合和隔离等技术安全。

1. 接入认证技术安全

车辆节点安全接入与退出 Internet（因特网），是车辆联网安全最基本的要求之一，若不采取有效的安全接入控制措施，不仅会导致非法节点入侵和破坏网络环境，而且容易带来车内网安全隐患。车联网安全接入技术是指当有新节点申请接入 Internet 或其他行业网络时，对申请节点的身份合法性进行认证并协商密钥，保障通信的安全性与机密性。安全接入技术发展至今，主要有基于口令认证的安全接入、基于门限密码的安全接入、自组织安全接入、基于身份的安全接入、无证书安全接入以及不基于密码学的信誉系统。

车辆节点的高速移动，使车联网接入认证技术面临挑战，这与传统计算机和智能手机相比存在较大的不同。为此，车联网接入策略主要有：

（1）低开销快速安全的接入方案。在 100 km/h 的速度下，车联网链路能稳定保持 15 s 以上的概率只有 57%，其链路的稳定性较差，因此需要在车辆接入过程中，在保证安全的前提下，减少交互次数，降低每次通信的流量开销，降低密码算法的计算开销，从而提高接入认证的速度。

（2）快速安全的密钥更新机制。车辆节点可随时加入或退出网络，具有很强的自组织性，通过密钥管理来确保车辆身份合法的时效性与会话期限，因此高效安全的密钥更新机制具有重要作用。

（3）奖惩安全接入机制。车辆的自组织性使其信任关系存在不确定性、短期性，某一刻的可信节点在下一刻就可能成为攻击节点。对于不可信或失控节点应使用隔离机制或惩罚机制，通过引入车辆节点行为可信度来提供更高可靠性的安全接入。

2. 异构网络融合技术安全

车辆节点都部署有多个无线接口，具备多种网络连接能力，目前普遍使用的无线通信技术有 DSRC、WiMAX、WLAN（无线局域网）、3G /4G /5G 等。车辆频繁的网间切换涉及不同的接入技术和协议转换问题，异构无线网络融合技术是车联网发展的必然选择。

无线网络融合是指将不同的无线通信技术进行结合，形成统一规范的无线通信网络，确保任何时间任何地点通信的连续性与稳定性，提供全网覆盖。当前的异构无线网络融合方案主要有松耦合与紧耦合两种方式：紧耦合方式选择一种网络为承载网，虽能有效利用单一网络相对健全的管理机制，但需要修改其他网络协议，实现起来复杂困难；松耦合方式容易实现网络间互联，但存在融合不彻底问题，无法对网络资源统筹处理。

异构网络的核心思想是让一切自由联通。异构网络是一种混合覆盖网络，由不同厂商的网络设备和系统组成，支持不同的协议和技术，面向不同的应用场景和用户。多模终端可以同时接入多个异构网络，在不同网络之间移动切换。通常，相同技术网络之间的切换称为水平切换（HHO），不同技术网络之间的切换称为垂直切换（VHO）。

通过异构网络融合，可以从用户的偏好、服务质量（QoS）和网络状态等方面，进行综合决策，保证用户终端连接到最好的网络，提高用户体验质量（QoE）。通常广域网信号覆盖区域较大，但是传输带宽小；相反，局域网覆盖范围小但是带宽大。正是因为异构接入网络互补的特性，各有优劣势，使得异构网络的融合成为必然趋势。但是，异构网络之间具有明显的技术差异，如何完美地将多种技术融合和提高用户体验，是异构网络亟待解决的问题。目前有大量文献研究异构网络融合的关键技术，包括异构网络融合的架构、移动性管理（接入控制、位置管理和切换管理）、资源管理以及异构网络的多接入。

3GPP 从网络安全性能出发，把非 3GPP 网络接入分为可信和非可信网络接入，以提高异构网络系统性能和用户的安全性保护。针对非 3GPP 网络接入，3GPP 已经制定了一系列核心网分流的技术，包括多接入分组数据网络连接（MAPCON）技术、IP 流移动性（IFOM）技术、WLAN 接入点（AP）发现、网络选择技术等，这些技术可以和传输层多路径传输控制协议（MP-TCP）结合。显然，车联网中涉及多种无线通信技术，使用耦合机制并不是最优的融合方案，可考虑引入软件定义网络（SDN）的理念。

3. 隔离技术安全

隔离是为了防止非可信应用软件侵害原有主体系统，尽可能地保证原有系统功能的完整性。通过研究分析，将车联网环境下的隔离根据其面向对象的不同划分为表 6.1 所示的 4 种类型。

表 6.1　车联网中隔离类型划分

隔离类型	描　　述
控制隔离	通过访问控制策略控制外网用户对车内资源的访问权限
系统隔离	将车内网的车控单元和非车控单元进行隔离
网络隔离	在车内网和车载应用模块之间设立隔离区，保护内网数据安全
数据隔离	隔离存储设备，防止控车系统同时访问多个网络，减少病毒传播途径

各类总线、智能终端、TCP/IP 网络以及蓝牙、3G/4G/5G 的广泛使用，使得汽车正快速地从封闭、孤立走向智能和互联。从车联网安全相关文献来看，对车内网的入侵和攻击主要通过车载应用系统模块（娱乐系统、咨询系统、OBD 接口等）、通信模块（蓝牙、Wi-Fi、GNSS 系统等）以及协议解析后的非法读写操作来实现。因此，为了保证车内网环境的安全性，应在车内网与车外网之间建立安全网络隔离和访问控制机制（如图 6.21 所示），限制外部网络对车辆内部网络的访问权限，为车内网提供一个与外界相对隔离的操作环境，使其内部运行的数据和存储的内容获得高级别的安全保障。

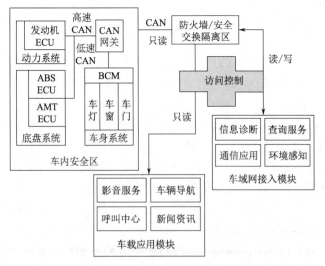

图 6.21　车内网隔离与访问控制机制

在图 6.21 中，将车辆外围联网设施分为车载应用模块和车域网接入模块。车载应用模块包括娱乐资讯等服务的应用软件,车辆可读取此模块的数据而此模块无法得到车辆安全区的数据;车域网接入模块包括环境感知、车车通信以及车路通信,可概括为车辆与外部进行数据交换的模块。将这两个模块接入数据安全交换区进行安全处理,通过 CAN 总线提供给车辆的控制中枢。因此,接入模式设为单向和双向,进而隔离数据流与控制流两种信息流,使不同功能的模块在各自功能范围内得到不同程度的隔离,防止车内网安全区被控制并防止其内容外泄。

6.5.4 车联网应用层云服务安全

车联网的应用场景和服务种类繁多,承载这些服务的后台需要利用大数据处理、智能计算、业务管理控制等技术处理海量信息,从而分发给不同的应用场景。应用服务平台涉及信息的存储、计算、隐私保护以及业务控制安全,这里主要介绍应用服务平台所依赖的云计算技术安全。

云计算具有强大的计算能力、很强的通用性和易扩展性、高可靠性、动态资源调度、按需服务以及海量信息集中管理等明显优势,不仅可对庞大无序的交通数据进行有效分析、处理、挖掘、预测和运用,而且能有效解决车联网之间的信息共享和信息传递延缓问题,提高信息传递的准确性以及管理调度效率。车联网与云计算结合,在极大地增强车联网业务功能、改善车联网业务体验的同时,也暴露出一些急需关注的安全问题。例如,云计算将其本身的云计算虚拟化、多租户、云计算数据安全、隐私保护、虚拟资源调度和管理问题等安全问题引入车联网。此外,车联网的具体技术及应用与云计算相结合后,可能暴露出新的安全隐患,应设置多层安全防护系统构成多道防线,增加系统防御屏障,将各层之间的漏洞错开,保护关键的汽车应用安全。

车联网云端安全技术架构如图 6.22 所示,其中主要考虑两点安全需求:① 确保云计算平台运行环境的安全,使之具有抵抗外来攻击的能力,涉及风险评估、安全监测、数据隐私保护等技术;② 确保云平台的数据安全,涉及数据存储安全、虚拟化、隔离、加密等技术。

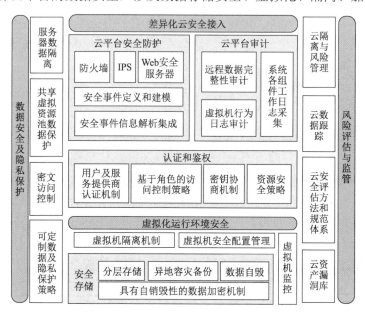

图 6.22 车联网云端安全技术架构

6.5.5 车联网中隐私保护和后台服务安全

在车联网体系结构的各个层面都涉及数据隐私保护，主要存在身份隐私、位置隐私、查询隐私、轨迹隐私等，目前研究较多的隐私保护技术有位置模糊、混淆技术（K-匿名、Mix-Zone）、时空隐匿、虚假信息等。由于车联网与传统互联网、移动互联网、物联网存在差异性，传统隐私保护技术在车联网环境中并不完全适用。通过研究分析，4种隐私保护技术的对比如表 6.2 所示。

表 6.2　车联网环境下隐私保护技术对比

	位置模糊	混淆技术	时空隐匿	虚假信息
易于实现	√	√	×	√
系统开销小	√	×	×	×
服务质量高	×	×	×	×
算法复杂度低	√	×	×	×
隐私保护级别高	×	×	√	√
备注	服务质量与隐私效果此消彼长	服务质量与隐私效果此消彼长	依赖可信第三方	受攻击者拥有背景信息的影响

在车联网的服务后台，相关安全技术可继承传统网络与信息安全技术，但可管、可控和可信要求更高。

为此，可考虑以下安全准入和闭环防御方法：

（1）根据安全核查结果及预设风险评估算法，对发生变更的路侧设备和接入车辆信息进行风险评估，获取风险评估结果。

（2）在安全准入装置中将车联网的整体风险系数和安全核查结果作为预设风险评估算法的输入参数，计算发生变更的设备在网络中的风险系数，确定发生变更的车辆和设备的安全等级。

（3）采用远程安全评估方法，实现对车联网后台服务信息系统中存在的安全漏洞、安全配置问题、应用系统安全漏洞的主动评估，结合安全流程中的预警、检测、分析管理、审计环节，实现闭环安全防御。

6.6　基于车联网的交通状况智能监测

6.6.1　公用通信网络和交通基础设施

1. 公用通信网络

在社会对通信网络泛在互联互通需求的推动下，公用通信网络得到迅猛发展，覆盖区域不断扩大，信息传输速率不断提升。公用通信网络主要包含 Internet（因特网）、移动（蜂窝）通信网络和卫星通信网络等。其中，Internet 已基本覆盖具有常住人口的区域，移动（蜂窝）通信网络已基本覆盖有人活动的区域，卫星通信网络已基本覆盖全球。相对于泛在感知，泛在信息传输途径已基本具备，但城区、郊区、偏远地区等发达程度不同区域的网络覆盖情况和网络接入难易程度差别较大，通过公用通信网络进行泛在信息传输的成本还远未达到低廉的程度，尤其是偏远地区的信息接入和传输成本还相对较高。因此，高性价比的泛在信息传输方案有待进一步优化设计。仅仅依靠公用通信网络实现感知节点的泛在互联互通还远远不够，有必要充分利用交通车辆和交通基础设施自身的互联互通和信息传输潜能。

2. 交通车辆和交通基础设施

近年来，交通路网的覆盖密度、覆盖广度和里程数等急剧增加，路边基础设施建设不断加强，交通车辆和交通基础设施的信息传输功能不断完善。同时，交通车辆的数量和出行频度也急剧增加，在给出行带来便利的同时，相关的社会问题和矛盾也日益凸显，其中车与路、车与环境、车与行人之间的矛盾日益突出，不断提出新的交通状况信息泛在感知和泛在传输的需求。交通运输系统的发展给交通状况的泛在信息感知、泛在信息传输、泛在信息应用奠定了较好基础，其中泛在信息传输是瓶颈，可通过构建泛在互联车联网加以解决。交通运输系统的发展同样存在不平衡，城区、郊区、偏远地区差异较大，泛在互联车联网的构建不仅要因地制宜，挖掘潜能，还应利用一切可用互联途径来扩大泛在互联车联网的规模，提高信息传输的稳健性。

6.6.2　交通状况智能监测信息智能路由

交通状况智能监测信息种类繁多、数据量差异大、服务质量要求各异，需要区别处理；因不同地理区域、不同时段的网络环境状况及传输成本不同，交通状况智能监测信息的传输路由需要实时进行智能选择。交通状况智能监测感知数据在传送到监测中心前，考虑到传输成本、可靠性以及实时性等要求，感知节点应对感知数据进行业务分类，同时确定与业务分类相对应的 QoS 要求，并在数据包中放入感知数据分类标记和 QoS 标记；感知数据转发节点应对其可接入的网络进行传输成本和性能的评估，并根据感知数据类型和 QoS 要求进行智能路由决策，分门别类地选用合适的接入网络和接入时间。

1. 车联网节点协议的逻辑结构

在面向交通状况智能监测应用的泛在互联车联网逻辑拓扑结构中，感知数据首先汇聚到路边节点，由路边节点接入公用通信网络或者在车辆自组网中朝向交通状况智能监测中心定向扩散。路边节点应具有较为完备的智能路由能力。为配合智能路由的实施，路边节点在转发交通状况智能监测数据时采用图 6.23（a）所示的协议逻辑结构。

在面向交通状况智能监测应用的泛在互联车联网中，车辆节点和路边节点均可具有交通状况信息感知能力。为便于感知数据的网内融合，车辆节点的感知数据不直接接入公用通信网络，而是在车辆自组网中以多跳定向扩散的方式汇聚至相应的路边节点，经路边节点进行数据融合后接入公用通信网络或继续定向扩散。车辆节点的路由采用多跳定向扩散路由，其协议的逻辑结构如图 6.23（b）所示。

2. 泛在互联车联网逻辑拓扑结构的建立

面向交通状况智能监测的泛在互联车联网逻辑拓扑结构的建立，由交通状况智能监测中心启动。监测中心根据具体监测任务类型和检测区域等，确定车联网节点可以接入的公用通信网络接入节点，并向公用通信网络内的交通状况智能监测信息接入节点分发任务。监测信息接入节点收到监测中心分发的任务后，以泛洪（flooding）方式向车联网节点转发任务，并在任务分组中携带接入节点所在公用通信网络的类型和目前状况、费用参数，以供车联网节点在汇聚交通状况智能监测信息时参考。车联网中的节点收到任务分组后记录相关信息，且由路边节点以多跳定向扩散方式转发任务分组，并按如下规则建立泛在互联车联网的逻辑拓扑结构：

（1）车辆节点在收到接入节点的任务分组后，记录接入节点信息并启动相关任务，但不转发任务分组。

（a）路边节点　　　　　　　　（b）车辆节点

图 6.23　车联网节点协议的逻辑结构

（2）路边节点在收到接入节点的任务分组后，记录接入节点信息并启动相关任务，且转发任务分组。

（3）路边节点在收到路边节点转发的任务分组后，若为新收到的任务分组，则转发任务分组，不记录接入节点信息；若不是新任务分组，则不进行处理。

（4）车辆节点在新收到路边节点的任务分组后，记录路边节点信息，并转发任务分组。

（5）车辆节点在收到车辆节点转发的任务分组后，记录车辆节点信息，并转发任务分组。

3. 交通状况智能监测数据汇聚的智能路由

车辆节点和路边节点感知或转发的交通状况智能监测数据，按如下路由规则汇聚到交通状况智能监测中心：

（1）车辆节点以多跳定向扩散的方式在车辆自组网内转发。

（2）路边节点根据感知数据或转发数据的业务类型和与其互联的网络性价比情况，决定其转发交通状况感知数据分组的传送方式。若选择直接传入公用通信网络，则以点对点的方式送入公用通信网络；若选择不直接传入公用通信网络，则以多跳定向扩散的方式在车辆自组网内转发。

（3）如果车辆节点或路边节点上的交通状况数据分组暂无路由途径，则借助运动车辆节点自身的捎带能力，择机传送或转发。

交通状况智能监测数据的智能传送路由示例如图 6.24 所示。

车辆节点 V_1 上的感知数据在其分簇内以多跳定向扩散的方式汇聚至其簇首 R_7；无接入能力的 R_7 将感知数据经簇首为 R_6 的分簇的车辆节点转发至 R_6；无接入能力的 R_6 将感知数据经簇首为 R_4 的分簇的车辆节点

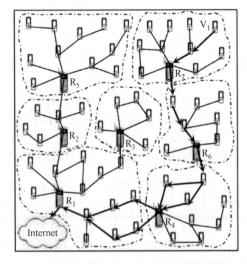

图 6.24　交通状况智能监测数据的智能传送路由示例

转发至 R_4；无接入能力的 R_4 将感知数据经簇首为 R_1 的分簇的车辆节点转发至 R_1；有接入能力的 R_1 与公用通信网络互联，将感知数据接入公用通信网络，由公用通信网络将交通状况智能监测数据传至交通状况智能监测中心。

综上所述，交通状况智能监测数据的传送可能存在多条路径，但不同传送路径的性价比、QoS、实时性等可能不一样，而不同感知数据类型对传送性价比、QoS、实时性等的敏感程度可能各不相同。为优选传送路径，要求车联网节点具有较强的智能性，应具有感知数据业务分类评估、网络性能及性价比评估、网内数据融合等能力，并根据评估结果进行智能路由，以最大化泛在信息传送的性价比。为保证泛在互联车联网的泛在数据融合和智能路由优化的可操作性，各评估项目的评估结果描述方法、路由优化策略、泛在数据融合策略等需要结合具体业务进一步深入研究。

6.7 基于车联网的智能交通管理与决策系统

6.7.1 概述

随着经济的发展和城市的建设，城市现代化设施不断完善，一些经济相对发达城市的机动车数量逐年增加，城市人口也呈现逐年递增的趋势，城市交通拥堵情况愈发严重，已经成为限制城市进一步发展的障碍。智能交通狭义上是交警部门让机动车驾驶员、行人自动遵循交通规则的智能化管理方法；当有驾驶员违章时能够自动识别、记录；当有交通事故发生时，能够辅助认定肇事人的责任。对于一个智能化程度越来越高的城市来说，智能交通不再只是交警部门的事情，它覆盖了所有的行人、车辆、交通管理部门。国内车载导航系统目前发展较快，这是交通智能化的一个具体体现，但它主要服务于私家车车主个人，多用于解决未知目的地或者城际导航。随着我国科技的不断进步，物联网技术已经对人们的生产和生活产生了较大的影响。物联网的一个重要组成部分便是车联网。将车联网技术应用在智能交通管理与决策中，对缓解城市交通压力有非常重要的现实意义。

目前，非常缺少一个综合性强、功能丰富、智能程度高的城市内部交通管理系统，此系统应覆盖所有交通参与者，并且相互之间能够联动，数据共享，形成对交通优化的长远考虑和道路优化决策的依据。为了满足这一需求，下面介绍一种基于车联网的智能交通管理及决策依据的设计方案。该方案通过分析城市智能交通管理及决策系统，以车联网、ZigBee、WSN、GNSS 定位与测速、GPRS、RFID 等技术手段，以车载终端、公交车站点终端、智能手机、远程监控 PC 终端作为信息采集和查询的终端载体，辅助交通管理部门、公交公司、道路管理部门等，优化公共交通工具调度、道路改扩建等。

6.7.2 系统结构和内容

1. 系统结构

ITS 主要由私家车终端、公交车终端及站点终端、出租车终端、前台应用程序以及后台数据库等部分构成。其中，车载终端主要利用 ZigBee 网络对空闲数据和安全数据进行采集，并通过 GNSS 技术实现对车辆的实时定位，最后利用 GPRS 技术将数据上传至后台服务器中。而公交站点终端主要利用 ZigBee 网络对车流信息以及大气环境信息进行采集，不能利用网络将其传输到相应的服务器。此外，该系统还可以和停车场内的智能管理系统实现有效的对接，使系统可以对驾驶员提供相应的停车服务信息。同时，系统以车联网技术为基础的智能交通管理为前提。系统网络结构如图 6.25 所示。

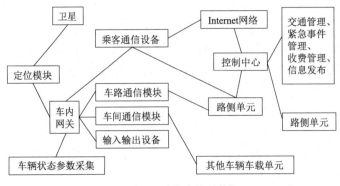

图 6.25　系统网络结构

车联网中的网络通信主要包括车与车之间、车与路之间的通信。车辆中安装的车载单元可以实现有效的通信，车载单元包括通信、定位以及采集等主要功能模块。路侧单元可以将测得信息上传至控制中心，同时控制中心再向车辆下发相应的指令。因此，管理控制中心可以对车辆信息进行相应的处理，实现对交通状况的控制与管理。乘客与驾驶员能够通过智能机、车载单元和路侧单元间的信息交互，获取交通辅助信息。

2. 系统主要内容

基于车联网的智能交通管理与决策系统，旨在实现城市交通的智能化管理，提高交通运输的效率和安全性。其本质上看是一种利用现代信息技术和智能化设备，通过实时采集交通数据、分析交通状况，对交通进行优化和管理，为交通管理部门提供科学决策支持。基于车联网的含义就是在车辆相互连接为一个网络整体的基础上开展上述工作，不仅有中心集中式管理架构，也包括以车辆节点动态调整和变化的分布式管理架构。当然，作为智慧城市的一个分支，其系统框架和内容必然遵循智慧城市的统一架构，以数据为核心，以业务应用为驱动，以大数据、云计算、物联网及人工智能等科技为手段。

6.7.3　系统解决方案

1. 信息采集节点与安装优化

对于非常复杂的城市道路网络，要对城市内所有车辆进行全面的动态监控与管理，应在城市内安装大量的信息采集节点，即 RFID 基站。RFID 采集获取的交通数据的正确性，可以有效对实时交通流做出反馈，决定数据准确性的主要因素是基站设置密度与其相对位置，即节点安装数量越多，其采集到的交通信息准确性越高；反之，节点安装数量越少，相应的交通信息采集准确性会越低。因此，要对道路网络拓扑图、交通信息精度、交通流特性、RFID 基站通信以及投资规模等多方面进行深入的研究，进而使信息采集节点间的安装得到不断的优化。此外，还要对多个 RFID 基站存在的读写冲突问题进行深入的研究与解决。

2. 多源数据与信息融合

以车联网为基础的 RFID 技术和目前已应用的线圈检测器与视频检测器等交通检测技术均有一定的优点与缺陷，其中 RFID 技术具有较好的车辆覆盖性，可以对车辆身份、行程时间以及行程均速等做出有效的检测，但对车辆运行过程中的实时速度无法做出测量。而线圈检测器能对车辆瞬时速度进行较好的检测，视频检测器能够对交通流量、交通占用率以及交叉口运行状况进行较好的检测，但也有明显的不足。例如，价格相对高昂，且容易受到天气状况的影响，导致使用范围受到一定的限制。因此，将车联网基础上的交通数据与目前使用的检测器检测实现良好的融合，对实现智能交通有非常重要的现实意义。根据交管人员对交通信息方面的需求，应将交通信息实现在交通流参数、交通网状态以及交通路口状态 3 个不同的层面有效的融合。目前，主要应用的智能融合方法是 BP（back propagation，逆传播）神经网络法和卡尔曼滤波（Kalman filtering）法等。

3. 交通大数据处理

RFID 数据有海量性、流动性以及批量性等诸多显著的特征，尤其在实际应用中，城市道路交通每天都会有数十万或上百万辆各式机动车在不断行驶。因此，RFID 基站可以获取的交通数据量也极为庞大。交通方面的大数据，不断提高其处理与存储效率已成为当前需要重点解决的技术难题。当前时期，对大数据的处理主要是采用云计算方式。RFID 基站、交通信息中心以及手持建站等组成的"云"，进而对大数据进行云计算。从广义上讲，云计算是服务的交付与使用模式，利用网络通过按需和易扩展等形式获取相应的服务，可以将普通服务器或计算机与云计算机进行连接，使前两者拥有超级计算机具有的计算与存储等功能，而用户无须关心云计算的服务器和运作模式，利用互联网便可以对资源进行充分的利用。

总之，车联网技术已成为当前交通领域中一个研究热点，其拥有非常广泛的应用范围。目前，我国的车联网技术应用在 ITS 中尚处于起步阶段。车联网中的关键技术主要集中在信息采集、技术融合以及数据处理 3 个方面，随着科技的不断进步，车辆和交通将实现不断的智能化控制，对缓解交通压力有很好的作用。

讨论与思考题

（1）简述车联网的应用系统架构。
（2）简述车联网运营模式特征是什么。
（3）简述车联网产业发展趋势。
（4）车联网的关键技术包括哪些？
（5）车联网的联通模型包括哪些内容？
（6）车联网面临的安全问题有哪些？
（7）车联网的主要应用包括哪些内容？

第7章 智能汽车

7.1 智能汽车概述

7.1.1 智能汽车定义与内涵解析

智能汽车与一般所说的自动驾驶有所不同，它指的是利用多种传感器和智能公路技术实现的汽车自动驾驶系统。智能汽车包括：一套导航信息资料库，存有全国高速公路、普通公路、城市道路以及各种服务设施（餐饮、旅馆、加油站、景点、停车场）的信息资料；GNSS（全球导航卫星系统），用于精确定位汽车所在的位置，并与导航信息资料库中的数据相比较，确定汽车以后的行驶方向；道路状况信息系统，由交通管理中心提供实时的前方道路状况信息，如堵车、事故等，用于汽车在必要时及时改变行驶路线；车辆防碰系统，包括探测雷达、信息处理系统、驾驶控制系统，控制汽车与其他车辆的距离，在探测到障碍物时使其及时减速或刹车，并把信息传给指挥中心和其他车辆；紧急报警系统，在出了事故时自动报告指挥中心进行救援；无线通信系统，用于汽车与指挥中心的联络；自动驾驶系统，用于控制汽车的点火，改变速度和转向等。

1. 智能汽车的基本定义

智能汽车是一个集环境感知、规划决策、多等级辅助驾驶等功能于一体的综合系统，它集中运用了计算机、现代传感、信息融合、通信、人工智能及自动控制等技术，是典型的高新技术综合体。目前，对智能汽车的研究主要侧重于提高汽车的安全性、舒适性，以及提供优良的人车交互界面。近年来，智能汽车已成为世界车辆工程领域研究的热点和汽车工业增长的新动力，很多发达国家都将其纳入重点发展的智能交通系统（ITS）当中。

智能汽车是指搭载了先进的车载传感器、控制器、执行器等装置，具备复杂环境感知、智能化决策、自动化控制等功能，并融合了现代通信与网络技术，使车辆与外部节点间实现信息共享与控制协同，实现"零伤亡、零拥堵"，达到安全、高效、节能行驶的下一代汽车。从这一定义不难看出，互联是智能汽车逐步发展完善的必然方向。在充分互联基础上的信息实时交互、大数据分析与高速云计算，可以保障智能汽车真正拥有充分的"智能"。从长期来看，未来的智能汽车一定是网联汽车，因此可以将智能汽车称为智能网联汽车。实际上，新一轮科技革命的核心就是互联网将以前所未有的广度和深度融入人类社会的方方面面，形成包括传统互联网（即人与人网）、物联网、车联网等在内的"万物互联"新时代；而智能网联汽车不仅将成为物联网不可或缺的组成部分，更极有可能构成电脑和手机之外的全新的智能网联终端，并兼有自由移动的能力，其重要性难以估量。

根据国家发展改革委等11个部委2020年2月联合印发的《智能汽车创新发展战略》，智能汽车是指通过搭载先进传感器等装置，运用人工智能等新技术，具有自动驾驶功能，逐步成为智能移动空间和应用终端的新一代汽车。因此，智能汽车就是在普通汽车的基础上增加了先进的传感器等装置，通过车载传感系统和信息终端实现与人、车、路等的智能信息交换，使汽车具备智能的环境感知能力，能够自动分析自身行驶的安全和危险状态，并按照人的意愿到达目的地，最终实现替代人来操作的目的。

　　智能汽车是一个综合系统，主要包括智能驾驶、生活服务、安全防护、位置服务以及用车服务等系统。智能汽车包括三大要素：车辆主体、驾驶系统和服务体系。基于此，发达国家早在 20 世纪 70 年代就开始智能汽车的研究。随着以互联网、移动通信、云计算、人工智能等技术驱动的产业创新和以清洁能源替代化石燃料的能源创新的实施，汽车产业正进入第四次重大变革的时代——智能汽车时代。图 7.1 所示为智能汽车示意图。

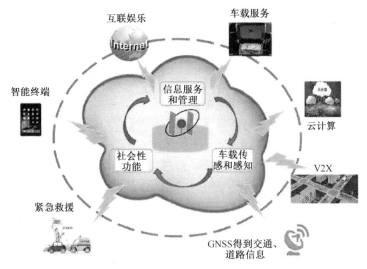

图 7.1　智能汽车示意图

2. 智能汽车的内涵解析

　　通常，对汽车的操作可视为对一个多输入、多输出，输入输出关系复杂多变，不确定多干扰源的复杂非线性系统的控制过程。驾驶员既要接收环境（如道路、拥挤、方向、行人等）的信息，又要感受汽车的车速、侧向偏移、横摆角速度等信息；然后经过判断、分析和决策，并与自己的驾驶经验相比较，确定应该做的操纵动作；最后由身体、手、脚等来完成操纵汽车的动作。因此，在整个驾驶过程中，驾驶员的人为因素占了很大的比重；一旦出现驾驶员长时间驾车、疲劳驾车、判断失误的情况，就很容易造成交通事故。通过对汽车智能化技术的研发，可提高对汽车的控制与驾驶水平，保障汽车行驶的安全畅通、高效。对智能化的汽车控制系统的不断研究和完善，相当于扩展驾驶员的控制、视觉和感官功能，能极大地促进道路交通的安全性。

　　智能汽车的主要特点是以技术弥补人为因素的缺陷，使得即便在很复杂的道路情况下，也能自动地操纵和驾驶汽车，使其绕开障碍物，沿着预定的路径行驶。

　　智能汽车是未来所有汽车技术集成的载体，代表着未来汽车技术的战略制高点。所谓智能，有两层含义：一是智慧，意味着智能汽车能够像人一样聪明地感知、记忆、判断和决策，这涉及传感、大数据、云计算等技术；二是能力，即能够适应这种"智慧"的有效执行，包括人机交互（HMI）、控制机构等，使汽车的能力达到最大化的拓展。因此，智能汽车是智慧和能力的有效结合，也是二者的双重体现，二者缺一不可。正因如此，未来智能汽车将逐步发展成为人类的伙伴，并从三个方面来实现汽车对人的最大化延伸：其一，理解人，即未来的智能汽车将充分感知甚至预测驾乘人员的需求和情绪，提供伙伴式的对话和关心；其二，帮助人，即未来智能汽车将成为人类的好帮手，比如在驾乘人员迟到时可让其在车内开视频会议，又如可以自己去找停车场、加油站/充电站、洗车店，甚至帮助订餐、订票；其三，解放人，即实现自动驾驶，其主要目的是将人解放出来做更多事情，实现汽车在无人情况下的自由移动。从这个意义上讲，智能汽车未来的发展空间无限广阔。

7.1.2 智能汽车的功能与特点

1. 智能汽车的功能

从现实角度看，智能汽车较为成熟且可预期的功能系统主要包括智能驾驶、生活服务、安全防护、位置服务以及用车辅助等系统，各个参与企业也主要是围绕这些功能系统进行发展的，如表 7.1 所示。其中，各个系统又包括一些细分的系统和功能，比如：智能驾驶系统就是一个大的概念，也是一个最复杂的系统，包括智能传感、智能计算、辅助驾驶和智能公交等系统；生活服务系统包括影音娱乐、信息查询以及服务订阅等功能；位置服务系统除了要能提供准确的车辆定位功能外，还要让汽车能与其他汽车实现位置自动互通，从而实现约定目标的行驶目的。

智能汽车有了这些系统的共同作用，相当于给汽车装上了如同"眼睛""大脑"和"脚"的摄像机、计算机和自动操纵系统之类的装置。

2. 智能汽车的基本特点

由于智能汽车上装有相当于"眼睛""大脑"和"脚"的摄像机、计算机和自动操纵系统等装置，这些装置都配备了非常复杂的电脑程序，使得汽车能和人一样会"思考""判断""行走"，可以自动启动、加速、刹车，可以自动绕过地面障碍物。在复杂多变的情况下，它的"大脑"能随机应变，自动选择最佳方案，指挥汽车正常、顺利地行驶。

表 7.1 智能汽车功能系统一览

智能汽车功能	细分系统和功能
智能驾驶系统	智能传感系统
	辅助驾驶系统
	智能计算系统
	智能公交系统
生活服务系统	影音娱乐
	信息查询
	服务订阅
安全防护系统	车辆防盗
	车辆跟踪
位置服务系统	位置显示
	多车互动
用车辅助系统	保养提示
	异常预警
	远程指导

智能汽车的"眼睛"是装在汽车右前方、上下相隔 50 cm 处的两台摄像机，摄像机内有一个发光装置，可同时发出一条光束，交汇于一定距离处，物体的图像只有在这个距离才能被摄取而重叠。"眼睛"能识别车前 5～20 m 之间的台形范围内、高度为 10 cm 以上的障碍物。如果前方有障碍物，"眼睛"就会向"大脑"发出信号，"大脑"根据此信号和当时当地的实际情况，判断是否通过、绕道、减速或紧急制动和停车，并选择最佳方案，然后以电信号的方式，指令汽车的"脚"进行停车、后退或减速。智能汽车的"脚"就是控制汽车行驶的转向器、制动器。所有这些在一定程度上解放了驾驶员的劳动，代替驾驶员完成驾驶汽车的过程。

在智能汽车的目标实现之前，实际上已经出现了许多辅助驾驶系统，如：智能雨刷，可以自动感应雨水及雨量，并自动开启和停止；自动前照灯，在黄昏光线不足时可以自动打开；智能空调，通过检测人皮肤的温度来控制空调风量和温度；智能悬架（也称主动悬架），自动根据路面情况来控制悬架行程，减少颠簸；防打瞌睡系统，通过监测驾驶员的眨眼情况来确定其是否疲劳，必要时停车报警；等等。计算机技术的广泛应用，为汽车的智能化提供了广阔的前景。

3. 智能汽车的架构链

1）体系结构

通过车载传感系统，智能汽车本身具备主动的环境感知能力，它是 ITS 的核心组成部分，是车联网体系的一个节点，通过车载信息终端实现与人、车、路、互联网等之间的无线通信和信息交换。因此，智能汽车集中运用了计算机、传感器、信息融合、模式识别、通信及自动控制等技术，它是一个集环境感知、规划决策、多等级辅助驾驶等功能于一体的高新技术综合体，拥有相互依存的价值链、技术链和产业链。

2）智能汽车的价值链

如果说车联网在汽车安全、节能、环保方面的价值是间接的、基础性的，那么智能汽车在提高行车安全、减轻驾驶员负担方面的核心价值则是直接的、显而易见的，并有助于节能和环保。研究表明，在智能汽车的初级阶段，通过采用先进的智能驾驶辅助技术，可减少 50%～80% 的道路交通安全事故。在智能汽车的终极阶段，即无人驾驶阶段，甚至可以完全避免交通事故，把人从驾驶过程中解放出来，这也是智能汽车最吸引人的价值魅力所在。

3）智能汽车的技术链

智能汽车技术系统一般由传感器、控制器、执行器组成，其关键技术主要包括：

（1）先进传感器技术，包括利用机器视觉技术的检测（如激光测距系统、红外摄像技术），以及利用雷达（激光、厘米波、毫米波、超声波雷达）检测前行车辆。

（2）通信技术（GNSS、DSRC、3G/4G/5G），包括数台智能汽车之间协调行驶所必需的技术、车路协调通信技术，以及相应的车联网通信技术。

（3）横向控制，包括利用引导电缆、磁气标志列、机器视觉技术、具有雷达反射性标识带的横向控制。

（4）纵向控制，包括利用激光雷达、毫米波雷达、机器视觉技术测量车间距离的纵向控制，以及利用车间通信及车间距离雷达对车队行驶的纵向控制。

4）智能汽车的产业链

随着汽车电子技术以及人工智能的发展，汽车的操纵变得越来越简单，经济性以及行驶安全性也越来越好。传统汽车厂商也纷纷转型，比如沃尔沃率先量产第一个采用自动驾驶技术的堵车辅助系统，使汽车在行驶速度小于 50 km/h 的情况下，自动跟随前车行驶。

未来智能汽车发展有两大主题：一个是智能化、网络化和电动化，另一个是互联化。随着 DSRC（专用短程通信）、传感器和车辆控制等技术日趋成熟，自动驾驶、无人驾驶技术从实验室走向实际应用的步伐正在加快，如特斯拉（Tesla）、谷歌（Google）、百度相继进行了无人驾驶技术相关测试，奔驰、宝马、奥迪等厂商已拥有较为成熟的自动驾驶技术。同时，随着高速无线局域网技术的发展和标准的逐渐成熟，车辆在高速运行时，车与车之间和车与路之间可建立起稳定的通信链路，这为汽车互联化提供了应用场景。一些互联网企业都在研究互联网汽车，将互联网的操作系统、大数据、通信、导航、多媒体等信息，以及汽车集团车辆信息和整车、零部件服务信息进行线上线下整合，为用户提供智慧出行。例如，百度、Google 都出台了关于互联网汽车的操作系统，并在一些车型上得到了应用。

7.1.3 智能汽车发展的技术要素

智能汽车是集环境感知、规划决策、执行控制、多等级辅助驾驶等功能于一体的综合系统。对智能汽车的研究，需要对计算机、传感器、信息融合、移动通信、人工智能及先进自动控制等高新技术进行综合利用。智能汽车的发展，其核心技术主要有环境感知、车辆协同控制及行驶优化、人机交互与驾驶权分配、数据安全及平台软件等，还需要配套的基础设施、技术法规及验证平台等。下面分别从传感感知、"决策与控制"、"辅助平台与技术法规" 3 个层面进行阐述。

1. 传感感知层面

在传感感知层面，主要有环境感知与多传感器信息融合、感知与在线智能检测、汽车行驶状态估计方法、交通车辆与行人行为预测、车载与网联信息融合、V2X 通信模块集成等技术。在这一层面，主要的功能和目的是利用激光、毫米波、超声波雷达、摄像头等车载传感器和通过车联网获取的多源数据，为车辆提供规划决策所需的必要条件。而对于提高信息的可靠性、安全性及精度和可信度，也要给予充分考虑。

2. 决策与控制层面

决策与控制是汽车实现自主驾驶的核心部分，其目的是对采集的信息进行进一步处理，根据所获取的信息进行规划和决策，实现辅助驾驶和自主驾驶。

1）决策和控制架构

智能汽车决策和控制架构如图 7.2 所示。可以看到，规划决策和执行控制构成了汽车上、下层控制框架。上层（规划决策）在整车控制单元中进行，决策系统的任务是根据全局行车目标、自车状态及环境信息等决定驾驶行为、路径规划、速度规划等问题，决策机制应在保证安全的前提下适应尽可能多的工况，进行舒适、节能、高效的正确决策。下层（执行控制）可以按照功能分为转向控制、驱动控制、制动控制和悬架控制等系统。下层（执行控制）如何快速响应和执行上层规划的指令，也是开发智能系统所要重点研究的问题。因此，从控制架构来看，汽车智能驾驶是在整车层面进行控制的，实现这一目标的前提是整车层面的协同控制。其中的关键技术有：车辆协同控制及行驶优化，多目标优化（理论及方法），车辆自主运动决策与高精度横纵向跟踪控制，综合车辆与环境信息的节能，高速近距离跟车/编队行驶，极限工况车辆紧急避障等。

2）决策和控制方法

从实际工程方法来看，决策与控制主要分为人工启发式和自主学习式的决策与控制方法。目前，传统车辆一般采用人工启发式的控制器，其中大部分控制系统主要依赖于确定的规律或规则表。这种方法的工程应用性好，但是控制结构简单，只能处理预期之内的结果。而随着汽车自动化水平的提高，人们对车辆自主决策能力提出了新的要求，汽车不仅需要对某个具体工况（如超车、巡航、跟车等单一工况）进行规划决策，还需要有在线学习能力以适应更加复杂的道路交通环境和不可预期工况，而这种能力正是实现无人驾驶不可或缺的能力。同时，现有的汽车控制系统，在运行一段时间之后，部件老化、磨损等问题使得出厂时的标定参数不再处于最优状态，导致控制性能下降。汽车的"自主"也可以体现在自我维护和调整上，汽车自动控制系统需要结合智能算法，基于汽车行驶数据、性能评价进行智能整定（自标定）、诊断和维护。考虑到以单一车载控制系统为核心的计算单元已不能满足实时计算的要求，通过人工智能（状态机、决策树、深度学习、增强学习等）、大数据、云计算等由计算机自动完成决策的方法逐渐受到人们的关注。

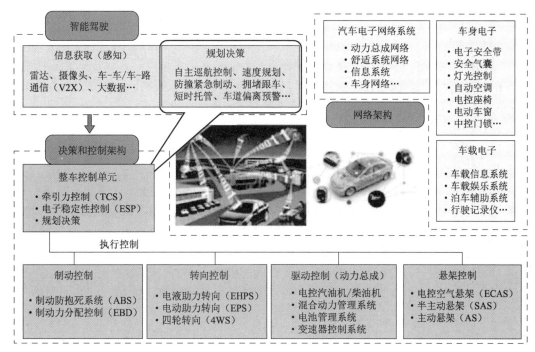

图 7.2 智能汽车决策和控制架构

3）人机交互与驾驶权分配

随着汽车辅助驾驶与自动驾驶技术的不断发展，汽车与驾驶员之间的关系变得十分复杂，各种基于环境信息感知的车辆主动控制系统与性格各异的驾驶员共同构成了对智能汽车的并行二元控制，人、车之间形成了一种动态交互关系。虽然汽车的智能化已经得到很大发展，但是真正意义上的无人驾驶在短期内很难实现，这样在未来很长一段时期内，智能汽车仍然面对人车共同控制的局面。随着汽车自动化程度的提高和自主决策权限的扩大，车的意图和人的意图必然出现耦合和制约关系。同时，不同于其他的工业产品，汽车作为个性化需求较强的产品，用户对汽车自主决策和控制的接受度是衡量汽车价值的一个重要指标。因此，建立人性化、个性化的汽车智能控制系统，实现人-车-环境整体性能最优是智能汽车技术发展过程中亟待解决和必须解决的关键问题。

与车辆的精细化感知、控制能力相比，人的驾驶行为具有模糊、退化、个性化等特点；而车辆相对于人而言，学习能力相对较弱，对于未知复杂工况的决策能力较差。因此，人车交互及人机共驾存在两个任务分割层次：① 驾驶员与机器控制的驾驶权切换；② 驾驶员与机器控制的驾驶权融合。从驾驶权切换的角度来看，切换的时机、切换的平稳性、切换时驾驶员的适应性和接受性是需要解决的关键问题；而从驾驶权融合的角度进行分析，需要着重考虑机器控制对人操纵的干扰、机器控制对人驾乘体验的影响以及驾驶员对控制系统的干扰。这样，人机交互与驾驶权分配主要涉及人机动力学一体化建模方法、人机共驾、代驾策略、人机交互失效补偿方法、人–车–环境闭环系统的运动稳定性理论及评价方法等关键问题。

3. 辅助平台与技术法规层面

1）信息安全技术

汽车网联化带来更好的应用体验和智能化的可能性，同时也带来了新的互联网连接方面的安全风险。从技术角度分析，汽车网络在设计时没有考虑信息安全问题，而控制汽车的电子控制单元（ECU）逐渐增多，攻击点也增多。汽车信息系统已成为汽车行业的一个重要发展领域，安全问题的解决也是实现汽车智能网联化的一道门槛。信息安全技术，包括汽车信息安全建模，数据存储、传输与应用三维度安全体系，汽车信息安全测试方法，信息安全漏洞应急响应机制等。360智能网联汽车信息安全实验室曾发布《2016年智能网联汽车信息安全报告》，提出了智能网联汽车面临的7种安全威胁及主要攻击方法和必要防范措施。该报告指出，智能网联汽车遭受的信息安全威胁主要包括汽车远程服务提供商（TSP）安全威胁、App安全威胁、车载 T-Box 系统安全威胁、车载信息娱乐系统（IVI）安全威胁、CAN 总线安全威胁、ECU安全威胁、车间通信安全威胁等。

2）技术法规及验证平台

随着汽车智能化进程的不断深入，尤其是面对网联化的新机遇，推动建立智能驾驶辅助技术标准体系、多网融合的测试评价与标准以及V2X通信技术标准体系，已经成为亟待解决的问题。例如，在1968年通过的《维也纳道路交通公约》中，有一项有关车辆自动驾驶技术的规定，即驾驶员应一直控制其车辆，且驾驶车辆的职责必须由人类驾驶员负责，而这一规定限制了汽车自主决策和控制。因此，在联合国框架范围内，道路安全论坛近年致力于这一规定的修订，修订案于2016年3月22日正式生效。这项修订案明确规定，在全面符合联合国车辆管理条例或者驾驶员可以选择关闭该技术的情况下，将驾驶车辆的职责交给自动驾驶技术可以被允许应用到交通运输当中。

在技术示范应用和验证平台方面，以往汽车安全技术试验多被限制在较小的试验场地进行单一工况测试。而随着智能化程度的加深，单一工况的测试及相对简单的基础设施和验证平台，已不能满足智能汽车技术示范应用和产业化的需求。此外，V2X 技术需要车辆与其他车辆、交通基础设施、自行车等进行通信以获得多种信息，这无论对试验场地大小还是对工况复杂程度，都提出了较高要求。为此，需要建立封闭的智能网联试验区域，即建立足够长的真实道路并包含尽量丰富的工况，其中的道路基础设施配备统一标准的通信设备，试验车辆也采用统一的通信方式。因此，试验道路基础设施建设及智能化技术验证平台开发，也是需要重点关注的领域。

7.1.4 智能汽车的商业模式

车联网、ITS为智能汽车提供了智能化的基础设施、道路及网络环境，而汽车智能化层次的提高，反过来也要求车联网、ITS同步发展。

智能汽车的产业链，具体可以通过图7.3来描述。

（1）车联网的产业链，包括上游的元器件和芯片生产企业，中游的汽车厂商、设备厂商和软件平台开发商，以及下游的系统集成商、通信服务商、平台运营商和内容提供商等。

（2）先进传感器厂商：开发和供应先进的机器视觉技术，包括激光测距系统、红外摄像，以及雷达（厘米波、毫米波、超声波雷达）等。

（3）汽车电子供应商：能够提供智能驾驶技术研发和集成供应。

与此同时，由驾驶辅助向高度自动驾驶逐步演进是实现自动驾驶的主要趋势。驾驶辅助功能的实现主要通过激光雷达、毫米波雷达等先进传感器的应用，高度自动驾驶功能则需要以高精度地图及先进的算法为基础。因此，按照自动驾驶技术实现的趋势，激光雷达、毫米波雷达等智能硬件将是智能汽车产业链投资率先爆发的环节，高精度地图及算法等高度自动驾驶核心技术则有望成为驾驶辅助功能普及之后的投资热点。

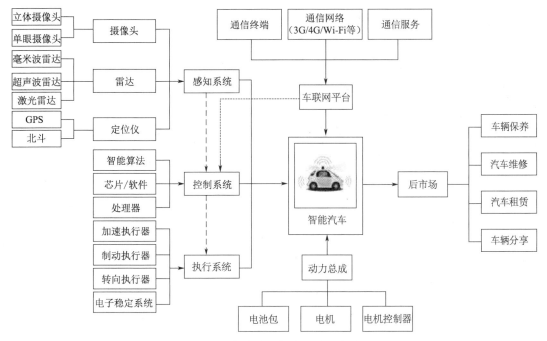

图 7.3　智能汽车的产业链示意图

若将目光聚焦在未来 3～5 年，传感器系统将成为重点投资领域，用来实现对距离、物体的感知、探测的超声波雷达、毫米波雷达及摄像头等智能硬件应该优先布局。以毫米波雷达为例，投资者可以从"短"到"长"展开布局，从做短距离及侧向探测的 24 GHz 雷达到长距离探测的 77 GHz 雷达，逐步扩大投资范围。随着消费者对汽车安全的要求越来越高，以及智能汽车在预警及驾驶辅助功能上的突出表现，驾驶辅助技术及有条件自动驾驶技术的需求将日益旺盛。对智能汽车产业链的深刻认识以及投资热点的洞悉，将为投资者保驾护航，在蔚蓝深海独领风骚。

（1）和汽车驾驶相关的数字化创新将主要由汽车厂商和一级零部件供应商主导。与娱乐互动的创新不同，和汽车驾驶相关的数字化创新，如汽车安全信息展示/报警、巡航控制、泊车助理、夜视助理等，主要涉及汽车的核心性能，这些性能需要与发动机、变速箱等核心零部件相连接，需要很强的汽车产品相关经验。另外，这类创新与安全性紧密相关，且会直接牵涉到法律责任。因此，汽车厂商或一级零部件供应商倾向于保持对这类创新的主导。

（2）汽车厂商仍将对车载应用软件（App）保持谨慎的态度。车载的娱乐应用，如车载 Twitter/微博、Facebook 的更新等，由于可能影响驾驶员注意力的集中而造成车祸，汽车厂家对此类应用将持谨慎态度。美国交通部（又称运输部）已经发出指导建议，希望各汽车厂商能够设置自动功能，当汽车处于运动状态时，自动停止社交媒体应用、短信、拨十位数字的电话等。各大厂商也在加强声控 App 的开发，这样将能保持驾驶员对路面的关注。可以预料，声控技术将能在汽车上有较广阔的应用空间。我国上汽荣威的 InkaNet（一款车载智能系统）做出了初步成功的尝试。

（3）IT 和电子消费品厂商将更加完善人机交互（HMI）技术，这将提升消费者对汽车内人机交互的预期。奥迪汽车 CEO 鲁伯特·施泰德 2012 年曾说过："汽车开发的步伐是没法跟上娱乐电子产品的。我们整车开发到上市共需要 60 个月左右，而在此期间苹果可以推出五代

iPhone 了。"就拿宝马来说，从 2001 年推出 iDrive 至今只更新过两次系统，现为第三代 iDrive。未来，一些电子产品的常用技术，如语音识别、文字信息朗读、直接操作、手势变化、人眼动作识别和跟踪，将被消费者青睐；增强显示、抬头显示、三维显示和接近头盔显示器的解决方案，也将有望用到汽车显示上。

（4）汽车行业的数量规模不到 IT 消费品行业的 5%，在娱乐互动类技术创新上相对较弱，但汽车企业仍然具有较强的谈判能力。汽车在数字化时代的一个重大应用就是娱乐互动。由于 IT 电子类企业对消费者把握更加准确，而且电子产品数量庞大，这样能通过较大的规模分摊庞大的研发费用。例如，智能手机 2011 年全球出货约 5 亿部，而装有汽车娱乐互动设备的汽车只有不到 2 500 万辆。因此，IT 消费品行业在娱乐互动软硬件产品上的创新能力领先于汽车及零部件行业。

（5）消费者将不愿意为车内的数据信息和 App 额外付费。未来，厂商如果试图通过提供更多的信息和 App 应用来收费，则比较困难。例如，OnStar 在北美第二年付费的比例不到 60%，第三年付费比例不到 50%。这一方面是因为消费者认为通过手机等其他智能设备能得到相关信息和功能，且费用还要便宜很多；另一方面是因为消费者对各种应用的价值还并未完全认可，且月费制使消费者可以随时停用，而不会受到任何惩戒。

（6）未来仅仅豪华品牌能支持完全独立的娱乐互动系统（飞行驾驶舱模式），但通常客户体验不理想；采用独立第三方软硬件商业模式是各非豪华品牌的主要策略。汽车厂商的娱乐信息系统，共有三种业务策略。第一种称之为飞行驾驶舱模式，也就是汽车厂商完全自己独立研发，不依赖于第三方供应商，如宝马的 iDrive、奥迪的 MMI 等；第二种是共建平台模式，也就是汽车厂商在系统平台上，依赖于其他软件供应商，如微软为福特提供的 SYNC 和为丰田提供的 Entune 技术等；第三种就是常见的零散的产品功能植入，如常见的蓝牙技术、MP3 应用等。一般来说，豪华品牌乐于采用第一种模式，主要是为了与其他品牌形成差异化，拥有独一无二的技术特点。但问题是，这些豪华品牌提供客户体验口碑并不是非常令人满意的。例如，如宝马的 iDrive 要学会怎么用就要花不少时间，驾驶员有时需要转移目光去看屏幕才能操作；奥迪的 MMI 也有类似问题，操作菜单太复杂。福特、丰田和日产等厂商则采用第二种模式，与专业公司合作。其人机交互相对较好，不过声控识别效果还有待提升。

（7）汽车厂商将沿数字化的价值链上下游进一步延伸，不断创新商业模式和业务类型。宝马前不久设立了 iVentures 公司，主要从事风险投资业务，投资的对象是汽车移动解决方案方面的创业公司，往价值链的上游进一步延伸触角；通用汽车正与以色列的 Bezalel 公司合作，关注如何为后排乘客（尤其是儿童）的娱乐提供更多的解决方案；福特和 Well Doc 合作，推出 E-Health Monitoring 服务；丰田和 salesforce.com 合作，针对丰田车主推出"Toyota Friend"的社交网络，往价值链的下游迈出了新的一步。有理由相信，各汽车品牌拥有庞大的消费群体，汽车企业将会进一步挖掘这些客户的商业价值，新的商业模式将会层出不穷。而从技术角度，车联网、手机与汽车云链接等创新应用也值得期待。

7.1.5　对我国发展智能汽车的思考

1. 我国发展智能汽车的优势

随着我国汽车产业自主发展能力不断增强，通信、网络、导航等信息技术得到广泛应用，智能化道路交通和城市管理系统建设步伐加快，汽车、互联网、通信等领域骨干企业抢抓智能汽车发展机遇，智能汽车发展已经起步。我国在《中国制造 2025》中明确给出了汽车智能化技术的总体目标，即制定中国自主驾驶标准：基于多源信息融合、多网融合，利用人工智能、深度挖掘及自动控制技术，配合智能环境和辅助设施实现自主驾驶；可改变出行模式、消除拥堵、提高道路利用率；装备自动驾驶系统的汽车，综合能耗较常规汽车降低 10%，减少排放 20%，减少交通事故数 80%，基本消除交通死亡。继《中国制造 2025》之后，工业和信息化部、国家发展改革委等相关部委出台了多部政策，从智能车、网联化、智能制造、地图信息采集、大数据等多个方面促进智能汽车的发展。

国家发展改革委等 11 个部委联合印发的《智能汽车创新发展战略》，提出了我国智能汽车的战略愿景：到 2025 年，我国标准智能汽车的技术创新、产业生态、基础设施、法规标准、产品监管和网络安全体系基本形成。实现有条件自动驾驶的智能汽车达到规模化生产，实现高度自动驾驶的智能汽车在特定环境下市场化应用。智能交通系统和智慧城市相关设施建设取得积极进展，车用无线通信网络（LTE-V2X 等）实现区域覆盖，新一代车用无线通信网络（5G-V2X）在部分城市、高速公路逐步开展应用，高精度时空基准服务网络实现全覆盖。展望 2035 到 2050 年，我国标准智能汽车体系全面建成、更加完善。安全、高效、绿色、文明的智能汽车强国愿景逐步实现，智能汽车充分满足人民日益增长的美好生活需要。

我国加快发展智能汽车正当其时，具有以下突出优势：

（1）新一轮科技变革期与中国汽车产业转型升级期相互交汇，使智能汽车发展同时兼备外部契机和内部动力。在"中国制造 2025"的战略框架和"互联网+"的明确方向指引下，智能汽车发展将会迎来前所未有的历史机遇。

（2）工业体系完整、基础完备。我国已成为全球第一制造大国，同时也是唯一具有门类齐全的现代工业体系的国家。经过 20 多年的不断发展，自主品牌汽车企业在产品品质和竞争力方面有了很大提升，占据了本土 1/3 的乘用车市场份额，在研发方面也已完成了由逆模仿为主向正向自主为主的转变，这为后续进一步发展智能汽车奠定了坚实的基础。

（3）我国拥有规模超大的汽车市场，将会发挥重要的引领作用。我国汽车市场规模 2022 年已达 2 680 多万辆，不仅远超美国巅峰时期的 1 760 万辆，而且未来仍有不小的发展空间。绝无仅有的庞大市场、不断升级的法规标准、差异化明显的消费群体，这些因素交织在一起，将促使国际车企加大在我国的本土化研发，再将为我国市场打造的产品推向全球。在这样的趋势下，我国完全可以充分利用自身市场的引领作用，按照自己的需求制定具有中国特色的智能汽车标准体系，从而赢得未来较量的宝贵话语权。

（4）我国拥有较为强大的信息产业。全球顶级的互联网公司均分布在美国和中国，如百度、腾讯、阿里巴巴等，这一优势连德国、日本也不具备。我国网民数量众多，语言文化自成一极，不仅为自身开展"互联网+"提供了极为有利的基础条件，也加大了外国企业在中国竞争的屏障效果。同时，我国在通信等行业也拥有一批具有世界影响力的企业，如华为等，掌握了国际先进技术以及标准的发言权。此外，我国独立于 GPS 之外的北斗导航卫星系统（BDS），也在国家战略层面上确保了智能网联汽车不会受制于人。

2. 我国发展智能汽车的劣势

当然，必须清晰地看到，我国在发展智能汽车方面也面临着严峻的挑战，存在着明显的短板：

（1）传统汽车产业整体上与国际先进水平尚有明显差距。我国尚无世界级的汽车品牌和整车强企，质量控制能力和基础研发能力不足；本土供应商的实力也大多非常有限，产业链存在关键缺失。与汽车产业紧密相关的基础工业水平，包括基础材料、基础工艺、基础元器件及技术基础也存在严重不足。按照德国的标准衡量,我国制造业整体上还处于工业 2.0 到 3.0 之间的水准,尚不能直接支撑向 4.0 的跃升。必须明确的是,智能汽车首先依然是汽车产品,造好"传统"汽车是造好智能汽车的前提和基础,正如造好电池、电机不等于就能造好电动车一样,拥有一些智能互联技术或平台也不等于就能造好智能网联汽车。切勿陶醉于并不存在的所谓"弯道超车"或"换道超车",而必须踏踏实实提升自己的基础工业实力。

(2)在与智能互联相关的核心技术领域仍落后于世界先进水平。如果说在新能源技术方面中国的起步基本上与国际同步,那么在智能网联技术方面则并非如此。例如,欧洲和美、日等发达国家经过近 10 年的国家项目支持,已基本完成了 V2X 通信和控制的大规模道路测试评价,并从国家标准法规方面提出了先进驾驶辅助系统(ADAS)强制装配时间表,现已进入产业化和市场部署阶段。发达国家在智能汽车发展的时间节点上趋于一致,尤其是美国,目前已经在既定战略和布局下明确了发展方向以及分工协作,开始通过各类组织形成联盟关系,试图构建统一的行业标准;一旦实现,将形成新的行业壁垒。就整体而言,我国智能汽车自主研发与国外先进水平相比仍处于滞后状态,如不能在产业新格局形成阶段介入其中,很可能会被屏蔽于外,不仅不能缩短差距,更有进一步落后的风险。

(3)我国虽有强大的互联网产业基础,但有过分偏重销售和服务端的明显倾向。电商无论多么发达,也只能解决如何更方便地销售产品的问题,而不能创造优质产品本身。特别是面对未来"智能制造"体系下消费者与制造商直接对话成为主流的趋势,我国互联网企业同样面临转型挑战,必须思考如何介入和支持实体经济的发展,否则不仅无法对智能汽车的发展提供助力,甚至反而会成为制约因素。

3. 我国发展智能汽车的战略意义

(1)发展智能汽车,与我国建设制造强国、实现"智能制造"转型升级的方向一致。在新一轮科技革命的浪潮下,全球制造业向大规模定制化生产即"智能制造"的方向全面升级的态势日趋明显,各国纷纷为此制定转型战略,其中尤以德国的"工业 4.0"计划最具代表性,目标是构建由数据驱动的互联互动的智能制造体系。而"中国制造 2025"同样明确提出信息化与工业化深度融合,谋求在新的历史机遇期加快发展,最终实现制造强国的战略目标。实际上作为泱泱大国,我国在"新常态"下经济的可持续健康发展必须紧紧依靠实体经济,在这个意义上我国制造业的转型升级势在必行。

建设制造强国必须选好龙头产业、实施重点突破,以更有效地利用改革开放 40 年的积累作为基础,实现聚焦发展。而汽车产业以整车产品的研发、制造、销售为主线,贯穿原材料、机械、电子、能源、金融、服务以及基建等各个领域,涉及人才、管理、技术、品牌等诸多要素,是几乎与现代民用产业的方方面面都有关联的立体式产业网络。无论从产值及规模、就业能力、社会价值,还是产业基础性、关联性和带动性来看,汽车产业都是至关重要的支柱性产业。纵观全球,汽车强国无一不是制造强国,德国"工业 4.0"就选择了汽车产业作为战略突破口。这样,我国必须全力建设汽车强国,带动制造业的整体转型升级。新一轮科技变革背景下的汽车产业转型升级,将是汽车制造体系和汽车产品两个方向并行互动、同步实现智能化的过程。汽车"制造"将与智能汽车互为依托、互相促进,共同支撑汽车产业整体上实现转型升级。一方面,智能制造将为智能汽车的实现提供支撑;另一方面,智能汽车的使用者同时也将成为大规模定制化生产的需求端,从而拉动汽车产业向智能制造加快升级转型。因此,智能汽车将不仅仅是一种全新的智能产品,也是个性化需求和数据的收集终端和交互平台,更是全新的智能制造体系及产业价值链的重要环节。"中国制造 2025"将智能网联汽车与节能汽车、新能源汽车并列，作为汽车领域的三大发展重点。

（2）智能汽车为解决能源、环境等难题，构建面向未来的健康汽车社会提供了全新可能。当前，能源短缺、环境恶化等社会问题，对产业未来发展的制约作用日益突出。其中，能源是整个国民经济的基础和保障，也是汽车产业长期面临的最根本问题。数据显示，2014 年我国进口原油 3.1 亿吨，对外依存度高达 59.6%，远超国际红线，而进口石油的一半是汽车消耗的。环保则与百姓生活息息相关，是当前最严峻的政治问题和经济问题之一。尽管汽车产业对环境污染（如雾霾）的具体贡献程度尚存争议，但汽车无疑是主要的污染源之一。此外，二氧化碳（CO_2）排放广受关注，已成为事关我国国际政治和大国责任的重要问题。我国承诺 2030 年碳排放将达到峰值，同时非化石能源在一次能源中的比重提升到 20%。这意味着我国汽车产业必须走更节能、更环保之路。作为未来多种新技术应用载体的智能网联汽车，则将为汽车产业有效解决能源和环保问题提供全新可能：包括车辆智能运行状态下的油耗及排放控制最优化（有研究表明，仅此一项即可降低 10%的油耗及排放）。智能网联对新能源汽车使用的提升和促进、智慧交通模式下的能耗节省与排放降低、全新商业模式下汽车利用率的显著提高等，使汽车产业能够在能源和环保的约束下满足国计民生的需求，最终构建起健康的汽车社会。

（3）智能汽车在未来城市智能交通体系建设中发挥关键作用，为安全、高效的公路交通提供支撑。行车安全和交通拥堵是国民感受最为直接的问题，我国交通事故死亡率和死亡人数连续多年居世界前列，大中城市堵车现象也日益普遍和严重，在这方面智能网联汽车也可以提供很好的解决方案。研究表明，在智能网联汽车的初级阶段，通过智能驾驶辅助技术即可减少50%～80%的道路交通安全事故；而到智能网联汽车的终极阶段，即全工况自动驾驶阶段，则有望实现零伤亡乃至零事故。与此同时，智能网联汽车还将作为最重要的组成部分之一，在新型城市 ITS 的构建中发挥关键作用。因此，随着新一轮科技革命的技术进步，智能汽车可有效而系统地加强车辆、道路和使用者三者之间的联系，形成一种保障安全、提高效率、改善环境、节约能源的综合运输系统。

当前，我国正在大力推行城乡一体化进程，预计将有众多新的都市圈及新型城市、新型城镇陆续出现，这正是前瞻规划城市建设、系统筹谋新型交通体系的历史良机。在这一进程中必须充分考量智能网联汽车对构建新型出行模式的重要作用，并以此需要为出发点，引导智能网联汽车及其配套体系的同步发展。

（4）智能汽车成为汽车产业生态及商业模式全面升级与重塑的重要组成部分。在以往历次工业革命中，汽车产业及产品都是技术进步的重要应用载体，在"智能制造"时代也将同样如此。未来的汽车将从"配备电子的机械产品"向"配备机械的电子产品"转变，成为可以安全、舒适、便捷移动的智能互联终端，即实现车辆的全面智能化、信息化。同时，汽车产业庞大的用户群体、多种多样的使用环境，也将衍生出具有重要商业价值的大数据，从而影响产业链的重组、价值实现方式的转变和商业模式的创新。由此，整个汽车产业将发生空前深度和广度的变化：传统的汽车使用、设计、制造、销售、售后、维护和管理模式极有可能被彻底颠覆；新模式下的新商机将有无穷多种可能，包括交通、管理、维护、服务、备件、回收与再利用、金融、信用等。在这一巨变过程中，智能汽车作为未来的汽车产品形态，将处于中间枢纽和核心环节的地位。

在此举一例：代表未来重要发展方向的汽车共享。实际上，智能网联可以为汽车共享的普及提供支撑，而只有具备自动驾驶能力的智能汽车，才有可能使全天候的汽车共享真正成为可能，实现汽车使用的"理想主义"：无须拥有，按需使用，随用随叫，随用随还。这种"轻拥有、重使用"的新型汽车文化将显著提高汽车的利用率，使得兼顾百姓用车需求和节约型汽车社会成为可能。因此，作为汽车产品的未来形态，智能汽车将成为汽车产业生态及商业模式全面升级与重塑的重要组成部分。

（5）智能汽车代表未来汽车技术发展方向和战略制高点。当前，业界普遍认为低碳化（以节能与新能源为方向）、信息化（以互联、交互等为代表）、智能化是未来汽车技术的发展方向。在三者之中，智能化更能代表未来汽车技术的发展方向和战略制高点。一方面，如前所述，智能化建立在现代通信与网络技术融合的基础之上，实际涵盖了信息化的基本需求；同时，打造"零伤亡、零拥堵"的安全、高效、节能的智能化汽车，为充分信息化提出了最强需求，也明确了最高目标。另一方面，新能源汽车和智能汽车将成为我国汽车产业未来发展的两大战略机遇，其中智能汽车可能是更大的机遇，理应在国家战略高度给予最高重视。与只涉及动力问题的新能源汽车相比，智能汽车更是未来智能制造模式下的产物，它代表着汽车设计开发、生产制造、销售与服务等各个环节的根本性变革和汽车产品形态的全面升级，同时两者的有效结合将产生相互促进的积极作用。例如，在汽车智能技术和智慧交通体系的支持下，新能源车辆可以更好地控制自身的续航里程及充电时机，从而完全可能为突破新能源产业与技术瓶颈提供新的解决方案。

（6）智能汽车可与众多其他相关产业和领域实现协同创新、融合发展。新一轮科技革命将催生"万物互联"时代的到来，届时智能网联的终端和载体将处于极其重要的地位。我国汽车保有量预计到 2025 年将突破 4 亿辆，这些兼具移动和承载能力的交通工具理应成为重要的网联终端与智能终端。从汽车产业本身来说，如果汽车无法实现信息化和智能化，其功能和效率势必受到极大限制，未来很难获得消费者的青睐，其仅仅作为传统意义上的交通工具将不再具有市场竞争力；而对于国家来说，承载低效而庞大的非智能网联汽车总量，将是一种巨大的资源浪费，也将影响相关产业的效能。作为移动网联终端的智能汽车，可以与交通、通信、能源、基建等众多其他领域实现紧密结合和相互促进。智能汽车不仅能使汽车产品本身的价值呈现几何级数增长，还能为相关领域提供全新的解决方案。

例如，对于新能源汽车推广中的"充电焦虑症"，汽车网联后可以自动显示周边充电设施及空位数量，智能规划导航路线、预判抵达时间等，使消费者不再"充电忧虑"。又如，智能汽车的导航系统，可以充分发挥我国北斗系统的战略作用，不仅可加强国家对位置信息安全的自主掌控，也能加速北斗系统商业化的完善与成熟。因此，智能汽车可与众多其他相关产业和领域实现协同创新、融合发展。智能汽车极有可能成为我国汽车乃至整个制造业崛起的战略契机。与新能源汽车相比，智能汽车涉及面更广，挑战更大，可能的机遇也更多。国家应该从科技创新、新型移动、社会整体带动以及基于网联的集成创新的战略高度认识发展智能汽车的重要性。

4. 对策建议

从汽车智能化发展进程来看，传统汽车厂商一直是推动汽车智能化的主力军，无论从人工驾驶到辅助驾驶，还是从辅助驾驶到半自动化驾驶的过渡，都是解决固定工况下特定问题的过程。在智能化的前期，汽车的智能化控制都依赖于车载传感器（雷达、摄像头等）的增加和底层控制的改善，而网络架构和控制架构并没有结构性的改变。但是，随着汽车网联化程度的加深，汽车智能化进程显著加快，对于汽车产业而言，深入融合智能化和网联化的智能化升级不同于以往的任何一次汽车技术升级。车联网、智能交通、大数据、云计算、智能决策等技术的融入，意味着汽车的网络架构发生改变，因此互联网汽车制造企业的兴起，给传统汽车厂商带来了空前的压力。

然而，值得注意的是，汽车智能化进程的主体路线并没有改变，依然延续了"以车为本"的技术发展路线，逐渐完善汽车智能功能、提高自主驾驶程度仍是智能化发展的核心。而相比于互联网造车，传统车企具有明显的制造优势和技术积累，因此整车厂商在自动驾驶领域的影响力必将超越互联网巨头和创业公司。

（1）智能零部件和系统的深度开发，打通下层各控制单元，实现整车控制器对整车的实际控制。虽然我国汽车行业的自主创新能力不断提高，汽车电子市场的自主品牌数量和规模也不断扩大，但是汽车核心零部件以及与整车控制相关（尤其和安全性能相关）的系统控制单元仍被外资企业掌控。而要想在智能化的大趋势下走车企自己的智能路线，整车控制器层面的自主能力就尤为重要。因此，在着眼未来智能汽车和定义智能功能的同时，还需要沉下心思打通下层各控制单元，提高对整车各执行层的控制能力，为智能规划和决策提供实现基础。

（2）紧跟自动化与信息化的发展趋势。汽车智能化的过程从本质上来说是提高汽车自动化水平的过程，也是汽车电子和自动化系统在汽车上的应用规模不断扩大的过程。因此，要想真正融入汽车智能化的潮流，开发有自己优势的汽车智能系统，车企以及参与汽车智能化发展的零部件企业需要补工业 2.0、3.0（自动化、信息化）以及自动化系统的课程。

（3）主动研发车联网相关技术。由于车联网的引进，需要改变汽车的网络架构及软件平台，因此应重点对系统健康智能检测技术、系统智能修复技术、车载互联网应用整合平台软件、自主车载嵌入式操作系统平台软件等进行研究。

总之，智能汽车是汽车产品的未来形态和汽车技术发展的制高点，是一种可移动的互联智能终端，是城市 ITS 的重要环节，也是未来我国汽车产业转型升级以及产业生态与价值链重塑的主要组成部分。发展智能汽车是一项涉及面广、极其复杂的系统工程，需要跨行业、跨领域地进行多方协作，绝非某几家汽车企业、关键零部件企业或互联网企业通过合作竞争就能简单实现的。这里面不仅涉及汽车、交通、信息、通信、电子、城市建设等各领域的关键技术突破，更需要国家、行业、企业乃至社会各方的合理分工、有效互动、通力协作，尤其是国家的顶层设计和有效引导至关重要、必不可少。国家战略如有缺失，将很难确立我国自己的特色和优势，将来要么在法规标准上受制于人、失去自主权，要么难以实现可持续发展，陷入全面落后、苦于追赶的境地。值此新一轮科技革命的重要机遇阶段，国家必须紧紧把握这样关键的发展方向和核心的技术能力。

7.2 智能汽车发展动力、分级和现状

7.2.1 智能汽车发展动力

随着人工智能的工程实现，智能汽车越来越贴近人们的生活，市场增速逐步加快。据波士顿咨询集团测算，智能汽车市值将在 2025 年前达到 420 亿美元，2035 年前全球将有 1 800万辆汽车拥有辅助自动驾驶功能，1200 万辆汽车具有完全自动驾驶功能。美国电气与电子工程师协会（IEEE）预测，到 2040 年无人驾驶汽车将占路上行驶车辆总数的 75%，智能汽车可能颠覆当前的汽车交通运输产业运作模式。汽车行业咨询机构 IHS 预测，到 2035 年我国将拥有超过 570 万辆无人驾驶汽车，占全球的 27%，我国将成为最大的无人驾驶汽车市场。

在智能汽车的发展过程中，围绕感知、识别、处理和控制等方面的技术研发层出不穷，创新成果不断涌现，形成了独具特色的高科技生态链。同时，汽车的智能化进程也受各相关领域科技发展水平以及工业、交通、能源、环境和城镇化进程的影响。未来，随着新能源、物联网、人工智能、5G等一系列新技术在汽车领域的应用进入集中爆发期，智能汽车将成为下一个产业革命的焦点，汽车智能化革命将成为交通和工业智能化大潮的引领和先导性力量，将在新一轮科技创新与现代产业升级中发挥至关重要的作用。

（1）持续增长的交通运输需求为汽车智能化提供了广阔发展空间。汽车与人民群众的日常出行、社会资源的顺畅流通密切相关，是满足人民群众美好出行和运输需求的重要载体。目前，我国千人汽车保有量约为200辆左右，远低于日本（约600辆）和美国（约800辆）等发达国家。预计2035年我国城镇化率将超过70%，随着我国城镇化率不断提升，以及经济的不断发展，居民出行和公路货物运输量将持续增长，道路运输需求也将持续增长。汽车智能化有助于减少道路交通事故、降低温室气体排放、提升交通运行效率、改善生态环境。以减少道路交通安全事故为例，据统计，全球每年有超过100万人因道路交通事故死亡，其中约90%的道路交通事故是由驾驶员人为因素所导致的。自动驾驶汽车一般搭载由激光雷达、毫米波雷达、车载摄像头等数十个传感器组成的感知系统，可360°探测车身四周物体，在多种传感器的融合下，自动驾驶汽车的感知能力远高于人类，可避免由视觉盲区等因素导致的事故发生。美国国家公路交通安全管理局曾对特斯拉展开调查，发现车辆在安装辅助驾驶系统后，可使事故发生率降低约40%。以自动驾驶为代表的汽车智能化有望显著减少人为因素导致的道路交通事故，促进道路交通安全水平的提升。此外，从产业角度来看，汽车产业智能化水平的提升是汽车产业转型升级和催生新的经济增长点的主要方向。汽车在全国商品零售额中的占比连续多年超过10%，其在推动经济增长、改善民生福祉方面的作用日益凸显。汽车智能化带来的生产方式变革、产业格局调整和生态体系重塑，将对我国产业迈向全球价值链中高端，加快发展现代产业体系，推动经济体系优化升级起到重要的推动作用。

（2）新一轮科技和产业革命的迅速发展成为汽车智能化的内生驱动力。当前，以新一代信息通信、云计算、大数据、人工智能等技术为代表的新一轮科技和产业革命的发展势头迅猛，5G技术、增材制造、深度学习、AI算法、生物识别等新兴技术快速渗透到汽车全产业链，汽车技术体系重构速度和力度前所未有。其中，快速发展的电子信息技术成为汽车智能化发展的核心力量，自动驾驶正在一步步成为现实。目前，智能化的应用主要集中在汽车安全、音频识别、车载导航等模块，诸多智能化功能（如全球定位系统、车辆驱动力控制模块、语音识别系统、车载导航系统等）都得以飞速发展，为汽车智能化提供了有力的支撑。新一代人工智能技术加快了智能感知、辅助驾驶、自动驾驶等新技术的研发和应用。5G赋能V2X，基于C-V2X（Cellular-V2X）的车路协同路线将加速自动驾驶的普及应用，并将丰富新能源汽车的信息服务，保障安全出行，提升交通效率。

汽车的生产方式加快向充分互联协作的智能制造体系演进，高档数控机床、工业机器人、在线检测设备、智能物流设备等智能制造装备在企业生产过程中逐步集成应用。面向生产线、生产车间广泛应用的现场数据采集与分析系统、车间制造执行系统（MES）与产品全生命周期管理（PLM）系统、智能仓储系统（WMS）、企业资源计划（ERP）系统等的高效协同与集成，将有效提升制造水平、产品质量和生产效率。以用户订单为基础的柔性、混流定制化制造体系成为实现消费者个性化定制商业模式的重要手段。汽车技术的持续革新、相关新技术的不断涌现以及科技进步速度和效率的显著提升,将使汽车智能化水平不断提升,成为汽车智能化发展的根本驱动力。

(3)日益趋紧的能源、环境约束对汽车智能化提出了更高要求。截至 2020 年底,我国汽车保有量达 2.81 亿辆,汽车产销量已连续 12 年位居全球第 1 位。天文数字的汽车保有量在给人民群众带来巨大出行便利的同时,也带来了能源、环境方面的巨大挑战。在能源方面,我国原油进口量在 2011—2020 年这 10 年间增长了 1 倍多,原油对外依存度从 50% 快速增长至 73% 左右。众所周知,汽车领域是化石能源消耗大户,相关数据表明,2017 年我国道路交通石油消费占比已达到 48%。我国能源可持续发展迫切需要汽车降低化石能源使用率并提升利用效率,因而在 21 世纪初开始大力推进节能和新能源汽车的研发和产业化,目前已初见成效。以节能和新能源汽车为载体,加快推进智能化进程,可以进一步提高能源利用率和提升交通系统的整体效能,打通智能交通和智慧能源系统的底层数据,实现交通能源协同发展。在环境方面,据联合国环境规划署数据,2018 年全球二氧化碳排放量达到 553 亿吨,比 2017 年增加了 2.7%,而大气中约有 12% 的二氧化碳来自传统内燃机汽车排放的尾气。随着环保压力的加剧,各国政府正采取日趋严苛的措施限制汽车尾气的排放,部分国家和地区已经提出了禁止生产和销售燃油汽车的时间表。我国将力争于 2030 年前实现碳达峰,努力争取 2060 年前实现碳中和。汽车智能化水平的提升,可以有效助推双碳目标的实现。例如,通过汽车尾气智能化管理系统对区域内环境信息实现共享,同时对智能汽车尾气排放进行实时监测和精细化管理,有助于推动构建绿色、低碳社会。

智能汽车是搭载先进的车载传感器、控制器、执行器等装置,融合现代通信与人工智能等技术,实现车与 X(车、路、人、云等)智能信息交换、共享,具备复杂环境感知、智能决策、协同控制等功能,可实现"安全、高效、舒适、节能"行驶,并最终可实现替代人操作的新一代汽车。从广义上说,汽车智能化还包含以汽车生产制造为主体的汽车产业链的纵向智能化,以及汽车相关领域的横向智能化。纵向智能化体现为汽车全产业链从研发设计到生产制造、销售使用、出行服务、回收利用各主要环节的智能化;横向智能化涉及与汽车产品和产业相关的材料、能源、交通、城市以及基础建设等各个领域的智能化,这些领域智能化水平的提升会不同程度地影响到汽车产品和汽车产业链的整体水平。

当前,以数字化和智能化技术为基础,在互联网、大数据、云计算的支持下,汽车产业设计研发、生产制造、销售服务等全产业链相关模式和生态都将发生重大变化。智能化技术将进一步深刻改变汽车产业生态,促进汽车产业与制造业、服务业的各个领域不断融合。新的汽车产业融合体系将带动投资、就业和税收以及其他附加价值的增长,催生一个以汽车移动终端为核心,并向各相关方延伸的新价值体系,相关利益链也将深度调整和重构,拥有智能化的关键核心技术以及整体解决方案的利益方将成为新的赢家。同时,汽车的智能化还将进一步融合智慧能源、智能交通、智慧基础设施等要素。未来智能化将逐渐成为汽车出行和运输服务的主要趋势,特别是智能汽车与智慧交通系统紧密融合,将重塑交通格局,基于实时的信息交互,形成融合各种交通工具和基础设施信息(智能交通设施、车辆、行人、云资源、控制管理系统、智能调度系统、能源分配系统等)于一体的多元运输服务系统,实现更加科学、更加绿色、更加高效的城市道路交通运行。

7.2.2 智能汽车发展路线和分级

目前，汽车智能化有两条不同的技术路线：一条是以汽车企业为主的渐进提高汽车驾驶自动化水平的路线；另一条是以科研院所和 IT 企业为主的无人驾驶技术发展路线。

宝马曾表示："我们比 IT 企业更了解汽车的参数，更能确保汽车行驶中的安全。你可以允许苹果手机死机，但决不能允许宝马车在半路'死机'。"这或许反映了 IT 企业与汽车企业的不同思路：前者凭借强大的后台数据、网络技术、智能软件的支持，能够很好地实现汽车与云端的互联；后者则更多地考虑到车辆的实用性和安全性，他们"固守"汽车本身的优势。

图 7.4　Google 的无人驾驶汽车

2012 年 8 月，Google 宣布其研发的无人驾驶汽车（如图 7.4 所示）已经在电脑的控制下安全行驶了 30 万英里（1 英里=1.609 km）。Google 无人驾驶汽车依靠激光测距仪、视频摄像头、车载雷达、传感器等获得环境感知和识别能力，确保行驶路径遵循 Google 街景地图预先设定的路线。但其装置价格昂贵，大约需要 30 万美元，难以大规模推广应用。

与 IT 企业不同，沃尔沃、奥迪、奔驰、宝马、丰田、日产、福特等汽车巨头均选择了更具实用性的民用智能汽车技术路线。在技术装置方面主要采用雷达（厘米波、毫米波、激光、超声波）、相机（立体、彩色、红外）、摄像机等进行环境感知和识别，通过基于车联网的协同式辅助驾驶技术进行智能信息交互，结合 GNSS 导航实现路径规划，并更加注重机电一体化系统动力学及控制技术的研发，成本低廉，便于大规模推广应用。

从汽车技术的角度看，汽车自动化程度不断提高，向着辅助驾驶、半自动驾驶、高度自动驾驶和完全自动驾驶的智能化方向发展。

在辅助驾驶阶段（如图 7.5 所示），车辆控制以驾驶员为主，机器辅助驾驶员，降低驾驶负担；而从驾驶权或者驾驶意图来看，驾驶员掌握最终的驾驶权。目前，量产乘用车上装有的辅助驾驶系统，有侧向稳定性控制、电动助力转向控制，部分高档车装有自动泊车、自适应巡航（ACC）、车道偏离预警（LDW）等系统。

在半自动驾驶阶段（如图 7.6 所示），车辆的自动化水平得到进一步提高，在特定工况下可以有短时托管的能力，此时汽车具有一定的自主决策的能力。各大汽车公司目前投入巨资开发具有特定工况（低速）托管能力的半自动驾驶技术，有防撞紧急制动、手机遥控泊车、拥堵跟车、车道跟踪控制等。

在高度自动驾驶和完全自动驾驶阶段（如图 7.7 所示），车辆具有高度的自主性，汽车可以进行自主规划、决策和控制，可以实现复杂工况的托管能力甚至完全自动驾驶。

汽车智能化伴随着汽车电子技术的发展而发展，其中最显著的变化是电子控制单元（ECU）在整车开发过程中所占的比例。汽车电子技术第一次出现，是在 20 世纪 30 年代早期安装在轿车内的真空电子管收音机，那时汽车完全由人操控。随着科技的进步，微型计算机逐渐应用于汽车的各个子系统中，用以弥补人类驾驶员的不足，帮助其更好地完成驾驶任务，同时提高驾驶安全性、舒适性及燃油经济性。汽车电子发展历程如图 7.8 所示。

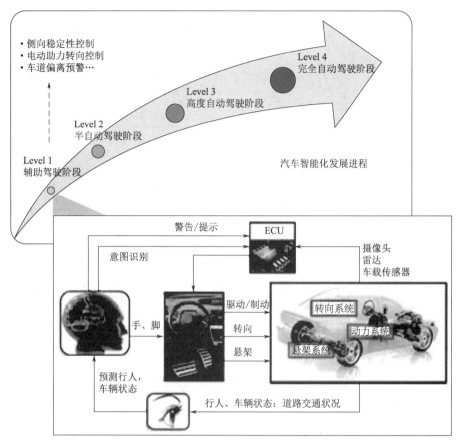

图 7.5　辅助驾驶阶段

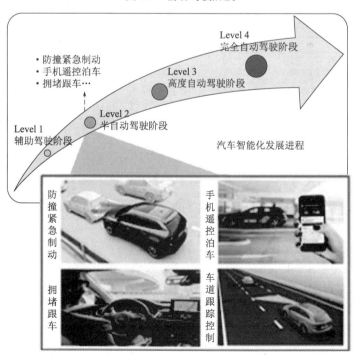

图 7.6　半自动驾驶阶段

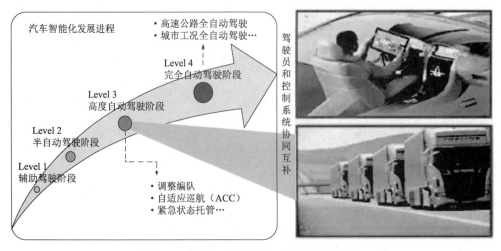

图 7.7　高度自动驾驶和完全自动驾驶阶段

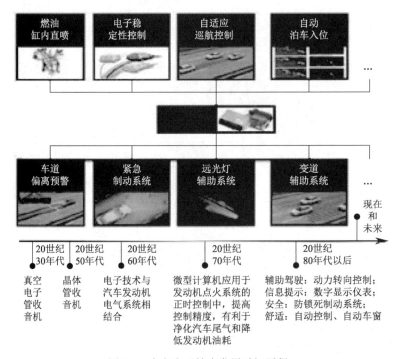

图 7.8　汽车电子技术发展时间历程

如今，各大汽车厂商已经为其生产的汽车配备了各种各样的驾驶辅助系统，而此时汽车电子成本已占汽车总成本的 45%以上。不难看出，智能化已成为未来汽车的发展方向，而这条发展路线的最终目标将是实现完全自动驾驶。

在国家层面，不同国家发布的智能汽车自动化分级标准略有不同。在《中国制造 2025》中，我国将智能汽车自动化分为驾驶辅助（DA）、部分自动驾驶（PA）、高度自动驾驶（HA）和完全自主驾驶（FA）4 个等级或阶段，并给出各阶段的功能性定义。典型的智能汽车自动化分级标准如表 7.2 所示。

表 7.2　典型智能汽车自动化分级

美国自动驾驶分级定义		SAE 名称	德国 VDA 分级	功能定义	驾驶操作	环境监控	动态驾驶任务反馈	机器责任范围
NHTSA	SAE							
由驾驶员负责检测环境	0 级	0 级	人工驾驶	—	完全由人类驾驶员完成操作	人	人	人	无
	1 级	1 级	辅助驾驶	—	具有一个或多个自动功能,其他任务由驾驶员完成	人+机器			部分工况
	2 级	2 级	部分自动化	PA	至少 2 项关键控制功能联合协同工作	人+机器	人+机器		部分工况
	3 级	3 级	有条件自动驾驶	HA	自动驾驶系统在特定交通环境下执行驾驶任务。当机器要求人介入时,有充分的移交时间,需要驾驶员随时响应	机器+人	机器+人	机器+人	部分工况
由机器负责检测环境	4 级	4 级	高度自动化驾驶	FA	由自动驾驶系统完成所有的驾驶操作,根据系统请求,人类驾驶员不一定要对所有的系统请求做出应答,规定道路和环境条件	机器	机器	机器	部分工况
		5 级	完全自动化驾驶		由自动驾驶系统完成所有的驾驶操作,人类驾驶员在可能的情况下接管,在所有的道路和环境下驾驶	机器	机器	机器	所有工况

美国高速公路安全管理局（NHTSA）将智能汽车分为 Level 0~Level 4（0 级~4 级）共 5个层次。

（1）无自动驾驶（Level 0）：由驾驶员每时每刻完全地控制汽车的原始底层结构，包括制动器、转向器、油门踏板以及起动机。

（2）具有特定功能的自动驾驶（Level 1）：该层次汽车具有一个或多个特殊自动控制功能，如电子稳定性控制（ESC），通过警告防患于未然。该层次对应辅助驾驶阶段。这一阶段的许多技术大家并不陌生，如车道偏离预警（LDW）、正面碰撞警告（FCW）、盲点信息系统（BLIS）等。

（3）具有复合功能的自动驾驶（Level 2）：该层次汽车具有至少将两个原始控制功能融合在一起实现的系统，完全不需要驾驶员对这些功能进行控制，但驾驶员需要一直对系统进行监视并准备在紧急情况时接管系统。该层次对应半自动驾驶阶段。这一阶段的汽车会智能地判断驾驶员是否对警告的危险状况做出响应；如果没有响应，则替驾驶员采取行动，如自动紧急制动（AEB）、紧急车道辅助（ELA）。

（4）具有限制条件的无人驾驶（Level 3）：该层次汽车能够在某个特定的驾驶交通环境下让驾驶员完全不用控制汽车，而且可以自动检测环境的变化以判断是否返回驾驶员驾驶模式，驾驶员无须一直对系统进行监视。该层次对应半自动驾驶阶段或者高度自动驾驶阶段，Google无人驾驶汽车基本属于该层次。

（5）全工况无人驾驶（Level 4）：该层次系统完全自动控制车辆，全程检测交通环境，能够实现所有的驾驶目标，乘客只需提供目的地或者输入导航信息，在任何时候都不需要对车辆进行操控。该层次对应完全自动驾驶阶段或者无人驾驶阶段。

由于车联网 V2X（vehicle to everything）技术涵盖汽车、IT、交通、通信等多个行业，相关技术标准法规仍不健全，协调式辅助驾驶技术目前尚未得到大规模推广应用。Google 无人驾驶汽车还离不开人的操控，只能按预定程序行进，在雾雪天气还会受到干扰，且在加速、减速及转向时衔接不太好。总之，全工况的无人驾驶技术仍处于研发测试阶段，最终的实用性测试和验证还需要一些时间。在进行 V2X 技术最终实用性测试和无人驾驶实用化技术开发的同时，需要进一步建立和完善车联网 V2X 技术标准法规、无人驾驶技术标准法规，并据此逐步建设相应的通信、道路基础设施，为协调式辅助驾驶技术和无人驾驶技术的大规模推广应用奠定基础。

根据 Google 无人驾驶汽车团队的统计，传统汽车在大部分（96%）时间内处于空闲状态，利用率较低。无人驾驶汽车可以按照时间顺序依次供需要的人使用，因此可以更好地统筹安排家庭内车辆使用，提高车辆的使用效率，同时可根据实时路况自动选择到达目的地的最优路径，减少车辆消费总量，有效减少碳排放，减轻汽车对环境的污染。另外，智能汽车的运行需要配套的交通基础设施，当前的基础设施建设情况将不再适用。例如，由于无人驾驶汽车靠传感器感知路面障碍，或者通过 4G/DSRC 与道路设施通信，这就需要在交叉路口、路侧、弯道等处布置引导电缆、磁气标志列、雷达反射标识、传感器、通信设施等。

目前，自动驾驶也是各大车企研发的重点方向之一。根据美国汽车工程师学会（SAE）2014年制定的 SAE·J3016 自动驾驶分级标准，即汽车自动化系统可以分为 L0（人工驾驶）～L5（全自动）6 个级别，如图 7.9 所示。这一标准不仅被美国交通部采纳为联邦标准，且已成为全球汽车业界评定自动驾驶等级的通用标准。

SAE自动驾驶分级标准				
等级	名 称	转向、加减速控制	对环境的观察	激烈驾驶的应对	应对工况
L0	人工驾驶	驾驶员			无
L1	辅助驾驶	驾驶员+系统	驾驶员	驾驶员	
L2	半自动驾驶	系统			部分
L3	高度自动驾驶				
L4	超高度自动驾驶		系统	系统	
L5	全自动驾驶				全部

图 7.9 SAE 自动驾驶分级标准

7.2.3 自动驾驶汽车发展概况

自动驾驶汽车是汽车产业与人工智能、高性能计算、大数据、物联网等新一代信息技术以及交通出行、城市管理等多领域深度融合的产物，它有助于降低交通拥堵和事故率，帮助城市构建安全、高效的未来出行结构，并对汽车产业变革、城市交通规划具有深远的影响。随着智能环境感知、多传感器融合、智能决策、控制与执行系统、高精度地图与定位等核心技术的快速发展与成熟，自动驾驶汽车已经从实验室阶段进入公开道路实地测试和商业化示范的阶段。

1. 自动驾驶汽车已成为全球汽车产业发展的战略制高点

自动驾驶汽车是汽车产业与人工智能、高性能计算、大数据、物联网等新一代信息技术以及交通出行、城市管理等多领域深度融合的产物，是当前全球汽车产业乃至未来交通出行领域智能化、网联化发展的重要方向，对汽车产业跨界融合发展具有重要的战略意义。

很多国家已将自动驾驶汽车的发展纳入国家顶层规划，争抢未来汽车产业发展的战略制高点，强化国家竞争实力，以求在汽车产业转型升级之际抢占先机。美国交通部于 2016 年 9 月发布了《联邦自动驾驶汽车政策指南》，持续推进自动驾驶汽车的安全监管与测试，并于 2018 年 10 月发布了《为未来交通做准备：自动驾驶汽车 3.0》，以加强自动驾驶汽车与整个交通出行体系的安全融合。德国联邦参议院在 2017 年通过了法律，允许汽车自动驾驶系统未来在特定条件下代替人类驾驶。2018 年瑞典能源部门和交通部门联合发起"驱动瑞典"创新项目，计划在瑞典主要城市进行以无人驾驶为核心的多项道路测验，在真实环境中研究实现自动化交通的方案。日本政府在 2017 年发布《2017 官民 ITS 构想及路线图》，公布了日本自动驾驶汽车发展时间表，提出 2020 年实现高速公路 L3 级自动驾驶功能，并在特定区域实现 L4 级自动驾驶应用。

联合国于 2016 年 3 月修订了《国际道路交通公约》新修正案并生效，在全面符合联合国车辆管理条例或者驾驶员可以选择关闭该技术功能的情况下，将驾驶车辆的职责交给自动驾驶技术可以应用到交通运输当中。欧盟在 2018 年 5 月发布了《通往自动化出行之路：欧盟未来出行战略》，明确了自动驾驶产业化时间表，提出 2030 年达到全自动驾驶。

已将自动驾驶汽车发展纳入国家顶层规划的部分国家如图 7.10 所示。

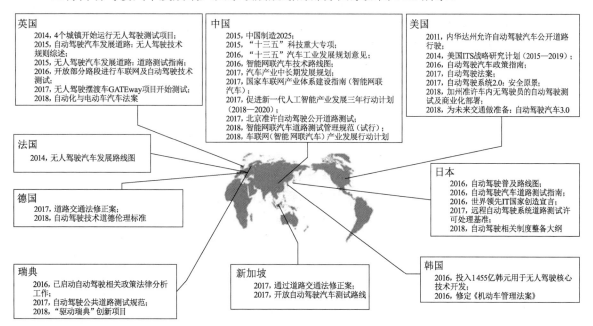

图 7.10　已将自动驾驶汽车发展纳入国家顶层规划的部分国家

我国已启动自动驾驶汽车发展国家战略规划（如图 7.11 所示）。2017 年 4 月，工业和信息化部、国家发展改革委和科技部印发了《汽车产业中长期发展规划》，提出加大智能（网联）汽车关键技术攻关，开展智能汽车示范推广，并明确要求：到 2025 年，汽车 DA、PA、CA 新车装配率达 80%，其中 PA、CA 级新车装配率达 25%，HA 和 FA 汽车开始进入市场。

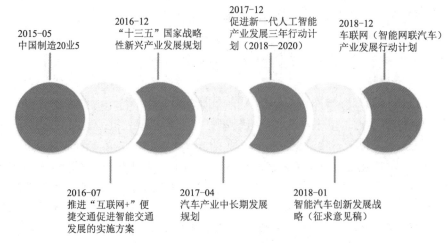

图 7.11 我国自动驾驶汽车发展战略规划

2018 年 12 月，工业和信息化部印发了《车联网（智能网联汽车）产业发展行动计划》，提出：到 2020 年，实现车联网（智能网联汽车）产业跨行业融合取得突破，具备高级别自动驾驶功能的智能网联汽车实现特定场景规模应用，车联网综合应用体系基本构建，用户渗透率大幅提高，智能道路基础设施水平明显提升，适应产业发展的政策法规、标准规范和安全保障体系初步建立，开放融合、创新发展的产业生态基本形成，满足人民群众多样化、个性化、不断升级的消费需求。2020 年后，通过持续努力，推动车联网产业实现跨越发展，技术创新、标准体系、基础设施、应用服务和安全保障体系将全面建成，高级别自动驾驶功能的智能网联汽车和 5G-V2X 逐步实现规模化商业应用，"人—车—路—云"实现高度协同，人民群众日益增长的美好生活需求得到更好满足。

2020 年 2 月发布的《智能汽车创新发展战略》提出，到 2025 年我国标准智能汽车的技术创新、产业生态、路网设施、法规标准、产品监管和网络安全体系基本形成，2035—2050 年我国安全、高效、绿色、文明的智能汽车强国愿景逐步实现。

2．多领域企业纷纷加强在自动驾驶汽车领域的战略布局

目前，几乎每家整车企业都在围绕自动驾驶汽车进行多方战略布局，加强战略转型，加大在自动驾驶汽车领域的投资，各方合纵连横，广泛寻求合作，以在未来汽车产业生态竞争格局中占据主动。

宝马在 2016 年 6 月发布了企业发展新战略，着眼于进一步加强电动汽车及自动驾驶技术优势，并发展优质个人驾驶领域的新服务。2016 年 7 月，宝马与英特尔、Mobileye 形成战略联盟，加强在自动驾驶汽车领域的合作，旨在让高度自主的自动驾驶解决方案全面实现量产。

大众集团监事会成员在 2017 年 11 月批准了其未来 5 年的投资方案，大众将投资 340 亿欧元用于电动汽车、自动驾驶以及移动出行领域的战略转型。在自动驾驶领域，大众正在采取两条路线并进的策略：一方面，在推向市场的汽车上使用高度成熟的自动驾驶技术；另一方面，L5 级别的自动驾驶车型 SEDRIC 将承担更多探索未来出行和交通工具的重任。

通用汽车在 2015 年 7 月宣布将在全球增长型市场投资 50 亿美元，其中自动驾驶汽车占大头；2016 年 1 月，与美国汽车共享出行公司 Lyft（来福车）达成合作，将投资 5 亿美元与其共同打造自动驾驶网络；2017 年 6 月启动自动驾驶汽车计划，并计划每季度投入 1 500 万美元用于自动驾驶技术研发。

长安汽车在 2015 年 4 月发布了面向 2025 的智能汽车技术发展规划，将搭建六大平台，掌握五大核心应用技术，分四个阶段逐渐实现汽车全自动驾驶，并实现产业化应用。

一汽于 2015 年 4 月发布了"挚途"互联智能技术战略，将从"挚途"1.0 发展到"挚途"4.0，目标是在 2025 年实现"挚途"4.0，高度自动驾驶技术在整车产品渗透率达 50%以上。

吉利在 2017 年 5 月发布了 G-Pilot 1.0 到 G-Pilot 4.0 技术规划，从实现自适应巡航（ACC）、自动紧急制动（AEB）、车道偏离预警（LDW）等驾驶辅助功能开始，到实现高度自动驾驶，以提供完整的出行服务。

另外，来自互联网、信息通信、电子科技等非汽车领域的企业也在纷纷布局自动驾驶汽车及相关业务。

Google 在 2009 年就宣布开发无人驾驶汽车，并于 2016 年将无人驾驶汽车项目拆分出来，成立了独立公司 Waymo，其定位是成为人工智能软件开发商和出行服务提供商。凭借其庞大的测试车队以及丰富的测试经验，Waymo 自动驾驶测试里程已经突破了 1 000 万英里，并已经在美国亚利桑那州启动了商业化运营服务。

百度在 2013 年 7 月成立了深度学习研究院，开始进入自动驾驶汽车领域，并于 2014 年 7 月首次发布"百度无人驾驶汽车"研发计划，于 2015 年成立专门的自动驾驶事业部。2017 年 4 月，百度决定向汽车行业及自动驾驶领域的合作伙伴提供软件平台——阿波罗（Apollo），提供自动驾驶的环境感知、路径规划和驾驶操作等方面的源代码，帮助整车企业搭建完整的自动驾驶系统，并计划开放高速公路和普通城市道路上的全自动驾驶。百度与金龙客车联合打造的自动驾驶巴士"阿波龙"首批量产车型已经发往北京、雄安、深圳、平潭、武汉以及日本东京等地投入试运营。

华为在 2016 年发表了一份白皮书，详细介绍了移动网络运营商在自动驾驶汽车领域的价值，包括在智能停车、车队管理、与车内娱乐相关的数据、基于 LTE 的紧急服务等方面。在 2017 年巴塞罗那世界移动大会上，华为与沃达丰合作展示了用于车联网的蜂窝技术。2018 年 7 月，华为与奥迪展开战略合作，双方将在自动驾驶汽车领域开展深入合作，并推动汽车自动驾驶和数字化服务的发展，联手打造 5G 自动驾驶汽车。

英伟达在 2015 年国际消费电子展（CES）上发布了第一代专门为自动驾驶汽车设计的计算平台——Drive PX；在 2016 年 CES 上又发布了新一代产品——Drive PX2，比第一代产品在计算性能上有明显提升，可以满足 L3 自动驾驶的运算要求。之后，英伟达与涉及自动驾驶汽车领域的数百家企业开展了广泛合作，包括百度、特斯拉、博世、丰田等企业，以加快实现自动驾驶汽车的开发和商业化应用。

3. 全球自动驾驶汽车产业链已初步形成

智能环境感知、多传感器融合、智能决策、控制与执行系统、高精度地图与定位等核心技术发展迅速，一些技术已经具备或很快具备产业化应用要求。

在未来自动驾驶汽车的结构中，算法、软件以及运营服务等方面技术占比将增加，人工智能、车联网等新兴科技开始形成产业化，计算芯片等关键共性技术将成为核心，新型产业链体系将取代传统发动机、变速箱而占据主导地位。自动驾驶汽车产业链已初步形成。

自动驾驶汽车的快速发展，也催生了众多初创型企业涌向机器视觉、图像处理、整体解决方案、算法等关键技术领域。

4. 自动驾驶汽车发展进入测试和商业示范阶段

由于各国在政策上对自动驾驶汽车发展的战略支持，业内企业的重点布局，以及资本市场力量的推动作用，自动驾驶汽车关键技术取得了很大的成果，产品市场化的进程正在加快。然而，在大规模进入市场之前，自动驾驶汽车需要在实际场景中进行长时间的测试，不断验证系统、功能的可行性、安全性及稳定性，率先在应用领域实现商业化示范，持续进行技术的验证和迭代，并探索自动驾驶汽车在商业化应用中可行的商业模式。

国内外政府和业内主流企业逐渐意识到自动驾驶测试和商业示范的必要性，故而纷纷提出规划和建设方案，以支持自动驾驶汽车能够进行公开道路测试（简称"道路测试"），并开展相关商业化应用的试运营项目，目的在于积累数据并完善系统功能，为自动驾驶汽车相关技术标准和法规体系的建立提供必要支持。当下，自动驾驶汽车发展已经进入测试和商业化示范的阶段。

随着在无人驾驶技术上的重大突破，百度于 2022 年 7 月推出了 Apollo RT6，这是百度第六代量产无人驾驶汽车，它除了可以通过转向盘来自主驾驶，还可以进行无人驾驶。与前五代使用其他品牌的车型不同，Apollo RT6 是百度自主研发、正向设计的量产车型，并针对乘客需求和无人驾驶出行场景进行了深度设计。因此，通过发展无人驾驶技术和推出 Apollo RT6，百度未来可通过无人驾驶汽车来发展"打车系统"，以取代现在的打车软件且价格更便宜，缓解对限行、交通安全、道路的压力。

中国、美国、日本、德国、英国、新加坡等国家纷纷发布政策，准许自动驾驶汽车在公开道路上进行测试，并加大力量布局自动驾驶汽车测试示范区的建设。Waymo、福特、通用、优步、百度、上汽等企业都搭建了自动驾驶测试车队，以不同的方式尝试开展商业化应用的运营服务。

7.3 无人驾驶汽车

7.3.1 无人驾驶汽车概述

无人驾驶的概念是由美国工业设计师诺曼·贝尔·格迪斯（Norman Bel Geddes）在 1939 年提出的。美、英等国先后进行了无人驾驶实车认证，而第一辆真正的无人驾驶汽车是由日本筑波市机械工程实验室 S. Tsugawa 及其同事于 1977 年开发的，速度可达 30 km/h。从 20 世纪 50 年代至今，国内外无数机构致力于无人驾驶技术的研发。国外有汽车产业巨头沃尔沃、奔驰、特斯拉等，以及卡内基梅隆大学、斯坦福大学、苹果，还有许多由各国政府资助的机构，其中最出色的当属 Google；国内汽车企业与科研单位的著名合作有一汽集团与国防科技大学、比亚迪汽车有限公司与北京理工大学、上汽集团与中国航天科工三院、广汽集团汽车工程研究院与中国科学院等，科技巨头百度也设计了自己的无人驾驶汽车模型。无人驾驶汽车不仅是科技的集成，更是人类智慧的结晶。无人驾驶技术的进一步发展，将极大地推动传感器、计算机、大数据信息挖掘等技术的快速发展，也势必影响到现存制度、产业结构、能源布局等。

有关数据显示，在意外事故中，车祸占首位，占意外死亡总数的 50%以上。仅以汽车交通事故为例，全世界因交通事故而死亡的人数已超过 3 000 万人，多于第一次世界大战死亡人数。基于高科技研究的无人驾驶汽车，无论在安全性方面还是可靠性方面，都极具发展潜力。因此，无人驾驶汽车的研究与发展是降低车祸发生率、保障人民生命安全的重要途径。

无人驾驶汽车是一种智能汽车，也可称之为轮式移动机器人，主要依靠车内的以计算机系统为主的智能驾驶仪来实现无人驾驶。无人驾驶汽车是在网络环境下用计算机、信息和智能控制等技术武装起来的汽车，或者说是有着汽车外壳又兼顾汽车性能的移动机器人。无人驾驶汽车技术最早应用于军方，并迅速扩展到民用领域。自 20 世纪 70 年代以来西方发达国家就开始了无人驾驶汽车的研究，美国的未来作战系统早就设定了无人驾驶汽车的重要地位。

从 20 世纪 50 年代起，美英等发达国家就开始涉及无人驾驶汽车的研究，并在某些方面取得了很大进展。1950 年世界上第一台自主导航汽车由贝瑞特电子公司在美国研制成功，实现了在设定路线上行驶。1987 年奔驰公司投资赞助了慕尼黑国防大学实验室，独立设计了 VaMoRs 智能车，车速最高达到 96 km/h。1994 年欧洲研制的 VaMP 和 VITA-2 机器人车辆在巴黎进行了测试，并在多车道高速公路上行驶了 1 000 多千米，其中车速最高时达到 130 km/h，并能自主完成跟踪行驶。

美国、日本和欧洲由于对无人驾驶技术的研究起步早，对无人驾驶技术的掌握和对无人驾驶汽车的研发与生产更成熟和可靠。美国在无人驾驶汽车领域投入了巨资以及大量科研力量，其无人驾驶技术取得突破性进展并占据世界领先地位，首屈一指的当为卡内基梅隆大学的 NavLab 系列。图 7.12 所示为 NavLab-5 无人驾驶汽车，它首次进行了横穿美国大陆的长途自主驾驶实验，其中自主驾驶行程占总路程的 98.1%，除绝大部分的高速公路外，还包括部分路面状况较差的道路，即使夜晚和暴雨等不良的天气条件也未能阻止其前行。2005 年在美国国防部主办的无人车挑战赛上，斯坦福大学的选手们改装的大众途锐多功能车经过 7 个半小时的长途车程到达终点，完成了全程障碍赛。2010 年 Google 设计制造的无人驾驶汽车通过了主要城市道路的驾驶测试，确定具有完备的感知能力和高水平的人工智能。2012 年 5 月 8 日，在美国内华达州允许无人驾驶汽车上路 3 个月后，机动车驾驶管理处为 Google 的无人驾驶汽车颁发了合法车牌。2014 年 Code Conference（代码大会）上，Google 的新产品无人驾驶汽车亮相，和一般的汽车不同，Google 的无人驾驶汽车没有转向盘和刹车。在阿联酋迪拜，一种用于载客摆渡的无人驾驶汽车 2016 年 9 月在市中心开始为期 1 个月的试运营。这种名为"EZ10"的 10 座无人驾驶电动车外形方正（如图 7.13 所示），车身不分前后，可以双向行驶。该项目由迪拜道路交通管理局与伊玛尔地产公司联合推出，是迪拜为打造新型智能城市采取的智能移动解决方案的一部分。

图 7.12　NavLab-5 无人驾驶汽车　　　　　图 7.13　EZ10 无人驾驶电动车

另外，美国试点推进无人驾驶汽车运营。Google 是最有可能扫除当前所有短期障碍并将成千上万辆无人驾驶汽车带到公路上的公司。Google 公司有一个传统：让自己的员工率先去体验公司研发的新科技和新产品，Google 美其名曰"Eating your own dog food"（吃你自家的狗粮）。

无人驾驶汽车已经获得了加利福尼亚州立法批准，Google 可能会在该州部署数百辆无人驾驶汽车，用来接送公司员工上下班。据报道，Google 汽车在试运行的过程中，到目前为止仅与其他社会车辆发生过两次碰撞，其中一次是非常小的事故——完全在驾驶员的可控范围内。接下来，Google 可能会将无人驾驶汽车推向更多的地区（如拉斯维加斯），因为除了加利福尼亚，内华达州也已经允许 Google 无人驾驶汽车上路行驶了。另外，有雄厚的资金做保证，Google 会给无人驾驶汽车建设一些必要的基础设施，试图将用户的责任剥离出来，且会在内华达市场以一个非常具有竞争力的价格推出无人驾驶汽车。

我国无人驾驶汽车起步较晚，"八五"期间，南京理工大学、北京理工大学、清华大学、浙江大学和国防科技大学联合研制的 ATB-1 无人驾驶汽车和"九五"期间的第二代无人驾驶汽车 ATB-2 系统，达到同一时期国内无人驾驶汽车技术研究领域的先进水平。2011 年国防科技大学成功研制了红旗 HQ3 无人车，在长沙—武汉高速公路上完成了无人驾驶实验，创造了在复杂交通环境下无人驾驶的新纪录。2012 年军事交通学院研制的无人驾驶智能汽车配备了全球定位系统、超声波雷达传感器等先进技术仪器，以感知周围环境，自动规划行车路线。2015 年长安汽车首辆无人驾驶样车在重庆亮相，为国内第二辆原型车。长安汽车已经完成了 L1 级的智能驾驶技术应用，如全速自适应巡航、紧急刹车、车道保持等。

国内外无人驾驶汽车对照表如表 7.3 所示。

表 7.3　国内外无人驾驶汽车对照表

研究机构	已 有 成 果	当 前 不 足	发 展 趋 势
Google	无人驾驶技术研发先驱，获内华达州合法车牌并上路	原型阶段（车—车交互不完善）	只需按下按钮，就能把用户送到目的地
奔驰	F015 Luxury in Motion 概念车设计完成	多源技术发展不成熟，需要更高技术支持	使无人驾驶汽车超越单纯交通工具，成为人类"第三生活空间"
特斯拉	电动血统，无人驾驶系统匹配车型发展良好	开发时间尚短，思维、技术出发点仍待研究	新能源汽车发展成熟，完美融合无人驾驶技术
百度	启动"百度无人驾驶汽车"研发计划，在芜湖建设"全无人驾驶汽车运营区域"	起步较晚，系统构建需加强和完善	将深度学习、人工智能融合进无人驾驶系统中
一汽	红旗 HQ3 无人车的成功上路，是中国无人驾驶技术发展的标志	自主研发，成本高，对车型有要求	加强与国外机构交流，普及通用性自主驾驶系统
长安汽车	中国首起无人驾驶汽车 2 000 km 长距离测试	需要人工介入，复杂路况下不够灵活	发展智能互联化无人驾驶汽车，助力中国无人驾驶技术发展

目前，国内科技巨头百度也设计了无人驾驶汽车模型，配备雷达、相机、GNSS 等电子设施，并安装同步传感器。在行驶过程中，汽车会通过传感设备上传路况信息，在大量数据基础上进行实时定位分析，从而判断行驶方向和速度。2016 年 5 月 16 日，百度宣布，与安徽省芜湖市联手打造首个全无人车运营区域，这也是国内第一个无人驾驶汽车运营区域。除了芜湖之外，百度还将与全国十几座城市达成无人车商用合作。2018 年 11 月 29 日，北京市民在北京海淀公园免费试乘和体验百度无人驾驶汽车（如图 7.14 所示）。该车采用了百度研发的 Apollo 无人驾驶平台，基于高精度地图和智能感知技术，能根据实时感知的环境信息和地图数据规划路径，对车辆、行人的行为和意图进行预测，从而做出行车决策。该车自从投放海淀公园以来，每天吸引了众多市民前来体验。

2018 年 4 月 18 日，无人驾驶清洁车队亮相上海市松江区，并在上海启迪漕河泾（中山）科技园试运营。该车队由一辆 6 m 长的中型清洁车以及一辆 3 m 长的小型清洁车组成，可自动启动、自动清扫、自动通过红绿灯、自动避开路边障碍等，如图 7.15 所示。

图 7.14　百度无人驾驶汽车

图 7.15　上海无人驾驶清洁车队

无人驾驶不仅是各研究机构关注的对象，也引起了民间的极大兴趣。美国和中国均有相关的无人汽车比赛。到 2013 年为止，美国国防部高级研究计划局（DARPA）比赛已经进行了五届，其中，2004—2007 年举办的三届是无人驾驶挑战赛，通过这三届比赛使研究者们认识到 GPS 导航与对前方障碍物感知的重要性，并基本确定了无人驾驶汽车的雏形和基本功能；2013 年的 DARPA 机器人挑战赛验证了无人驾驶的广义定义，为了把人从自动驾驶系统的决策者的位置上彻底分离出来，先用机器来代替人的功能，再把机器看作智能汽车的一部分，人和车完全分离，这是无人驾驶系统的最终目标。我国从 2009 年起每年举办一届"中国智能车未来挑战赛"，其目的是集成创新和研发无人驾驶汽车，促进产业化应用，其中表现突出的有国防科技大学红旗 HQ3 无人车和军事交通学院"猛狮"无人车。红旗 HQ3 无人车在 2011 年 7 月从长沙到武汉的高速公路路况驾驶检验中表现突出，全程 286 km 只用了 3h22min，人为干预部分不超过 1%。

7.3.2　无人驾驶汽车的发展前景

无人驾驶汽车是一个综合性、复杂性的系统工程，必将对人类出行方式以及交通产业结构布局带来深远影响，具有很好的发展前景。

（1）对传统出行方式的改变。无人驾驶技术的成熟无疑会给我们的出行带来更多便利，且随着老龄化现象日益加重，人们对安全可靠的个人交通工具的需求越来越迫切。近年来，北京、上海、广州等一线城市的汽车限购，凸显了严峻的交通拥堵问题；通过智能化交通信息平台，无人驾驶技术的完善及应用推广使得高效率的出行成为可能。

（2）对交通产业结构布局的影响。无人驾驶汽车是绿色智能交通方式的有机组成部分，势必对传统的能源需求及资源配置方式产生冲击，推动对太阳能、风能、潮汐能等清洁能源的高效率获取技术的发展，极大缓解化石燃料不足而带来的能源短缺问题。

（3）促进智能交通管理的发展。网络使电子站牌、动态导航仪、电子不停车收费系统等智能交通应用完美融入生活。车联网可以为智能化交通管理、智能动态信息服务、车辆智能化控制，基于大数据和云计算的数据分析和处理提出解决方案，推动汽车行业、出行服务的健康发展。

7.3.3 无人驾驶汽车当前存在的问题

无人驾驶汽车在具有很好的发展前景的同时，也存在以下几方面的问题：

（1）无人驾驶存在两面性。无人驾驶无疑是科技的创新与发展的结果，它必将对人们的生活带来无限便利，使人们能够有效避免长时间疲劳驾驶，也不用为考取驾驶资格证而担忧。在未来老龄化的世界里，无人驾驶系统能够成为一种便利的公共服务设施。但是，无人驾驶会失去很多驾驶乐趣。另外，由无思想的计算机所做的智能决定并不完全可信，它只是对所获取的环境信息进行计算，以保护车内驾驶员和乘客安全为首要任务；但在紧急情况下由计算机做出的决定在有主观意识的人看来，并不都是合理的。

（2）无人驾驶技术的发展将对多个领域造成冲击。无人驾驶即将成为"科技改变世界"的"钥匙"。如果自动驾驶汽车拥有移动通信功能，可以像移动联网的大型计算机一样随时接收和发送数据，那么配合 GNSS 卫星实现即时通信和收发信息，将会对大数据时代重新定义，也将对现在的计算机水平提出更高的要求。随之而来的还会有金融业、通信业以及能源、电力、交通等行业，乃至社会规范及产业结构等，都会受到巨大的影响。无人驾驶汽车与各个领域的关系如图 7.16 所示。

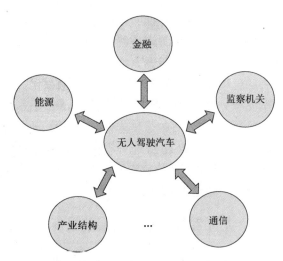

图 7.16　无人驾驶汽车与各个领域的关系

（3）对无人驾驶的认识还未统一。在无人驾驶的实质方面，最有发言权的特斯拉（Tesla）和 Google 对其定义都截然不同。Tesla 所谓的无人驾驶指的是"autopilot"（自动导航），而 Google 的自动驾驶是指"self-driving"（无人驾驶）。也就是说，Tesla 对汽车产业的预期定位在"次世代"（下一代），而 Google 则正积极地将竞争领域从"次世代"汽车转向"次次世代"（下下一代）汽车。这样就产生了分歧，Google 想要未来的控制权，而 Tesla 不放弃汽车作为交通工具的依附性。

（4）无人驾驶将改变当前生活方式。由于无人驾驶的自由性，使汽车可能完全沦为单纯的公共设施，在交通业中汽车的地位也会快速提升。自由的私人空间以及舒适的环境会使一大部分人依赖这种交通工具，地铁等的利用率会大幅下降，城市规划中商业圈与轨道交通的标配设计也变得多余。在此问题上，Google 已经给出了新的构想，启动了"Google X"项目，在改进自动驾驶汽车的同时，把目标瞄准了城市设计这一环节。不只 Google，Amazon 和 Tesla 也都对此怀有兴趣并逐渐付诸行动。同时，借用以电能维持运作的无人驾驶系统，还会引发能源格局的变化。

7.3.4 无人驾驶汽车的关键技术

有人驾驶汽车主要依靠驾驶员的经验及其对环境的判断来进行驾驶，而无人驾驶汽车依靠一系列互补的技术来对周围的环境进行理解和响应。有人驾驶汽车和无人驾驶汽车对比示例如图 7.17 所示。

无人驾驶汽车的关键技术主要包括环境感知、精准定位、决策与规划、控制与执行、高精度地图与车联网V2X、无人驾驶汽车测试与验证技术等。其中，环境感知、决策与规划和车辆控制环节涉及人工智能的应用。

1. 环境感知

环境感知可以理解为汽车利用传感器套件对车身周围的动态和静态对象进行 3D 重构。目前，环境感知技术有两种技术路线：一种是以特斯拉为代表的以摄像机（摄像头）为主导的多传感器融合方案；另一种是以 Google、百度为代表的以激光雷达为主导、其他传感器为辅助的技术方案。

1）摄像头和计算机视觉

自动驾驶汽车需要和其他车辆、自行车和行人一样，能够识别出来交通信号和标志，并需要感知到一个迎面而来的物体的距离和速度，以便能够知道该如何做出反应。

摄像头在自动驾驶汽车和装备了高级驾驶辅助系统（ADAS）功能的汽车上被普

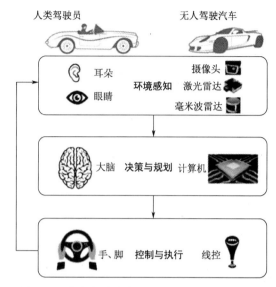

图 7.17　有人驾驶汽车和无人驾驶汽车对比示例

遍使用。不同于毫米波雷达和激光雷达，摄像头能够识别颜色和文字来帮助探测路标、交通信号灯和街道指示。

自动驾驶汽车通常依靠摄像头和其他传感器（如毫米波雷达和激光雷达），其中的每种传感器都有自己的优点和限制。摄像头在探测深度和距离时与激光雷达相比有不足之处；很多初创公司希望开发用于自动驾驶汽车的摄像头，以尽可能提取最生动的图像。

这些传感器收集的数据被通过一种叫"传感器融合"的技术组合在一起，以尽可能给汽车提供周围环境最准确的情况。为了处理从摄像头接收到的数据，自动驾驶汽车的系统借助训练好的计算机视觉软件来识别物体和信号。这个软件应该能够识别车道线特定的细节（比如车道边界的颜色和图案），并且评估合适的交通规则。

2）激光雷达

激光雷达被视为最先进的传感器，具有创建车辆周围环境 3D 透视图的能力，便于对物体进行识别。

2. 精准定位

顾名思义，精准定位就是让汽车知道自己所在的物理位置，这就涉及惯性导航系统（INS，简称惯导）、轮速编码器与航迹推算、全球导航卫星系统（GNSS）以及 SLAM（同步定位与建图）自主导航系统等。

3. 决策与规划

根据环境感知和导航信息，自动驾驶汽车的行为决策与路径规划系统结合给定的起点和终点进行信息处理。目前，针对自动驾驶决策与规划的专用芯片/计算平台包括英特尔-Mobileye 开发的 EyeQX 和英伟达的 NVIDIA Drive PX 系列。

4．控制与执行

车辆控制平台是无人驾驶汽车的核心部件，控制着车辆的各种控制系统。车辆控制可以分为纵向控制（采用油门和制动综合控制的方法实现对预定车速的跟踪）和横向控制（包括对驾驶员行为的模拟和车辆动力学的分析）两个环节。

5．高精度地图与车联网 V2X

为了更好地规避潜在风险，帮助车辆预知路面复杂信息（如坡度、曲率、航向等），无人驾驶往往需要结合实时的高精度地图；而这种实时性，可以通过车联网 V2X 实现。

V2X 使得车辆和其他可联网物体的无线信息互联成为可能。该技术有助于扩展激光雷达、毫米波雷达和摄像头等视野探测类传感器的探测范围。V2X 传感器可以探测道路险况、堵车情况和视野外的盲区等。

7.4　无人驾驶汽车的设计与应用

7.4.1　无人驾驶汽车的系统架构

无人驾驶汽车是可以自主行驶的车辆，不仅具备加减速、转向等常规的汽车功能，还集成了环境感知、行为决策、路径规划、车辆控制等系统功能，能够综合环境及自车信息，实现类似人类驾驶的行为，其系统结构的核心在于"智能"。典型的无人驾驶汽车系统架构如图 7.18 所示。

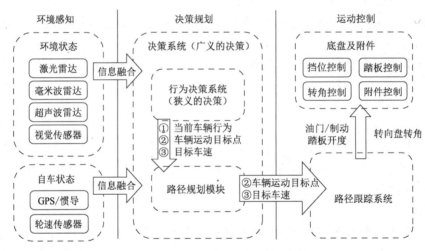

图 7.18　典型无人驾驶汽车系统架构

从图 7.18 可以看出，系统总体分为环境感知、决策规划和运动控制三大部分。其中，环境感知系统（感知层）的主要目的是获取和处理环境信息，利用多传感器目标检测与融合等技术，获取周围环境态势，为系统其他部分提供周围环境的关键信息，同时将处理后的信息发送给决策规划系统；决策规划系统（决策层）综合环境及自车信息，使无人驾驶汽车产生安全、合理的驾驶行为，指导运动控制系统对车辆进行控制，其中行为决策系统是狭义的决策系统，它根据感知层输出的信息对当前车辆的行为进行合理决策，并根据不同的行为确定路径规划的约束条件，指导路径规划模块规划出合适的路径、车速等信息，发送给运动控制系统；运动控制系统接收决策规划系统的指令并控制车辆进行响应，保证控制精度，对目标车速、路径等进行跟踪。

7.4.2 无人驾驶汽车的环境感知系统

环境感知系统处于无人驾驶汽车与外界环境信息交互的连接位置，其关键在于使无人驾驶汽车能够模拟人类驾驶员的感知能力，理解自身和周边的驾驶态势。汽车在运行过程中的环境感知通常遵循近目标优先、大尺度优先、动目标优先和差异性优先等原则，采用相关感知技术对环境信息进行有选择性的处理，如障碍物的位置、速度以及可能的行为、可行驶的区域、交通规则等。环境感知所采用的传感器包括光学相机、激光雷达和（或）毫米波雷达、超声波雷达等多种类型，通过多源信息融合处理来提高感知系统的准确性和稳健性，为控制系统提供更加可靠的基础信息。

图 7.19 所示为无人驾驶汽车环境感知系统架构示意图。从图中可以看出，对车身状态的感知主要基于 GNSS[如北斗导航卫星系统（BDS）]、惯性导航系统（Inertial Navigation System，INS）等设备，旨在获取车辆的行驶速度、姿态方位等信息，为车辆的定位和导航提供有效数据。

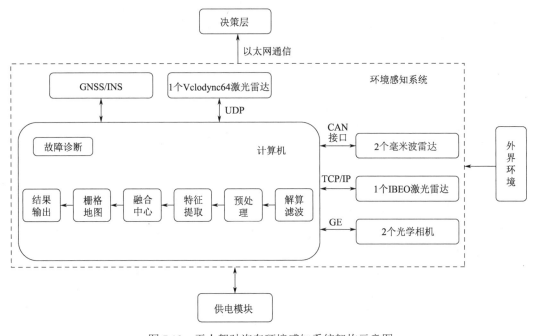

图 7.19　无人驾驶汽车环境感知系统架构示意图

按照获取交通环境信息的途径，可将这些传感器分为两类：① 主动环境传感器，此类传感器主动向外部环境发射信号进行环境感知，主要指激光雷达、毫米波雷达和超声波雷达；② 被动环境传感器，此类传感器自身不会发射信号，而通过接收外部反射或辐射的信号获取环境信息，主要包括相机等视觉传感器和麦克风阵列等听觉传感器。

7.4.3 无人驾驶汽车行为决策系统

现阶段无人驾驶汽车行为决策系统主要有基于规则的行为决策系统和基于学习算法的行为决策系统两大类。基于规则的行为决策系统，具有易于搭建和调整，实时性好，应用简单等优点；但是它难以适应所有情况，需要进行有针对性的调整，其行为规则库易重叠而失效，有限状态机难以覆盖汽车可能遇到的所有工况而导致决策错误。基于学习算法的行为决策系统，由于其强大的数据训练集，可以减小环境的不确定性因素所带来的影响，但是它需要大量的数据来进行预处理，计算量大，实时性差。随着近年人工智能、强化学习、机器学习等的快速发展，可结合这两种决策方法的优势，顶层采用基于规则的决策，底层采用强化学习等算法，这样能够发挥学习算法的优势，增强场景的遍历深度，达到优势互补。

基于规则的行为决策，是将无人驾驶汽车的行为进行划分，根据行驶规则、知识、经验、交通法规等建立行为规则库，根据不同的环境信息划分车辆状态，按照规则逻辑确定车辆行为的方法，如有限状态机法，其典型应用有智能先锋 II、红旗 CA7460、Boss、Junior、Odin、Talos、Bertha 等无人驾驶汽车。

基于学习算法的行为决策，是通过对环境样本进行自主学习，由数据驱动建立行为规则库，利用不同的学习方法与网络结构，根据不同的环境信息直接进行行为匹配，输出决策行为的方法。它以深度学习的相关方法及决策树等各类机器学习方法为代表，其典型应用有英伟达、Intel、Comma.ai、Mobileye、百度、Waymo、特斯拉等的无人驾驶汽车。

1. 基于规则的无人驾驶汽车行为决策系统

在基于规则的行为决策方法中，最具代表性的是有限状态机法，因其逻辑清晰、实用性强等特点得到广泛应用。有限状态机是一种离散输入输出系统的数学模型。它由有限个状态组成，当前状态接收事件，并产生相应的动作，引起状态的转移。状态、事件、转移、动作是有限状态机的四大要素。以基于规则的超车行为决策为例，主要分为顶层状态机和超车顶层状态下的子状态机，其架构示意图如图 7.20 所示。

在超车顶层状态机下设置了超车子状态机，对超车过程中不同驾驶阶段下的转换进行逻辑建模。超车行为决策与人类驾驶行为类似，在超车子状态机下分别包括左换道准备、左换道、并行超越等。左换道准备为超车子状态机的默认初始状态，在左右换向状态下，无人驾驶汽车将开启相应的转向信号灯，产生一定的转向偏移，以此来提示后方车辆。同时，无人驾驶汽车会根据其左后或右后车辆是否避让的状态来决定是否进行下一步的超车计划。

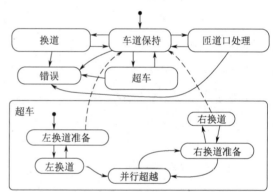

图 7.20　基于规则的超车行为决策架构示意图

并行超越主要用于车辆进行超车的阶段，指导车辆在超车过程中的速度变化、转向盘角度变化等，并指导车辆在超车完成后及时返回原来的车道，减少在整个超车过程中的安全风险。

有限状态机的核心在于状态分解。根据状态分解的连接逻辑，将其分为串联、并联、混联 3 种结构。串联结构的有限状态机系统，其子状态按照串联方式连接，状态转移大多为单向，不构成环路。并联结构中各子状态输入、输出呈多节点连接，根据不同输入信息，可直接进入不同子状态进行处理并提供输出。如果一个有限状态机系统下的子状态中既存在串联连接，又存在并联连接，则称这个系统具有混联结构。

有限状态机法是经典的决策方法，因其实用性与稳定性而在无人驾驶汽车行为决策系统中广泛应用，目前已比较成熟。美国国防部高级研究计划局（DARPA）城市挑战赛中各队使用的行为决策系统均采用该方法。

1）串联结构

麻省理工学院的 Talos 无人驾驶汽车如图 7.21（a）所示，其行为决策系统总体上采用串联结构,如图 7.21(b)所示。该无人驾驶汽车以越野工况挑战赛为任务目标,根据逻辑层级构建决策系统,分为定位与导航、障碍物检测、车道线检测、路标识别、可行驶区域地图构建、运动规划、运动控制等模块,其中定位与导航模块负责制定决策任务。

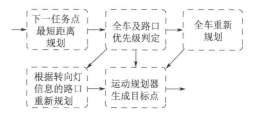

（a）Talos无人驾驶汽车　　　　　　　　　　（b）行为决策系统

图 7.21　Talos 无人驾驶汽车及其行为决策系统

串联结构的优点是逻辑明确、规划推理能力强、问题求解精度高;缺点在于对复杂问题的适应性差,当某子状态故障时,会导致整个决策链的瘫痪。串联结构适用于某一工况的具体处理,擅长任务的层级推理与细分解决。

2）并联结构

斯坦福大学与大众公司研发的 Junior 无人驾驶汽车,其行为决策系统如图 7.22 所示,它具有典型的并联结构。其行为决策系统分为初始化、前向行驶、停止标志前等待、越过实线行驶、路口通过、自主泊车、U 形弯前停止、U 形弯通过、结束等 9 个子状态,各个子状态相互独立。

Junior 无人驾驶汽车的行为决策系统是并联划分子系统最多的系统之一,但在实际场景测试中,依然存在其有限状态机没有覆盖的工况,且对真实场景的辨识准确率较差。这说明,单纯地应用并联式场景行为细分并不能提高场景遍历的深度,反而容易降低场景辨识准确率。

奔驰公司研发的 Bertha 无人驾驶汽车的行为决策系统如图 7.23 所示。该行为决策系统分为路径规划、目标分析、交通信号灯管理、放弃管理 4 个独立并行的子状态模块。其中,放弃管理模块通过换挡操纵杆信号进行无人驾驶和有人驾驶的切换。

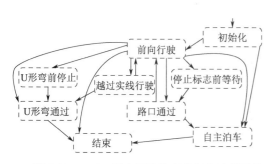

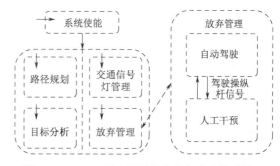

图 7.22　Junior 无人驾驶汽车的行为决策系统　　　图 7.23　Bertha 无人驾驶汽车的行为决策系统

国防科技大学研发的红旗 CA7460 无人驾驶汽车的行为决策系统如图 7.24 所示,它具有典型的并联结构。该行为决策系统适用于高速公路工况,划分为自由跟踪行车道、自由跟踪超车道、行车道换入超车道、超车道换入行车道等模式。红旗 CA7460 对车辆行驶的安全性指标和效率指标进行了衡量,先根据交通状况和安全性指标选出满足条件的候选行为,再根据效率指标确定最优行为。

卡尔斯鲁厄理工学院的 Annie WAY 无人驾驶汽车团队建立了并行层次状态机,构建了行为决策系统应对环境中出现的各类情况。布伦瑞克工业大学提出的移动导航分布式体系结构,包含一系列驾驶行为(跟随道路点、车道保持、避障、行驶在停车区等),通过投票机制进行驾驶行为决策并应用于 Caroline 号无人驾驶汽车。

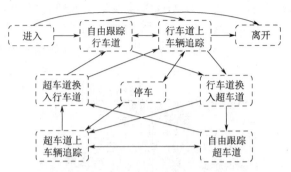

图 7.24　红旗 CA7460 无人驾驶汽车的行为决策系统

并联结构将每一种工况单独划分成模块进行处理,整个系统可快速、灵活地对输入进行响应。但是,在复杂工况下,由于遍历状态较多而导致的算法机构庞大,状态间的划分与状态冲突的解决是难点。并联结构适用于场景较复杂的工况。相比于串联结构,并联结构的优点是具备场景遍历广度优势,易于实现复杂的功能组合,具有较好的模块性与拓展性;缺点是系统不具备时序性,缺乏场景遍历的深度,决策易忽略细微环境的变化,状态划分灰色地带难以处理,从而导致决策错误。

3)混联结构

串联、并联结构具备各自的局限性,混联结构可较好地结合两者的优点,其中层级式混联结构是比较典型的方法。

卡内基梅隆大学与福特公司研发的 Boss 无人驾驶汽车的行为决策系统如图 7.25 所示,这是典型的层级式混联结构。系统顶层基于场景行为进行划分,底层基于自车行为进行划分。3个顶层行为是:车道保持(相应的底层行为有车道选择、场景实时报告、距离保持、交通流融合、驾驶行为)、路口处理(相应的底层行为有优先级估计和转移管理)和指定位姿(相应的底层行为有状态估计和目标选择)。

弗吉尼亚理工大学研发的 Odin 无人驾驶汽车的行为决策系统如图 7.26 所示,它引入决策仲裁机制,每个模块输出的结果均交由决策融合器进行决策仲裁。各模块具备不同优先级,优先级较低的模块必须让步于优先级较高的模块。

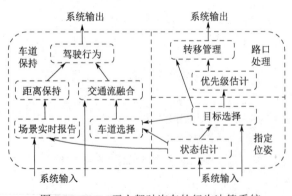

图 7.25　Boss 无人驾驶汽车的行为决策系统

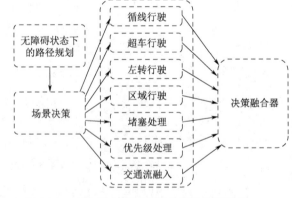

图 7.26　Odin 无人驾驶汽车的行为决策系统

中国科技大学研发的智能驾驶 II 号无人驾驶汽车的行为决策系统如图 7.27 所示,它具有典型的混联结构。该系统进行了专家算法和机器学习算法的融合:顶层决策系统采用并联式有限状态机，分为跟车巡航、十字路口、U 形弯、自主泊车等模块；底层决策系统采用学习算法（ID3 决策树法），用以得出车辆的具体目标状态及目标动作。

这种层级处理的思想还衍生出各种具体的应用方法。康奈尔大学的 Skynet 号无人驾驶汽车通过结合交通规则和周围环境，建立了 3 层规划系统，即驾驶行为、规划策略与底层操作控制，实现对车辆行为的决策处理。清华大学的 THMR-V 无人驾驶

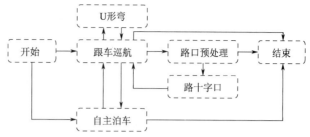

图 7.27　智能驾驶 II 号无人驾驶汽车的行为决策系统

汽车采用分层式的体系结构，将系统分为协调级和执行级，通过协调级对环境和车辆状态进行局部规划，最高时速可达上百千米。佛罗里达大学的 Knight Rider 号无人驾驶汽车包含人工智能模块，建立了层次结构驾驶员模型，将驾驶任务分为战略层、战术层和操作层，通过战略层设定次级目标来生成序列最优战术层，并经过操作层输出控制信号。来自宾夕法尼亚大学的 Little Ben 号无人驾驶汽车研发团队，建立了简单的规则来对比赛给定的任务文件进行驾驶行为的划分，结合路网信息确定车辆行为，以此作为车辆的上层决策系统。

理论分析与实践表明，基于规则的行为决策系统的优点是：算法逻辑清晰，可解释性强，稳定性高，便于建模；系统运行对处理器性能要求不高；模型可调整性好；可拓展性强，通过状态机的分层可以实现较为复杂的组合功能；在功能场景的广度遍历上存在优势。其缺点是：由于状态切割划分条件导致车辆行为不连贯；行为规则库触发条件易重叠，从而造成系统失效；有限状态机难以完全覆盖车辆可能遇到的所有工况，通常会忽略可能导致决策错误的环境细节；场景深度遍历不足，导致系统决策正确率难以提升，对复杂工况处理及算法性能的提升存在瓶颈。

2. 基于学习算法的行为决策系统

近年来，人工智能技术迅猛发展，学习算法越来越多地被运用于无人驾驶汽车环境感知与决策系统。对基于学习算法的行为决策系统的研究目前已取得显著成果。根据原理的不同，基于学习算法的行为决策系统主要可采用基于深度学习的决策方法（简称深度学习方法）与基于其他机器学习理论的决策方法（简称机器学习方法）。其中有代表性的是英伟达（NVIDIA）端到端卷积神经网络（CNN）决策方法与中国科技大学应用的 ID3 决策树法。

1）深度学习方法

深度学习方法因其在建模问题上极强的灵活性，近年来被许多专家学者应用于无人驾驶汽车的行为决策系统。NVIDIA 研发的无人驾驶汽车的系统架构是一种典型架构，它采用端到端卷积神经网络（CNN）进行决策处理，使决策系统大幅简化。该系统直接输入由相机获得的各帧图像，经由神经网络决策后直接输出车辆目标转向盘转角。该系统采用 NVIDIA DevBox 作为处理器，用 Torch 7 作为系统框架进行训练，工作时每秒处理 30 帧数据，其决策系统训练模型如图 7.28 所示。图像被输入到 CNN 中，CNN 根据输入计算转向盘转角，并将预测的转向盘转角与理想的转向盘转角相比较，然后调整 CNN 的反向传播权值，使得预测值尽可能接近理想值。反向传播权值的调整由机器学习库 Torch 7 的反向传播算法完成。训练完成后，该模型可以利用中心的单个摄像机数据生成转向控制命令。

IVIDIA 卷积神经网络（CNN）结构如图 7.29（a）所示，共 9 层，包括 1 个归一化层、5

个卷积层和 3 个全连接层。输入图像被映射到 YUV 颜色空间，然后传入网络。

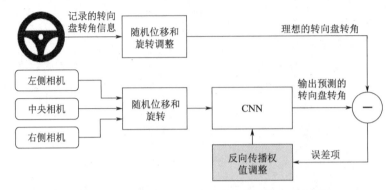

图 7.28　NVIDIA 无人驾驶汽车决策系统训练模型

　　仿真结果表明，CNN 能完整地学习保持车道驾驶的任务，而不需要人工将任务分解为车道检测、语义识别、路径规划和车辆控制等。CNN 可以从稀疏的训练信号（只有转向控制命令）中学到有意义的道路特征，100 h 以内的少量训练数据就足以完成在各种条件下操控车辆的训练。

　　Mobileye 把增强学习应用在高级驾驶策略的学习上，感知和控制等模块则被独立出来处理，其系统结构如图 7.29（b）所示。相对于端到端学习，该系统大大提高了决策过程的可解释性和可操作性，很好地适配了传统机器人学中感知—决策—控制的系统架构。

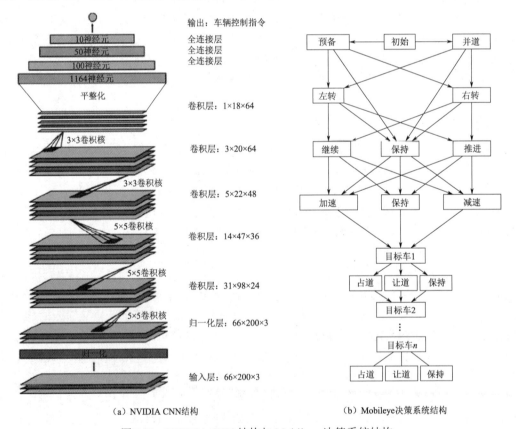

（a）NVIDIA CNN 结构　　　　　　　　（b）Mobileye 决策系统结构

图 7.29　NVIDIA CNN 结构与 Mobileye 决策系统结构

百度端到端系统实现了对车辆的纵向和横向控制：纵向控制采用堆叠卷积长短期记忆（LSTM）深度学习模型，提取帧序列图像中的时空特征信息，实现从特征到纵向控制指令的映射；横向控制采用 CNN 深度学习模型，从单幅前视相机的图像直接计算出横向控制的曲率。模型主要关注视觉特征的提取、时序规律的发现、行为的映射等方面。

其中，纵向控制被看作时空序列预测问题，输入单元为最近 5 帧图像（图像采集频率是每秒 8 帧），每帧图像均缩放为 80 像素×80 像素的 RGB 格式。LSTM 模型的第 1 层有 64 个通道，其内核大小为 5 像素×5 像素，后续层拥有更多的通道和更小的内核，最后一个卷积层为 2 个完全连通的层。输出单元是线性单元，损失函数是 MSE（均方误差），优化器是 rmsprop。横向控制由 1 个预处理层、5 个卷积层和 2 个全连接层组成。输入为 320 像素×320 像素的 RGB 格式图像。

Intel 利用已有控制数据训练网络，完成端到端的自动驾驶，其决策网络架构如图 7.30 所示。其在网络中考虑了方向性（直行、左转、右转）的控制指令，使得网络可以在车道保持的同时完成转弯等操作。图 7.30 显示了 2 种不同的结合控制指令的结构：一种是将控制指令作为网络的输入，见图 7.30（a）；另一种是将控制指令分为 3 个不同的输出，根据控制指令选择不同的输出，见图 7.30（b）。

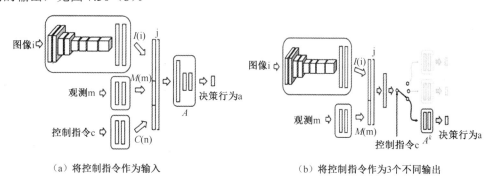

（a）将控制指令作为输入　　　　　　　（b）将控制指令作为3个不同输出

图 7.30　Intel 决策网络架构

Comma.ai 几乎只用 CNN 来构造决策系统。该系统将图像导入网络，通过网络输出命令调整转向盘和车速，从而使车辆保持在车道内。根据 Comma.ai 公布的数据，该公司 2018 年就已经累计行驶约 $1.35×10^6$ km，累计行驶时间为 22 000 h，累计用户达 1 909 人。

美国伍斯特理工学院提出了一种自动驾驶汽车的端到端学习方法，能够直接从前视摄像机拍摄的图像帧中产生适当的转向盘转角。该方法主要使用 CNN 将特征级的图像数据作为输入，将驾驶员的转向盘转角作为输出进行训练和学习，使用 Comma.ai 公布的数据集进行训练和评估。试验结果表明，该方法能够实现相对精确的转向控制，很好地完成了车道保持动作。

Drive.ai 的无人驾驶汽车，在感知和决策上都使用深度学习，但避免整体系统的端到端学习，而是将系统按模块分解，再分别应用深度学习，同时结合规则、知识确保系统的安全性。

Waymo 通过模拟驾驶及道路测试获取了大量的数据，由此对其行为决策系统进行训练。该系统不仅能对物体进行探测，还能对障碍物进行语义理解。对不同道路参与者的行为方式建立准确的模型，判断其可能的行为方式以及对自车的道路行为产生的影响，并将其影响输入到决策系统，保证决策行为的安全性。

卡内基梅隆大学提出了一种基于预测和代价函数算法（PCB）的离线学习机制，用于模拟人类驾驶员的行为决策。其决策系统针对交通场景预测与评估问题建立模型，并使用学习算法，利用有限的训练数据进行优化。训练数据来源于人类驾驶员在实际道路上的跟车场景，主要包含自车车速、前车车速以及两车之间的距离等。在 120 km 的低速跟车测试中，PCB 和人类跟车的车速差异仅为 5%，能够很好地完成跟车操作。

国防科技大学的刘春明教授等人构建了 14 自由度的车辆模型，采用模型控制预测理论，利用基于增强学习理论的方法，基于仿真数据得到了无人驾驶汽车的决策模型。该方法利用多自由度车辆模型对车辆的实际动力学特性进行考量，有利于满足车辆行驶稳定性与乘客舒适度的要求。

麻省理工学院在仿真器中模拟单向 7 车道工况，利用定义好的深度强化学习（DQN）模型调整网络结构，可在浏览器上进行训练工作，完善决策系统。

2）其他机器学习方法

除基于深度学习的决策方法外，还有很多机器学习方法可以在行为决策系统中加以应用。决策树法为机器学习理论中一种具有代表性的方法，中国科技大学的智能驾驶 II 号无人驾驶汽车将其用于行为决策系统。其中应用的 ID3 决策树法适用于多种具体工况，如路口、U 形弯等，先由顶层有限状态机决策出具体场景，再进入决策树进行相应的计算。

以十字路口工况为例，首先确定当前工况的条件属性（即系统输入，如自车车速、干扰车车速等）和决策属性（即系统输出，如加速直行、停车让行等）。选取若干样本数据进行基于灰关联熵的条件属性影响分析，获得图 7.31 所示的基于 ID3 算法的决策树。

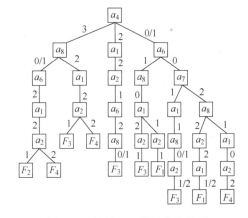

该决策树是机器通过学习后自主获得的行为规则库的一种表现形式。当无人驾驶汽车运行时，将驾驶环境信息转化成条件属性，交由决策树进行计算，最终得出决策指令，指导无人驾驶汽车的行为操作。ID3 决策树法具有知识自动获取、准确表达、结构清晰简明的优点，但其缺点同样明显，即对于大量数据获取的难度较大，数据可靠性不足，数据离散化处理后精度不足。

宝马公司和慕尼黑工业大学提出了一种基于部分可观测的马尔可夫决策过程（POMDP）的决

图 7.31　基于 ID3 算法的决策树

策模型，主要解决动态和不确定驾驶环境下的决策问题，其不确定性主要来源于传感器噪声和交通参与者行驶意图的不确定性。

POMDP 将其他车辆的驾驶意图作为隐藏变量，建立贝叶斯概率模型，可求解出自车在规划路径上的最优加速度。在复杂交叉路口的仿真测试下，能够较好地根据其他车辆的驾驶行为调整自车的最优加速度，保证安全性与行车效率。

丰田公司的 Urtasun 等人提出了一种基于概率的生成式模型，将所提取的室外环境的语义信息作为输入，并输出行为决策。

理论分析与实践表明，基于学习算法的行为决策系统的优点是：具备场景遍历深度的优势，针对某一细分场景，通过大数据系统更容易覆盖全部工况；利用网络结构可简化决策算法规模；部分机器具备自学习性能，机器能够自行提炼环境特征和决策属性，便于系统优化迭代；不必遍历各种工况，通过数据的训练完善模型，数据越完备则模型正确率越高。缺点是：算法决策结果可解释性差，模型修正难度大；学习算法不具备场景遍历广度优势，不同场景所需采用的学习模型可能完全不同；机器学习需要大量试验数据作为学习样本；决策效果依赖数据质量，当样本不足、数据质量差、网络结构不合理时会导致过学习或欠学习。

7.4.4 无人驾驶汽车控制系统总体设计

1. 总体方案

作为示例，无人驾驶汽车控制系统总体结构框图如图 7.32 所示。无人驾驶汽车基于车载的标准无线车联网设备将车辆状态信息发送给中央信息系统。当中央信息系统根据其传送的信息确定该车辆符合预设的立即制动条件时，向其发送控制指令，车载无线车联设备接收到该控制指令后发送给主控制器，指示车辆立即制动。由此能够及时有效地控制车辆制动，降低因不能及时使车辆停止而造成的各种安全隐患，减少由于对车辆立即制动的时机不当而导致车辆连环追尾、交通堵塞等问题。同时，中央信息系统根据接收的车辆状态信息进行道路信息统计和预测，为无人驾驶汽车提供规划的最优路径，提高道路通行效率。

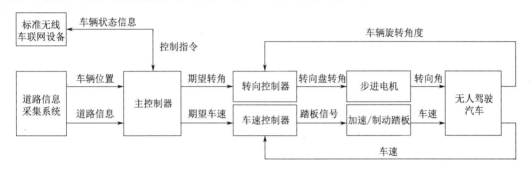

图 7.32 无人驾驶汽车控制系统总体结构框图

2. 主控制器

为保证无人驾驶汽车控制系统准确可靠地运行，主控制器的核心部件可采用高性能 MC9S12DG128B 单片机。该单片机采用高性能 16 位 HCS12 处理器，具有丰富的指令系统、强大的数据和逻辑运算能力。同时，该单片机具有的低功耗晶振、看门狗、实时中断及复位控制等功能，使得系统运行更加稳定、可靠。

3. 道路信息采集系统

本示例选用 CCD（电荷耦合器件）摄像头采集道路信息和车辆信息。将 CCD 传感器与高速数字信号处理器连接，高速数字信号处理器将采集到的道路信息和车辆信息通过 I/O 接口与无人驾驶汽车的主控制器相连，主控制器根据道路信息和当前车辆相对于左右车道线的位置，计算出车辆的期望车速和期望转角。

在实际的道路图像信息获取过程中，由于道路情况比较复杂，可能存在污迹、路面不平等干扰，因此采用维纳滤波法对图像进行降噪处理，将采集到的道路图像进行滤波，去除道路图像中的无用点和干扰点。由于 CCD 传感器获取的道路图像对比度不高，可使用 MATLAB 图像处理工具箱的 imadjust 灰度变换函数，对图像的灰度值重新进行映射，使之填满整个灰度值所允许的范围，从而提高图像对比度。对预处理完毕的道路图像信息进行二值化处理，以方便对红绿灯、路边指示牌等信息的提取。设计利用阈值分割法对图像进行分割，用一个或多个阈值将图像的灰度值进行直方图分类，将灰度值在同一个范围内的像素归为同一个物体。主控制器根据车辆在当前车道中的位置参数和方向参数，规划出车辆的期望转角，继而控制转向系统，实现无人驾驶汽车的自动循迹功能，保证车辆在车道上的最优位置上安全行驶。

4. 转向控制系统

在无人驾驶汽车中，转向控制器根据主控制器输出的期望转速，结合实时采集的转向步进电机的角位置信号，采用转向控制算法对转向步进电机进行调控，使车辆在期望的最优位置上安全行驶。转向控制算法的重点是对转向步进电机角位移和角速度的控制。

转向控制算法采用双闭环 PID（比例－积分－微分）控制策略对转向步进电机的角位移和角速度进行精确调节。外环的目标控制量为转向角（转向步进电机的角位移），内环的目标控制量为转向步进电机的电流。以外环输出量作为预定量，具有调节周期短、响应速度快的特点。PID 双闭环调控可对转向步进电机的角位移和角速度实现精确、稳定的调控。转向系统的控制流程框图如图 7.33 所示。

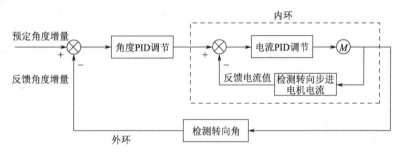

图 7.33　转向系统的控制流程框图

5. 车速控制系统

与传统汽车类似，无人驾驶汽车依靠加速踏板与制动踏板实现自车的驱动与制动功能。车速控制系统主要由车速控制器、步进电机、步进电机驱动器、传感器等组成。传感器采用增量式光电编码器，采集车轮的转速信号；车速控制器基于该转速信号获得当前车速，且接收主控制器发送的期望车速，分别向加速和制动步进电机驱动器发送 PWM（pulse width modulation，脉宽调制）信号，控制步进电机驱动器输出相应的电流，分别驱动加速和制动步进电机转过一定的角度，进而带动加速踏板或制动踏板动作，实现无人驾驶汽车的驱动和制动功能。

7.4.5　车联网的应用

车联网利用先进的传感器、网络、计算机和控制等技术对车辆和道路进行全面感知，在行驶的车辆之间、车辆与基站之间建立无线通信，从而实现实时信息分发；它对每一辆汽车进行全程交通控制，提高拥堵时段的道路通行效率，保障行车安全。同时，利用多跳转发的方式，车联网信号范围之外的车辆间也可建立起通信连接，实现信息共享。

1. 无人驾驶汽车嵌入车联网平台

由于可见光通信具有发射频率高、无电磁干扰和节约能源的优点，无人驾驶汽车采用

以可见光网络为基础的车联网，车联网由标准无限车联设备、中央信息系统两部分组成。固定在汽车和道路上的标准无限车联设备通过实时发射和接收可见光信号，实现无人驾驶汽车和中央信息系统之间的信息交流和共享。标准的无限车联设备包括发射和接收两部分，实现发

射和接收光信号的功能。发射部分由白光 LED（light emitting diode）光源和信号处理单元组成，发射的调制光为可见光且发射角较大，对人眼的损害很小，因此发射部分可以具有较大的发射功率，提高了可见光通信的可靠性；接收部分包括光电检测器和信号处理单元，光电检测器将接收的光信号转换为电信号，信号处理单元对电信号进行放大和处理后送至中央信息系统进行处理，处理结果以相同的方式反向传送给无人驾驶汽车，最终实现信息的交流和共享。图7.34 所示为嵌入车联网平台工作过程示意图。

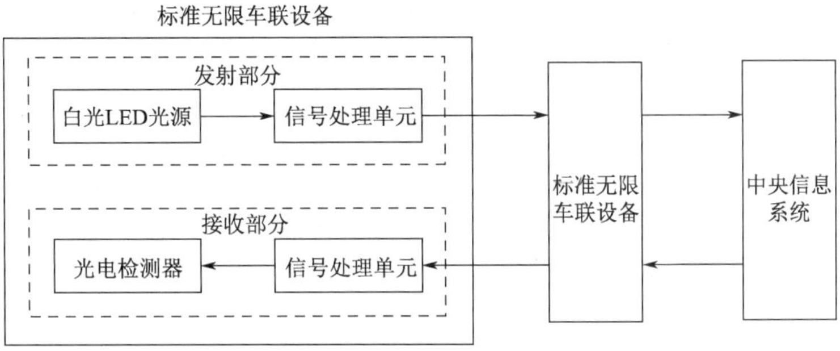

图 7.34　嵌入车联网平台工作过程示意图

2. 基于车联网的无人驾驶汽车应用

基于车联网的无人驾驶汽车在道路环境中运行应用示例，如图 7.35 所示。在无人驾驶汽车行驶的过程中，标准的无线车联设备将车辆运行状态、车辆位置和目的地等信息发射给中央信息系统；集成了白光 LED 阵列的交通信号灯接收无人驾驶汽车的信息，并将该信息传递给中央信息系统；中央信息系统对车辆当前运行环境、行驶路线、车辆状态等信息进行分析和处理，以判定车辆的运行安全性。

中央信息系统根据接收的信息经过车联网计算云计算出车流量等道路信息，然后通过白光 LED 交通信号灯将道路信息发送到车辆。无人驾驶汽车根据该信息设计规划出车辆的最优路线，缓解交通堵塞。当发生交通事故时，无人驾驶汽车可通过车联网将事故地点、伤员情况等重要数据自动上传到中央信息系统，以便交警和救护人员进行支援和救助工作。

这里无人驾驶汽车方案选用 CCD 摄像头采集道路信息和车辆运行状态，保证了路面信息的真实性和完整性；转向控制算法采用 PID 双闭环

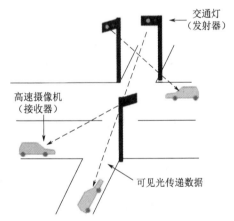

图 7.35　基于车联网的无人驾驶汽车应用示例

调节策略控制转向步进电机的转动角位移和角速度，具有调节精度高、系统运行稳定的特点，保证了无人驾驶汽车运行的安全性和可靠性；嵌入车联网的无人驾驶汽车实现了将车辆运行状态信息以可见光通信的方式与中央信息系统进行信息交互，可实现车辆当前运行环境、行驶路线、车辆状态等信息的采集处理，保证了车辆的运行安全性，并根据采集到的信息设计规划出车辆的最优路线，能够有效地提高道路通行量和公路运输效率。

7.4.6 Google无人驾驶汽车

Google无人驾驶汽车已经在上路测试，结构示意图如图7.36所示。

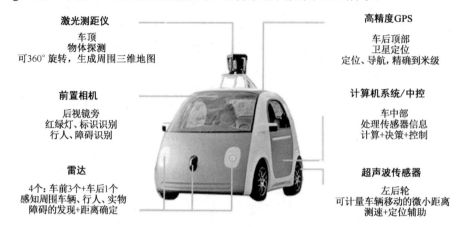

图7.36　Google无人驾驶汽车结构示意图

（1）激光测距仪（LIDAR）。Google无人驾驶汽车的一个"突出"的特点就是其车顶上方的旋转式激光测距仪，能发射64束激光射线，当激光碰到车辆周围的物体又反射回来时，即可计算出物体的距离，帮助汽车识别道路上潜在的危险，其基本原理是利用GPS（全球定位系统）和IMU（inertial measurement unit，惯性测量装置）机载激光扫描，所测得的数据为数字表面模型（digital surface model，DSM）的离散点表示，数据中含有空间三维信息和激光强度信息。该激光的强度比较高，能计算出200 m范围内物体的距离，并借此创建环境模型。同时，车底部的系统测量出车辆在三个方向上的加速度、角速度等数据，然后结合GPS数据计算出车辆位置。所有这些数据与车载摄像机捕获的图像一起输入计算机，计算机软件以极高的速度处理这些数据，因此系统就可以非常迅速地做出判断。

（2）用于近景观察的前置相机。车头上安装的相机可以更好地帮助汽车识别眼前的物体，包括行人、其他车辆等。该相机还负责记录行驶过程中的道路状况和交通信号标志，车载软件将对这些信息进行分析。

（3）雷达。在Google无人驾驶汽车的前后保险杠上一共安装了4个雷达，这是自适应巡航控制系统的一部分，可以保证Google无人驾驶汽车在行驶时处在安全的跟车距离上。按照Google的设计，其无人驾驶汽车需要和前车保持一定的距离以保证2~4 s的安全反应时间，具体设置根据车速的不同而变化，从而能够最大限度地保证乘客的安全。

（4）高精度GPS。从空中读取自己精确的地理位置，充分利用GPS技术进行定位，并利用Google地图实现最优化的路径规划。但是，由于天气等因素的影响，GPS的精度一般为米级，并不能达到足够的精准度。为了实现准确的定位，需要将定位数据和前面收集到的实时数据进行综合，当汽车不断前进时，车内的实时地图会根据新情况进行更新，从而显示更加精确的地图。

（5）超声传感器。后轮上的超声传感器有利于保持汽车在一定的轨道上运行，不至于跑偏。同时在遇到需要倒车的情况时，这些超声传感器还能快速测算后方物体或墙体的距离，帮助汽车在狭窄的车位中实现停靠。

（6）车内设备。在车内还装备有一些高精度的设备，如高度计、陀螺仪和视距仪，有助于精确测量汽车的各种位置数据，这些高精度的数据为汽车的安全运行提供了保证。

（7）传感器数据的协同与整合。所有传感器收集到的数据都会在汽车的 CPU（central processing unit，中央处理单元）中进行计算和整合，为自动驾驶带来更安全舒适的用户体验。

（8）对交通标志和信号的解析。Google 无人驾驶汽车能够识别基本的交通标志和信号。例如，当前车的转向灯开启时，Google 无人驾驶汽车可以相应地做出反应。还有各种的限速、单行道、双行道和人行道标示等，这些都可以通过 Google 相应的软件进行解读。

（9）路径规划。在 Google 无人驾驶汽车前往目的地之前，自然需要对路径进行规划。和通常的地图 App 画出路线图不同，Google 系统能够建立起所选路径的 3D 模型，其中包含交通标志、限速和实时交通状况等信息，而且在汽车行驶过程中，车载软件还可以按照所捕捉到的信息不断对地图进行更新。

（10）适应实际道路行为。众所周知，实际上的道路交通状况和交通法规还是略有不同的。有时候会出现闯红灯的人，甚至还能看到在道路上逆行的汽车，因此对实时状况的把握也格外重要。Google 无人驾驶汽车就具有这种能力，从而能在复杂的路况环境中安全行驶。

7.4.7　百度无人驾驶汽车

百度自 2013 年开始研发无人驾驶汽车以来，已完成了从初代车到六代车的不断迭代。每次迭代，都让无人车的成本降低一半，能力提升 10 倍。

百度无人驾驶汽车是百度与第三方汽车厂商合作于 2015 年推出的，其核心技术是"百度汽车大脑"，包括高精度地图、定位、感知、智能决策与控制等。其中，百度自主采集和制作的高精度地图有完整的三维道路信息，能以厘米级精度对车辆进行定位。同时，环境感知和交通场景物体识别技术能够协助实现高精度的车辆探测识别与跟踪，并可用于估计车辆行驶距离及速度，还可以对路面进行分割以实现对车道线的检测，为无人驾驶所需的智能决策提供基础数据。百度汽车大脑基于车载计算机和云服务，利用人工智能以近 200 亿个参数的神经元模拟人脑思维的模式，除了连接人和信息以外，还连接人与服务。以百度汽车大脑作为总指挥，百度无人驾驶汽车在雷达、相机、全球导航卫星系统（GNSS）和同步传感器等电子设施的支持下，可自动识别交通指示牌、路障和途中其他车辆，从而实时判断行驶方向和相应的速度，最终安全可靠地到达目的地。

百度 Apollo 技术架构如图 7.37 所示。其中，云服务平台提供高精度地图、模拟平台、数据平台、安全平台、OTA（空中激活）及 DuerOS（小度助手）等模块。在无人驾驶的整个研究与组织实施体系中，数据都是至关重要的，Apollo 技术架构中的数据平台就包含丰富的数据，既有仿真虚拟场景的数据（用以验证和校验新型的算法），也有真实场景所记录的数据（用以回放，进一步分析实时采集的数据和各类服务性能）。

百度无人驾驶汽车由其内部的开放性自动驾驶平台（称为 Apollo）实施操作，该平台由感知、仿真、高精度地图与定位、决策规划、智能控制五大组件构成。

（1）感知组件。感知组件的核心是"障碍物检测识别"和"红绿灯检测识别"，即利用车身上的各类传感器（如激光雷达、摄像头等）获取无人驾驶汽车周边的环境数据，借助多传感器融合技术、车端感知算法，实时计算并上传行驶过程中的交通参与者位置、类别、速度和朝向等信息。

（2）仿真组件。仿真组件不仅允许开发者出于自身需求来构建仿真环境，而且还提供大量的驾驶数据，以便开发人员检查和验证无人驾驶软件系统。仿真组件的主要功能是通过云端的大量自动驾驶场景数据，快速完成测试、验证和模型优化等一系列准备工作，从而提高无人驾驶汽车驾驶的安全性与高效性。仿真组件使 Apollo 可以查看车辆环境，也可了解道路情况和场景，并支持开发者配置不同的驾驶场景，如障碍物、路线和交通灯状态。同时，仿真组件的执行模式为开发者提供了在多场景中运转的完整设置，使开发者可以在 Apollo 环境中进行上传和验证，自动评分系统可通过几个指标对场景进行评估，如碰撞检测、交通灯识别、速度限制、障碍物检测和路线逻辑，而且三维可视化界面能够描述实时路况，在显示无人驾驶车状态的同时，使模块输出可视化。

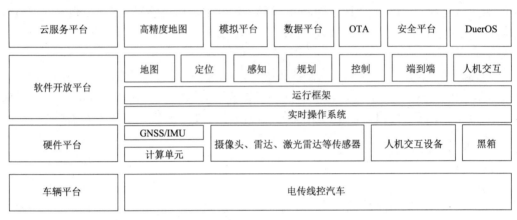

图 7.37　百度 Apollo 技术架构

（3）高精度地图与定位组件。将深度学习和人工智能技术应用于地图数据生产中，将 GNSS、IMU 和高精度地图进行匹配，综合定位解决方案，提供厘米级精度，且具有足够高的可靠性。

（4）决策规划组件。根据定位结果以及导航路径生成参考线路，将障碍物投影到参考线上。根据障碍物的投影，决策智能开辟凸空间（往左、往右等决策）并搜索一条最优化路径，将最优化路径点转化为笛卡尔坐标，发给智能控制组件。也就是说，为实现 24 小时的无人驾驶，实时交通状态综合评估与驾驶决策必不可少。决策规划组件用来完成路径智能规划和预测，它除保障安全和舒适性外，还能提升无人驾驶汽车的驾驶效率。

（5）智能控制组件。智能控制组件是将环境识别、路径规划、规划决策的结果付诸实践的执行者，它将来自决策系统的路径规划落实到汽车机构的动作上，完成与汽车底盘的交互，使车辆的位置、姿态、速度、加速度等重要参数符合最新决策结果（控制精度优于 10 cm），进而可适应不同的路况、车速、车型以及与不同类型底盘的交互。

基于"百度汽车大脑"，百度公司开发了多款经典的无人驾驶汽车，其中最具代表性的有如下几款：

（1）红旗 EV。红旗 EV 是由百度和一汽联手打造的中国首批量产 L4 级自动驾驶乘用车，相比于历代 Apollo 无人驾驶汽车，红旗 EV 实现了全方位优化升级，是 Apollo 自动驾驶技术迭代的典型代表。

红旗 EV 汽车顶端搭载一个主激光雷达，它相当于汽车的眼睛，能采集车身周围 240 m 以内的数据，其数据被汇集到车载计算中心（即汽车大脑），以便对汽车的行驶操作进行决策控制。汽车在行驶的过程中，能自动识别红绿灯、交通线和交通标识等，并根据实时路况稳步调整车速。汽车通过单车智能、监控冗余、平行驾驶、自动驾驶运营保障体系、车路协同等多重安全机制来保障其出行安全。

（2）Apollo Moon。Apollo Moon 采用定制激光雷达和 "ANP-Robotaxi" 架构，其算力达到 800 TOPS，通过数据共生共享和闭环应用以及先进的设备冗余、失效检测等技术，使汽车具有完全无人驾驶的能力。其首款车型是基于极狐的阿尔法 T 车型打造的，车顶配备 1 个激光雷达，前向配备 1 个安全冗余激光雷达，另外还配备有 13 个摄像头和 5 个毫米波雷达，而且传感器支持自清洁功能。

（3）Apollo RT6。Apollo RT6 是 2022 年 7 月百度推出的量产车，整车针对乘客需求和无人驾驶出行场景进行了深度设计，支持有转向盘、无转向盘两种模式。汽车配置了具有识别和提示功能的灵犀交互灯语、智能电动侧滑门、百变智能空间、独立座椅以及智能交互系统后移设计等人性化功能。Apollo RT6 实现了 100%车规级和整车全冗余系统，全面保障乘客出行安全。

（4）Apollo Next，即百度汽车机器人。百度汽车机器人能够通过三重能力提供服务：其一，具备 L5 级自动驾驶能力，不仅无须人类驾驶，而且比人类驾驶更安全；其二，具备语音、人脸识别等多模交互能力，可分析用户潜在需求，主动提供服务；其三，具备自我学习和不断升级能力，是服务于各种场景的智慧体。

讨论与思考题

（1）阐述智能汽车的功能结构与基本特点。

（2）根据美国高速公路安全管理局的定义，智能汽车的 5 个层次分别是什么？

（3）阐述我国发展智能汽车的优势与劣势。

（4）支撑互联智能汽车的核心技术有哪些？

（5）阐述当前无人驾驶存在的问题。

（6）阐述无人驾驶汽车的关键技术。

（7）无人驾驶汽车的基本构成包括哪些内容？

（8）阐述无人驾驶汽车的总体设计方案。

主要参考文献

[1] 程思婷. 基于 VANET 的交通拥堵探测与信息分发技术研究[D]. 武汉：武汉工程大学，2017.

[2] ZIEGLER J, BENDER P, SCHREIBER M, et al. Making bertha drive - An autonomous journey on a historic route[J]. IEEE Intelligent Transportation Systems Magazine，2015，6（2）：8-20.

[3] ROSS S, MELIK-BARKHUDAROV N, Shankar K S, et al. Learning monocular reactive UAV control in cluttered natural environments[C]. IEEE International Conference on Robotics and Automation, IEEE，2013：1765-1772.

[4] ISELE D, RAHIMI R, COSGUN A, et al. Navigating occluded intersections with autonomous vehicles using deep reinforcement learning[C]. IEEE International Conference on Robotics and Automation (ICRA), May 21-25, 2018.

[5] BOJARSKI M, DEL TESTA D, DWORAKOWSKI D, et al. End to end learning for self-driving cars. arXiv preprint arXiv: 1604.07316 (2016).

[6] CODEVILLA F, MÜLLER M, LÓPEZ A, et al. End-to-end Driving via Conditional Imitation Learning[C]. IEEE International Conference on Robotics and Automation, IEEE, 2017: 4693-4700.

[7] SANTANA E, HOTZ G. Learning a Driving Simulator. arXiv preprint arXiv: 1608.01230 (2016).

[8] SHALEVSHWARTZ S, SHAMMAH S, SHASHUA A. Safe, multiagent, reinforcement learning for autonomous driving. arXiv preprint arXiv:1610.03295 (2016).

[9] 李芳芳. 高速公路综合管理平台的研究与应用[D]. 西安：长安大学，2017.

[10] 彭家一. 高速公路应急管理系统的研究与应用[D]. 西安：长安大学，2016.

[11] 张辉. 基于移动互联网的高速公路公众信息服务系统分析与研究[D]. 西安：长安大学，2015.

[12] 徐碧. 温州市城市公共交通运营管理研究[D]. 福州：福建农林大学，2017.

[13] 陈延真. 无人驾驶环境感知系统及障碍物检测研究[D]. 天津；天津大学，2018.

[14] 吉立建. 公交一卡通运营管理系统的设计与实现[D]. 广州：华南理工大学，2016.

[15] 刘中举. 地铁司乘管理信息系统的设计与实现[D]. 成都：西南交通大学，2016.

[16] 刘秀彩，蔡晓禹，蔡明，等. 城市道路交通运行特征三维可视化分析[J]. 公路与汽运，2018，185：27-32.

[17] 李四辉. 基于 HLA 的车路协同系统仿真方法研究[D]. 北京：北京交通大学，2012

[18] 曹新，杨涛，张旭东，等. 基于车联网的智能交通管理及决策依据的研究. 计算机应用与软件，2015，32（4）：83-86.

[19] 王建强，王昕. 智能网联汽车体系结构与关键技术. 长安大学学报（社会科学版），2017，19（6）：18-25.

[20] 徐蔷薇. 基于车联网的智能交通管理及决策依据的研究. 工程建设与设计，2018（14）：254-255.

[21] 曹亚菲. 中国智能网联汽车创新发展及产业化推进. 软件与集成电路，2023，（7）：37-38.

[22] WANG Zuchao, LU Min, YUAN Xiaoru, et al. Visual traffic jam analysis based on trajectory data[J]. IEEE Transactions on Visualization and Computer Graphics，2013，19（12）.

[23] 史学文. 高速公路多源交通数据融合方法研究及系统开发[D]. 北京：北京交通大学，2017.

[24] 宋仁勇. 基于 HBase 的交通数据管理平台设计与实现[D]. 济南：山东大学，2016.

[25] 李铁臣，刘淑玲，肖政．智能电网在物联网中的应用[J]．中国电力企业管理，2011，（1）：64-65．

[26] 张飞舟，杨东凯，张弛．智慧城市及其解决方案[M]．北京：电子工业出版社，2015．

[27] 邱佳慧，陈祎，刘琪．车联网标准化及其演进策略[J]．移动通信，2018，42（4）：41-47．

[28] 关志超，张昕，胡斌．政府主导下的智能交通体系规划设计与建设管理研究——以深圳市为例[C]．第七届中国智能交通年会优秀论文集，2015．

[29] 贾富强．有轨电车运营管理系统研究[D]．兰州：兰州交通大学，2015．

[30] 吕艳丽．南京城市轨道交通控制中心的规划研究[D]．南京：东南大学，2015．

[31] 邱亚娟．智能交通信号灯模拟控制系统设计[J]．黑龙江科技信息，2017，（6）：82-83．

[32] 李金洋，陈仪香，王振辉．基于车速的自适应交通信号灯控制系统[J]．计算机技术与发展，2016，26（9）：21-25，29．

[33] 梁丽英．智能交通信号灯控制中云控制器的应用研究论述[J]．科技展望，2016，26（6）：187．

[34] 刘冠辰，王柏谊．货运智能停车场管理系统设计[J]．物流技术，2017，36（2）：75-77+113．

[35] 赵军，李佳，刘泽俊，等．智能停车场管理系统设计[J]．软件工程，2017，20（2）：44-46+43．

[36] 陈欣．智能停车场管理系统的设计方案研究[J]．无线互联科技，2016，（21）：128-129．

[37] 于鹏，宋树祥，佘果．基于磁场传感器和 ARM 的智能停车场管理系统[J]．测控技术，2016，35（2）：16-19+23．

[38] 张素红，李博，吴飞，等．基于物联网的智能停车场管理系统设计及实现[J]．物联网技术，2015，5（11）：54-57．

[39] 惠鹏飞，马晓峰，赵天通，等．智能停车场管理系统的设计及发展趋势研究[J]．黑龙江科技信息，2015，（11）：73．

[40] 张登银，张敏，丁飞．面向 5G 车联网连通性关键理论综述[J]．南京邮电大学学报（自然科学版），2018，38（1）：27-36．

[41] 鹿应荣，许晓彤，丁川，等．车联网环境下信号交叉口车速控制策略[J]．交通运输系统工程与信息，2018，18（1）：50-58+95．

[42] 彭理群，何书贤，贺宜，等．基于车联网 V2P 的行人碰撞风险辨识研究[J]．交通运输系统工程与信息，2018，18（1）：89-95．

[43] 唐阳山，李栋梁．车联网服务提供商技术研究现状分析[J]．汽车实用技术，2018，（1）：156-158．

[44] 李业伟．基于车联网大数据的交通路况预测研究[J]．信息通信技术，2017，11（6）：74-78．

[45] 雷涛．车联网中面向环境感知的虚拟车行为关键技术研究[D]．北京：北京邮电大学，2017．

[46] 陈欣垚．车联网环境下的交通流时空随机数学建模及应用[D]．杭州：浙江大学，2017．

[47] 郑改成．物联网下的智慧交通论述[J]．山西电子技术，2016，（6）：51-53．

[48] 丛林．基于技术、应用、市场三个层面的我国物联网产业发展研究[D]．沈阳：辽宁大学，2016．

[49] 刘宴兵，王宇航，常光辉．车联网安全模型及关键技术[J]．西华师范大学学报（自然科学版），2016，37（1）：44-50，2．

[50] 孙颉．基于物联网模式的车联网技术探讨[J]．信息与电脑（理论版），2016，（3）：10-12．

[51] 顿文涛，赵玉成，王力斌，等．车联网的关键技术及研究进展[J]．农业网络信息，2015，（8）：46-50．

[52] 贾汉伟．车联网系统在智能交通管理中优化研究[D]．济南：山东建筑大学，2015．

[53] 曹新，杨涛，张旭东，等．基于车联网的智能交通管理及决策依据的研究[J]．计算机应用与软件，2015，32（4）：83-86．

[54] 杨伟，李建忠，彭武雄，等．武汉市交通决策支持平台建设思路与实践[J]．城市交通，2017，（5）：49-54．

[55] 陈晓利，李远哲，朱湧．浅析广州智能交通系统建设[J]．中国交通信息化，2017（S1）：52-56.

[56] 张飞舟，杨东凯．物联网应用与解决方案[M]．2版．北京：电子工业出版社，2019.

[57] 张可，齐彤岩，刘冬梅，等．中国智能交通系统（ITS）体系框架研究进展[J]．交通运输系统工程与信息，2005，5（5）：6-111.

[58] 张继先，宋鸿，王少飞，等．重庆都市区新一代智能交通管理系统架构研究[J]．公路交通技术，2015，32（4）：156-161.

[59] 陆远讯．重庆市智能交通系统规划研究[D]．重庆：重庆交通大学，2016.

[60] 郑金兵，李科峰，赵小超，等．面向交通状况智能监测的泛在互联车联网研究[J]．通信技术，2018，51（7）：1631-1636.

[61] 彭晨伟，巴继东．基于交通大数据的智能信息服务平台[J]．计算机系统应用，2017，26（7）：97-103.

[62] 姜浩．云计算环境下海量分布式数据处理协同机制的研究[J]．电脑知识与技术，2017，13（7）：30-31.

[63] 杨博，王杉．车联网架构分析及感知技术研究[J]．物联网技术，2016，6（8）：50-52+55.

[64] 兰韵，刘万伟，董威，等．无人驾驶汽车决策系统的规则描述与代码生成方法[J]．计算机工程与科学，2015，37（8）：1510-1516.

[65] 张红，王晓明，曹洁，等．基于大数据的智能交通体系架构[J]．兰州理工大学学报，2015，41（2）：112-115.

[66] 彭伟健．异构网络融合关键技术研究[D]．西安：西安电子科技大学，2017.

[67] 熊璐，康宇宸，张培志，等．无人驾驶车辆行为决策系统研究[J]．汽车技术，2018，（8）：1-9.

[68] 刘斌彬．无人驾驶汽车决策系统的规则正确性验证[D]．长沙：国防科学技术大学，2015.

[69] 张荷芳，豆菲菲．多传感器信息融合的无人车行驶策略[J]．计算机与数字工程，2015（3）：392-395.

[70] CHOI J, ULBRICH S, LICHTE B, et al. Multi-Target Tracking Using a 3D-Lidar Sensor for Autonomous Vehicles[C]//International IEEE Conference on Intelligent Transportation Systems, IEEE，2013：881-886.

[71] CHO H, SEO Y W, KUMAR B V K V, et al. A Multi-Sensor Fusion System for Moving Object Detection and Tracking in Urban Driving Environments[C]// IEEE International Conference on Robotics and Automation (ICRA), IEEE, 2014：1836-1843.

[72] 保丽霞，顾承华．上海智能交通系统近期建设要点[J]．交通与运输，2016，（2）：40-41.

[73] 伦一．自动驾驶产业发展现状及趋势[J]．电信网技术，2017，（6）：33-36

[74] DAVISON A J. Future mapping: The computational structure of spatial AI systems. arXiv preprint arXiv:1803.11288 (2018).

[75] ZHANG J, SINGH S. LOAM: Lidar odometry and mapping in real-time[C]// Robotics: Science and Systems.，2014，2（9）：1-9.

[76] TALEBPOUR A, MAHMASSANI H S, HAMDAR S H. Modeling Lane-Changing Behavior in a Connected Environment: A Game Theory Approach[J]. Transportation Research Part C，2015，59：216-232.

[77] 熊光明，李勇，王诗源．基于有限状态机的智能车辆交叉口行为预测与控制[J]．北京理工大学学报，2015，35（1）：34-38.

[78] 陈雪梅，田庚，苗一松，等．城市环境下无人驾驶车辆驾驶规则获取及决策算法[J]．北京理工大学学报，2017，37（5）：492-496.

[79] CHEN C, SEFF A, KORNHAUSER A, et al. DeepDriving: Learning affordance for direct perception in autonomous driving[C]// IEEE International Conference on Computer Vision, IEEE，2015：2722-2730.

[80] FRIDMAN L, JENIK B, TERWILLIGER J. Deep traffic: driving fast through dense traffic with deep reinforcement learning. DOI: 10.48550/arXiv.1801.02805.

[81] HUBMANN C, BECKER M, ALTHOFF D, et al. Decision making for autonomous driving considering interaction and uncertain prediction of surrounding vehicles[C]//Intelligent Vehicles Symposium, IEEE, 2017: 1671-1678.

[82] XU H, GAO Y, YU F, et al. End-to-end learning of driving models from large-scale video datasets[C]//Proceedings of the IEEE Conference on Computer Vision and Pattern Recognition, Piscataway, NJ: IEEE, 2017: 2174-2182.

[83] 米毓. 上海智能交通管理系统对城市交通拥挤成本影响的实证研究[D]. 上海：上海师范大学，2016.

[84] 田庚　复杂动态城市环境下无人驾驶车辆仿生换道决策模型研究[D]. 北京：北京理工大学,2016.

[85] 张文明, 韩泓冰, 杨珏, 等. 基于驾驶员行为的神经网络无人驾驶控制[J]. 华南理工大学学报，2016，44（12）：74-80.

[86] BROAD A, ARKIN J, RATLIFF N, et al. Real-Time Natural Language Corrections for Assistive Robotic Manipulators[J]. International Journal of Robotics Research，2017，36：5-7.

[87] DOSOVITSKIY A, KOLTUN V. Learning to act by predicting the future. arXiv preprint arXiv: 1611.01779.

[88] 杜明博. 基于人类驾驶行为的无人驾驶车辆行为决策与运动规划方法研究[D]. 合肥: 中国科学技术大学, 2016.

[89] PAN X, YOU Y, WANG Z, et al. Virtual to real reinforcement learning for autonomous driving[J]. arXiv preprint arXiv: 1704.03952(2017).

其余文献（文献[90-129]）为网络文献，在此从略。

读者可联系本书责任编辑（zhangls@phei.com.cn）获取。